성자 투카람

Life of Tukaram

by Justin E. Abbott

Translation from

Mahipati's Bhaktalilamrita, Chapter 25 to 40

Published by Motilal Banarsidass Publishers PVT. LTD.,

41-UA, Bungalow Road, Jawahar Nagar,

Delhi - 100 007

INDIA

Copyright © Motilal Banarsidass Publishers, LTD

Korean translation copyright © 2006, Sri Krishnadass Ashram

이 책의 한국어판 저작권은 Motilal Banarsidass Publishers의 허락으로
슈리 크리슈나다스 아쉬람에 있습니다. 저작권법에 의하여 보호받는 저작물이므로
책 내용의 전부나 일부를 무단 전재하거나 복사하는 것은 허용되지 않습니다.

성자 투카람

Life of Tukaram

인도가 낳은
전설적인 바이슈나바 박타

저스틴 애버트 지음 | 김병채 옮김

슈리 크리슈나다스 아쉬람

투카람의 삶

어떤 책이든 사본이 많지 않았다. 어떤 것은 완전히 없어져 버렸다. 마히파티(Mahipati)가 참고한 원본 자료들은 이미 소실된 것으로 짐작된다. 우리는 마히파티가 상당한 규모의 장서를 보유하고 있었으며, 그가 성자들의 삶을 기록한 책들을 참고했다는 것을 잘 알고 있다. 예를 들어, 그는 엑나트의 삶을 다룬 케샤브스와미의 책과 갸나데바의 삶에 관한 남데브의 기록, 그리고 다른 성자들에 관한 기록들을 참조했다. 그러나 지금은 소실되고 없지만 당시에는 남아 있던 자료를 마히파티가 참조했는지 여부는 알 수가 없다. 1762년에 간행된 박타비자야(Bhaktavijaya)에도 투카람(Tukaram)에 관한 내용이 있는데, 이 책은 그의 박타릴람리타(Bhaktalilamrita) 기록과 비슷한 점도 많지만 동시에 다른 점도 많다. 그는 자신의 기억력에 의존했던 것일까? 그렇다면 사소한 차이들에 대해서는 설명이 될 수 있겠지만, 이 책에는 박타릴람리타에는 아예 실려 있지 있은 사건들도 담겨 있다. 결론적으로 우리는 마히파티가 어떤 자료에서 정보를 얻었는지, 또 그 정보들의 역사적인 가치가 무엇인지는 알지 못한다.

투카람의 아방가들은 어느 정도 자전적 요소를 가지고 있고 마히파티의 해석과 일치한다. 따라서 마히파티의 몇몇 이야기는 아방가들의 내용을 자연스럽게 연결시키기 위하여 자신이 상상하여 지어낸 것이라고 짐작되어 왔다. 즉, 투카람이 제공한 일반적인 사실들에 마히파티가 세부적인 내용을 더한 것이라고 추측해 왔던 것이다. 그러나 여기에서 역사가들은 투카람의 아방가들의 원전과 관계된 불확실성으로 인하여 매우 심각한 어려움과 마주친다. 투카람은 가만히 앉아서 시집을 쓰지 않았으며 자신의 이름으로 시집을 간행한 적도 없었다. 전설에 따르면, 그는 밤낮으로 키르탄(kirtan)을 행하거나 신을 찬양하며 노래를 부르는데, 또는 청중들에게 전하고 싶은 주제에 대하여 얘기하는 데 대부분의 시간을 보냈다고 한다. 그의 사상은 아방가(Abhang)라고 하는 운율 형식을 취하는 말들을 통하여 흘러나왔으며, 그가 말을 할 때 그의 가까운 동료들인 산타지 텔리 자가나데, 강가다르 마발, 라메쉬바르 바트가 이 말들을 기록했다.

매우 오래된 원고 하나가 아직도 차칸의 산타지 텔리 후손들에 의해 보존되어 전해 내려오고 있다. 산타지의 수기라고 주장되고 있는 이 원고는 이러한 주장을 뒷받침할 만한 여러 가지 시대적 증거를 가지고 있다. 이 원고에는 1,323편의 아방가들이 수록되어 있으며, 이 모음집은 산타지 생존 시 투카람의 아방가들이라고 여겨지는 모든 아방가를 담고 있는 것으로 추정된다. 후기의 작품으로서 투카람의 이름이 기록된 아방가 모음집이 이와 별도로 있는데, 여기에는 4천 편 이상의 아방가들이 수록되어 있다. 그러나 이 아방가들 가운데 많은 수는 다른 저자들에 의한 것이라고 의심받고 있다. 왜냐하면 그들은 이 아방가들의 끝에 "투카 마네(Tuka mhane)," 즉 "투카는 말한다."라는 특유의 말을 덧붙임으로써 투카람의 진짜 아방가들 사이에 끼어들 수 있었기 때문이다. 그와 같은 모음집들이 많이 있으며, 이들은 모두 서로 조금씩 차이를 보이고 있다. 또한 간행된 작품들 가운데 많은 수는 원문 비평의 법칙을 따르지 않고 발행자의 의향에 따라 출간되었다. 그로 인해 작품에 관한 혼란이 초래되었고, 그 결과 아방가들의 역사적인 가치가 훼손되었다. 우리는 어떤 것이 진짜 투카람의 아방가인지, 어느 것이 후기에 첨가된 것인지를 알 수 없다. 투카람이 직접 말한 것이라고 절대적으로 믿을 수 있는 아방가는 하나도 없다. 마히파티가 만약 투카람의 것이 아닌 아방가들 가운데 하나라도 사용했다면, 그것들은 거의 권위를 갖지 못한다. 이들 추가 작품들이 후기에 더해졌고 마히파티의 평가에 근거하고 있다면, 이들은 어떤 역사적 가치도 갖지 못한다. 작품과 그 문제점들은 역사가를 곤혹스럽게 할 뿐 거의 도움이 되지 않는다.

이 책에 묘사된 투카의 삶에 대하여, 역사적인 사실 여부에 관한 골치 아픈 문제들을 벗어 버리고, 마히파티가 우리에게 사실을 제공하건 전설을 제공하건 개의치 않는다면, 우리는 너무나 인간적이어서 우리의 심정에 호소하며 우리를 도덕적이고 영적인 이상들로 초대하는 삶의 묘사를 즐길 준비가 된다. 우리는 그 가운데 일부에 대하여 이의를 제기할 수도 있겠지만, 그것은 우리를 낮고 비천한 세계로부터 순수하고 고상한 세계로 데려다 준다. 그리고 하늘에서 빛의 마차가 내려와서 그를 태우고 간다는 그의 마지막 장면은 여기에 아주 잘 어울리는 것으로 보인다. 지상보다는 더욱 천상에 속한다는 것을 나타내기 때문이다.

독자에게 한마디. 인도인의 삶과 사상 및 문학에 익숙하지 못한 서양의 독자에게 이 번역문은 이해하기 어려운 부분들이 많을 수도 있다. 사회적인 관습, 종교 의식, 전설 등에 관한 언급들을 이해하려면 설명이 필요할 것이다. 종교적인 관점은 많은 사람들을 난감하게 할 것이다. 주석을 달면 독자에게 도움이 될 수 있겠지만, 나는 나 자신을 번역가로 한정하고 만약 독자들의 관심이 충분히 깊다면 다른 곳에서 의문들에 대한 답을 찾도록 하는 편이 더 나을 것 같았다. 그러나 독자들이 이런 번역문들을 더 많이 읽고 부록의 용어 해설을 더 많이 참조할수록 인도인의 삶과 사상, 역사 및 신화에 대해 더 많이 친숙해질 수 있을 것이다.

당연히 번역문은 원문보다 매력이 덜하다. 그러나 불행히도 마히파티의 원문을 읽을 수 있는 독자는 거의 없다. 내 번역문을 읽는 서구의 독자들은 이해할 수 없는 부분들을 자주 마주치게 될 것이다. 인도에서 살아 본 경험이 없는 독자로서는 마히파티가 생생하게 묘사하는 장면들을 연상할 수가 없다. 그들은 데후라는 작은 마을에서 일어나는 생활 모습을 볼 수 없다. 몸의 때뿐 아니라 죄까지도 씻어 주기에 여전히 성스러운 인드라야니 강변의 소읍에는 아직도 그러한 생활 모습이 남아 있다. 그들은 심벌즈를 손에 들고 작은 마을의 거리를 걸으면서 혹은 밤기리 산에 있는 그의 은거처로 가는 길을 따라 걸으면서 신의 이름들을 노래하는 투카 즉 노래하는 고사비를 볼 수 없다.

비토바의 사원, 그 안의 신상, 사원 경내에서 행해지는 야간 키르탄, 제자리걸음을 하면서 자신의 심벌즈로 키르탄을 인도하는 투카, 때로는 황홀감에 젖어서 춤을 추는 그의 모습은 마라티 언어를 사용하는 사람들에게는 친숙한 광경이지만 이 번역문을 읽는 대부분의 사람들에게는 그렇지 못하다. 따라서 투카를 오해할 소지가 있으며, 만약 인도인의 삶과 사고에 익숙하지 않은 독자들이 너무 성급하게 판단하지 않도록 주의한다면, 주의를 당부하는 이 말은 헛되지 않을 것이다.

투카의 금욕주의는 오해받기 쉽다. 투카는 금욕주의자가 되었다. 그러나 이것은 그가 금욕주의를 영적으로 이로운 길이라고 보았기 때문이 아니라, 신을 자신의 사고의 중심에 둔 결과로 자신의 몸에 대한 모든 흥미를 잃었기 때문이다. 그는 비데히(videhi)가 되었다. 비데히란 신에 대한 생각에 전적으로 몰입된 결과로 신체에 필요한 것을 제공할 시간이나 생각이나 욕망이 없는 사람을 말한다. 그는 음식이 주어지면 먹었고, 잠을 자야 할 때만 잠을 잤다. 그의 몸은 스스로 자연스럽게 기능했지만, 그는 몸에 아무런 관심이 없었다. 그의 생각은 오직 신에만 집중되어 있었다. 이 금욕적인 삶은 그 자신에게 이상적으로 보였고 또한 외부의 영감을 통해 그런 삶에 이끌린 사람들에게도 그렇게 보였지만, 투카가 이런 삶을 모든 사람에게 이상적인 삶이라고 생각하지는 않았던 것으로 보인다. 이와는 반대로 마히파티의 이야기에 따르면, 쉬바지 왕이 이 성자를 방문하여 왕으로서의 삶을 포기하고 싶다고 말했을 때, 투카는 바가바드 기타의 가르침을 상기시키면서 모든 카스트는 저마다 특별한 의무가 있으며 왕은 왕으로서 자신의 의무를 다해야 한다고 말했다고 한다. 이 이야기가 사실이라면, 우리는 이 이야기를 통해 투카의 원칙을 알 수 있다. 즉, 모든 사람이 보다 차원 높은 삶으로 부름 받을 수 있지만, 신을 중심에 두고 신만을 생각하며 신체의 필요에 무관심한 채 투카 자신처럼 살도록 선택받는 사람은 극소수에 불과하다는 것이다.

서구의 독자들이 오해하기 쉬운 또 다른 점은 투카의 신학이다. 부분적으로 이 오해는 가장 중요한 철학 용어들 가운데 일부는 정확한 영어 상당어가 아예 없고, 다른 중요한 용어들은 어원적으로는 영어 상당어가 있지만 그 단어는 산스크리트나 마라티 용어와 동일한 내용을 가지고 있지 않다는 사실에서 비롯된다. 마야를 환영으로 번역하는 것은 부정확한 번역의 한 가지 예다. 신은, 투카람이 그렇게 했듯이, 사구나(saguna)라고도 니르구나(nirguna)라고도 말해질 수 있다.

또 다른 오해의 근원은 서양인들이 힌두교를 우상을 숭배하는 다신교라고 오해하는 데서 비롯된다. 예를 들어, 비슈누, 크리슈나, 람(라마), 비토바는 별개의 독립적인 많은 신들처럼 보이고, 그런 신들의 사원에 안치된 그들을 나타내는 석상은 마치 미개인들의 물신 숭배와 같은 것으로 보인다. 그리고 엑나트, 투카람, 람다스와 같은 인도 최고의 사상가들, 인도의 심오한 철학적 지성인들, 그리고 인도의 가장 숭고한 성인들은 아무런 의심도 없이 열렬히 신상을 숭배했는데, 이러한 숭배는 정신적인 나약함과 도덕적인 퇴보의 표시로 보일 수 있다. 인도 최고의 사상가들, 인도의 윤리 사상가들, 종교적 스승들에 반드시 동의할 필요는 없다. 그러나 이들은 존경할 만한 가치가 있으며, 자신의 지식 안에서만 진실을 볼 수 있다는 자만심을 버리고 존경심을 갖고서 그들의 말을 경청할 필요가 있다.

투카람이나 다른 마라타 성인들의 신학을 이해하려면, 신상 숭배에서 시작하여 역행하지 말고 오랜 세월 힌두 사상을 지배해 온 철학으로부터 시작해야 한다. 힌두교의 근간은 절대적 일원주의이다. 모든 것을 망라한 이 온 우주는 하나의 실체로 이루어져 있다. 편의상 그것을 브라마 혹은 다른 이름으로 부를 수 있지만, 그 어떤 인간의 언어를 사용해도 그것을 설명할 수 없다. 그것에 대해 알려진 것은 아무것도 없기 때문이다. 그러나 이 일원론적인 기초 위에서 힌두 신학이 시작한다. 전지전능하고 선한 인격적 존재인 신은 존재하는 유일한 실체를 내포하는 하나의 형태이다. 신은 존재하는 유일한 실체를 내포하는 형태들의 창조자이다. 오로지 하나의 신만이 존재한다. 따라서 가장 엄격한 일신론이 힌두 신학의 기초가 된다. 그러나 신은 이 우주를 내포하는 다양한 형태들 가운데 하나로서 묘사될 수 있다고 가정되었고, 철학자, 시인, 스승들에 의해 묘사되어 왔다. 신에 관한 묘사에서 가장 중요한 점은 그가 스스로를 다양한 형태로 나타낸다는 것이다. 그러므로 그는 창조자로 기능하는 신 브라마데바로, 모든 존재의 생명으로 기능하는 신 비슈누로, 모든 존재의 쇠퇴와 죽음 안에 있는 신 쉬바로 자신을 현현하게 된다. 그러나 이런 현현들은 또한 특별한 목적을 위한 아바타르(화신)들로 다양한 시대에 다양한 방식으로 나타났으며, 이러한 아바타르들의 이름은 각자 다르다. 이러한 모든 현현들과 아바타르는 지고한 신에게서 나온다. 그러므로 힌두교는 가장 엄격한 일신교를 대표하면서도 수많은 현현들과 아바타르들을 허용하고 있으며, 그들은 자신들이 출현하는 상황에 적합한 독특한 특성들을 갖는다.

신상 숭배의 역사는 분명하지 않다. 그러나 신을 경외하는 힌두인들에게는 이 방법이 신에게 가까이 갈 수 있는 자연스러운 방법으로 여겨져 왔다. 힌두인들은 신에게 다가갈 수 있는 방법이 한 가지뿐이라고는 생각하지 않았다. 마나스 푸자(manas puja) 즉 마음으로 하는 직접적인 숭배는 언제나 높은 단계의 길로 여겨져 왔고, 신상 숭배는 높은 단계로 나아가기 위한 낮은 단계의 방법으로 간주되었다. 그러나 아바타르 현현으로 여겨지는 존재들의 석상이나 금속상의 경우, 그 아바타르와 관련이 있는 성스러운 사원에 모셔져 있으며, 예로부터 오늘날까지 신을 숭배하는 데 영감으로 작용해 왔다. 신상 숭배의 합리성은 공격당하기 쉬우며 다른 미신들과 같은 것으로 조롱받을 수 있다. 그러나 신을 경외하는 힌두인들이 신상을 통해 신을 숭배하면서 정신적인 만족을 찾았다는 것은 부정할 수 없다. 엑나트, 투카람, 람다스는 신상에게 경배하면서 신에 대한 사랑과 헌신을 표현한 전형적인 사례들이다. 이미 언급했듯이 신 숭배는 인도가 발전시킨 유일한 개념이나 숭배는 아니다. 미래에는 신상 숭배는 가장 무지한 사람들을 위한 것으로 남겨지고 더 높은 수준의 형태들로 이행하는 흐름을 보일 것으로 예상된다. 투카람의 아방가들은 어떠한 현대적 비평에도 노출되지 않은 과거에 속한다. 따라서 그것들은 그것들과 관련하여 형성된 모든 판단 가운데에서도 그렇게 이해되어야 한다.

　투카는, 투카람 자신과 마히파티는 그를 이렇게 부르는데, 학식 있는 사람이 아니었다. 그는 학교에 다닌 적이 없었다. 그가 얻은 약간의 지식은 아버지에게서 배운 것이었다. 그는 산스크리트를 몰랐다. 그는 자신의 책들을 산중 은신처로 가지고 가서 읽고 공부하고자 했을 때, 고대 마라티 양식으로 된 갸나데바와 엑나트의 작품들을 이해하는 데 많은 어려움을 겪었을 것이다. 그는 자신이 시인의 기질을 타고났다는 것을 처음에는 알지 못했다. 그가 속한 카스트인 수드라는 낮은 신분으로서 그에게 어떤 영감의 원천도 되지 못했다. 그의 지인들이었던 브라만 계급의 사람들 역시 그에게 영감을 주지 못했다. 그는 힌두 사회법이 정한 대로 그들에게 절을 해야 했다. 투카는 한 그루 나무가 자라나듯이 성장했다. 그는 작은 씨앗에서 시작하여, 외부의 도움을 받지 않고 눈에 띄지 않는 곳에서 오로지 자기 존재의 법칙으로만 자라나서 마침내 완전한 나무가 되었다. 처음에는 생활고를 해결하기 위해 작은 마을에서 소규모의 식료품 가게를 운영해야 했으며, 타고난 능력과 정직함으로 성공을 거두었다. 그러나 그의 마음은 장사에 있지 않았다. 그의 영혼은 신을 갈망했으며, 돈이나 재산 등 일체의 세속적인 것들은 똥과 같은 것으로 여겼다.

　당연히 그의 사업은 실패로 돌아갔고, 그는 시간이 흐르면서 세속적인 것들에 완전히 무관심해졌으며, 험한 말을 퍼붓는 아내와 자신을 비난하는 이웃들의 차가운 태도에도 개의치 않게 되었다. 그에게는 종교적인 스승이 없었다. 그에게는 도덕적인 삶과 일반인들과의 관계에 관해 지도해 주는 안내자가 없었다. 어느 누구도 그에게 악을 악으로 갚지 말라고 가르쳐 준 적이 없었고, 부드러운 대답이 분노를 가라앉힌다는 것을 가르쳐 준 적이 없었다. 그렇다면 그는 주위에 있는 사람들의 필요에 도움을 주는 법을 어디에서 배웠던 것일까? 마히파티는 병든 자를 돕고, 약한 자의 짐을 대신 져 주고, 목마른 자에게 물을 주고, 배고픈 자에게 음식을 나누어 주고, 불구자의 시중을 드는 그의 모습을 보여 주었다. 그는 짐승들조차도 사려 깊게 보살폈다. 그는 물이 필요한 사람은 없는지, 음식이 필요한 사람은 없는지 살폈다. 그럼에도 불구하고 아내와 이웃들은 그를 이해하지 못했다. 투카는 혼자서 걸어가야만 했다. 그의 스승은 바로 자기 내면의 영혼이었다. 이를 통해 우리는 그의 후반부의 삶을 알 수 있는데, 후반부의 삶에서는 신이 그의 모든 것이었다. 신은 그가 먹는 것이었고 그가 마시는 것이었다. 세속적인 것은 그에게 아무런 의미가 없었다. 신은 그의 중심이었다. 그의 시적 영감은 예기치 않게 찾아왔다. 그러나 일단 그러한 영감에 사로잡히게 되자 그는 오직 아방가로만 생각하고 말했다. 그에게 시를 가르쳐 준 사람은 아무도 없었다. 그의 말들은 신에 대한 넘치는 사랑으로, 사람들에 대한 선의로 가득 찬 가슴에서 흘러나왔다.

전설이 그의 마지막 장면을 다른 사람들의 마지막과 다르게 묘사하는 것은 놀라운 일이 아니다. 천상에서 빛의 마차가 내려와 그의 영혼과 육체를 데리고 간다는 이야기는 전설의 입장에서는 그런 삶에 잘 들어맞는 마지막 장면으로 보였다. 투카는 거리를 지나갈 때 사람들이 "어디 가세요?"라고 물으면, 항상 "나는 지금 천상의 도시로 가는 길입니다."라고 대답했다고 한다. 전설은 그의 영광스러운 이행을 묘사하고 있는데, 그는 빛의 마차를 타고서 지상에서 천국으로 올라갔으며, 이때 천상의 존재들은 기쁨에 넘쳐 그 장면을 바라보며 지상을 떠나는 성자 위에 꽃을 뿌렸다고 한다.

내 번역에 대해 한 마디. 마히파티의 마라티어를 영어로 번역하는 것은 전체적으로는 별 문제가 없으나, 그의 풍부한 관용구 사용은 두 가지 어려움을 초래한다. 첫째는 그의 관용구를 이해하는 것이고, 둘째는 그러한 관용구에 맞는 적절한 영어 표현을 찾는 것이다. 그러므로 나는 이러한 어려움을 극복할 수 있게 해 준 판디트 나르하르 고드볼레의 주의 깊은 검토와 제안에 대해 깊이 감사드린다.

사타라의 윌버 데밍(Wilbur S. Deming) 박사는 귀중한 시간을 내어 '스토트라말라(Stotramala)'와 이 책 '성자 투카람'의 후반 편집 작업을 살펴주었다. 진심으로 감사드린다.

저스틴 애버트

미국 뉴저지 서밋에서
1929년 5월 10일

차례

제1장 투카람의 조상, 비슈밤바르

마히파티의 서문 28
투카람의 조상, 비슈밤바르 31
판다르푸르로 성지 순례 가는 비슈밤바르 33
비슈밤바르의 판다르푸르에 대한 향수 35
비슈밤바르, 판다르푸르에 가다 36
비슈밤바르가 사람들에게 칭찬과 비난을 받다 39
비슈밤바르의 꿈이 실현되다 40
비슈밤바르의 죽음 45
비슈밤바르의 아내, 아마바이 46
아마바이가 세상사에 성공하다 48
아마바이의 아들들이 세속적인 마음을 가지고 자라다 ... 49
아들들이 어머니의 꿈을 비웃다 50
아마바이의 꿈이 사실로 드러나다 52
아마바이와 며느리가 데후로 돌아오다 55
아마바이가 신을 비난하다 56
아마바이를 향한 신의 부드러운 대답 57
아들의 모습으로 신이 아마바이를 돌보다 59
아마바이의 죽음, 그리고 승천 61

제2장 투카람이 태어나다

기도	64
비슈밤바르와 아마바이의 손자 비토바	66
비토바가 신을 비난하고 자살하겠다고 협박하다	67
비토바의 자손	69
투카람의 아버지 볼로바	70
천상에서 회의가 열리다	73
나마, 투카람의 형상으로 화신이 되다	79
투카람이 태어나다	80
아기 투카를 사원에 데려가다	82
투카의 유년 시절	82
소년 투카	84
운명에 관한 두 가지 견해	85
볼로바의 큰아들 사바지, 산야시가 되다	87
투카가 가업을 떠맡다	88
투카의 두 번째 결혼	90
박타릴람리타에 대한 마히파티의 감사 기도	90

제3장 성공이 역경으로 변하다

기도	94
투카의 성공이 역경으로 변하다	95
투카가 시장에서 가게를 열다	99
신은 투카를 시험하고 있었다	99

그릇된 친구들이 신을 믿지 않도록 투카를 유혹하다 101
아내와 이웃들이 투카의 신앙심에 반대하다 102
천둥 치는 폭풍우 속에 홀로 남겨진 투카 102
신이 사람의 모습으로 투카를 도우러 오다 105
장사의 실패로 비난받는 투카의 신앙심 108
투카가 새로운 장사를 하다 109
신이 투카를 위한 수금원이 되다 114
투카가 위선자라고 비난받다 121
마히파티의 감사 기도 122

제4장 전적으로 영적인 삶을 살기로 결심하다

마히파티의 기도 124
천진한 투카가 크나베에게 속다 125
투카의 아내가 투카를 위하여 돈을 빌려 오다 128
투카가 장사에 성공하다 130
투카가 딱한 브라만에게 자신의 모든 돈을 주다 131
신이 투카의 빚을 갚아 주다 133
투카가 집으로 돌아오다 135
투카가 비참한 가난에 빠지다 135
투카의 나이 든 아내가 굶어 죽다 139
투카의 맏아들이 죽다 140
투카가 겪은 재난들의 목록 141
투카가 전적으로 영적인 삶을 살기로 결심하다 143
투카가 산에 홀로 은둔하다 144

신이 상징적인 모습으로 나타나다	145
이제 신이 푸라나들에 묘사된 모습으로 자신을 드러내다	147
칸하가 그의 형 투카를 찾다	148
제4장의 종결	149

제5장 고행이 시작되다

기도	152
투카가 차용 증서들을 강에 던지다	154
투카의 고행이 시작되다	156
투카의 고행의 삶에 대한 설명	157
투카의 새로운 삶에 대한 사람들의 견해	159
투카가 농부의 곡식밭을 지키다	161
농부가 돌아와 투카를 비난하다	165
농부가 투카를 법정에 끌고 가다	167
놀라운 수확의 기적	169
투카가 자신을 위한 곡식을 거절하다	172
마히파티가 자신을 비천하게 평가하다	173

제6장 투카의 아내가 투덜거리다

성자들의 삶에 대해 듣는 것의 열매	176
투카의 아내가 투덜거리다	177
투카가 황폐해진 사원을 수리하다	177
시인 성자들의 작품들이 투카를 매혹하다	181

투카의 아내가 신을 비난하다 … 183
크리슈나가 투카의 아내를 불쌍히 여기다 … 184
신이 적대적인 아발리에게 자신을 드러내다 … 186
신이 그를 미워하는 사람에게 나타난 것에 대한 설명 … 187
투카와 아발리, 크리슈나가 함께 식사를 하다 … 191
신이 생수가 나오는 샘을 만들다 … 193
신이 아발리의 힘든 왕래를 끝나게 하다 … 194
신들이 신과 투카의 대화에 박수갈채를 보내다 … 196
마히파티가 투카를 찬양하다 … 197
마히파티가 자신을 신의 도구로 여기다 … 199

제7장 투카의 자비로운 품성

신의 축복이 필요하다 … 202
투카의 자비로운 품성 … 203
투카가 아내의 하나밖에 없는 옷을 남에게 주다 … 206
헐뜯기 좋아하는 방문자들이 투카를 비방하다 … 210
투카가 신 앞에 그의 죄를 고백하다 … 212
투카가 잠의 유혹을 극복하다 … 213
투카가 친절을 베푼 사례들 … 215
불구의 여인에게 베푼 투카의 친절 … 217
오랫동안 지속되는 과부의 기름 … 218
투카의 겸손과 친절 그리고 부드러움 … 222
기적적으로 많은 사람들을 먹이다 … 223
투카가 벌에게 공격당하다 … 229

아발리가 투카에게 신의 기적에 관해 얘기하다 229
호수에 비유되는 박타릴람리타 230

제8장 신이 시인이 되도록 격려하다

마히파티가 그의 언어를 거칠고 투박하다고 하다 234
투카가 옛날 성자들에 대해 이야기하다 235
행동에 관한 투카의 세 가지 대원칙 236
신이 투카에게 시인이 되도록 격려하다 239
투카가 시인이 되다 240
맘바지의 질투가 적대감으로 발전되다 242
아발리의 젖소가 투카를 곤란하게 만들다 243
투카가 악을 선으로 대하다 246
맘바지가 여전히 마음속에 질투심을 품다 247
투카의 키르탄의 주제 248
도둑들이 아발리의 젖소를 훔치지만 뉘우치다 249
마히파티가 악인들의 이용에 대해 말하다 254
투카의 주제, 성자들과 함께 계시는 신 255

제9장 신상이 우유를 마시다

서문 260
비토바가 우유를 마시는 모습 261
투카가 모기에게 물리다 266
신이 투카의 아들을 치료하다 268

투카의 음악 조력자 274
신과 대화하는 투카 275
신이 꿈속에서 투카에게 만트라를 주다 278
마히파티는 신의 도구이다 282

제10장 투카의 아내가 신상의 발을 부수러 가다

마히파티의 기도 284
우울에 빠진 투카가 가정을 버리다 285
투카가 가정생활을 재개하다 287
아발리가 브라만들을 초대하여 모든 것을 다 내주다 291
아발리가 신상의 발을 부수러 가다 293
가네샤와 크리슈나가 투카와 식사를 하다 294
투카가 세 딸을 시집보내다 302
한 브라만이 단식투쟁을 계속하다 303
투카의 높아 가는 명성 309

제11장 그의 시들을 강물에 던지다

판다르푸르에 있는 크리슈나의 신상을 찬양함 312
투카가 로하가브에 머물다 313
로하가브의 늙은 미망인이 잔치를 베풀다 314
라메쉬바르 바트가 투카의 적이 되다 316
투카가 그의 시들을 강물에 던지다 319
사악한 사람들이 투카를 괴롭히려 하다 320

투카의 정신적인 갈등	321
투카가 단식을 계속하다	324
라메쉬바르가 투카에 대한 증오로 인해 벌을 받다	325
신이 투카를 위로하다	328
투카의 시 원고들이 젖지 않은 채 물 위로 떠오르다	331
투카의 진심 어린 참회	332
투가의 시 원고에 관한 일이 널리 알려지다	334
라메쉬바르 바트의 병이 치료되다	334
라메쉬바르에게 보내는 투카의 아방가	337

제12장 늘어나는 투카의 추종자들

마히파티가 성인을 찬양하다	342
제11장의 재음미	343
라메쉬바르를 저주했던 수도승이 투카를 방문하다	344
투카와 죄인인 여인	347
투카가 로하가브를 두 번째로 방문하다	348
구리 세공인의 귀의	349
구리 세공인의 아내가 투카를 비난하다	352
투카가 쉬바지 왕을 만나다	353
한 브라만이 벙어리가 되었다가 치유되다	363
쉬바지 왕이 떠나다	365
늘어나는 투카의 추종자들	366

제13장 기적으로 많은 사람들을 먹이다

하리의 모습에 대한 묘사 370
투카가 기적으로 많은 사람들을 먹이다 371
철이 금으로 변한 기적 373
투카가 사나운 개를 얌전하게 만들다 375
투카가 벙어리 소년을 치료하다 376
사나운 개가 투카를 따라 집으로 오다 377
투카의 사위가 바가바드 기타를 읽다 377
라메쉬바르가 푸라나의 문장을 바꾸다 378
투카가 코탈레슈바르에 있는 쉬바 신전을 방문하다 379
악마에 사로잡힌 남자가 치유되다 382
투카가 병에 걸려 판다르푸르로 순례를 가지 못하다 384
판다르푸르의 신에게 보낸 투카의 편지 385
투카의 편지가 신에게 전달되다 388
크리슈나가 투카를 만나러 오다 394

제14장 신이 투카의 집에서 식사를 하다

진정한 저자는 신이며, 마히파티는 그의 도구이다 398
신이 투카의 집에서 식사를 하다 399
투카와 철학자 400
투카가 센물이 솟는 우물을 단물이 솟는 우물로 바꾸다 403
어떤 여인이 투카에게 쓴 호박을 대접하다 404
기름이 떨어지지 않게 한 투카의 기적 405

투카가 쇠를 금으로 바꾸다	406
투카가 죽은 아들을 살리다	407
두 명의 산야시가 투카에게 괴로움을 주다	410
푸나의 다두 콘다데브가 그들의 고발에 응하다	411
다두 콘다데브가 투카를 정중하게 맞아들이다	416
다두 콘다데브는 공정하다	421

제15장 투카와 새들

마히파티의 개인적인 고백	426
쉬바지 왕이 투카를 두 번째로 방문하다	427
금화와 탐욕스러운 브라만	431
투카의 진실하고 단순한 생활	437
투카의 몸이 태양처럼 빛나다	439
신과 투카가 대화하다	441
투카와 새들	442
투카가 갸네쉬바라의 무덤에서 키르탄을 행하다	446
투카가 친츠와드로 친타만을 방문하다	447
투카의 신성한 성품	450

제16장 투카, 세상을 떠나다

마히파티의 기도	454
친타만 방문을 다시 서술하다	456
천상에서 의논이 이루어지다	457

투카의 마음에 미친 재앙의 영향 458
사람들의 마음에 미친 재앙의 영향 460
천상에서 계속되는 투카에 대한 토의 461
투카와 신의 대화 468
몸을 입고 하늘로 승천하기를 기대하는 투카 469
투카가 몸을 입은 채 하늘로 승천하다 477
투카와의 이별로 인한 사람들의 슬픔 478
투카가 떠난 후 데후에서의 삶 481
투카의 심벌즈와 담요가 하늘에서 떨어지다 482
투카의 세 아들 483
투카가 자신의 모습을 보여 주다 484
박타릴람리타의 찬미 486

제1장
투카람의 조상, 비슈밤바르

마히파티의 서문

슈리 가네샤에게 경배를.

1. 판두랑(크리슈나), 룩미니의 남편 크리슈나, 불변하고 바꿀 수 없고 바뀌지 않으며, 자원하여 화신으로 나타나시는 자비의 보고, 모든 것의 주님, 첫째 원인이신 당신에게 승리를.*

---

* 시인 성자들은 지고의 신이 다양한 시대에 다양한 방식으로 자신을 현시해 왔다고 믿었으며, 이런 현시들과 아바타르들은 그들의 특징적인 이름들을 갖는다. 그들의 작품들은 그들이 신, 비슈누, 람, 크리슈나 혹은 비토바라는 이름, 또는 그들의 특징을 나타낸다고 여겨지는 많은 별명들을 사용하는 것이 중요하지 않다는 것을 보여 준다. 신에 대한 그들의 개념에 따르면, 그들의 이름들이 무엇이건 모든 것은 하나의 신의 현현들이다. 그러므로 그들은 가장 엄격한 일신론자들이었고, 신의 하나임을 선언한다는 점에서는 기독교, 유대교, 이슬람교와 마찬가지다. 이런 시인 성자들을 다신론자들로 보는 것은 무지에 따른 서양의 오해이다. 그들은 하나의 신과 그의 수많은 현현들을 믿었다. 그러므로 신에게 붙여진 수많은 이름들은 각각 그런 이름들의 원인으로서 어떤 철학적 개념, 어떤 역사, 어떤 푸라나 이야기, 또는 경험에서 나온 어떤 별명을 지니고 있다. 서양의 독자는 신에게 붙여진 별명이 수없이 많은 데 대해 의아해 할 것이다. 그러나 그 모든 별명들은 나름의 이유가 있다. 판두랑, 룩미니의 남편, 판다르푸르의 신, 슈리 하리, 슈리파티, 뱀 위에 기대어 있는 자, 무력한 자의 형제, 자비의 바다 등 크리슈나를 가리키는 모든 이름들은 저마다 이유와 의미들을 지니고 있다.

2. 모든 면에서 무력한 저는 탄원자로서 진정한 헌신으로 당신에게 나아옵니다, 오, 슈리 크리슈나시여. 당신은 자비의 눈길로 저로 하여금 이 세속적인 존재의 바다를 건네게 하셨습니다.

3. 저는 베다들과 샤스트라들을 읽는 법에 무지하며, 암송과 고행과 종교 의식에도 무지합니다. 저는 신성한 언어인 산스크리트를 모릅니다. 저는 철학에 대한 지식도 없습니다.

4. 이러함에도 불구하고, 오, 룩미니의 남편 크리슈나시여, 당신을 향한 사랑으로 인하여 당신을 섬긴 하인의 영광스러운 삶을 말하고자 하는 강렬한 열망이 제 안에 일어났습니다. 그러므로 제 가슴의 갈망을 충족시켜 주소서.

5. 저는 재능이 뛰어난 훌륭한 시인이 아닙니다. 제게는 폭넓은 이해력도 없습니다. 진실로 저는 모든 면에서 부족합니다. 이것을 당신께서는 잘 알고 계십니다. 오, 피부색이 검은 분 크리슈나시여.

6. 도움을 주는 사람들 덕분에 거지는 그럭저럭 살아갈 수 있습니다. 장님이 눈 밝은 사람의 손을 잡으면 더 빨리 걸을 수 있습니다.

7. 그러므로 오, 판다르푸르의 신 크리슈나시여, 이제 모든 짐이 당신의 머리 위에 있습니다. 이제 무력한 저에게 실패를 두려워할 필요가 없다는 확신을 주시고, 저로 하여금 당신의 박타(헌신자)인 투카람의 이야기를 말하게 하소서.

8. 바가바트 종파에 속하는 바이슈나바(비슈누의 숭배자)들은 당신을 섬긴 하인들의 놀라운 명성을 노래합니다. 제 손에 의해서도, 오, 룩미니의 남편이시여, 박타릴람리타(박타들의 행위의 감로)가 쓰이게 하소서.

9. 세찬 바람이 하늘에 휘몰아칠 때면 거대한 나무조차 그 힘에 흔들

립니다. 피부색이 검은 분이신 당신 크리슈나는 생각을 주시는 분입니다. 당신에게서 떨어지면 저는 아무런 힘도 없습니다.

10. 그러므로 이제 나의 말을 듣는 자들이여, 마음을 모으고 공경하는 자세로 귀를 기울여라. 투카람의 사랑의 박티(헌신)는 천상의 신으로 하여금 그에게 복종하도록 만들었다.

11. 오, 현명한 박타들이여, 이 세상의 구루(영적 스승)가 태어나기까지의 세세한 이야기를 공손하게 경청하라. 그는 진실로 천상에서 이 지상으로 내려온 탁월한 바이슈나바이시다.

12. 투카람이 수드라 카스트로 태어난 것은 사실이지만 그는 바이슈나바 박타였다. 그는 실제로 세상의 구루였으며 세상을 구하기 위해 내려왔다.

13. 그의 가문이 섬기는 판다르푸르의 신이 먼 옛날에 그 가문의 집으로 찾아온 적이 있다. 비토바(크리슈나)의 신상(神像)이 그 가족의 사랑을 보고서 스스로 데후에 온 것이다.

14. 아마도 듣는 자들은 마음속에 약간의 의구심을 품고서, 투카람의 조상들 중 누가 판다르푸르의 왕을 그의 집으로 오게 하였느냐고 말하는 자에게 물을 것이다. "부디 말해 주십시오."

15. 듣는 자들에게서 이런 질문을 받으면 말하는 이는 기쁨으로 가득하여 대답한다. "당신의 질문에 대하여 얘기할 테니 그 이야기도 들으시오."

투카람의 조상, 비슈밤바르

16. 위대한 박타인 비슈밤바르 바바는 투카람의 조상이었다. 독수리 깃발을 든 자(크리슈나)를 데후로 오게 한 것은 그의 사랑의 헌신이었으며, 사랑으로 그는 자연스럽게 비슈밤바르에 대한 연민을 느꼈다.

17. 비슈밤바르가 어떻게 룩미니의 남편인 크리슈나에게 사랑의 헌신을 보여 주었고 그를 숭배했는지를 설명할 때, 나는 성자들이 공손한 마음으로 이 상세한 이야기를 경청할 것을 당부한다.

18. 그의 장사는 순조롭게 번창하였으나 비슈밤바르는 장사를 하면서 결코 거짓말을 하지 않았다. 그리고 그는 전생에 선한 행위들을 한 결과로 얻은 재물과 곡식들을 자선을 베푸는 데 썼다.

19. 사두들, 성자들, 성지에 거주하는 사람들, 브라만들, 손님들을 보면 그는 자신의 집으로 초대하여 따뜻하고 정중하게 대접하였다.

20. 가정생활을 하고 상거래를 하는 중에도 그는 신의 이름을 끊임없이 큰 소리로 암송하였다. 밤에는 경건한 마음을 가진 사람들을 불러 모아 기쁨에 넘치는 키르탄(열정으로 신을 찬양하는 의식)을 행하였다.

21. 심벌즈와 비나, 북을 연주하며 큰 소리로 찬양하는 소리는 귀가 멍멍할 정도로 컸으며 성스러운 음악처럼 들렸다. 특히 람(라마)과 크리슈나의 이야기들을 노래하고 또 들었다.

22. 그는 모든 창조물을 진실하고 다정하게 대했으며 선한 행위를 베풀며 살았다. 일생을 숭배하면서 보냈기에 그의 모든 감정은 신에게 몰입되었다.

23. 비슈밤바르의 어머니는 아들에게 판다르푸르로 갈 채비를 서두

르는 것이 좋겠다고 되풀이하여 당부했다.

24. 그의 가문에서는 대대로 판다르푸르로 순례 여행을 떠난다는 사실을 그녀는 아들에게 상기시켰다. 이 순례는 중단해서는 안 되는 관습이었다. 가정의 번영이 여기에 달려 있었기 때문이다.

25. 우선 비슈밤바르는 신을 열렬히 섬기는 하인이었고, 게다가 어머니의 간곡한 권유로 그는 신실한 브라만이 늘 좋은 행위를 하고 베다 시편들을 암송하듯이 그렇게 행하였다.

26. 어떤 사람이 고통의 세 가지 형태로 인한 열병에 걸려 있다가, 곧 성스러운 사람을 만나서 그의 훌륭한 가르침을 듣고서 열이 경감되듯이.

27. 어떤 사람이 경건하며 선한 제자이며, 그런 사람에게 삿구루(진정한 영적 스승)가 기도를 행하라고 가르친다. 즉시 슈리 하리(크리슈나)의 선함을 찬미하는 노래를 부르고 들으면서 그의 가슴은 기쁨으로 충만해진다.

28. 마달라사가 신성한 지식을 아들에게 설명하자 그 즉시 아들의 가슴에서 세속적인 것들에 대한 무관심이 일어났듯이, 비슈밤바르에게도 그런 일이 일어났다.

29. 비슈밤바르가 어머니에게 대답하였다. "어머님은 저에게 훌륭한 가르침을 주셨습니다." 그러고 나서 어머니에게 깊은 존경으로 엎드려 절을 올린 뒤에 판다르푸르로 순례를 떠났다.

판다르푸르로 성지 순례 가는 비슈밤바르

30. 판다르푸르로 가는 큰길에 이른 비슈밤바르는 다른 순례자들을 만나게 되었다. 그는 즉시 그들과 합류하였으며 곧 성스러운 도시 판다르푸르에 도착하였다.

31. 그는 진심으로 죄를 뉘우치고 찬드라바가 강에서 목욕을 했다. 그리고 푼달릭(Pundalik)* 사원에 가서 경건하게 경배를 드렸다.

32. 그 뒤에 그는 그 성스러운 도시 주위를 한 바퀴 돌았고, 그리하여 전 시가지를 보게 되었다. 마지막으로 그는 엎드려 절하면서 사원의 정문으로 다가갔다.

33. 그는 가루다와 마루티 상에 경모의 마음으로 절을 올렸다. 그때 바이슈나바들이 신을 찬양하는 노래를 하고 있었고, 그는 기쁨으로 충만하여 그 노래들을 들었다.

---

* 푼달릭을 모신 사원은 아직도 판다르푸르의 찬드라바가 강변에 있으며, 그 성스러운 도시에 순례를 온 모든 순례자들은 이곳에서 경배를 드린다. 푼달릭에 관한 전설이 있다. 처음에 푼달릭은 악하고 잔인한 아들이었다. 그는 부모를 난폭하게 대하기 일쑤였다. 그러나 바라나시로 순례를 가던 그는 어떤 성자를 만나게 되어 크게 뉘우치게 되었다. 그날 이후로 그는 연로한 부모를 극진히 봉양했다. 부모에 대한 그의 헌신은 너무나 각별한 것이어서 그를 보기 위하여 크리슈나가 천상에서 내려왔다. 크리슈나가 찾아왔다는 말을 듣고서 그는 "저는 어머님과 아버님 발을 씻어 드리느라 너무 바쁩니다. 여기에 벽돌이 있으니 그 위에 서서 기다려 주십시오."라고 대답하였다. 크리슈나는 부모에 대한 그의 놀라운 헌신을 보고 감동을 받아서 푼달릭에게 무엇이든지 원하는 것을 말하라고 하였다. 그는 "제가 바라는 모든 것은 당신께서 지금과 같이 그 벽돌 위에 서서 영원히 이곳 판다르푸르에 계시는 것입니다."라고 말하였다. 그래서 그날 이후로 지금까지 그는 판다르푸르의 사원에 성상의 모습으로 서 있으며 수많은 헌신자들에게 경배를 받고 있다.

34. 그 뒤에 그는 영원한 존재이며 헌신자들의 가슴속 보석인 지고의 브라마가 코끝에 시선을 두고서 명상하는 자세로 서 있는 크리슈나의 신상을 보았는데, 이때 그의 마음은 브라마와 하나가 되었다.

35. 상서로운 축제 행사들을 보고서 그의 가슴은 지극한 기쁨으로 가득 차올랐다. 세상의 주인이신 크리슈나는 양손을 허리에 얹은 자세로 벽돌 위에 서 있었다.

36. 그의 온몸은 향기 나는 가루로 얼룩져 있었다. 목에는 부드러운 툴시 잔가지로 엮은 화환이 걸려 있었다. 비슈밤바르가 검은 빛깔의 성상을 보았을 때, 그의 가슴은 기쁨으로 충만해졌다.

37. 자신의 박타들에게 너무나 자비롭고 요기들의 아름다운 아버지인 그분을 보자마자 그는 즉시 신을 껴안았다.

38. 브라마데바조차도 신과 박타들의 합일을 적절하게 묘사할 수 없는데, 어떻게 나와 같은 평범한 마음이 헛되이 그런 능력을 보이려 하겠는가?

39. 신의 이 사구나 형상을 보고서 그는 가슴 깊은 곳에 그 모습을 간직했다. 우주에 드러난 순수한 브라마의 기쁨을 보았을 때, 그의 가슴은 기쁨을 느꼈다.

40. 신을 찬미하고 신의 이름을 암송하는 것으로 만족감을 느끼면서 닷새를 그곳에서 보낸 뒤, 그는 신의 허락을 받고서 그곳을 떠나 자신의 마을로 돌아왔다.

41. 비탈(크리슈나)의 발밑에 가슴을 둔 채 비슈밤바르는 집으로 들어갔으며, 어머니에게 절을 올리며 그의 사랑을 표현하였다.

비슈밤바르의 판다르푸르에 대한 향수

42. 그는 어머니 곁에 조용히 앉아 자신의 경험을 이야기하였고, 신성한 도시 판다르푸르의 영광을 보고 나니 그의 가슴이 그 도시에 끌린다고 말하였다.

43. 비슈밤바르는 집에 머물렀지만, 그의 마음은 크리슈나가 벽돌 위에 서 있는 곳, 비마 강변에 있는 판다르푸르로 계속하여 향할 뿐이었다.

44. "축복받았구나, 축복받았구나, 신성한 도시 판다르푸르여."라고 그는 혼자서 외치곤 하였다. 그리고 베누나드에 있는 크리슈나의 신상과 성스러운 목욕터 파드마티르타의 큰 영광이 그의 마음에 자주 떠올랐다.

45. 그의 누이 같은 찬드라바가 강, 그의 형제 같은 성자 푼달릭, 그의 어머니 같은 라이와 사티야바마, 어머니 룩미니, 이 모든 것들이 그의 마음속에 떠올랐다.

46. 비슈밤바르는 "언제 내가 룩미니의 남편 크리슈나를 만날 수 있을까?" 하고 혼자 되뇌곤 하였다. 그럴 때면 두 눈에서 눈물이 흘러내리고 목이 메었다.

47. "피부색이 검은 분인 크리슈나와 함께 유희하는 고귀한 박타들, 경건하며 사랑하는 그들은 축복을 받았다. 심지어 그곳의 가장 미천한 존재까지도 축복을 받았다." 그는 온종일 그런 생각들을 하였다.

48. 시댁에 살고 있지만 마음으로는 늘 친정어머니를 생각하고 있는 여인처럼, 밧줄에 매여 있는 송아지가 어미에게 가려고 애쓰는 것처럼.

49. 시장에서 구걸하러 다니고 있지만, 돈을 생명처럼 여겨 땅 속에 묻어 두고 있는 걸인처럼.

50. 비슈밤바르의 마음이 꼭 그러했다. 그의 마음은 비탈(크리슈나)의 발을 갈망했으며, "오, 자비로운 크리슈나시여, 당신을 생각하면 너무나 슬픕니다."라고 항상 탄식했다.

비슈밤바르, 판다르푸르에 가다

51. 아흐렛날에 이 바이슈나바 박타는 새벽에 일찍 일어나서 결연히 서둘러 출발했다.

52. 그는 밤낮으로 걸어 마침내 판두랑(크리슈나)의 신성한 도시에 도착하였다. 그는 찬드라바가 강에서 목욕을 한 뒤 크리슈나를 보러 갔다.

53. 크리슈나의 양발은 벽돌을 딛고 있었고, 팔은 허리에 얹혀져 있었으며, 아무것도 걸치지 않은 그의 모습은 너무나 아름다웠다. 이 모습을 본 비슈밤바르는 자신에 관한 모든 생각을 잊어버렸다.

54. 비슈밤바르는 신상을 껴안았고 그 발을 꽉 쥐었다. 그렇게 함으로써 그는 자신의 모든 고통을 완전히 잊었으며, 신체 의식을 잃고서 그와 하나가 되었다.

55. 그는 열흘간의 의식을 행하였으며, 그 동안 식사는 엄격하게 한 끼로 제한했다. 열 하룻날에는 종일 단식을 하면서 하리(크리슈나)를 찬양하는 철야 예배에 참석했으며, 밤새 신을 찬미하는 노래를 들었다. 그의 가슴은 사랑으로 가득해졌다.

56. 열 이틀째 날이 되자 그는 금식을 중단하고 바이슈나바 박타들을 초대하여 함께 식사를 하였다. 왜냐하면 신은 성인들 가까이 있으며 사랑으로 그들 가운데 살아가기 때문이다.

57. 죽음과 파괴의 신인 칼라는 성자들과 항상 함께 하는 사람들을 쳐다볼 수조차 없다. 비슈누가 그들 곁에 서서 사랑과 연민으로 그들을 바라보고 있기 때문이다.

58. 비슈밤바르는 신과 박타들과 더불어 사흘 동안 신성한 도시에 머물렀으며, 그 뒤에 집으로 돌아가도 좋으냐고 판두랑의 허락을 구하였다.

59. 세상의 생명이신 분이 눈물이 가득 고인 눈으로 그에게 허락했을 때 그는 큰 소리로 말했다. "제가 당신에게서 분리된다는 생각을 하면 견딜 수 없습니다."

60. 슬픔으로 목이 메고 눈에는 눈물이 가득 고인 채 그가 외쳤다. "오, 비탈이시여, 제가 당신의 발에서 떨어진다고 생각하니 제 가슴은 너무나 괴롭습니다."

61. 세상의 생명이신 분은 비슈밤바르의 말을 듣고서 그에게 말했다. "세상 어디에도 내가 없는 곳은 없다.

62. 공기가 온 우주에 가득 퍼져 있듯이, 나 크리슈나는 그렇게 모든 생물과 무생물에 가득 퍼져 있다.

63. 태양의 밝음이 본성에 의해 대지에 빛을 내리듯이, 나 비슈누가 너에게 빛을 주고 있음을 가슴 깊이 알라.

64. 황금을 두드려서 다양한 장신구들을 만들지만 황금 자체가 유일한 실체이듯이, 무지한 자에게는 세상이 실재하는 것처럼 보이지만 실

상 세상은 바로 나 자신이다, 오, 비슈밤바르여!

65. 장신구들을 녹인다고 해서 황금이 파괴되는가? 모든 것들이 파괴될 때도 나는 파괴되지 않고 변하지 않은 채 영원히 남아 있다.

66. 나의 이 신성한 본질은 베단타에 자세히 기술되어 있다. 나에 대한 이 개념을 마음속에 지니고서 빨리 데후로 돌아가라."

67. 비슈밤바르는 크리슈나에게 대답하였다. "그 지식은 당신이 간직하십시오. 제 사랑은 속성들을 지니고 있는 신성한 형상에 고정되어 있습니다.

68. 비라트라고 하는 형태 없음의 개념은 베다들조차 붙잡을 수 없습니다. 모기 같이 보잘것없는 제가 그것을 가지고 무엇을 할 수 있겠습니까? 그러면 속성들을 가지고 있는 신으로부터 오는 행복을 제가 어디에서 찾을 수 있겠습니까?

69. 양발이 있는 당신의 모습은 눈부시게 빛나고 있습니다. 당신이 제게 말씀하시듯이 만약 당신에게 속성들이 없다면, 제가 누구를 포옹할 수 있으며 누구를 위하여 노래할 수 있겠습니까? 오, 크리슈나시여!

70. 당신이 제게 아무런 매력이 없는 모습을 하고 계신다면, 제가 어떻게 당신을 숭배할 수 있겠습니까? 오, 크리슈나시여, 그렇다면 어떻게 제 귀가 당신의 선함을 칭송하는 노래를 들을 수 있겠습니까? 말씀해 보소서."

71. 비슈밤바르의 이 말을 듣고서 세상의 생명이신 분이 미소를 지으며 말했다. "너의 착한 성품은 악한 눈을 가진 자들까지 매혹시킬 만하구나."

72. 이렇게 말한 뒤에 박타들의 연인이요 무력한 자를 돕는 분이 비

슈밤바르의 머리에 손을 얹고서 말하였다. "네가 나의 이름을 반복하는 곳이면 어디든지 그곳에는 반드시 내가 있을 것이다."

73. 이렇게 말하고서 룩미니의 남편은 그에게 하리라는 이름이 들어 있는 만트라를 주었으며, 그가 원하는 대로 속성들을 지닌 신에 대한 사랑을 간직한 채 데후로 돌아가도록 떠나보냈다.

비슈밤바르가 사람들에게 칭찬과 비난을 받다

74. 비슈밤바르는 이제 2주마다 판다르푸르로 가기 시작했으며, 매달 열 하룻날에는 거기에 있었다. 그는 이것을 규칙적으로 하였으며 그것으로부터 비할 수 없는 행복을 느꼈다.

75. 카르티크(11월) 달로부터 제슈트(6월) 달까지 그는 열여섯 차례 왕래하였고, 사구나 즉 속성들을 지닌 신을 생각했다.

76. 데후 사람들은 비슈밤바르의 마음 상태를 보고 놀랐다. 다른 사람들이 그에 대해 뭐라고 말했는지를 들어 보라.

77. "그는 가정생활의 모든 욕망들을 버리고 오로지 비토바(크리슈나)만 생각한다. 그렇지 않다면 그가 왜 2주마다 왔다 갔다 하며 자신을 피곤하게 하겠는가?"

78. "만약 그가 가정생활을 싫어한다면 판다르푸르에서 행복하게 지낼 수 있을 것이다. 그러나 그는 두 곳을 다 사랑하는 것 같다. 그래서 그는 그곳에 갔다가도 다시 집으로 돌아오는 것이다."

79. 다른 사람들은 말하기를, "운명은 그에게 호의적이었다. 왜 당신

은 쓸데없이 그를 모욕하는가? 오늘날 우리는 그와 같이 신에게 헌신하는 사람을 보지 못한다."라고 하였다.

80. 그래서 사람들은 자신들의 견해에 따라 제각각 그를 다르게 보았다. 그러나 비슈밤바르에게는 그런 것들이 똑같았다. 그에게는 칭찬과 비난이 똑같았다.

81. 비슈밤바르는 신을 사랑하는 본성을 지닌 박타였고 그의 가슴은 속성들을 지닌 신에게 고정되어 있었다. 그런데 이제 아주 이상한 일이 일어났다. 들어 보라, 경건한 박타들이여!

비슈밤바르의 꿈이 실현되다

82. 비슈밤바르가 2주마다 판다르푸르로 왔다 갔다 하는 사이에 어느덧 8개월이 흘러갔다. 천상의 신은 당연히 이러한 섬김에 대해 그에게 빚을 지고 있다고 느꼈다.

83. 아홉 번째 달의 열 여드렛날 밤, 비슈밤바르가 잠을 자고 있을 때 룩미니의 남편이 꿈속에 나타나 그에게 말했다.

84. "사랑하는 비슈밤바르야, 너의 섬김으로 나는 너에게 빚을 지게 되었다. 그래서 내가 너의 마을로 왔다. 이제 너는 더 이상 판다르푸르로 갈 필요가 없다.

85. 너는 나에게 충분한 애정을 보여 주었다. 진정 내가 어떻게 너에게 보답할 수 있겠느냐. 그래서 나에 대한 너의 사랑을 보며 머물기 위해 내가 여기로 온 것이다."

86. 이렇게 말한 뒤에 크리슈나는 망고 과수원으로 가서 그곳에서 잠들었다. 그는 꿈꾸는 듯 했다.

87. 잠에서 깨어난 비슈밤바르는 사랑의 마음으로 신의 이름을 암송하며 말했다. "운명의 길이란 얼마나 기이한가. 내가 룩미니의 남편을 만나다니.

88. 나를 만난 후 판다르푸르의 신은 망고 과수원으로 갔다. 아마 그분은 지금 거기에 잠들어 있을 것이다. 즉시 그곳에 가 보아야겠다."

89. 그는 꿈속에서 본 대로 신이 판다르푸르에서 이곳으로 왔다고 믿었고, 마을에 사는 바이슈나바들에게 가슴속의 이 비밀을 말했다.

90. "즉시 망고 과수원에 가서 룩미니의 남편을 이 마을로 모시고 옵시다."라고 비슈밤바르가 말했다. 바이슈나바들은 이 소식을 듣고서 크게 놀랐다.

91. 그들은 마을의 다른 사람들도 데리고 갔다. 크리슈나의 박타가 아니며 회의적인 그들에게는 그 일이 사실로 여겨지지 않았다.

92. 그들은 말했다. "비슈밤바르는 신을 묵상하는 데 너무나 몰두하여 아마도 꿈속에서 같은 형상을 보았을 것이다. 속성들을 지닌 그 신은 성상(聖像)의 형태로 사람 앞에 직접 보여야 한다. 어떻게 그런 불가능한 일이 일어날 수 있단 말인가?"

93. 다른 사람들은 이렇게 대답했다. "왜 당신은 의심을 하는가? 팔찌를 보는 데는 거울이 필요 없다. 당신은 그의 믿음이 가져올 것을 곧 보게 될 것이다."

94. 그런 생각들을 하면서 마을 사람들은 비슈밤바르와 함께 갔다. 그는 기쁨으로 가득하여 이 성자들의 무리와 함께 걸어갔다.

95. 신을 찬양하는 노래를 부르고 춤을 추며 그들은 망고 과수원에 이르렀다. 그러나 보라, 판다르푸르의 신은 그곳에 없었다. 그런데 아주 특이한 향기가 그곳에 있었다.

96. 향기로운 꽃들과 향기로운 분말들 그리고 툴시 잎들이 그곳에 흩어져 있었다. 그들은 이런 이상한 광경을 보고서 모두들 놀라움을 나타냈다.

97. 어떤 사람이 말했다. "여러분 보시오, 이것은 꿈이 실현되고 있다는 것을 보여 주는 것 같소. 그러나 우리는 믿음이 순수하지 못하여 신을 보지 못하고 있소."

98. 바로 그때 비슈밤바르가 말하였다. "이 땅을 파 봅시다." 갑자기 모든 사람들이 하늘에서 나는 목소리를 들었다.

99. "천상에 거주하는 자가 비슈밤바르를 만나기 위해 데후로 왔다. 연장으로 파지 말고 손으로 파라.

100. 뛰어나고 고귀한 바이슈나바가 비슈밤바르의 가문에 화신으로 내려올 것이다. 그의 키르탄의 매력으로 세상이 구원받을 것이다."

101. 이런 신성한 목소리를 듣고서 모여 있던 박타들은 기뻐했다. 그들은 신의 이름에 박수갈채를 보냈고 큰 소리로 신을 찬미했다.

102. 비슈밤바르가 손으로 땅을 파기 시작하자 다른 바이슈나바 박타들도 동참했다. 보라, 많은 양의 향기 나는 분말들과 툴시 잎들이 흙과 함께 나왔다.

103. 그들이 계속해서 지켜보자 검푸른 색의 판두랑(크리슈나) 신상이 시야에 나타났다. 그의 왼쪽에는 어머니 룩미니가 있었다. 그의 모습은 대단히 아름다웠다.

104. 그는 허리에 노란색 옷을 입고 있었다. 목에는 툴시 화환을 두르고 있었다. 이 아름다운 신상을 보고서 모두들 승리! 승리! 하고 외치기 시작했다.

105. 비슈밤바르는 신상을 들어올렸고, 그들은 가슴속에 신상에 대한 사랑으로 가득 차서 마을로 행진했다. 비탈의 박타들은 모두 비탈의 이름을 외쳤으며, 그를 찬양하는 노래를 부르며 춤을 추었다.

106. 이윽고 마을의 신성한 장소에 다다른 그들은 그곳에 신상을 안치했다. 근처에는 인드라야니 강이 흘렀다. 이 상을 바라보는 것은 모든 존재들에게 궁극적인 해방을 준다.

107. 그들은 베다 브라만들을 불렀고, 이러한 경우에 필요한 모든 것을 제공하였다. 그들은 물을 뿌리는 행동으로 룩미니의 남편을 숭배하였으며, 그러는 동안 베다의 만트라들을 암송하였다.

108. 그들은 사탕수수 설탕이 첨가된 다섯 가지 음료, 즉 우유, 커드, 버터, 꿀, 설탕으로 신상을 목욕시킨 뒤에 신상에 물을 뿌렸다.

109. 그들은 수건으로 신상을 닦고서 노란색 옷을 입혔다. 귀에는 귀고리를 끼우고 머리에는 왕관을 씌웠다. 그들은 이렇게 크리슈나를 아름답게 치장했다.

110. 그리고 나서 꽃과 툴시, 불을 밝힌 접시를 사랑으로 바쳤고 향과 불을 흔들어 봉헌 의식을 행하였으며, 맛있게 요리된 음식과 다른 봉헌물들을 바쳤다. 그 동안에 브라만들은 내내 큰 소리로 만트라를 암송하였다.

111. 비슈밤바르는 능력껏 브라만들에게 잔치를 베풀었고, 바이슈나바들은 신을 찬미하는 의식을 행하였다. 모든 마을 사람들이 신을 숭배

하며 밤을 지새웠다.

112. 한밤중에 혼자 있을 때 비슈밤바르는 이렇게 신을 찬양했다. "승리! 승리! 룩미니의 남편, 자비의 바다이신 당신에게. 오로지 당신만이 천상과 지상, 지옥이라는 세 가지 세상에 널리 퍼져 있습니다.

113. 인드라조차 당신을 볼 수 없습니다. 쉬바가 명상하는 분은 당신입니다. 오, 비탈이시여, 당신은 저를 위하여 이곳 인드라야니 강변으로 오셨습니다.

114. 저는 당신을 섬기지도 않았고 사랑의 헌신도 바치지 못하는 사람입니다. 저는 숭배할 줄도 모르고 알맞게 경배하는 법도 모릅니다. 그러나 당신은 무력한 자의 형제요, 자비의 구름입니다. 저는 제 경험으로 이것을 충분히 압니다."

115. 비슈밤바르의 찬양을 듣고서 룩미니의 남편이 대답하였다. "네가 원하는 것은 무엇이든지 말해 보라."

116. 사랑하는 박타는 이 말을 듣고서 대답하였다. "저는 항상 당신에 대한 숭배를 사랑하고 싶습니다. 오, 비탈이시여! 저는 성자들과 교제하고 싶습니다. 제 가슴속에서 무엇을 갈망하는지 당신은 아십니다, 오, 크리슈나시여!

117. 미래의 제 후손들이 사랑으로 당신에게 헌신하기를 바랍니다. 오, 룩미니의 남편이시여, 이것이 제 소망입니다. 제 가슴의 이 갈망을 이루어 주십시오.

118. 한 칼파(Kalpa) 동안 여기에 머물러 주시고, 당신을 바라보기만 하여도 무지한 자들이 구원받게 하여 주소서. 연꽃 같은 눈을 한 분이 여기에 머무시어 데후 마을을 신성한 곳으로 만들어 주소서."

119. 사랑하는 박타의 이 소망을 듣고서 무력한 자를 돕는 분이 미소를 지으며 대답하였다. "너의 가슴이 갈망하여 붙들고 있는 것, 무한한 자인 나는 그것을 이루어 주는 자이다."

120. 그러한 약속이 주어졌다. 비슈밤바르는 신의 발아래 엎드려 절하였다. 그 성스러운 마을에 사는 모든 사람들도 함께 경배하였다.

비슈밤바르의 죽음

121. 그 사랑의 마음가짐 속에 세월이 흘러, 이제 비슈밤바르가 세상을 하직할 때가 다가왔다. 푸슈파크라 불리는 빛의 마차인 비만이 그를 데려가기 위하여 비슈누의 천국에서 내려왔다.

122. 비슈누의 천사들이 비슈밤바르에게 말했다. "이제 비슈누의 천국으로 오십시오." 비슈밤바르는 이 부름을 듣고서 크리슈나에게 이렇게 탄원하였다.

123. "오, 슈리 크리슈나시여! 저의 두 아들과 아내가 이제 당신의 무릎 위에 있습니다. 저는 천국의 도시로 갑니다. 이것은 확실합니다, 오, 비탈이시여!"

124. 이렇게 말한 뒤에 그는 크리슈나의 이름을 큰 소리로 암송하였고, 생명이 그의 몸을 떠났다. 그는 천상의 빛의 마차에 올라탔으며 천국으로 떠났다.

125. 가는 도중에 노래하는 천사들이 감미로운 목소리로 노래를 하였고, 큰 소리로 신의 이름들을 크게 환호하였으며, 사랑의 말들을 외쳤

다. 이런 환영을 받으면서 비슈밤바르는 천상의 도시에 이르렀다.

126. 그의 놀랍도록 선한 행위들의 결과로 그는 비슈누 가까이 자리를 얻게 되었다. 이 바이슈나바 박타는 오늘날 최상의 형태로 신과의 합일을 즐기고 있다.

비슈밤바르의 아내, 아마바이

127. 비슈밤바르가 천상의 고향에 도착한 뒤에 어떤 일들이 일어났다. 나는 선한 당신들이 이 흥미로운 이야기에 주의 깊게 귀를 기울이기를 바란다.

128. 비슈밤바르의 아내의 이름은 아마바이였다. 그녀 역시 가슴 깊은 사랑의 헌신으로 비슈누를 숭배하였다.

129. 그녀에게는 하리와 무쿤다라는 두 아들이 있었다. 그러나 아마바이는 세상일에 무관심했으며 오로지 신을 숭배하는 데만 그녀의 사랑을 쏟아 부었다.

130. 그녀는 모든 존재들을 똑같은 사랑으로 대했다. 그녀의 다정한 사랑은 내 것과 네 것을 문제 삼지 않았다. 신의 발아래 온 가슴으로 헌신하여 그녀는 판다르푸르의 신을 자신의 신으로 만들었다.

131. 그녀의 사랑스런 숭배 때문에 지고의 신은 그녀에게 자신의 모습을 보여 주었다. 그는 꿈속에서 갑자기 나타나 그녀에게 말하였다.

132. "독수리 깃발을 들고 있는 자인 나는 네 사랑의 헌신을 보았다. 너는 나를 기쁘게 하였다. 그러니 네가 바라는 것이 있으면 나에게 말해

보라."

133. 크리슈나의 말을 듣고서 아마바이는 다음과 같이 대답하였다. "오, 슈리 하리시여, 당신 말고는 그 어떤 것도 저는 바라지 않습니다.

134. 저는 어떠한 즐거움에도 관심이 없습니다. 탄생과 죽음에서 해방되는 것에도 관심이 없습니다. 돈이나 재산에도 관심이 없습니다. 저의 바람은 오로지 당신을 숭배하려는 갈망을 갖는 것뿐입니다. 그리고 저의 가슴이 당신의 본질적인 형상과 하나 되어 녹게 해 주십시오.

135. 만약 이것 외에 다른 바람이 티끌만치라도 있다면, 그것은 제 어머니가 저를 헛되이 낳은 것입니다." 아마바이가 이렇게 말하자, 룩미니의 남편이 웃으며 말했다.

136. "어머니여, 네 마음은 축복을 받았다. 그렇게 되기를. 자비의 바다인 나는 너를 만나 기쁘다. 나는 내 연꽃 같은 발아래에 너를 둘 것이다."

137. 아마바이는 사랑의 기쁨으로 대답하였다. "오로지 당신만이 마음을 활동하게 하는 분이십니다. 베다들과 샤스트라들도 이렇게 말했고 많은 시인들도 똑같이 말하였습니다."

138. 이렇게 말하고서 아마바이는 땅바닥에 엎드려 절했다. 비슈누는 기뻐했고 그녀를 들어올려 가슴에 꼭 껴안았다.

139. 아마바이는 이 모든 것을 꿈속에서 보았다. 그 순간 그녀는 잠에서 깨어나 하리의 이름을 암송했고, 자신이 꿈꾼 것에 놀라워하며 앉아 있었다.

아마바이가 세상사에 성공하다

140. 아마바이의 가슴속에는 아무런 욕망이 없어서 그녀는 돈도 부유함도 요구하지 않았지만, 룩미니의 남편은 그녀의 채무자가 되었다. 그리고 모든 시디(초자연적인 힘)들이 그녀를 돕기 시작하였다.

141. 그녀는 세속적인 일들을 나아지게 하려는 노력을 전혀 하지 않았지만, 모든 집안일은 그녀에게 좋은 방향으로 이루어졌다. 어느 때든 그녀가 원하는 것은 무엇이나 그녀에게로 왔다.

142. 그러나 시디들이 유리하게 작용할 때에는 선을 추구하는 자의 가슴이 즉시 타락할 수 있다. 세속적인 번영과 부가 증가함에 따라, 그는 신에게서 확실히 떠나게 된다.

143. 감각적인 욕망들이 그들을 덮어 버리면, 가슴속에 회개가 있을 자리가 없다. 회개가 없는 곳에는 자연히 죄가 들어온다.

144. 밤이 되면 유령들이 묘지 밖으로 나오듯이, 고통과 가난이 불운한 사람을 보고 찾아오듯이.

145. 야비한 사람이 모임에 오면 그를 혐오하는 감정이 자연히 드러나듯이, 마찬가지로 가슴이 감각적인 것들에 탐닉할 때 그것은 아무 노력 없이 나쁜 행위들을 받아들인다.

146. 그러므로 성자들과 사두들은 방해물을 떠나 숲 속에 홀로 머물면서 신을 숭배한다.

아마바이의 아들들이 세속적인 마음을 가지고 자라다

147. 이런 말은 이 정도로 충분하다. 앞서 말했듯이 모든 시디들이 그들의 집으로 와서 그들을 도왔다. 그 결과로 아마바이의 아들들은 신을 잊어버렸다.

148. 어느 날 그들은 앉아서 그러한 것들에 대한 욕망을 생각했고, 말과 마차와 훈장을 가질 수 있는 군대에 가야겠다고 마음먹었다.

149. "그러니 가서 왕을 만나 그분을 충성스럽게 섬기자. 크샤트리아의 직업을 따르면 부를 누릴 수 있을 것이다."

150. 그 뒤 두 아들은 어머니에게 공손히 절을 하고 속마음을 털어놓았다. "저희는 왕을 찾아가서 크샤트리아의 직업을 얻고자 합니다."

151. 아마바이는 그들에게 말하였다. "여기 집에서 무엇이 부족하냐? 비탈께서 우리가 필요로 하는 모든 것을 주실 것이다."

152. 어머니는 이렇게 그들에게 간청하였으나 아들들은 어머니의 대답에 만족하지 못했다. 그들의 의도를 알고서 그녀는 그들이 가는 것을 허락하였다.

153. 두 아들 하리와 무쿤다는 어머니 앞에 엎드려 절한 뒤에 즉시 길을 떠나 왕을 만나러 갔다.

154. 왕은 두 아들의 용맹함과 솜씨를 보고서 그들에게 돈을 주었다. 그들은 그들의 아내와 어머니를 그곳으로 데려오려는 계획을 세웠다.

155. 그들은 어머니 아마바이에게 편지를 썼고, 그들을 데려오기 위하여 말과 사람들도 함께 보냈다. 어머니는 그들을 보고서 슬픔에 잠겼다. "비토바와 멀리 떨어지게 되겠구나."

156. 그러나 그녀는 판두랑의 신상에 작별 인사를 드렸고, 눈물이 가득 고인 눈으로 말하였다. "오, 신이시여, 저는 이제 당신의 발로부터 멀리 떨어지게 될 것입니다."

157. 이렇게 말한 뒤에 그녀는 슬픔으로 목이 메어 말을 잇지 못했다. 하지만 모든 살림살이를 챙겨서 길을 떠났다.

158. 두 며느리를 데리고 길을 나선 그녀는 드디어 두 아들을 만났다. 그러나 그녀의 마음은 신과 함께 있었다. 그녀의 가슴은 사랑으로 사무쳐 있었다.

159. 거지가 시장을 돌아다니지만 그의 마음은 늘 땅에 묻어 놓은 돈에가 있듯이. 송아지가 밧줄에 묶여 있지만 마음은 어미 소에 가 있듯이.

160. 차코르 새가 자기의 몸을 의식하면서도 언제나 달을 찾으려 하듯이. 이처럼 아마바이의 가슴도 룩미니의 남편으로 가득 차 있었다.

161. 운명과 전생의 행위들로 인하여 행운과 재산이 아들들에게 왔다. 그것의 유혹에 빠져 그들은 그것들을 즐기면서 살았다. 무력한 자를 돕는 분께서는 이것을 이해한다.

아들들이 어머니의 꿈을 비웃다

162. 얼마간의 시간이 흐른 뒤, 아마바이가 잠을 잘 때 크리슈나가 그녀의 꿈속에 나타났다.

163. 선명한 검푸른색의 형상을 하고 있었다. 노란색 옷의 광채는 밝은 빛을 내뿜고 있었다. 귀에서 반짝이고 있는 천상의 귀고리는 악어 모

양이었고 무척 아름다웠다.

164. 이러한 형태로 아마바이의 꿈에 나타난 크리슈나는 그녀에게 말하였다. "아들들에 대한 애정에 빠져서 너는 나를 저버렸다.

165. 비슈밤바르는 나에게 확신을 주었고, 나로 하여금 신성한 마을 데후로 와서 머물게 하였다. 이제 너는 이 모든 것을 잊어버리고 세속적인 것들에서 즐거움을 찾고 있다.

166. 돈과 부에 대한 네 모든 사랑을 내던지고 즉시 신성한 마을 데후로 떠나라." 판다르푸르의 신이 이렇게 말했을 때 아마바이는 잠에서 깼다.

167. 이 꿈에 놀란 아마바이는 즉시 아들들을 불렀고, 북받치는 감정으로 목이 멘 채 아들들에게 꿈의 내용을 들려주었다.

168. "너희 아버지는 확신에 차서 크리슈나와 약속을 했고, 크리슈나의 신상을 안치한 뒤에 천상의 집으로 갔다.

169. 지고의 신께서 꿈속에서 나를 찾아와 얘기하면서, 즉시 인드라야니 강변으로 가라고 말씀하셨다."

170. 어머니의 꿈 이야기를 들은 아들들은 웃음을 터뜨리며 대답하였다. "꿈에서 경험한 것을 어떻게 사실로 여기겠습니까?

171. 저희는 열심히 왕을 섬기고 있습니다. 룩미니의 남편께서도 그렇게 하는 것을 기뻐하실 것입니다. 신은 자신의 특별한 의무 이행을 명예롭게 여기는 사람을 무시하지 않습니다."

172. 아마바이는 그들의 말을 듣고서 침묵하였다. 그녀는 아들들에 대한 사랑과 애정을 그만둘 수 없었다. 그리하여 아무것도 그들에게 지속될 수 없었다.

아마바이의 꿈이 사실로 드러나다

173. 며칠이 지난 후 아들들은 농담으로 어머니에게 말하였다. "판다르푸르의 신이 어젯밤에 어머니께 뭐라고 얘기하시던가요? 말씀해 보세요."

174. 아마바이가 대답하였다. "나는 그 뒤로 두 번 더 신을 보았다. 신께서는 '네 아들들과 모든 재산을 놓아두고 즉시 데후로 오라.'고 말씀하셨다."

175. 그들은 어머니의 말을 들었지만 그것이 사실이라고 느끼지는 않았다. 그들의 마음이 타락했으므로 미래의 이상한 일들은 실현되어야 했다.

176. 이렇게 며칠이 지났고, 판다르푸르의 신은 몹시 격노하였다. 그는 꿈에 아마바이에게 나타나 말하였다. 그대 경건한 이여, 다음의 이야기에 귀를 기울여라.

177. 판다르푸르의 신이 꿈에 나타나 그녀에게 말했다. "만약 네가 내 말에 귀 기울이지 않으면, 오늘 오후에 재난이 닥칠 것이다. 이 예언을 명심해라.

178. 너의 모든 재물과 돈이 흩어지고 네 아들들이 죽게 될 것이다." 세상의 생명이신 분이 이렇게 말하자 아마바이는 울기 시작하였다.

179. 그녀는 말하였다. "당신은 제 아들들이 죽을 것이라고 말씀하십니다. 그러면 제가 궁극의 선을 향하여 가는 동안 누가 저를 보살펴 주겠습니까?" 하리가 대답하였다. "나는 너에게 빚을 지고 있으며, 반드시 내 빚을 갚을 것이다."

180. 아마바이는 꿈속에서 이 일을 겪은 뒤 잠에서 깨어났다. 아들들이 와서 그녀에게 물었다. "어머니, 왜 우십니까?"

181. 아마바이가 대답했다. "며칠 전에 나는 너희들에게 내가 꾼 꿈을 얘기해 주었지만, 너희들은 사실이 아니라고 여겼다. 오늘 꿈에 세상의 생명이신 분이 분노하며 나타나셨다.

182. 그분은 나에게 '오늘 오후가 되면 너의 아들들이 죽게 될 것이다. 너의 모든 재물과 돈이 순식간에 흩어질 것이다.'라고 말씀하셨다."

183. 산자야가 미래의 일을 예언했을 때 드리타라슈트라가 그의 말을 믿지 않았던 것처럼, 아마바이가 이렇게 말했지만 아들들은 이 말이 사실이라고 믿지 않았다.

184. 만도다리가 윤리법을 세웠을 때 라반은 옳지 않다고 생각했다. 일어나야 하는 일은 수많은 기묘한 가능성들을 지닌다. 우리는 자신의 전생들에 무엇이 묻혀 있는지를 모른다.

185. 두 아들 하리와 무쿤다는 서로 얘기하였다. "어머니가 연세가 많으셔서 불행한 일들을 예상하신다."

186. 그리고 아들들은 어머니에게 말하였다. "저희는 오늘 죽을 것입니다. 그러니 어머니께서는 어서 손수 밥을 지어서 저희를 배불리 먹여 주십시오."

187. 어머니는 며느리들에게 지시를 하였고, 그들은 두 사람을 위한 상을 차려 왔다. 두 아들은 자리에 앉아서 배불리 먹었다.

188. 그들은 판 수파리를 먹으면서 농담조로 말했다. "어머니께서는 과거와 미래에 대해 모르는 것이 없으시군요." 바로 그때 전령이 와서 말했다. "왕께서 당신들을 부르십니다.

189. 대규모의 적군이 나타났습니다. 적군을 물리치기 위해 가야 합니다." 왕의 명령문을 본 그들은 서둘러 떠날 준비를 하였다.

190. 그들은 군대를 준비시켰다. 어머니에게 작별 인사를 한 뒤 그들은 북을 울리며 급히 출발했다.

191. 갑자기 적군이 그들 앞에 나타나자 무시무시한 전투가 시작되었다. 용감한 두 아들은 전장에서 부상을 입고 쓰러지면서 "아, 슬프다!"고 탄식했다. "아아! 아아!" 하는 비명 소리가 들려 왔다.

192. 그 순간 적군은 승리를 거두었으며 그들의 승리를 선포하는 나팔 소리가 울려 퍼졌다. 그들은 병사들의 소지품을 약탈하였다.

193. 하리와 무쿤다는 어찌할 수 없는 상태로 쓰러져 있었다. 그들은 몹시 후회하였다 "우리는 어머니의 말을 듣지 않았어. 그래서 우리에게 이런 일이 생긴 거야."

194. 그 순간 그들은 뉘우치고서 도와 달라고 크리슈나에게 외쳤다. "오, 지고의 신이시여, 죄인을 정화시키는 분이시여, 어서 저희를 구해 주소서, 오, 케사바시여."

195. 신은 자비를 요청하는 이 외침을 듣고서 즉시 그들 앞에 나타났다. 그는 빛의 마차인 푸슈파크에 그들을 태우고 천국으로 데려갔다.

196. 신은 비슈밤바르에게 그의 온 가문을 구해 주겠다고 약속한 적이 있었다. 천상의 신이 내려와서 그들을 만난 것은 그 약속 때문이었다.

아마바이와 며느리가 데후로 돌아오다

197. 앞서 말한 대로 젊은 두 아들이 전쟁에서 죽었다. 아마바이가 이 소식을 들었을 때 슬픔의 바다가 심연에서부터 요동쳤다. 그것을 어떻게 한 권의 책으로 다 묘사할 수 있겠는가?

198. 간다리가 자신의 가문이 끊겼다는 소식을 들었을 때 그녀는 정신을 잃고 바닥에 쓰러졌다. 그러한 일이 아마바이에게 일어났다.

199. 차남 무쿤다의 아내는 자신의 눈으로 이 모든 슬픔을 목격하고서 화장용 장작더미에 불을 붙인 뒤 남편을 뒤따랐다.

200. 그녀가 이렇게 생을 마감하자 신은 그녀를 천국으로 데려갔다. 그녀는 그곳에서 남편을 만나 못 다한 얘기를 함께 나누었다.

201. 이제 다른 사건들로 눈을 돌려 보자. 아마바이의 큰며느리는 임신 중이었기에 남편을 뒤따르지 않고 남았다.

202. 적군은 그들의 모든 의복과 패물들, 돈과 재산을 약탈해 갔다. 아마바이는 큰며느리를 데리고 멀리 도망쳤다.

203. 줄곧 하리를 생각하면서 그녀는 신성한 땅 데후에 도착하였다. 그녀는 즉시 사원으로 갔고, 그곳에서 궁극의 희열을 주시는 분을 보았다.

204. 그녀가 신상을 가슴 깊이 포옹했을 때 그녀는 슬픔으로 목이 메었다. 그녀는 그의 발을 꼭 껴안고서 다음과 같이 말하였다.

아마바이가 신을 비난하다

205. "오, 제 가정생활의 파괴자시여! 당신은 이렇게 어긋나는 상황을 얼마나 잘 만드셨는지요! 당신은 제 사랑하는 아이들을 전쟁터에서 쓰러지게 하셨습니다. 오, 슈리 크리슈나, 제 가정을 파괴하는 분이시여!

206. 당신의 하인들이 당신을 숭배하면, 당신은 이런 식으로 그들을 파괴합니다. 그들이 당신에게서 멀어지면, 당신은 그들을 위해 온 세상을 사막으로 만들어 버립니다.

207. 쉬바가 당신을 경배하자, 당신은 그를 묘지로 데려가 앉히셨습니다. 당신은 그에게 세속적인 것들에 무관심한 마음을 주셨고, 그리하여 그는 감각적인 것들에 대한 욕망을 더 이상 가질 수 없게 되었습니다.

208. 저는 사나카와 다른 사람들의 이야기를 들은 적이 있습니다. 그들이 당신에 대하여 명상을 할 때, 당신은 그들이 몸 안에 있어도 몸을 의식하지 못하게 만드셨고 그들을 천국의 집에 머물게 하셨습니다.

209. 우주의 지고한 주인이신 당신은 바이슈나바인 나라다의 모든 악한 갈망들을 소멸시켰고, 그에게 허리에 두르는 옷만 입힌 채 우주의 세 세계들을 방랑하게 하셨습니다.

210. 2주일 중 열 하룻날, 당신은 룩만가드로 하여금 하리에게 철야 예배를 드리게 하였습니다. 그 뒤에 그의 도시를 파괴하였으나 그는 천국에 앉히셨습니다.

211. 당신은 당신의 박타인 비비샨의 형제 라반을 죽였고, 그 뒤에 비비샨에게 실론을 선물로 줌으로써 당신의 관대함을 보여 주셨습니다.

212. 오, 우주의 지고한 주인이시여! 당신의 박타인 프랄하드는 당신

의 이름을 반복했기에 많은 고통을 겪어야 했고, 결국 당신은 그의 아버지를 죽였습니다. 당신의 행동은 존경스럽지 않은 것이었습니다.

213. 다른 사람들의 이야기는 이것으로 족합니다. 이제 제 경험을 이야기하겠습니다. 무한한 존재이신 당신은 제가 지켜보는 동안에 제 아들들을 죽이셨습니다.

214. 이 세상 존재의 바퀴를 굴리시며 들꽃 화환을 걸친 분이시여! 당신은 제 가정생활을 먼지로 만들어 버리셨습니다. 당신은 제 아이들의 생명을 앗아갔고 그 아이들을 당신 곁으로 데려가 버리셨습니다. 당신께서, 예, 바로 당신께서 말입니다!

215. 이제 말씀해 보십시오. 누가 저를 돌보아 준단 말입니까."

아마바이를 향한 신의 부드러운 대답

우주의 영혼이신 분이 아마바이의 말을 듣고서 대답하였다.

216. 그는 먼저 그녀를 가슴에 끌어안고서 이렇게 말하였다. "일어나야 했던 일이 결국 일어난 것이다. 그러나 이제는 조금도 걱정하지 말라. 우주의 지고자인 내가 너와 함께 있다."

217. 이와 같이 자비의 광산인 그는 여러 가지로 그녀의 감정들을 위로하였다. 이제 경건한 그대들이여, 다음에 나오는 일들을 존경하는 마음으로 들어라.

218. 그녀가 살림살이를 꾸려가기 위해서는 돈과 곡식이 필요했지만, 이런 생필품을 제공할 사람이 아무도 없었다. 그녀는 임신 중인 며

느리를 친정으로 보냈다.

219. 그녀 자신은 신성한 도시 데후에서 한동안 머물렀지만 마음이 편치 않았다. 근심들로 인하여 그녀의 시력은 몹시 나빠지다가 결국 완전히 눈이 멀게 되었다.

220. 그녀의 집 앞에는 고귀한 쉐바가 나무가 있었는데, 그녀의 비통함 때문에 시들어 죽어 버렸다. 그러던 어느 날 크리슈나가 모습을 나타내어 아마바이에게 이야기를 하였다.

221. 크리슈나가 말했다. "오, 어머니여, 나는 여전히 네 곁에 있다. 그런데 왜 너의 가슴이 괴로워하는가? 내가 얼마나 자주 이 점을 말해 주어야 하는가?

222. 화신 크리슈나로 있을 때 나는 내 스승의 죽은 아들을 그의 아버지와 만나도록 도와주었다. 그리고 마찬가지로 나는 네가 원하기만 한다면, 네 아들을 네게 데려다 줄 수도 있다.

223. 그리고 미래에 나는 네게 신의 눈을 줄 수도 있다." 룩미니의 남편의 이런 이야기에 아마바이가 대답했다. "저는 언젠가는 없어질 것은 원하지 않습니다.

224. 하리시여! 저는 이미 당신에게 말씀드린 적이 있습니다. 이제 그것을 잊으셨나요? 저는 당신 말고는 아무것도 바라는 것이 없다고 말씀드렸습니다. 이 말을 떠올리시고 마음에 새겨 주십시오.

225. 비록 당신이 갑자기 어떤 것을 묻지 않고서 주신다고 해도 저는 진실로 그것을 받지 않을 것입니다." 룩미니의 남편이 듣고서 대답하였다.

226. "나는 지금 당장 너의 아들이 될 것이고, 룩미니는 너의 사랑스

러운 며느리가 될 것이다. 그녀는 너를 사랑으로 모실 것이고 네게 아무런 부족함도 없게 할 것이다."

227. 크리슈나의 이런 제안에 아마바이가 말하였다. "당신은 우주의 아버지이며 세상의 구원자이십니다. 어떻게 당신이 제 아들이 될 수 있단 말입니까?"

228. 이에 크리슈나가 대답하였다. "사랑이 담긴 깊은 믿음의 힘으로 나는 야소다의 아기가 되었다. 너는 이것을 조금도 알지 못하느냐?"

229. 크리슈나가 이렇게 말하자 아마바이는 그 앞에 엎드려 절하며 외쳤다. "오, 박타들의 연인이며 궁극의 희열을 주는 분이시여, 당신의 행하심은 참으로 경이롭습니다."

아들의 모습으로 신이 아마바이를 돌보다

230. 아마바이의 지극한 헌신으로 인하여 슈리 하리는 그녀의 아들의 모습을 취하였다. 그리고 그녀의 손을 잡고서 사원으로 인도하곤 하였다.

231. 세상의 주인인 그분께서 예배에 필요한 모든 물건들을 직접 자신의 손으로 마련해 주었다. 그는 그녀의 굶주림과 목마름을 끊임없이 돌보아 주었다. 그는 그녀에게 아무런 부족함이 없도록 보살펴 주었다.

232. 아마바이의 헌신은 진정 축복을 받았다! 비록 크리슈나는 움직이지 않는 붓다의 모습으로 있었지만 언제나 그녀를 보살펴 주었다.

233. 사나카와 다른 이들에게 명상의 대상이었고 쉬바에게 경배의

대상이었던 그분은 자신의 하인인 비슈밤바르에게 진 빚을 갚기 위해 이런 사구나 즉 형상을 취하였다.

234. 어머니 룩미니인 아디마야는 아마바이의 며느리가 되었다. 그녀가 집안일을 돌보았기에 부족한 것은 아무것도 없었다.

235. 지고의 영이자 순수한 지성이며, 마야의 영향을 받지 않는 그분이 아마바이의 곁에 앉아서 사랑으로 그녀를 봉양하였다.

236. 아마바이는 그분에게 이렇게 말하곤 하였다. "비투야, 이리 와서 함께 밥 먹자." 그러면 판다르푸르의 신인 그분은 "물론 그래야지요."라고 대답한 뒤 스스로 음식을 먹음으로써 자신의 사랑을 보여 주곤 하였다.

237. 위대한 리쉬(현자)들이 그들의 희생으로 만든 봉헌물조차도 먹지 않던 그분은 이 사랑스러운 박타가 남긴 음식을 지고의 사랑으로 먹었다.

238. 하리는 진실한 헌신에 매료되며, 그를 숭배하는 사람들의 사회적 지위나 계급에 개의치 않는다. 그리고 크리슈나는 한 사람의 내면적 헌신의 감정들에 따라서 자신을 맞춘다.

239. 둘이 함께 식사를 한 뒤에는 세상의 생명이신 그분은 그녀가 손을 씻을 수 있도록 물을 가져다주었다. 그는 판 수파리를 자신의 손으로 직접 준비하여 그녀에게 주었다.

240. 그 다음에는 독수리의 깃발을 든 분이신 크리슈나가 아마바이의 손을 잡고서, 룩미니가 마련해 놓은 침대로 정중하게 인도하여 그녀가 잠들도록 침대에 뉘었다.

241. 바가바드 기타의 여덟 번째 장에 우주의 영혼께서 "박타가 자신의 육신을 벗어 놓고 있는 동안, 무한한 자인 내가 그를 돌볼 것이다."라

고 말씀하신 것처럼 이 경우에도 그는 아마바이를 돌보고 있었다.

242. 슈리 하리는 그의 위대한 영광을 제쳐 두고서, 그녀의 발치에 앉아 자신의 손으로 직접 그녀의 발을 씻어 주었다. 그분의 그런 행동은 내가 보기에 매우 경이로운 것이다.

243. 룩미니는 자신의 손으로 직접 그녀를 목욕시키고, 그녀의 머리를 빗어 땋아 주었으며, 그녀의 등을 다정하게 문질러 주었다. 이 모든 것은 그녀의 깊은 헌신 덕분이었다.

244. 이 일은 오랫동안 계속되었지만 마을 사람들은 아무도 알아차리지 못했다. 그들은 가끔 이렇게 얘기할 뿐이었다. "틀림없이 어떤 이웃 사람이 아마바이를 돌보아 주고 있을 거야.

245. 하리의 능력은 정말 대단해." 어떤 사람들에게는 룩미니가 며느리로 보였고, 다른 사람들은 그녀를 이웃으로 생각하였다. 그분은 사람들이 이 일에 대해서 아무것도 모르게 하였다.

아마바이의 죽음, 그리고 승천

246. 며칠이 지나고 아마바이의 마지막 날이 다가왔다. 크리슈나는 그녀를 위해 천국의 빛의 마차인 비만을 가져왔다.

247. 슈라반(8월)의 밝은 전반의 열 하룻날, 하리에게 바쳐진 그날이 다가왔다. 그날 초경에, 크리슈나가 아마바이의 머리를 자신의 무릎에 올려놓고서 어떻게 했는지를 보라. 그의 행위에 주목하라.

248. 그 뒤에 그는 그녀의 생명을 밖으로 끌어내었고, 곧 그녀에게 천

상의 몸을 주어 빛의 마차에 태웠으며 천상의 안식처로 데리고 갔다.

249. 그녀의 아들의 모습을 한 크리슈나는 친척, 마을 사람들과 함께 그녀의 몸을 화장하는 마지막 장례 의식을 치렀다. 세상의 생명이신 그분은 그녀에게 마실 물을 주었다.

250. 이렇게 하여 무력한 자를 돕는 분이신 그분은 그녀의 장례식을 직접 치렀다. 열 사흗날, 그는 그녀와 같은 카스트의 사람들에게 장례식 축연을 베풀었다.

251. 그 동안 아마바이의 며느리는 나발라카 움바레에서 살고 있었다. 시어머니의 죽음을 전해들은 그녀는 깊은 슬픔에 빠졌다.

252. 나는 앞에서 그녀가 임신 중이었다고 언급했다. 이 무렵 그녀의 아들은 장성한 상태였다. 그녀는 아들을 데리고 데후에 도착했다.

253. 그녀는 시어머니의 장례식을 직접 치르지 못한 데 대한 비통함을 사람들에게 토로하였다. 깜짝 놀란 마을 사람들이 대답했다. "하지만 당신은 그때 여기 있었고 모든 장례식을 치르지 않았습니까?"

254. 이 말을 들은 어머니와 아들은 어이가 없어 말문이 막혔다.

이제 나는 훨씬 흥미로울 다음 장에 주의를 집중해 주기를, 내 이야기를 듣고 있는 청중들에게 부탁한다.

255. 마히파티의 가슴에 거하시며 이 책을 쓰게 하시는 분은 무력한 이의 형제요, 자비의 보고요, 비마 강 기슭의 거주자이며, 룩미니의 남편인 바로 그분이시다.

256. 스바스티(Svasti)! 사랑스러운 경건한 대중들이여, 이 책 박타릴람리타의 이야기를 들음으로 모든 이의 갈망이 이루어질 것이다. 여기까지가 흥미로운 제1장이다.

제2장
투카람이 태어나다

기도

슈리 가네샤에게 경배를.

1. 승리! 우유의 바다에 거주하시며, 뱀에 기대어 누워 계시며, 락슈미의 남편이시며, 가슴을 끌어당기는 분이시며, 무력한 이들의 형제이시며, 자비의 구름이시며, 세상의 생명이신 슈리 비탈에게 승리를.

2. 현자의 돌이 철을 끌어들이면 마침내 어두운 색깔의 철이 더 이상 남아 있지 않듯이, 어떤 사람이건 당신의 자비로운 눈길을 받는 순간, 이런 세속적인 존재에 그를 매어 놓고 있던 올가미가 끊어집니다.

3. 또는 밤의 어둠 속에서 갑자기 태양이 나타나면, 어둠이 밝음으로 변하고 사방에서 밝음이 모든 것을 밝히듯이.

4. 또는 더러운 개울 속으로 갑자기 갠지스 강물이 밀려들면, 그 물이 거룩해지듯이. 저는 다른 식으로는 생각할 수가 없습니다.

5. 그와 같이 당신의 자비로운 눈길은 즉시 이 세속적인 존재라는 환영에서 벗어나게 합니다. 그리고 진실한 마음을 가지고 탄원자로서 당신에게 다가갈 때, 그들의 잘못은 더 이상 남아 있지 않게 됩니다.

6. 오, 크리슈나시여, 당신은 불가촉천민들, 그리고 낮은 카스트의 사

람들, 여성들, 수드라들, 그리고 베다들이 멸시하는 사람들을 구하셨습니다.

7. 코끼리 가젠드라와 두꺼비는 비탄에 잠겼을 때 소리쳐 당신에게 도움을 간구했습니다. 천상의 신이신 당신은 놀라운 방법으로 그들의 외침에 대답해 주었고, 당신은 그들이 당신과 궁극적으로 합일하여 행복을 누리게 해 주셨습니다.

8. 베다들과 샤스트라들이 가치 없다고 업신여기는 사람들, 그러나 당신의 선함을 사랑으로 노래하는 사람들은 숭고한 탄생을 한 사람들에게 존경을 받습니다. 당신의 이름의 힘은 이와 같습니다.

9. 위대하고 신성한 발미키는 원숭이들에 관한 이야기를 들려주었습니다. 당신의 연꽃 같은 눈으로 자비로운 시선을 보냄으로써 당신은 그것들을 신성하게 만들었습니다.

10. 당신은 응유를 마시는 소치는 사람들이 불결한 습관을 가지고 있다는 것을 압니다. 드바이파야나는 그들을 바가바탐에서 묘사하였습니다. 그러나 그들은 탄원자로서 순수한 가슴으로 당신에게 나아옴으로써 멸시받기에 족한 사람들로부터 영예로운 가치를 지닌 사람들이 되었습니다.

11. 무수한 박타들이 구원을 받았습니다. 그들의 수효를 헤아리는 것은 불가능합니다. 이런 이유로 저 마히파티는 사랑을 간직한 탄원자로서 당신에게 나아옵니다.

비슈밤바르와 아마바이의 손자 비토바

12. 지난 장에서는 어떻게 해서 아마바이가 궁극의 희열을 누리는 집으로 인도되었는지를 기술하였다. 또한 그녀의 며느리가 어떻게, 언제 이 모든 이야기를 전해 듣고서 경탄을 금치 못했는지에 대해서도 이야기하였다.

13. 그녀의 아들 비토바가 어머니에게 말했다. "우리가 이곳에 온 적이 없는데, 어떻게 이런 일이 있을 수 있죠?

14. 만약 우리가 그 이야기는 진실이 아니라고 말한다 해도, 모든 마을 사람들이 축연에 참석했기 때문에 모두들 그 이야기가 진실이라고 증언할 거예요."

15. 아들의 이런 질문에 어머니가 대답하였다. "이 일에는 우리의 원수인 룩미니의 남편이 확실히 관여된 것 같구나.

16. 너의 할아버지인 비슈밤바르께서는 룩미니의 남편을 숭배했단다. 그리고 비슈밤바르의 헌신 때문에 그는 신상의 모습으로 이곳 데후로 왔지.

17. 비슈밤바르에게는 하리와 무쿤다라는 두 아들이 있었다. 그들은 왕에게 고용되어 일하면서 돈과 재산을 모았지.

18. 우리 두 며느리와 선량한 시어머니인 아마바이, 이렇게 우리 셋은 이곳에서 함께 살고 있었어. 하지만 나중에는 하리와 무쿤다가 있는 곳으로 가서 함께 살게 되었지.

19. 그곳에서 한동안 지냈는데, 어느 날 아마바이의 꿈에 판다리의 신이 나타나서 말하기를, '오늘 너는 큰 재난을 당할 것이다.'라고 하였다.

20. 아무도 그녀의 말을 귀 기울여 듣지 않았고, 결국 두 형제는 전쟁터에 나가서 쓰러졌단다. 그래서 우리 둘, 네 할머니와 나는 그곳에서 도망쳐 이곳으로 오게 되었지.

21. 아마바이는 울부짖으며 크리슈나를 비난했단다. 그 뒤에 신께서 우리의 모습으로 나타나서 네 할머니에게 진 빚을 갚은 것 같구나."

비토바가 신을 비난하고 자살하겠다고 협박하다

22. 비토바는 어머니의 이야기를 듣고서 분노에 사로잡혔다. 그는 재빨리 목욕을 하고는 사원으로 갔다.

23. 그는 신상 앞에 서서 신에게 말했다. "당신은 우리에게 엄청난 재난을 주셨습니다. 그것이 당신에게 득이 되는 일이었습니까, 비탈이시여?

24. 저의 할아버지는 당신의 박타가 되었는데, 당신은 저의 아버지를 전쟁터에서 죽게 했습니다. 당신은 이 세상에서 저희에게 치욕을 안겨 주었습니다. 저는 당신과 함께 이곳에 머물지 않겠습니다."

25. 그 말이 끝나자마자 그는 손에 칼을 쥐고서 배를 찌르려고 하였다. 그 순간 크리슈나가 그의 손을 붙잡았다.

26. 비토바는 소리쳤다. "하리여, 저를 내버려 두십시오. 당신이 무슨 말을 하든 적어도 지금 이 순간만큼은 아무 말도 듣지 않겠습니다. 저는 생물계와 무생물계를 넘나드는 당신의 명성을 내 귀로 똑똑히 들었습니다.

27. 프랄하드는 당신의 바이슈나바 박타였습니다. 그는 당신을 사랑으로 경배하였습니다. 그런데도 당신은 기둥이 되어 나타나서 그의 아버지를 죽였습니다.

28. 당신은 안가다의 아버지인 선하고 천진한 발리를 죽였습니다. 그리고 그에게 주문을 걸어 당신의 종으로 만들었습니다.

29. 룩미니의 남편인 당신은 그와 같은 방법으로 저의 아버지를 죽였습니다. 저는 제 생명에 관심이 없습니다. 더 이상 살고 싶은 마음이 없단 말입니다."

30. 그의 단호함을 본 룩미니의 남편은 동정심으로 가슴이 녹아내렸다. 그는 비토바에게 손을 내밀어 그를 사랑으로 끌어안았다.

31. 그는 자신의 손으로 직접 비토바의 눈물을 닦아주고는 말했다. "너는 어찌하여 이렇듯 헛되이 스스로 괴롭히느냐? 일어나야 했던 일이 일어난 것이다. 비슈누의 마야는 속이는 자와 같다."

32. 그리고 계속해서 말했다. "비슈밤바르는 내 약속을 받고서 떠났고, 그 약속 때문에 나는 네 가족에게 빚을 지게 되었다. 내가 여기 데후에 남아 있는 것은 그 빚을 갚기 위해서였다.

33. 나는 내 박타들의 보호자인 크리슈나이지만, 너는 나를 너의 원수라고 부른다. 감로를 독이라고 부르는 사람이 있듯이 너도 그렇게 하는 것으로 보인다.

34. 태양이 떠오르기 시작할 때, 어찌 어둠이 존재한다고 말할 수 있겠느냐? 작은 물웅덩이를 우유의 바다에 견주지 말아야 한다.

35. 아슈바타 나무는 비슈누의 고귀한 한 부분이다. 그 나무를 보는 것만으로도 죄가 사라진다. 그러나 너는 그 나무를 히바 나무라고 부르

고 있다.

36. 모든 요가 수행자들의 신은 우마의 남편이며 묘지의 거주자인 쉬바이다. 이제 그를 유령이라고 부른다면, 그것은 무지한 자들이 그의 위엄을 모르고 있다는 것을 나타낸다.

37. 나는 박타들의 보호자이며, 곤봉과 원반을 사용하는 자이다. 그런데도 너는 나를 다툼을 좋아하는 자라고 부르고 있다. 이것은 내게 아주 이상해 보인다.

38. 나는 빚을 진 까닭에 네 가족을 섬기고 있다. 나의 이 확약을 받아라." 크리슈나가 이렇게 말하자, 비토바는 그의 발아래 엎드렸다.

39. 그의 자비심에서 크리슈나는 그 가족에게 박티의 9가지 형태를 분명히 보여 주었고, 어머니와 아들의 마음은 사랑의 감정으로 변화하였다. 그 후 그들은 끊임없이 그를 경배하였다.

40. 그들은 이전의 슬픔을 떠올리는 것을 그만두었고, 판다르푸르로 순례를 떠나는 것을 가문의 관례로 삼았다. 슈리 하리는 그들에게 필요한 모든 것들을 주었다.

비토바의 자손

41. 비토바의 아들의 이름은 파다지였다. 그도 역시 사랑으로 숭배하였으며, 룩미니의 남편이 그의 헌신의 대상이었다.

42. 파다지의 아들은 샹카라였다. 그도 룩미니의 남편을 경배하였다. 샹카라는 칸하야라는 아들을 두었고, 칸하야는 볼로바라는 아들을 두

었다.

43. 볼로바에게서 최고 경지의 바이슈나바 박타인 투카람(Tukaram)이 태어났다.

투카람의 아버지 볼로바

경건한 청중들이여, 이제부터 투카람의 삶에 대한 자세한 이야기를 들어 보라.

44. 하지만 먼저 그의 아버지 볼로바에 대해 알고 넘어가자. 그는 가슴속에 욕망이 하나 있어서 크리슈나에게 기도했다. "오, 지고의 신이신 룩미니의 남편이시여. 제 가슴의 갈망을 이루어 주소서."

45. 그대 청중들은 내게 물을 것이다. "볼로바는 어떤 경배를 드렸는가? 그리고 그의 무슨 행위로 인하여 신은 그 앞에 나타나셨는가?" 그대 청중들이여, 이제 각자의 마음의 이해 정도에 따라서 그 자세한 이야기를 한번 들어 보라.

46. 볼로바는 가슴속에 사랑을 품고 혼자서 정기적으로 경배를 드렸다. 아샤다(7월)와 카르티크(11월) 달에는 판다르푸르를 순례하였다.

47. 그는 배고픈 이들에게 먹을 것을 주었고, 목마른 이들에게는 물을 주었다. 그는 사두들, 성자들, 바이슈나바들을 존경하고 공경하였다.

48. 그는 장사를 하면서도 결코 거짓을 말하지 않았다. 모든 창조물들 속에서 그는 그 자신의 영혼을 보았다. 그는 아무것도 차별하지 않았다.

49. 그러나 이런 좋은 행위들을 하면서도 그의 가슴속에는 한 가지 깊은 갈망이 있었다. 그는 외쳤다. "오, 룩미니의 남편이시며 세상의 생명이시며 자비의 구름이신 슈리 비탈이시여,

50. 무력한 자들을 돕는 분이신 당신은 옛날에 성자들의 갈망을 즉시 이루어 주셨습니다. 세 가지 세상에서 그와 같이 당신을 찬미하는 노래가 울려 퍼지고 있습니다. 푸라나들은 당신의 고귀한 행위들에 갈채를 보내고 있습니다.

51. 오, 세상의 생명이시여, 당신의 박타들이 소망을 가지고 있으면 당신은 그들의 소망을 들어 주십니다. 오, 자비의 구름이시여, 제 마음은 당신의 그런 찬양받을 만한 행위들을 떠올립니다.

52. 브라만의 아들인 우파만유가 있었습니다. 그가 한 잔의 우유를 청하자 그의 가슴을 아신 당신은 그를 우유의 바다에 자리하게 하셨습니다.

53. 그리고 일자무식이었지만 왕이 되고 싶어 했던 소년 드루바가 있었습니다. 그의 갈망이 강렬함을 보시고, 슈리 하리인 당신은 기뻐하셨습니다.

54. 그의 손을 잡고 안심시키시며 당신은 그를 하늘의 고정된 자리인 북극성에 자리 잡게 하셨습니다. 그리고 달과 태양과 수많은 별들이 그의 주위를 선회하게 하였습니다.

55. 오, 슈리 하리시여! 우리의 마라티 언어는 당신의 자비를 찬미하는 일에는 모자랍니다. 여섯 샤스트라들과 네 베다들이 당신의 자비를 묘사하고자 하였으나 시도에 그쳤을 뿐, 그 어림조차 잡지 못하였습니다."

56. 이와 같이 볼로바는 룩미니의 남편에게 숭배를 계속하면서 탄원

을 하였다. 그리고 하리에게 철야 예배를 드리고 에카다시 의식을 행하면서 자신의 깊은 사랑을 표현하였다.

57. 이십사 년 동안 그는 판다르푸르로 성지 순례를 하였다. 그때 슈리 하리는 그에게 자신의 은총을 보여 주었다. 하리가 어떻게 하였는지 들어 보라!

58. 볼로바의 부인은 지극한 믿음과 헌신을 지닌 부인이었다. 그녀는 자주 기도하였다. "오, 지고의 신이시여, 룩미니의 남편이시여, 저희의 소망을 들어 주소서."

59. 이 부부에게는 아들을 갖고자 하는 한 가지 소망이 있었다. 갑자기 세 명의 신이 그들의 꿈에 나타나서 그들의 모습을 보여 주었다.

60. 브라마데바, 비슈누 그리고 쉬바인 이 세 신들이 말씀하셨다. "너희들은 우리를 기쁘게 하였다. 그러니 특별히 원하는 것이 있다면 지금 우리에게 말해 보거라."

61. 볼로바는 일어나 세 명의 신에게 머리를 숙이며 대답하였다. "현재 저희의 소망은 저희 가정에 아들을 하나 얻는 것입니다."

62. 브라마데바와 쉬바, 두 신이 대답하였다. "네 소망이 이루어질 것이다." 천상의 신인 비슈누는 그에게 어떤 아들을 얻기 원하느냐고 물었다.

63. 볼로바가 대답하였다. "세상의 구원자가 될 아들을 주십시오. 그리고 키르탄을 통해 당신의 선을 노래할 바이슈나바 아들을 주십시오.

64. 당신은 다마쉐트와 그의 부인 고나이의 사랑을 보시고 그들에게 아들 나마를 주셨습니다. 오, 최고의 존재이신 비슈누시여, 저의 소망을 들어 주소서."

65. 그가 충심 어린 말로 이렇게 말하자, 룩미니의 남편이 대답하였다. "너의 소망은 반드시 이루어질 것이다. 너의 가슴에 이 확신을 지니도록 하라.

66. 너의 눈은 네 아들의 모습 안에서 모든 성자들의 왕관 보석을 보게 될 것이다." 그러자 볼로바는 신 주위를 돌고서 그 앞에 엎드려 절하였다.

67. 그의 마음이 본 비전은 그러한 것이었다. 그때 그는 잠에서 깨어났다. 그는 즉시 부인 카나카이를 깨운 뒤에 자신의 꿈속에서 일어난 일을 얘기해 주었다.

68. 얼마 후 그 부부는 아들의 탄생을 축하하는 잔치를 자신의 눈으로 직접 보게 되었다. 즉, 카나카이가 임신을 하였으며 나중에 아들이 태어난 것이다.

69. 그 아이는 쉬바가 약속한 아들이었다. 그래서 그들은 그의 이름을 사바지라고 지었다. 여러분 바이슈나바들이여, 이제부터 일어나게 될 놀라운 일들을 관심을 기울여 들어 보라.

천상에서 회의가 열리다

70. 슈리 하리가 천상에 있을 때, 성자들이 그의 곁에 둘러앉아 즐거운 회담을 열었다.

71. 아마 여러분은 그들이 누구인지 물을 것이다. 그들의 이름을 들어 보라. 단지 그들의 이름을 듣는 것만으로도 사악한 욕망들이 단번에

사라질 것이다.

72. 그곳에는 고귀한 바이슈나바인 사략, 나라다, 툼바르, 프랄하드, 드루바, 아크루라, 우다바, 암바리쉬, 요기들 중 첫째인 수카, 그리고 파릭쉬트가 있었다.

73. 헌신의 보고인 비슈마, 룩만가다, 푼달릭이 있었다. 바이슈나비즘의 보고인 니브리티, 갸나데바, 소판, 묵타도 있었다.

74. 고귀한 바이슈나바들인 나마와 카비르 그리고 바누다스와 찬가바테슈바라, 산바타말리, 금 세공인인 나라하리, 그리고 비소바 케차르, 엑나트가 있었다.

75. 이발사인 세나, 충성스런 박타인 쵸카멜라, 계속적인 헌신으로 천상의 신을 그의 하인으로 만든 도공 고라가 있었다.

76. 방카, 그리고 바히라 피사, 사랑이 깊은 자나카, 그리고 바가바트라 불리는 파라사가 있었다. 천상의 신께서 기뻐하는 카말, 툴라시다스가 있었다.

77. 칸고파타크, 수라다스, 그리고 나마의 네 아들, 보석 같은 성자인 나라시 메하타, 그리고 세속적인 것들에 무관심했던 바사라가 있었다.

78. 람다스, 산야시들 중 첫째인 라마난다, 조가, 고귀한 바이슈나바인 로히다스, 모든 시디들의 소유자인 고귀한 나그나트, 그리고 박타들의 왕자인 비슈밤바르가 있었다.

79. 케샤브 차이타니야, 라그하브 차이타니야, 선량함의 광산인 아마바이, 고나이, 라자이, 미라바이, 그리고 칸호파트라가 있었다.

80. 이런 박타들의 한가운데에 크리슈나가 앉아 있었다. 별들의 한가운데에서 달이 돋보이듯이 크리슈나도 이 모임에서 눈부시게 빛났다.

81. 고행자들 중의 쉬바처럼, 혹은 산들 중의 장엄한 메루 산처럼, 혹은 완성을 이룬 사람들 중의 아누수야의 아들처럼, 바이쿤타에서 거니는 비슈누도 그러하였다.

82. 그는 생명과 무생명의 세계의 모든 아름다움이 나오는 보고였다. 시인이 이 아름다움을 다른 무엇과 비교하려 한다면, 그의 시는 막히고 말 것이다.

83. 하리는 그러하였다. 그는 비교할 수 없는 분이며, 모든 박타들의 소망을 이루는 나무이며, 모든 박타들의 영혼이다. 이러한 사랑으로 그분이 말하였다.

84. "비슈밤바르의 자손들 가운데 볼로바라는 경건하고 충성스러운 박타가 있다. 나는 그에게 세상의 구루이자 세상의 구원자가 될 아들을 주기로 약속했다."

85. 크리슈나가 모여 있던 박타들에게 물었다. "내가 누구를 보내야 할까?" 고귀한 바이슈나바들은 이 말을 듣고서 외쳤다. 만세! 만세!

86. 그러자 세상의 생명이신 분께서 앞에 앉아 있던 나마에게 일어서라고 말했다. 모든 박타들의 가장 큰 보석이며 충성스럽고 완전한 성자인 나마는 일어섰고, 하리는 그를 불러 따로 얘기를 하였다.

87. 크리슈나가 나마에게 말했다. "정의를 세우고 악을 멸하기 위하여 나는 매 세대마다 화신이 되어야만 한다.

88. 나는 네가 지상에서 화신이 되어 사랑으로 나를 경배하기를 원한다. 나는 가슴이 겸손한 자들에게 구원을 주는 사랑의 경배를 네가 보여주기를 원한다.

89. 이제 들으라. 내 친애하는 박타, 내가 선택한 이는 화신이 되어

사람들에게 경배하는 법을 알릴 것이다.

90. 박티는 네 가지 묵티(해방)들을 능가하는 최상의 것이다. 나는 바가바드 기타와 바가바탐을 통하여 그렇게 말하였다. 그것을 분명히 알리고, 나를 찬양하라.

91. 이전에 너는 내게 백만 편의 시를 바치겠다고 맹세했었다. 그러니 네가 지어야 할 시가 더 남아 있다. 그것들을 완성하라는 것이 나의 명령이다.

92. 나는 네가 심오한 내용의 베다들을 휘저어 그것들의 진정한 의미를 자세히 드러내고 분명히 한 다음, 그것을 갈구하는 이들에게 사랑으로 경건하게 전하기를 원한다.

93. 그리고 박티의 길을 걷는 목마른 여행자들을 위하여 하리의 이름이라는 우물을 만들어라. 사랑의 박티를 시원한 물로 만들어, 생명이 있거나 없는 모든 세상의 존재들이 그 물을 마셔 갈증이 풀리고 시원해지게 하라.

94. 나는 궁극의 구원이 너와 함께 가고 너의 조력자가 되도록 그것을 너에게 준다. 그것은 네게 순종할 것이며, 네가 어디로 보내든지 그곳으로 갈 것이다.

95. 네 가지 묵티들이 너의 뜻대로 될 것이다. 리디(성공)와 시디(초자연적인 힘)가 자연히 너와 함께 할 것이다. 네가 그것들을 좋아하지 않는 줄 내가 알고 있으나 그것들은 인류에게 도움이 될 것이다.

96. 이제 인간의 세상으로 가서, 그들이 나의 행적을 듣고서 찬양하게 하라. 나를 향한 너의 사랑이 열 배나 더 커지기를. 너는 사랑과 행복을 누릴 자격이 있다."

97. 락슈미의 남편이 나마에게 준 애정 어린 축복은 이와 같았다. "당신의 소망을 기꺼이 받아들입니다." 사랑의 상징인 나마는 이렇게 말하고서 다음의 말들을 덧붙였다.

98. 그가 말하였다. "칼리 유가는 거짓의 시대입니다. 이미 당신은 고요하며 움직임이 없는 붓다의 형상으로 있는 화신입니다. 이제 만약 저희가 곤경에 처하게 된다면, 저희는 누구에게 도움을 청해야 합니까?"

99. 나마의 질문에 천상의 신이 대답하였다. "만약 네가 고난을 당하게 되면, 한량없는 자인 나 자신이 직접 그것을 제거할 것이다.

100. 나는 붓다로서의 나의 화신을 그만두고서 즉시 형상이 있는 모습을 취할 것이다. 그리고 감로의 말로 네게 말할 것이다. 그러니 마음을 편하게 하라."

101. 뱀에 기대어 누운 자인 비슈누가 이러한 말을 하였을 때, 나마는 사랑으로 그의 발 앞에 엎드려 절하였다. 하리는 나마를 일으켜 세우고는 자신의 품으로 그를 끌어안았다.

102. 그의 박타 투카(투카람)는 신과 동등한 존재이며 신의 가슴 안에 있었다. 박타들의 가장 가까운 친구인 슈리 하리는 투카를 나마의 가슴 속에 넣었다.

103. 이것은 마치 우주의 지고한 신이 나마의 가슴 항아리에 사랑의 감로를 쏟아 붓는 것 같았다. 또는 마치 세상의 생명이신 분이 그의 선함의 영광스러운 여섯 가지 형태를 송두리째 나마의 가슴속에 집어넣는 것 같았다.

104. 그는 나마에게 화신의 권능과 드러내는 권능, 그리고 파괴의 권능을 주었다. 또는 그것은 마치 영광스러운 신이 나마에게 목샤(궁극의

해방)를 능가하는 박티를 주는 것 같았다.

105. 스스로가 빛이므로 밝혀지지 않는 그분은 그의 박타인 투카를 그의 가슴속 내밀한 곳에 두었다. 그리고 비슈누의 이 가슴속에서 그분과 하나 되어 감으로써 그는 그분의 신성한 본성을 닮게 되었다.

106. 그래서 신은 포옹을 하면서 투카를 나마의 가슴속에 두었다. 그리고 말하기를, "서로 도와라. 그리고 사랑을 동반하는 행복을 즐겨라." 라고 하였다.

107. 크리슈나가 말을 마치자, 나마는 손을 합장하며 물었다. "제가 어디에서 화신이 되어야 합니까? 그 신성한 가족들의 이름을 알려 주십시오.

108. 비슈누께 박티를 드리는 가정, 그리고 당신의 이름들이 중단되지 않고 반복되는 곳. 그리고 당신의 검은 색깔의 상이 있는 곳. 제가 그런 곳에서 태어나게 해 주십시오."

109. 나마의 이런 요구에 천상에 거주하는 분이 답하였다. "가슴으로 헌신을 표현하였기에 내가 약속에 매인 곳을 너에게 말해 주겠다.

110. 지금 이곳 하늘에 머물고 있는 나의 종 비슈밤바르, 그는 가슴의 헌신을 통한 약속으로 나를 매이게 한 사람이다, 오, 나마여.

111. 너는 어떻게 그런 일이 일어나게 되었느냐고 물을 것이다. 네게 말해 주겠다. 들어라. 비슈밤바르는 늘 나를 찬미하는 노래를 불러 나에 대한 그의 사랑을 크게 표현하였다. 그는 정기적으로 판다르푸르로 순례를 갔다.

112. 당연히 독수리의 깃발을 든 자인 나는 기뻤고, 그래서 당연히 그의 마을로 갔으며, 그에게 약속을 하였다.

113. 그의 자손 가운데 한 명이 박타 볼로바이다. 그는 내게 경배했다. 나는 그에게 나의 기쁨을 표현했으며, 그가 바라는 소망을 즉시 나에게 말해 보라고 하였다.

114. 그가 내게 대답하였다. '제게 비슈누의 박타가 될 아들을 주십시오. 그로 하여금 진실로 세상의 구원자가 되고, 세상의 선을 위해 살며, 세상의 구루가 되게 하여 주소서.'

115. 그가 이렇게 말하였을 때, 오, 박타들의 수장인 나마여, 나는 그로 인하여 기뻤다. 그리고 이제 그에게 한 나의 약속을 이행하기 위하여 나마 네가 그 가정에 화신이 되기를 원한다."

나마, 투카람의 형상으로 화신이 되다

116. "알겠습니다." 이 고귀한 바이슈나바가 말했다. 진실한 느낌으로 그는 비슈누에게 경배하며 절을 하였다. 그런 다음 그는 인간의 세상으로 내려왔다. 그가 이렇게 하자 온 하늘이 강렬한 빛으로 가득 찼다.

117. 사람들은 놀라워하며 그 빛을 바라보았다. 그들은 서로 외쳤다. "별똥별들이 수없이 떨어지고 있어. 마치 밤의 여왕이 오늘 지상으로 내려오는 것 같아. 우리가 보는 이 빛은 정말 굉장해.

118. 아마 저것은 궁극의 해방을 넘어서는 네 번째 박티이고, 목자자리의 큰 별 대각성일 거야." 카나카이의 자궁은 큰 바다로 비유될 수 있다.

119. 그 바다 안에 진주조개의 껍질이 있었다. 나마의 사랑은 그 조개

껍질 안에 물을 만들었으며, 그 물 안에서 하리의 사랑스러운 박타인 투카가 진주로 태어났다.

120. 그녀는 아홉 가지 형태의 박티를 힘써 행하였다. 그렇게 그녀는 아홉 달을 채웠다. 이 비슈누의 박타가 카나카이의 태내에 잉태된 것은 그녀의 특별한 행운이었다.

121. 이 당시 그녀의 특별한 소원은 세속적인 일에 무관심해지는 것이었다. 그녀는 항상 말했다. "바라오니, 저로 하여금 홀로 있으면서 슈리 크리슈나께 경배드리는 데 전념하게 하소서."

투카람이 태어나다

122. 카나카이의 날들이 다 차고 그녀가 집에 홀로 앉아 있을 때, 마치 떠오르는 태양의 광휘와도 같은 굉장한 빛이 그녀의 주위를 감쌌다.

123. 그리고 카나카이가 아들의 얼굴을 들여다보았을 때, 그의 얼굴은 마치 빛으로 이루어진 듯 보였다. 또는 평화로운 기쁨의 새싹 같았다고, 아니면 육체적인 형상 안에 있으면서 세속적인 것들에 무관심한 모습이었다고 할 수 있을 것이다.

124. 마치 박티의 광맥이 발견된 것 같았다고, 또는 그의 이름이 삿칫아난다인 것 같다고, 사랑의 보고가 이제 진실로 열린 것 같았다고 말할 수 있을 것이다.

125. 카나카이의 가슴은 놀라움으로 가득 찼다. 4가티카 동안 그녀는 앉아서 뚫어지게 아이를 바라보았다. 그녀는 한마디도 말하지 않았다.

세속적인 것들에 대한 모든 갈증과 가슴의 모든 자만이 그녀를 떠나갔다.

126. 그녀는 그 당시 기쁨의 깊은 연못에 잠겨 있었다. 그녀는 조금도 몸을 의식하지 못했다. 이것은 주목할 만한 사실이었다.

127. 비슈누의 박타인 그 아이가 태어나자 즉시 그녀의 강함이 사라졌고, 그녀의 영은 신의 영과 하나가 되었다. 그리고 그녀의 가슴은 기쁨으로 가득 찼다.

128. 바로 그때 아이의 가슴속에 크리슈나의 형상이 나타나 아이에게 은밀히 이야기하였다. "나는 네가 인간들의 일반적인 생활 방식에 맞추어 살기를 원한다.

129. 처음에는 네가 삶의 일들이 이행되어야 하는 방식을 사람들에게 보여 주기를 원한다. 하지만 나중에는 네 가슴속에 있는 사랑의 헌신으로 올바른 생각과 세속적인 것들에 무관심한 것을 네 안에서 보게 될 것이다."

130. 크리슈나가 이런 말들을 그에게 하자마자 마야의 그물이 드리워졌고, 카나카이는 눈을 떠서 앞에 있는 아들을 바라보았다.

131. 그녀의 마음이 지난 일들을 회상했을 때, 이때는 그것들이 모두 꿈처럼 여겨졌다. 바로 그때 이웃 사람들이 들어와서 서로 외쳤다. "카나카이가 아들을 낳았다."

132. 그들은 볼로바에게 가서 이 일을 얘기해 주었다. "당신의 아들이 태어났습니다." 그가 대답하였다. "크리슈나가 저의 소원을 이루어 주셨습니다."

아기 투카를 사원에 데려가다

133. 열이틀이 지난 뒤 카나카이는 정화의 의식을 받았다. 그녀는 즉시 사원으로 가서, 룩미니의 남편 앞에 엎드려 절하였다.

134. 그녀는 아이를 품에 안고 가서 크리슈나의 발밑에 놓았다. "이 아이는 당신의 종입니다. 오, 크리슈나시여." 그녀는 이렇게 말한 뒤, 향 접시에 있는 재를 아기에게 발랐다.

135. 이 말을 듣고서 천상의 신께서 룩미니에게 말하였다. "아이를 들어 네 품에 안은 뒤 카나카이의 무릎 위에 올려놓아라."

136. 룩미니는 아이를 들어 자신의 품에 안고 난 뒤 카나카이의 무릎 위에 올려놓았다.

137. 카나카이가 룩미니에게 말했다. "오, 어머니시여, 오늘 이 아이에게 이름을 주십시오." "알겠다."라고 말한 뒤 어머니 룩미니는 떠나갔다.

투카의 유년 시절

138. 룩미니의 남편 크리슈나는 비록 볼로바에게 욕망들이 있기는 하였지만 그의 경배를 기뻐하였다. 그래서 자연히 자녀들과 부를 그에게 더해 주었다.

139. 룩미니가 가는 곳은 어디든지 모든 시디(초자연적인 힘)들이 뒤따랐다. 그 행복한 어머니는 이웃 아주머니들을 불러 모아서 함께 아기를

요람에 뉘였다.

140. 룩미니는 아름다운 여성의 모습을 하고서, 그들의 이마를 노란색 심황 뿌리 가루와 빨간색 가루로 꾸몄다. 그녀는 아기에게 "조, 조, 조." 하고 부드럽게 노래를 들려주며 앞뒤로 요람을 흔들어 주었다.

141. "파괴할 수도 없고 나눌 수도 없으며, 이름이나 형태를 갖지 않으며, 어떤 말로도 묘사할 수 없는 그것은 모든 기쁨이란다. 그 기쁨 안에서 잘 자라, 나의 아가야.

142. 아함(나는 브라만이다.)과 소함(나는 그다.) 그리고 이원성과 비이원성이 사라지는 곳, 파라(Para)를 포함하여 언어의 네 형태들이 시들해지는 곳, 그곳에서 잘 자라, 나의 아가야.

143. 알려진 것과 아는 자와 아는 행위에 대한 아무런 기억이 없는 곳, 명상할 대상과 명상자와 명상의 행위와 같은 것이 없는 곳, 원인과 행위와 결과라는 셋이 없는 곳, 그곳에서 잘 자라, 나의 아가야.

144. 성자들이 진리를 가르치는 곳, 이기적인 욕망 없는 행위를 가르치는 곳, 그곳에 네 사랑과 기쁨의 고향을 두고서 잘 자라, 나의 작은 아가야.

145. 나타나지 않은 존재에 대해서는 아무도 알 수 없기에, 크리슈나는 그의 박타들을 위하여 사구나의 모습을 취하였다. 그의 보이는 발아래에 사랑으로 잠들어라."

146. 이와 같은 말들로 우주의 어머니는 자장가를 불러 주었다. 그녀의 주위에 아주머니들이 모여들었다. 그들은 "조, 조, 조." 하고 부드럽게 노래하며 요람을 흔들었다.

147. 그들은 카나카이의 승인을 얻어 아기의 이름을 투카라고 지었

다. 그의 이름으로 무지한 자들은 해방을 얻을 것이다.

148. 룩미니는 모인 모든 사람들에게 판 수파리를 나누어 주었고 아주머니들에게 선물도 주었다. 마지막으로 그녀는 여인들에게 구가리야(삶은 콩)를 나누어 준 뒤 그녀의 사원으로 돌아왔다.

소년 투카

149. 시간이 흘러 사랑스런 박타인 투카는 기어 다니고 놀게 되었다. 차차 날이 감에 따라 그는 걷기 시작했다.

150. 그러는 사이에 카나카이는 다시 임신을 하게 되었고, 브라마데바가 약속한 아들이 태어났다. 그에게는 칸하야라는 이름이 주어졌다.

151. 그러므로 세 명의 아들이 있게 되었는데, 그들의 이름은 사바지, 투카 그리고 칸하야였다. 볼로바는 이 기적을 보고서 판다르푸르의 신을 경배하였다.

152. 그는 말했다. "세 신들이 나에게 꿈속에서 비전을 보여 주셨다. 참되지 않은 것은 없었다. 약속하신 것들이 모두 이루어졌다."

153. 부유함과 곡물, 자손과 같은 모든 행운들이 크리슈나에 의해 그에게 주어졌다. 그것은 그가 전생에서 행한 금욕적인 생활의 열매였고, 그는 행운으로 인한 기쁨을 경험할 수 있었다.

154. 만약 그가 받은 복들을 열거하고자 한다면, 그 목록은 끝이 없을 것이다. 세 신들은 그에게 세상을 구원할 세 아들을 주었다.

155. 그것은 사람들 가운데 나타난, 사트바, 라자스, 타마스 구나들로

이루어진 세 가지 형태의 현현이었다. 그들이 태어난 것은 사람들을 진정한 지식, 세속적인 것들에 대한 무관심 그리고 박티로 돌리려는 것이었다.

156. 세 아들은 점점 성년이 되어 갔다. 그들은 부모의 눈에 대단히 만족스러운 아들들이었다.

157. 부유한 재산과 아들들을 보고서 많은 부자들이 볼로바의 아들들과 결혼시키기 위해 자신의 딸들을 신붓감으로 제시했다. 브라만 점성가들이 천궁도를 읽고서 결혼식 날짜를 정해 주었다.

158. 많은 돈을 들인 결혼식은 성대하게 잘 치러졌다. 카나카이는 행복한 마음으로 결혼식을 지켜보았다.

159. 여자에게는 아들들과 며느리들을 거느리고 부유한 환경에서 존경받으며 사는 것보다 더 큰 기쁨은 없는 법이다.

160. 모든 일이 그들에게 순조롭게 진행되었다. 그들의 사업은 번창하였다. 겸손한 자에게 자비로우신 신은 그들에게 사소한 부족함조차 허락하지 않으셨다.

161. 볼로바는 정직하게 장사를 하면서 동시에 영적으로도 최상의 부유함을 얻었다. "내가 행위자다."라는 생각이 일어나지 않는 사람만이 세속적인 것들에 무관심하다고 불릴 수 있다.

운명에 관한 두 가지 견해

162. 성자들이나 그렇지 못한 사람들이나 모두 세상에서 일을 하고

있다. 하지만 그들의 경험은 다르다. 다음의 이야기를 귀 기울여 들어라.

163. 무지한 자는 운명이 무력하다고 말한다. 자신의 사업이 번창하는 것은 자기의 노력 때문이라고 여긴다. 세속적인 일들에 있어 우리는 항상 능률을 추구하며, 그래서 더 이상의 열망이 없다.

164. 사람이 노력하지 않아도 전생의 행위들은 "내가 행위자다."라는 생각을 통하여 그를 얽매이게 한다. 그리하여 사람들은 탄생과 죽음으로부터 궁극적으로 해방되지 못하고, 여든네 번의 환생을 하며 방황해야만 한다.

165. 현자들도 세속적인 일을 한다. 하지만 그들은 말한다. "모든 일들을 하는 분은 슈리 하리시다. 오랜 옛날의 끈을 끌어당기시는 분도, 운명에 덧씌워지는 경험들을 창조하시는 분도 그분이다.

166. 사람은 자신의 운명 안에 있는 것을 받아들여야만 한다. 일어나야만 하는 일들은 진실로 피할 수 없다." 현자들은 이 원칙에 따라서 행위하며, 그들을 지반묵타라고 한다.

167. 볼로바의 마음 상태는 이러하였다. 내가 행위자라는 생각은 결코 그의 마음속에 들어가지 않았다. 그러므로 그는 일상적인 일들을 할 때에도 룩미니의 남편과 합일되어 있었고, 그래서 영적으로도 최상의 부를 얻었다.

168. 물 위에 떠 있지만 물에 젖지 않는 연잎처럼. 물 항아리 위에 태양이 비치지만 태양이 젖었다고 말할 수 없는 것처럼.

169. 호색가가 거울에 비친 자신의 얼굴을 보고서 그 모습에 만족하지 않는 것처럼.

170. 그래서 바이슈나바 박타들은 세상의 일들을 하고 있지만, 삶의 망상들에 빠지지 않고 살아간다. 세속적인 삶을 살아가면서도 그들은 항상 마음속에 신 크리슈나를 품고 있다.

볼로바의 큰 아들 사바지, 산야시가 되다

171. 시간이 흘러 볼로바는 노년에 이르렀다. 그는 큰아들 사바지를 곁에 불렀다.

172. 그리고 말했다. "나는 이제 늙었고, 너는 내 장자이다. 이제 우리의 세속적인 일들에 네 마음을 기울이기 바란다. 그리고 네가 남들에게 빚지고 있는 것과 남들이 네게 빚지고 있는 것을 잘 관리해라.

173. 거래 일지와 거래 원장을 살펴보고, 수중에 현금이 얼마나 있는지를 파악해야 한다." 하지만 이 말을 들은 그는 아버지의 발 앞에 엎드려 절했다.

174. 그가 말했다. "사랑하는 아버지, 저는 어떤 식으로든 세속적인 일에 얽히고 싶지 않습니다. 저는 성스러운 장소들로 순례를 떠나고 싶습니다. 저는 세속적인 것들에 어떤 관심도 없습니다.

175. 저는 이제껏 아버지와 어머니를 모셔야 한다는 책임감을 느껴 왔습니다. 그것이 바로 제가 이곳 집에 남아서 가정생활에 얽매여 있었던 이유입니다. 아버지를 모시지 않고 떠나는 것은 경전의 말씀을 거스르는 일이며, 일반적인 관점에서 보아도 아주 잘못된 일이기 때문입니다."

176. 볼로바는 아들이 세속적인 것들에 무관심한 것을 알아차리고 묵묵히 그것을 받아들였다. 그는 말하였다. "일어나기로 예정된 일들은 참으로 기이하구나. 우리는 자신의 운명이 무엇인지 알지 못한다."

177. 그때 그는 갑자기 예전에 있었던 일을 떠올리고서 말했다. "이 아이를 내게 주신 분은 쉬바였다. 이 아들은 무덤에 거주하는 쉬바와 같은 성격을 지녔구나.

178. 사트바, 라자스, 타마스 구나의 신들이 그들을 따르는 자들로 기뻐할 때, 그들은 자기 자신과 같은 그러한 열매들을 주신다. 인간의 경험에서 이것은 사실이다.

179. 만약 어떤 이가 태양에게 기도하면, 태양은 그에게 자신의 꿰뚫는 광선을 준다. 또는 어떤 이가 둥근달에게 기도를 드리면, 달은 그 경배자에게 침착한 성정을 준다.

180. 이러한 원리에 따라, 쉬바께서는 내게 이 사랑하는 아들을 주셨다. 당연히 그는 세속적인 일과 관계하기를 원치 않는다. 나는 이제 이것을 알겠다."

181. 마음속에서 이렇게 이해하고서 볼로바는 조용히 그것을 받아들였다.

투카가 가업을 떠맡다

그 후 볼로바는 투카를 불러서 자상하게 설명하며 자신의 사업을 맡겼다.

182. 그는 투카에게 사고파는 방법과 사업을 운영하는 원리를 가르쳤다. 그는 투카에게 손익을 분석해 보도록 하였고, 결국 수익을 남길 수 있는 품목들을 취급하라고 하였다.

183. "너는 모든 종류의 장사에 재능이 있는 것 같구나." 아버지의 말을 듣고서 투카가 대답했다. "그런 것 같습니다."

184. 친척들과 가까운 친구들이 볼로바의 영리한 아들에 대해 얘기하기 시작했다. "볼로바는 자기의 사업을 감독하면서 아주 만족스럽게 잘 운영해 올 수 있었어.

185. 아들이 아버지의 바람에 따라 행동하고, 아내가 좋은 품성을 지니고 남편에게 충실한 것은 전생에서 행한 금욕의 결과이지. 누구나 이것을 쉽게 알아볼 수 있어.

186. 그의 장자 사바지는 위대한 성자 같지만, 투카는 영리한 사업가 같아. 그리고 그는 아직 꽤 젊지."

187. 친척들과 친구들은 이런 식으로 얘기했다. 때로는 볼로바가 있는 자리에서, 때로는 그가 없는 자리에서 투카를 칭찬했다. 그들이 이렇게 얘기하는 것을 듣고서 볼로바는 매우 만족했다.

188. 왕이 신하의 용맹함을 듣고서 가슴으로 기뻐하듯이, 부모가 딸의 선함을 듣고서 기뻐하듯이,

189. 삿구루가 훌륭한 마음을 가진 제자를 보고 기뻐하듯이, 투카의 사업 능력을 보았을 때 볼로바의 가슴은 기쁨으로 가득 찼다.

투카의 두 번째 결혼

190. 투카는 이미 결혼을 하였지만, 그의 부인은 만성적인 천식을 앓고 있었다. 그의 어머니와 아버지는 이 문제에 대해 의논한 뒤, 두 번째 결혼을 결정하였다.

191. 푸나라는 도시에 부유한 은행가인 아파지 굴라비야가 있었다. 그에게는 결혼 적령기에 이른 딸이 있었다. 청혼을 하여 수락되자 두 번째 결혼식이 거행되었다.

192. 어머니와 아버지가 보니, 투카는 첫째 부인과 둘째 부인을 거느릴 만한 능력이 있었고, 동시에 사업도 유능하게 잘 이끌어 갈 수 있을 것 같았다. 그래서 그들은 행복했다.

193. 그리하여 그 가족은 어머니와 아버지, 형제들, 좋은 친구들이 있었고, 풍족한 재산을 갖게 되었다. 투카 덕분에 그의 가족들은 명성을 얻고 존경을 받았다. 그들은 부족한 것이 없었다.

박타릴람리타에 대한 마히파티의 감사 기도

194. 이 책 박타릴람리타는 오래된 도시 판다르푸르로 비유될 수 있다. 좋은 가슴은 고귀한 성품을 지니고 그곳에 살았던 성자 푼달릭으로 비유될 수 있다.

195. 마음의 평화, 세속적인 것들에 대한 무관심은 그곳에서 흐르며 하나로 합쳐지는 비마와 찬드라바가 강으로 비유될 수 있다. 성자들, 청

중들, 신의 충직한 하인들은 이 성스러운 도시에서 살고 있다.

196. 끊임없는 사랑은, 말하자면, 푼달릭이 디딤돌로 신에게 드리는 벽돌이다. 그리고 천상의 신 크리슈나는 허리에 손을 짚고서 그 위에 서 계신다.

197. 그는 시선을 자신의 코에 고정시키고 명상하며 서 계시며 경건한 자들을 포옹하신다. 그리고 마음이 우둔하고 무지한 나는 그분을 뵙고 경배하기 위하여 찾아왔다.

198. 그분의 풍족한 시구들, 그분의 부드러운 툴시, 그리고 물과 같은 그분의 사랑으로 마히파티는 그분의 연꽃 같은 발을 명상하면서 항상 그분 곁에 가까이 서 있다.

199. 스바스티! 이 책 박타릴람리타는 단지 듣는 것만으로도 모든 이의 가슴의 갈망을 채워 줄 것이다. 박타들을 사랑하는 경건한 이들이여 들어라. 이것은 흥미로운 제2장이다.

제3장
성공이 역경으로 변하다

기도

슈리 가네샤에게 경배를. 슈리 크리슈나에게 경배를.

1. 승리! 승리! 삿칫아난다에게, 보이는 모습으로 계시는 지고의 브라마에게! 당신의 선하심의 명성은 측량할 수 없습니다. 당신의 영광을 묘사하고자 하다가 베다들은 지쳐 실패하였고, 샤스트라들은 노력을 멈추어야 했습니다.

2. 오, 지고의 신이시여, 당신의 영광스러운 업적을 이야기하다가 비슈누가 기대고 있는 뱀 세샤는 지쳐 버렸습니다. 브라마데바는 당신의 업적을 놀라워하며 바라보았습니다. 그들 앞에 저는 누구입니까?

3. 어린아이가 혀 짧은 소리로 말을 하여도 어머니는 그 말을 듣고 매우 행복해 합니다. 그리고 아이를 사랑하는 그녀는 아이처럼 혀짤배기 소리로 대답합니다.

4. 이와 마찬가지로 박타가 당신을 찬미할 때, 오, 룩미니의 남편 크리슈나시여, 비록 투박한 언어로 말하지만 그는 사랑의 헌신으로 인하여 당신을 기쁘게 하기 위해 말하는 것입니다.

5. 비록 베다들은 대단히 지혜롭지만, 당신을 묘사하려고 할 때는 말

문이 막히지 않을 수 없었습니다. 그러나 경건한 젖 짜는 여인인 당신의 어머니는 당신을 끈으로 묶었습니다. 오, 우주의 구원자이시며 세상의 스승이시여, 당신은 두려움 때문에 그녀에게 완전히 복종하였습니다.

6. 위대한 현자들은 당신을 보기 위하여 대단한 희생 제의를 치릅니다. 그런데도 당신은 빌 여인이 이미 맛을 보았던 보르 열매를 매우 정중하게 먹었습니다.

7. 당신은 브라마데바의 아버지입니다. 그러나 당신은 자신이 야소다의 무릎 위에 누워서 들어줄 수 없는 것들을 조르는 그녀의 아이라고 말합니다.

8. 두료다나는 세상의 왕이었으나 당신은 그의 존경과 경의를 받아들이려 하지 않았습니다. 그러나 당신은 노예의 아들인 박타 비두루에게 집을 마련해 주기 위해 애썼습니다.

9. 사랑 깊은 헌신의 절묘한 맛을 즐기면서, 당신은 소치는 이들이 접시 위에 남겨 놓은 음식을 먹었습니다. 당신은 맛 좋은 음식이 담긴 접시를 따로 밀어 두고, 야채 줄기를 달라고 하였습니다.

10. 이와 마찬가지로 자비의 구름이시여, 부디 저의 투박한 언어를 받아 주시고, 저에게 성자들의 이야기를 회상하여 그들의 고결한 행위를 이야기하게 해 주소서.

투카의 성공이 역경으로 변하다

11. 앞에서 우리는 투카가 어떻게 장사를 잘 했는지를 보았다. 그의

아버지는 장사가 번창하는 것을 보고서 매우 기뻐했다.

12. 그 가정에는 어머니와 아버지, 형제들, 좋은 이웃들이 있었고, 풍족한 돈과 곡식이 있었다. 모두들 건강했고 사람들의 존경을 받았다. 그 가족에게는 부족한 것이 없었다.

13. 이런 날들이 한동안 계속되었다. 투카의 마음은 장사에 빠져 있었다. 그러나 갑자기 그에게 역경이 닥쳤다. 그대, 경건한 사람들이여, 어떻게 이런 일이 일어났는지 들어 보라.

14. 기쁨 뒤에는 고통이 온다. 이것은 태초부터 입증된 예언적인 속담이다. "행복 뒤에 슬픔이 찾아온다." 사람들은 그것이 눈앞에서 일어나는 것을 목격한다.

15. 해가 저물면 어둠이 깔린다. 큰 풍년이 든 뒤에는 큰 기근이 찾아온다.

16. 친밀하던 친구 사이에 의심이 찾아온다. 대단한 영예를 누릴 때 모욕이 찾아오기 시작한다.

17. 육체의 건강을 즐길 때 질병이 깊어지기 시작한다. 바다가 휘저어질 때 처음에는 감로가 오지만 나중에는 독물이 나타난다.

18. 이와 같은 일이 투카에게도 일어났다. 투카는 장사에서 기쁨을 맛보았지만, 그 기쁨 뒤에 삼중의 고통이 찾아왔다. 어떻게 하여 그런 일이 일어났는지 들어 보라.

19. 어머니와 아버지의 생이 다하자, 그들은 천국으로 갔다. 투카는 슬픔을 억누를 수 없었다.

20. 형제와 누이가 슬퍼하는 것을 보자, 그의 가슴에 슬픔이 더해지는 것 같았다. 그는 울부짖었다. "집안과 장사의 일이 이제 내게 달렸

다. 내가 어떻게 이것을 감당할 수 있을까?"

21. 이와 같이 슬퍼하면서도 그는 자신의 가슴에 용기를 불어넣으며 말하였다. "일어나야 할 일이 지금 일어난 것이다. 나는 그것을 막을 수 없다."

22. 그가 마음을 추슬러 용기를 내고 있는 사이에 형수가 죽었다. 그 일 또한 그를 몹시 고통스럽게 하였다.

23. 형 사바지는 이미 속세에는 무관심한 사람이었고, 집안일과 장사를 성가신 것으로 여기고 있었다. 게다가 그는 아내라는 올가미에 매여 있었다. 그러나 이제 그 올가미는 자연히 그를 놓아주었다.

24. 그래서 이제 깊은 참회를 위해 형은 성지들로 순례를 떠났다. 그는 생명을 주는 감로인 신의 이름을 끊임없이 읊조렸다.

25. 순례 여행을 하는 동안 그는 중요한 일곱 도시와 열두 개의 죠티르링가, 푸슈카르 호수 및 여러 성스러운 호수들을 방문했다. 이렇게 하여 그는 속세의 어려움들을 떨쳐 버렸다.

26. 그는 자연히 몸과 말과 마음의 금욕을 실행하였다. 그래서 그는 영혼의 여섯 가지 적들을 정복하였고 정신적 평화가 주는 기쁨을 얻었다.

27. 많은 성지들을 방문한 후에 마침내 바라나시에 도착하였다. 여기서 그는 성자들과 교제하며 살았으며 그들에게서 영적 삶의 지혜를 발견하였다.

28. 완전한 영적 상태에 도달한 그는 신성한 본질과 하나 됨에서 오는 평화의 상태에 이르렀다.

다시 이야기로 돌아가 보자. 사랑의 마음을 지니고서 들어 보라.

29. 데후의 마을에서, 바이슈나바 박타인 투카는 슬픔에 계속 잠겨

있었다. 그는 말했다. "어머니와 아버지는 떠났다. 형도 떠난 것이나 마찬가지다."

30. 형수님이 살아 있다면, 형은 가끔씩 돌아올 것이다. 그러나 이제 형은 혼자가 되었고 세속적인 것에는 관심이 없다. 형수님의 죽음은 형에게 원하는 대로 살 수 있는 기회를 주었다."

31. 그래서 투카는 외쳤다. "오, 룩미니의 남편이시여, 오, 판다르푸르의 신이시여, 어머니와 아버지께서 저와 함께 있는 동안은 아무 걱정도 없었습니다. 그러나 지금 제가 무엇을 할 수 있겠습니까?"

32. 아버지는 많은 재산을 모아 놓았지만 이제 그 재산은 흩어지고 있었다. 마치 추운 계절에 왔던 구름이 하늘에서 사라지는 것처럼.

33. 연약한 새싹이 오늘은 존재하지만 뜨거운 계절이 오면 시들어 버리는 것처럼. 구름이 드리운 그늘에 자리를 잡았지만 곧 그 그늘이 떠나 버리는 것처럼.

34. 무지개를 보고 있을 때 곧 그것이 사라져 버리는 것처럼. 파도를 바라보고 있을 때처럼. 어떻게 파도가 영원하겠는가?

35. 투카의 돈과 곡식은 곧 모두 없어져 버렸다. 그리하여 근심은 점점 심해졌고 투카는 입버릇처럼 탄식하곤 하였다. "대체 내가 어떻게 해야 하는가!"

투카가 시장에서 가게를 열다

36. 그에게 돈을 갚아야 할 사람들은 그 빚에 대해서 한마디도 하지 않았다. 장사는 전혀 성공하지 못했다. 그가 무엇을 할 수 있었겠는가!

37. 그는 대가족의 모든 살림살이를 혼자서 책임져야 했다. 그래서 그는 시장으로 달려갔고, 돈을 빌리기 위해 온갖 노력을 다했다.

38. 그러나 돈을 빌려도 수지를 맞출 수가 없었다. 그러자 그는 광장에 가게를 열고는 그 자리에 앉았다. 그는 하리의 이름을 계속 되뇌며 앉아 있었다. 그의 장사 원칙은 어떠한 경우에도 그릇된 행위는 하지 않는다는 것이었다.

39. 그가 말한 것처럼, "어떤 사람에게 정량보다 적은 양을 주는 것은 진실에 어긋나며 큰 죄를 짓는 것이다. 손님들에게 일반적인 양보다 조금 더 많이 주어야 한다."

40. 투카는 모든 생명체들에게 충만한 자비를 느꼈으며 결코 거짓을 말하지 않았다. 동시에 그는 하리의 이름을 언제나 반복하였다. 이것을 잠시도 잊지 않았다.

신은 투카를 시험하고 있었다

41. 투카의 불행을 보면, 신이 그를 시험하고 있었던 것이 분명하다. 그는 새롭게 시작한 장사에서 조금도 이익을 보지 못했다. 그러자 그는 다른 방법들을 시도하였다.

42. 그는 여러 가지 장사들을 시도해 보았지만, 하리는 어느 장사에서도 그를 돕지 않았다. 자금이 점점 줄어드는 것을 보면서 그의 가슴은 근심으로 무거웠다.

43. 그는 밤낮으로 열심히 일을 하였다. 수소에 곡식 가마니를 실어 나르는 일을 했다. 추우나 더우나 상관없이 열심히 일했고, 낮잠을 자거나 게으름을 부리지도 않았다.

44. 다음에는 많은 돈을 빌려 큰 장사를 했다. 그러나 조금도 돈을 벌지 못했다. 이제 그는 근심에 휩싸였다.

45. 그는 더 많은 돈을 빌렸고 다른 방법들을 시도해 보았지만 여전히 이익을 얻을 수 없었다. 그는 울부짖었다. "오, 비토바시여, 제가 어찌 해야 합니까?"

46. 비록 그의 가슴은 걱정으로 가득 차 있었지만, 밤이나 낮이나 신의 이름을 계속 반복했다. 마침내 그는 더욱 많은 돈을 빌려 왔으며, 자신의 귀중품들까지 내다 팔았다.

47. 그러나 돈을 빌려 준 사람들이 투카의 집 앞으로 모여들어 물건들의 값을 평가하고 그가 번 돈을 조사하였다. 그는 재산이 줄어드는 것을 보았다. 대체 어떻게 해야 하는가!

48. 그곳에는 나쁜 마음을 지닌 사람들과 친척들이 있었다. 그들은 투카가 파산했다는 소문을 퍼뜨렸다. 그 소문을 듣고서 채권자들이 찾아왔고, 이제 집 앞에 앉아서 돈을 갚으라고 요구하며 기다렸다. 투카는 눈물을 흘렸다.

49. "오, 지고의 신이시여," 그는 울부짖었다. "오, 룩미니의 남편이시여, 당신은 왜 저에게 이렇게 나쁜 일들을 가져오십니까? 이 모든 세

상일들이 대체 무슨 소용이란 말입니까?" 투카는 극심한 고뇌에 빠져들었다.

50. 그러나 몇몇 가까운 친구들과 친척들은 이 위기에서 그를 구하기 위하여 찾아왔다. 몇몇은 그의 고난을 나누기 위해서 그의 책임을 대신 떠맡았다.

그릇된 친구들이 신을 믿지 않도록 투카를 유혹하다

51. 어떤 사람들은 외상으로 투카에게 돈을 빌려 주었다. 그러나 그를 조롱하며 투카에게 다음과 같은 충고를 했다.

52. "지고한 영적인 풍요를 찾으려고 너는 끊임없이 신의 이름을 반복한다. 이것이 바로 네가 장사에서 그렇게 참담하게 실패하는 까닭이다. 너는 더 이상 비탈을 생각하지 말아야 한다.

53. 어느 누구도 비슈누에게 헌신하여 돈을 벌지 못하였다. 우리의 조상들은 그 원리를 우리에게 전해 주었고, 너는 이 말이 옳다는 것을 네 경험 속에서 직접 목격하였다.

54. 너는 가장 중요한 장사의 원리를 이해하지 못하면서 언제나 신의 이름을 달고 다닌다. 너는 이 말이 정말로 옳다는 것을 알게 될 것이다. 너는 실제로는 가난을 바라고 있는 것이다.

55. 네가 우리에게 화를 낼지도 모르겠지만, 우리는 네가 잘되게 하기 위해 이 말을 하는 것이다. 만약 네가 우리의 말을 듣지 않고 신에 대한 경배를 계속한다면, 빚만 더 늘어날 것이다."

56. 투카에게 이렇게 충고한 뒤에 그 장사꾼들은 그들의 집으로 돌아갔다.

아내와 이웃들이 투카의 신앙심에 반대하다

집에서는 아내가 투카에게 심하게 바가지를 긁었다. 그녀는 말했다. "이 집안에 무슨 일이 일어나는지 봐요!

57. 이 집안의 가장이 크리슈나에 대한 명상을 시작한 후로 우리는 사람들 사이에서 사회적인 지위도 잃어버렸고 먹을 것조차 충분치 않아요."

58. 집에서는 아내가 온갖 잔소리로 투카를 괴롭혔고, 바깥에서는 사악한 마음을 지닌 사람들이 그를 비웃었다. 그러나 투카는 가슴속의 결심을 포기하지 않았다.

59. 가슴 깊은 사랑의 느낌으로 투카는 신의 이름을 찬양하는 데 기쁨을 느꼈다.

천둥 치는 폭풍우 속에 홀로 남겨진 투카

투카의 아내는 큰 곤경에 처했다. 왜냐하면 투카가 장사를 하러 떠났기 때문이다.

60. 그는 네 마리의 수소를 데리고 떠났다. 그 가운데 세 마리가 질병

에 걸려 죽었다. 룩미니의 남편은 투카가 자신에 대한 경배를 멈추는지를 보기 위해 이렇게 그를 시험하였다.

61. 그러나 투카는 오히려 더 열렬히 경배하였으며, 신에 대한 사랑으로 신의 이름을 외쳤다. 그의 동료들은 서로 수군거렸다. "저 친구는 정말 성가신 녀석이야.

62. 적당한 시간인지 아닌지도 모르고 언제나 중얼거리고만 있으니. 한숨도 잘 수가 없어. 아주 골칫거리야."

63. 그래서 동료들은 투카를 따돌리고 먼저 떠나 버렸다. 비슈누의 이 헌신자가 둘러보았을 때 그는 혼자 정글에 있었다.

64. 이제 그의 곁에는 아무도 없었다. 밤의 초경이 지났다. 그때 수소의 등에 얹혀 있던 곡식 가마니가 바닥에 떨어졌다.

65. 그러자 그는 큰 비탄에 빠졌다. "여기에 누가 있어 이 가마니를 다시 얹도록 도와줄까?" 그는 울었다. 그때 하늘에서 천둥이 치고 곧이어 폭풍이 몰아쳤다.

66. 모진 강풍이 휘몰아치기 시작했다. 흙먼지가 날려 눈을 뜰 수가 없었다. 하늘에서는 번개가 번쩍였다. 곧바로 빗방울이 쏟아지기 시작했다.

67. 정글은 이제 정말 소름끼치는 곳으로 변했고, 수없이 많은 야생 짐승들이 나타났다. 이제 비는 억수 같이 퍼붓기 시작했다. 투카는 절망에 빠져 있었다.

68. 그때 투카는 혼잣말을 했다. "야비한 속세의 삶이 나를 박해하고 있구나. 그로 인해 나는 큰 곤경에 빠져 버렸다. 누구에게 이 말을 할 것인가?

69. 어머니와 아버지는 나를 남겨 두고 떠나 버렸다. 형은 수도승이 되었다. 이제 나는 파산했다. 그래서 나의 세상살이가 수치스럽게 되었다.

70. 한때는 나쁜 마음을 가진 사람들조차 나를 존경했지만 지금은 비웃고 박해한다. 재산은 흩어져 버렸다. 집에는 먹을 것도 충분치 않다.

71. 동료들은 나를 따돌리고 떠나 버렸다. 이제 누가 나를 도와서 가마니를 들어올릴 것인가?' 그는 울었다. "오, 지고의 신이시여, 오, 크리슈나시여. 제게는 당신 말고는 아무도 없습니다.

72. 저에게 와 주세요. 오, 판다르푸르의 신이시여, 어머니여, 아버지여, 형이여, 숙부여, 저는 생명을 잃을 지경입니다. 오, 무한한 존재시여, 어서 와서 저를 도와주세요.

73. 당신 말고는 제게는 가까운 친구도 진실한 이웃도 없습니다. 저는 무지한 아기와 같습니다. 아기의 엄마가 아니면 누가 돌보아 줄 수 있겠습니까?

74. 제 의지력은 바닥이 났습니다. 그래서 저는 당신만을 생각합니다. 만약 당신이 절 돕기 위해 오시지 않는다면, 오, 자비의 구름이시여, 사악한 마음을 지닌 자들이 사방에서 저를 비웃을 것입니다."

75. 그리고 나서 이 사랑 깊은 박타는 기도를 하였다. 그의 두 눈에서는 눈물이 주룩주룩 흘러내렸다. "오, 크리슈나시여! 무력한 자를 돕는 분이시여, 당신의 비천한 박타인 저를 보살펴 주십시오."

신이 사람의 모습으로 투카를 도우러 오다

76. 도움을 호소하는 투카의 요청과 사랑의 말을 듣고서 크리슈나는 여행자의 모습으로 가장하여 그 순간에 도착하였다. 그리고 투카에게 물었다.

77. "당신은 누구기에 이렇게 밤늦은 시각에 길바닥에 앉아 있습니까?" 크리슈나의 질문에 투카가 대답했다.

78. "나는 곡식을 파는 상인입니다. 이 곡식 가마니가 바닥에 떨어졌는데, 나를 도와서 소 등에 실어 줄 사람이 아무도 없습니다. 동료들이 나만 남겨 두고 떠나 버렸습니다."

79. 이 말을 듣고서 크리슈나는 손을 내밀어 가마니를 잡은 뒤 즉시 수소의 등 위에 올려놓았다.

80. 당연히 이 고결한 바이슈나바는 도움을 받고서 매우 기뻐했지만 어둠 때문에 길을 분간할 수 없었다. 여행자가 그에게 말했다. "날 따라오세요."

81. 인간의 모습을 한 크리슈나는 이렇게 그의 박타에게 길을 안내해 주었다. 그러나 비슈누의 마야는 투카의 머릿속을 혼란스럽게 하여 그를 알아보지 못하게 하였다.

82. 크리슈나는 앞장서 걸어가며 길을 인도했고, 신을 사랑하는 박타는 그를 뒤따라 걸어갔다. 인드라야니 강가에 도착했을 때, 그들은 이 강이 홍수로 범람하고 있는 것을 보게 되었다.

83. 투카는 근심하면서 탄식하기 시작했다. "어떻게 이 가마니를 수소에서 내려 저 강을 건널 것인가?" 영원한 생명을 주시는 분이 대답하

였다. "우리가 건널 수 있는 곳이 있는지 알아보고 돌아오겠습니다."

84. 그런데 이제 세상의 생명이신 분이 어떤 기적을 일으켰는가? 그는 자신의 원반을 물 속에 두었다. 그리고 투카에게 말했다. "수소에서 가마니들을 내릴 필요가 없습니다."

85. 이 말을 하고서 룩니미의 남편이 앞으로 걸어갔다. 그리고 고귀한 바이슈나바는 수소를 데리고 원반 위로 강을 건넜으며, 수소의 등에 실려 있던 곡식 가마니는 흐트러지지 않았다.

86. 투카는 깜짝 놀라며 말했다. "신은 나를 돕기 위해 이 나그네를 보내셨다. 그렇지 않았다면 내가 이렇게 무사히 올 수 없었다. 내가 어떻게 이 친절에 보답할 수 있을까?"

87. 투카의 마음이 어리둥절해 있는 동안, 그는 대단히 놀라운 광경을 보았다. 번개가 하늘에서 번쩍였고, 그는 그 섬광 속에서 보았다.

88. 네 팔을 가진 모습으로 그보다 앞서 걸어가고 있는 여행자를……. 이 모습을 보았을 때, 투카는 한없는 기쁨으로 가득 찼다.

89. 허리에는 빛나는 노란색 옷을 걸치고 있었다. 목 밑에서는 아름다운 카우스투바 보석이 반짝였고, 목 둘레에는 바이자얀티 화환이 걸려 있었다. 그의 거룩한 얼굴은 매력으로 가득했다.

90. 그의 피부색은 어두웠지만 빛나고 있었고, 그의 몸은 백단 반죽을 문질러 닦아 낸 것 같았다. 영광스러운 슈리바트사(Shrivatsa) 표시 주위에는 보석들이 박혀 있었다. 그리고 그의 왕관에서는 보석이 번쩍이고 있었다.

91. 찬란한 귀고리가 빛을 발하고 있었다. 치아는 다이아몬드처럼 반짝였다. 그의 발에는 토다르와 반키 종이 딸랑거렸다. 투카는 놀라워하

며 그 광경을 보았다.

92. 투카가 이 아름다움과 기쁨의 바다를 본 것은 빛의 섬광 때문이었다. 섬광으로 인하여 신이 투카에게 보인 것은 사실이지만, 어떤 비유도 여기에 들어맞는 것은 아니다.

93. 태양을 보려고 등불을 사용할 것인가? 감로를 맛보려고 설탕을 넣을 것인가?

94. 비슈누의 소파인 뱀 세샤의 모습을 그려 보기 위하여 자기 앞에 파충류를 둘 것인가? 또는 카일라스의 신을 찾아가기 위해 유령의 무리를 찾을 것인가?

95. 지혜를 찾는 자가 무지한 자의 어리석은 생각들을 공부한들 어떻게 지혜를 얻을 수 있겠는가? 영혼의 여섯 가지 적과 교제하면 평화와 기쁨을 얻지 못한다.

96. 그러므로 사실 크리슈나의 모습을 드러낸 것은 전혀 번개 때문이 아니었으며, 슈리 크리슈나가 그 자신을 드러낸 것은 투카의 사랑 깊은 헌신 때문이었다.

97. 그러나 이런 기이한 방법으로 투카는 그의 진짜 모습을 알아보았고 그를 사랑으로 만났다. 이 때문에 그가 앞에서 걸을 때 번개가 그에게 떨어져서 투카에게 그의 진짜 모습을 보여 준 것이다.

98. 그러나 투카가 다시 그를 보았을 때, 그는 여전히 자신의 앞에서 걷고 있는 여행자였다. 마침내 두 사람은 투카의 집에 도착하였고, 수소의 등에서 곡식 가마니를 내려 적당한 자리에 두었다.

99. 바이슈나바 투카가 수소에게 먹일 꼴을 준비하느라 바쁠 때, 박타들의 친구이신 하늘의 신은 적당한 기회를 틈타 사라졌다.

장사의 실패로 비난받는 투카의 신앙심

100. 동이 트자마자 마을 사람들은 투카가 바나제에서 돌아왔고 도중에 수소들이 죽었다는 소식을 들었다.

101. 그리고 이제 돈을 빌려 준 사람들과 나쁜 마음을 가진 사람들이 그의 집 앞에 저승사자처럼 모여들었다. 마치 다친 짐승이 있으면 까마귀 떼들이 한꺼번에 몰려들어 쪼아 대는 것과 같았다.

102. 세속의 부를 추구하는 것과 지고의 영적인 부를 추구하는 것 사이에는 결코 끝나지 않는 대립이 있다. 투카는 마치 수많은 매들에 둘러싸인 한 마리 백조와 같았다.

103. 그는 보르 나무가 가득한 정글 속에 있는 외로운 바나나 나무와도 같았다. 그리하여 투카는 자신에게 쏟아지는 박해의 말을 들으며 고통을 겪어야 했다.

104. "네 마리의 수소 중 세 마리가 죽었다. 마침내 당신은 슈리 하리를 경배한 결과를 실제로 얻게 되었다.

105. 우리에게 말해 보라. 룩미니의 남편을 가슴속에 간직하여 좋은 결과를 얻은 사람이 있는지를 말이다. 선한 일들을 하는 데 용감하였던 왕 하리슈찬드라는 크나큰 고통을 받아야만 했다.

106. 왕인 날라와 다마얀티는 가슴속에 룩미니의 남편을 품고 있었지만, 그들의 가정은 심한 곤경에 처하였다. 얼마나 많은 예를 들어 당신에게 알려 주어야 하겠는가?"

107. 한 사람이 투카에게 말했다. "당신은 가슴속에 비슈누를 품고 있다. 그러나 당신은 사람들에게 모욕을 당하여도 조금도 부끄러워하지

않는다. 당신의 모든 재산이 이제 흩어졌다."

108. 다른 사람이 말했다. "그에게 충고를 해 주어도 그는 듣지 않는다. 그가 그렇게 많은 고통을 당하는 것은 이 때문이다. 그는 돈을 빌렸고, 돈을 빌려 준 사람들은 모두 잃어버렸다. 그런데도 그는 조금도 부끄러워하지 않고 슬퍼하지도 않는다."

109. 이런 말들을 퍼붓고 나서 사악한 마음을 가진 사람들은 집으로 돌아갔다. 이 고귀한 바이슈나바는 심각한 걱정에 잠겼다. "나의 장사를 어떻게 해야 하나?" 투카가 말했다.

110. "제 가슴은 지고의 영적인 부유함 위에 있지만, 저의 육체는 세속적인 것들에 얽매여 있습니다. 제 삶이 두 부분으로 나뉘어 있습니다. 오, 비탈이시여! 당신은 언제 저를 자유롭게 해 주시렵니까? 어찌하여 당신은 저를 불쌍히 여기지 않으십니까?"

투카가 새로운 장사를 하다

111. 우기가 물러가자 온 나라에 심한 기근이 들었다. 어디에서나 아이들과 심지어 어른들도 식량이 부족해 엄청난 고통을 겪고 있었다.

112. 이 무거운 걱정거리인 장사 일을 그가 누구에게 떠넘길 수 있겠는가? 그는 자기 자신 말고는 어디에서도 도움의 손길을 찾을 수 없었다. 이런 생각으로 이 고귀한 바이슈나바는 특별한 계획을 세웠다.

113. 그의 수중에는 아직 약간의 돈이 남아 있었다. 그는 이 돈으로 매운 고추를 많이 샀다. 그는 구입한 고추를 마대 세 자루에 채운 뒤 수

소에 실어 바닷가 지역인 콘칸으로 갔다.

114. 그가 길을 따라 가고 있을 때 그의 주위에서 비탈의 이름이 울려 퍼지고 있었다. 그는 늘 형상이 있는 신의 모습을 마음속에 그리고 있었고, 그의 가슴은 언제나 사랑으로 가득 차 있었다.

115. 그가 장사를 하러 떠난 것은 실제로는 속세의 일들에 염증을 느낀 탓일 수도 있다. 그가 이 장사를 선택했지만 어떤 면에서 그의 마음은 장사에 싫증을 느끼고 있었을지도 모른다.

116. 그래서 그의 생각은 신의 이름과 모습으로 가득 차 있었다. 그는 자신의 몸에 대한 의식을 완전히 잃었다. 콘칸에 도착할 무렵, 이 바이슈나바 박타는 해안 가까이에 있는 마을 변두리에서 걸음을 멈추었다.

117. 그곳에는 큰 쉬바 사원이 있었고, 사원 앞에는 반얀 나무가 있었다. 그는 수소 등에 실린 마대 자루를 내려놓았고 소는 묶어 놓았다.

118. 그는 자루를 열었고 그 자리에서 매운 고추를 팔려고 준비하였다. 그러는 동안에도 그의 가슴은 판두랑의 모습으로 가득 차 있었고, 그는 육체적인 욕구에 관한 것들을 모두 잊어버렸다.

119. 남자와 여자들이 다가와서 투카에게 말했다. "당신은 이 매운 고추를 팔려고 여기에 왔소. 값이 얼마인지 말해 보시오."

120. 바이슈나바 박타는 그들의 말을 듣고서 말했다. "고추 값을 모릅니까? 필요한 만큼 가져가세요. 주저하지 말고."

121. 바로 그때 어떤 사람이 쌀 한 되를 가져왔다. 투카는 즉시 무게를 달아 보고서 쌀을 받았다. 그리고 이 고귀한 바이슈나바는 매운 고추의 양을 달아 그 가격만큼 주었다.

122. 그 손님이 "조금 더 줄 수 없나요?"라고 묻자, 이 바이슈나바가

대답하였다. "손으로 쥘 수 있는 만큼 가져가세요. 주저하지 말아요."

123. 그 손님은 자루에 손을 집어넣었지만 자신이 많이 쥐면 투카가 손을 잡아챌 것이라고 생각하여 다소 머뭇거리며 고추를 쥐고 꺼내기 시작했다. 그러나 그는 그곳을 보지 않고 있었다. 왜냐하면 비록 그는 몸 안에 있었지만 몸을 의식하지 않고 있었기 때문이다.

124. 바로 그때 두 여성이 6파이(1파이는 인도의 화폐 안나의 12분의 1에 해당한다)를 가지고 왔다. 투카는 매운 고추를 재었다. "조금 더 주세요."라고 그들이 말했다.

125. 그는 말했다. "필요한 만큼 손으로 쥐어서 가져가세요." 그들 중 한 명이 주저하며 자루 속에 손을 넣었다. 그러자 다른 여성이 그녀에게 다음과 같이 말했다.

126. "투카는 매우 존경스러운 상인이다. 그는 무게를 정확하게 잰다. 그는 사람들에게 덤을 주면서 두 손으로 매운 고추를 쥐고 꺼내 가게 한다. 그리고 사람들의 손을 잡아채지 않는다."

127. 이렇게 말하면서 그들은 두 손을 자루에 집어넣어 매운 고추를 꺼냈다. 그러나 투카는 그들을 막지 않았고, 주위에 서 있던 사람들이 모두 이 광경을 보았다.

128. 그 사이에 어떤 사람이 마을로 가서 투카라는 곡물 상인이 마을 밖에 있다고 알렸다. 그리고 그는 매우 훌륭한 사람이며 고귀한 성품을 지닌 사람이라고 말했다. 또한 언제나 하리를 경배하고 있다고 덧붙였다.

129. 그는 매운 고추의 무게를 재어 팔고는 덤으로 그보다 두 배도 넘게 준다. 그는 고추를 가져가는 손을 붙잡지 않는다. 가서 당신들의 눈

으로 직접 보라.

130. 그 소문은 마을 전체에 퍼졌으며 사람들이 그를 보러 왔다. 그들은 서로 수군거렸다. "그는 얼간이 박타일 뿐이다. 이 기회를 이용하자."

131. 그래서 그들은 투카에게 말했다. "만약 우리가 집에 가서 돈을 가져오면, 그 사이에 매운 고추가 이미 다 팔려 버릴 것이오. 그런데 우리 가족은 매운 고추가 많이 필요하오.

132. 우리를 믿고 외상으로 고추를 주면 곧바로 돈을 가져오겠소." "필요한 만큼 가져가세요."라고 바이슈나바 박타가 말하였다.

133. 그리고 고귀한 바이슈나바는 그들이 요구한 만큼 양을 재어 고추를 주었다. 그러나 그들은 그들의 손으로 네 배나 더 많은 양을 꺼냈다. 그들은 말했다. "제값보다 더 많이 가져가는 것은 확실히 매우 보기 드문 경우군."

134. 그의 순박함을 보고서 모든 사람들이 그에게 더 달라고 하였다. 그는 다른 자루를 풀고는 말하였다. "알아서 담아 가세요.

135. 여러분들 모두가 한꺼번에 달라고 합니다. 어떻게 내가 여러분들에게 내 한 손으로 다 줄 수 있겠습니까? 나는 여러분들을 믿습니다. 원하는 만큼 손으로 쥐어 가져가세요."

136. 고귀한 바이슈나바가 이렇게 말하자마자, 그들은 사방에서 앞다투어 손을 자루 안으로 넣었다. 마치 남은 음식이 담긴 접시를 개들에게 주면 개들이 서로 사납게 싸우는 것처럼, 사람들은 서로 싸우기까지 했다.

137. 세상의 일들을 이기적인 이득의 문제로 보면서 그들은 서로 으

르렁거리며 싸웠다. 그들은 미래가 그들에게 어떠할 것인지에 대해서는 조금도 생각하지 않았다.

138. 그들 중 힘이 센 사람들은 1마운드를 가져갔다. 어떤 사람들은 손으로 1/2마운드를 꺼내 갔다. 다른 사람들은 5쉐르 정도를 가져갔다.

139. 어떤 사람들은 1/2쉐르 정도를, 1/8쉐르를, 또는 2쉐르를 가져갔다. 어떤 이는 무릎에 담아갈 수 있을 정도만 가져갔다. 어떤 이들은 한 냄비 정도의 양을 들고 갔다.

140. 이렇게 하여 두 자루의 매운 고추가 약탈당해 없어져 버렸다. 그때 몇몇 마을 사람들이 갑자기 투카에게 다가와서 말하였다.

141. "우리 집에는 고추가 아주 많이 필요하다. 이제 나는 매운 고추 한 자루를 원한다. 내가 거짓말을 하고 있다고 생각한다면, 여기 있는 사람들에게 물어보라."

142. 그의 말을 듣고서 이 바이슈나바 박타는 대답했다. "나는 당신을 완전히 믿습니다." 이 대답을 듣자마자 그 지독한 철면피는 한 자루를 통째로 들고 가 버렸다.

143. 사랑 깊은 이 박타는 그에게 말했다. "자루는 곧 돌려주십시오." 그 사람이 대답했다. "우리 집에는 매운 고추를 담아 놓을 자루가 없다.

144. 그러니 당신이 우리 마을에 다시 오면 그때 이 자루를 비우고 돌려주겠다." 이렇게 말하고 그 악당은 집으로 가 버렸다.

145. 바이슈나바 박타는 인간의 거짓된 마음을 결코 이해하지 못한다. 이것을 보여 주는 확실한 사례들을 들어 보자.

146. 오늘 비가 내릴 예정이면, 개미는 그것을 알고서 알들을 꺼내어 다른 장소로 옮긴다.

147. 똑같은 개미가 사람이 물을 땅에다 부을 때는 물에 휩쓸려 떠내려가 버린다. 개미는 우주의 법칙을 이해하지만 인간의 마음은 알지 못한다.

148. 이와 같이 사랑 깊은 박타는 신의 생각을 이해하지만 악한 자의 무자비한 가슴은 이해하지 못한다.

149. 어떤 돈도 지불하지 않을 마음으로 그 악한은 매운 고추 자루를 들고 갔지만 투카는 그를 믿었다. 그는 그러한 교활한 마음을 이해할 수 없었다.

150. 그러나 투카의 마음은 무척 행복하였다. "나는 오늘 아주 빨리 팔았다."라고 말한 뒤에 그는 목욕하러 갔으며 그 동안에도 언제나 룩미니의 남편을 생각하였다.

151. 쌀 1쉐르와, 2파이스(pice)에 해당하는 6파이(pie)가 이날 물건을 팔아서 번 돈이었다. 이것을 보고 투카는 아주 행복하였다.

152. 나는 내게 필요한 것을 가지고 있다. 이제 식사를 준비해야겠다. 그는 놋쇠 그릇을 꺼내어 밥을 짓기 시작했다.

153. 신은 모든 인류의 필요를 채워 주고 있다는 것이 투카의 확실한 믿음이었다. 그래서 그는 영원한 생명을 주시는 분을 마음속에 모신 뒤 머리를 흔들면서 신의 이름을 되뇌었다.

신이 투카를 위한 수금원이 되다

154. 투카의 상황을 알고서, 룩미니의 남편은 혼잣말을 했다. "그는

속세의 일들에 그처럼 무관심하다. 그는 교활한 세상 사람들의 술책을 이해하지 못한다.

155. 이런 도둑들이 매운 고추 세 자루를 가져가 버렸다. 고향에서 돈을 빌려 준 사람들은 그가 돌아오면 그를 괴롭힐 것이다. 그가 그들에게 뭐라고 대답할 수 있을까?'

156. 이렇게 생각하면서 박타들의 옹호자인 그분은 즉시 인간의 모습을 취하였다. 그는 먼저 마을의 어느 집으로 가서 매우 정중하게 말하였다.

157. "손님, 외상으로 가져간 물건 값을 이제 갚아 주세요. 우리는 집으로 돌아가야 하는데 이미 시간이 늦었습니다." 그들은 대답하였다. "당신은 누구요? 우리가 외상을 졌다니 그게 무슨 소리요, 그리고 무슨 돈을 갚으라는 거요?"

158. 크리슈나는 듣고 나서 말했다. "투카는 데후에서 온 곡물 상인이고, 나 비토바는 그의 하인입니다. 나는 손님이 외상으로 가져간 물건에 대해서 돈을 받기 위해 왔습니다."

159. 이 말을 듣고서 돈을 위해서는 물불을 가리지 않는 사람들이 대답했다. "그는 우리에게 이 물건을 공짜로 주었다. 만약 그가 이 물건을 저울에 달아서 우리에게 주었다면, 당신이 대금을 청구할 수 있을 것이다."

160. 천상의 신은 말했다. "그의 손은 정확하게 재기 때문에 그는 데후의 시장(市長)에게서 투카 쉐트라는 칭호를 받았습니다."

161. 그러자 마을 사람들이 말했다. "그렇다면 우리가 집으로 가져간 매운 고추의 양이 얼마나 되는지 말해 보시오." 그들이 고추의 무게를

달았을 때, 그들은 그 무게가 룩미니의 남편 크리슈나가 말한 것과 정확하게 같다는 것을 알았다.

162. 그들에게 이 일은 매우 놀라운 것이어서 그들은 즉시 그에게 돈을 주었다. 이와 같이 헌신자를 위하여 크리슈나는 집집마다 방문을 하였다.

163. 그러나 어떤 사람들은 몹시 뻔뻔하고 야비하게 굴었고, 룩미니의 남편에게 비열한 저주를 퍼붓기도 하였다. 몇몇 사람들은 그에게 사납게 대들기도 했으나 우주의 영혼은 묵묵히 참았다.

164. 그들에게 갚아야 할 분량을 말해 주고 그들이 매운 고추의 무게를 달 때마다, 그 무게는 그가 말한 것과 정확히 일치했다. 이것을 보고 그들은 외쳤다. "투카 쉐트는 딱 맞는 이름이군." 그리고 모두들 놀라워했다.

165. 하리는 투카의 진실한 헌신에 매혹되었다. 그래서 그는 자신이 받을 모욕에 개의치 않은 채 한동안 천한 신분의 사람이 되어 집집마다 방문하였던 것이다.

166. 룩미니의 남편은 자신의 입으로 말했다. "마을 사람들은 매우 파렴치하다. 만약 그들에게 빚진 것을 갚으라고 하면, 그들은 이미 주먹질을 시작한다. 그러나 이 때문에 그들은 대가를 치를 것이다."

167. 크리슈나의 놀라운 능력을 알게 된 몇몇 사람들은 돈을 가져와서 그에게 주었다. 다툼을 두려워하는 사람들은 돈을 광장으로 가져왔다.

168. 이런 방식으로 연꽃 눈을 한 그분은 모든 사람에게서 외상값을 받았지만, 매운 고추 한 자루를 통째로 가져간 사내만 예외였다.

169. 세상의 생명이신 분은 혼잣말을 했다. "어떻게 해야 그에게서

돈을 받을 수 있을까? 그는 다른 사람들보다 훨씬 더 심한 악당인 것 같다. 그를 어떻게 다루어야 할까.

170. 곡식의 낟알 중에는 물에 불지도 않고 익지도 않는 낟알들이 있듯이, 악당의 가슴도 이와 같다. 딱딱하게 굳어 버린 그의 가슴은 결코 녹지 않는다."

171. 어렵다는 것을 알면서 슈리 하리는 그 사람의 대문 앞에 섰다. 그는 화난 음성으로 거칠게 그 남자에게 말했다.

172. 그는 말했다. "투카 쉐트는 데후의 곡물 상인이고, 나는 그의 하인 비토바요. 당신은 매운 고추 한 자루를 통째로 가져갔소. 지금 즉시 외상값을 갚으시오.

173. 당신은 올바른 사람처럼 보이지만, 매운 고추 한 자루를 집으로 가져갔소. 나의 주인이 기다리고 계시오. 즉시 외상값을 갚으시오."

174. 검은 피부를 한 분이 이렇게 말하자, 불한당은 "나와 함께 너의 주인에게로 가자."며 그를 강제로 끌고 가려 했다.

175. "투카 쉐트는 나의 친구다." 그 불한당은 말을 이었다. "그는 나에게 친절을 베풀었다. 그가 고추의 양을 재고 나한테 주었나? 그것 때문에 네가 온 것이냐?"

176. 악당의 이 말을 듣고서 천상에 거주하시는 이가 대답하였다. "나는 주인님께 가지 않을 것이오. 그분은 나를 쓸모없는 하인으로 여길 것이오."

177. 그러자 상대방이 대답하였다. "그렇다면 나는 네게 돈을 주지 않겠다. 네가 어떻게 내게서 돈을 받아 가는지 한번 볼까?" 그 남자의 독한 마음을 보면서 천상의 신이 어떻게 했겠는가?

178. 끈으로 올가미를 만들어 자신의 목을 묶는 것 말고는. 그는 말하였다. "나는 스스로 목숨을 끊고서 이 마을 전체를 비참한 곳으로 만들어 버리겠다."

179. 그의 확고한 결심을 보고서 마을 사람들이 주위에 몰려들었다. 그리고 이 사람들은 그 악당으로 하여금 여러 가지로 수치심을 느끼게 하였다.

180. 그들은 말했다. "매운 고추 한 자루를 공짜로 줄 사람이 세상에 어디 있는가? 왜 당신은 쓸데없이 다투고 있는가? 얼른 그에게 돈을 주어라."

181. 악당이 대답했다. "그러면 고추 자루를 가져가라." 영원한 생명을 주시는 이가 말하였다. "그렇다면 당신은 왜 이 고추를 여기로 가지고 왔는가?"

182. 그런 다음 크리슈나는 구경하는 사람들 앞에서 자신의 목에 감긴 올가미를 스스로 조였다. 그러자 그의 눈알이 심하게 희번덕이기 시작했다.

183. 은둔하여 자신의 가슴 깊은 곳을 바라보고 있는 쉬바의 모습을 하고 있는 그분이 투카의 사랑 깊은 헌신에 보답하기 위하여 올가미로 자신의 목을 조였다.

184. 요기들은 여덟 가지 심한 고행을 하며 그분을 보고자 하지만, 그들의 눈에는 그분이 결코 보이지 않는다. 그런데 그분이 자신의 목 주위에 사랑 깊은 헌신의 올가미를 두르고 있다. 나는 이것을 정말 놀라운 일이라고 본다!

185. 그분에게 이르기 위하여 위대한 현자들조차 고행을 하는데, 우

주의 영혼이신 그분이 자신의 박타를 돕기 위하여 자신의 목을 올가미로 조였다.

186. 브라마데바의 아버지이시며, 그의 발이 인디라에게 숭배를 받으며, 나라다와 다른 이들이 부른 노래들의 주제이신 그분이 사랑 깊은 헌신의 끈으로 목을 죄게 되었다.

187. 경건한 이들이여, 계속되는 이야기를 존경하는 마음으로 들어보라. 마을 사람들은 공포에 질려서 악당을 때리기 시작하였다.

188. 그들은 소리쳤다. "만약 이 사람이 숨을 거두면, 우리 마을 전체가 멸망할 수 있다." 그러면서 그들은 그를 발로 차고 주먹으로 때렸다.

189. 진실로 신은 모든 사람들의 필요를 채워 주며, 이와 같은 여러 가지 방식으로 그 악당은 창피를 당하였다. 마을 사람들은 그를 윽박질러 매운 고추의 양을 재고 가격을 지불하게 하였다.

190. 계산이 끝나자 세상의 생명이신 그분은 올가미를 풀고 모든 돈을 모았다. 그러나 그는 또 하나의 기적을 일으켰다.

191. 그는 시장의 비서로 모습을 바꾸었다. 그러고는 투카에게 말하였다. "당신의 돈을 받으십시오." "무슨 돈입니까?"라고 투카가 물었다.

192. "당신이 외상으로 판 매운 고추 값입니다."라고 크리슈나가 말했다. "나는 이 돈을 모두 받아서 즉시 여기로 왔습니다."

193. 사랑 깊은 박타는 말하였다. "이런! 나는 그것을 나누어 가지라고 주었습니다." 그러자 비서가 말하였다. "왜 그렇게 했습니까? 우리는 당신에게서 공짜로 물건을 가져가기를 원하지 않습니다.

194. 우리는 명예로운 시민으로 알려진 사람들입니다. 신께서 우리에게 무엇을 부족하게 하실까요?" 이렇게 말하면서 그는 돈을 싼 보자

기를 풀어 투카 앞에 놓았다.

195. 그들이 자리에 앉았을 때 사랑 깊은 박타가 그에게 말하였다. "부디 여기에 있는 돈 가운데 6파이를 가져가서 제게 약간의 기(ghi)를 사다 주십시오."

196. "알겠습니다."라고 말한 뒤 그는 떠났다. 조금 뒤에 돌아온 그는 놋쇠 그릇 가득 기를 담아 와서 투카를 놀라게 했다.

197. "이것은 너무 많아 보입니다." 판다르푸르의 신이 대답하였다. "여기에서는 기가 아주 쌉니다. 이 마을에는 기가 흔합니다."

198. 그때 투카가 비서에게 말했다. "제가 하던 요리가 잘 되었습니다. 저와 함께 식사를 해 주신다면 무척 기쁘겠습니다."

199. 자신의 박타의 진실함을 보고서 지고의 신이 말하였다. "고맙습니다. 그러지요." 그때 쉬바는 초대받지 않은 손님의 모습을 취하였다.

200. 그리고 사원 앞에 앉아서 투카에게 말했다. "나는 이곳을 방문한 사람인데 지금 배가 고프군요. 먹을 것을 좀 주시지요." 투카는 이 요청을 기쁘게 들어주었다.

201. 그래서 초대받지 않은 손님과 비서, 그리고 신을 사랑하는 박타는 함께 식사를 했다. 그 후에 입을 닦을 수 있도록 투카는 그들에게 툴시 잎을 주었다.

202. 비슈누와 쉬바가 투카와 함께 식사를 한 것은 투카의 진실하고 사랑 깊은 헌신을 알고 있었기 때문이다. 초대받지 않은 손님은 떠나면서 축복의 말로 투카를 찬미하였다.

203. 비서는 신을 사랑하는 박타를 보호해 준 후에 시야에서 사라졌다.

투카가 위선자라고 비난받다

바로 그때 마을 사람들이 그곳에 모여들어 투카를 비난하기 시작하였다.

204. "당신은 비슈누의 박타인 투카 쉐트이며, 줄곧 하리의 이름을 반복하고 있다. 그러나 당신은 오늘 우리 마을을 파멸시킬 뻔했다. 우리가 여기에 대해 뭐라고 말할 수 있단 말인가?"

205. 그리고 그들은 서로 얘기하기 시작했다. "그는 경건한 척하면서 매운 고추를 나누어 주어 마을 사람들이 가져가게 하였다.

206. 그는 두루미처럼 명상하는 척하다가 물고기가 다가오면 삼켜버린다. 이 투카 쉐트는 그런 부류의 사두다. 당신들 모두는 이것을 알아야 한다."

207. 마을 어른들은 물론이고 심지어 아이들조차 한 사람씩 돌아가며 그렇게 비난을 하였다. 투카는 이 이야기를 듣고서 깜짝 놀라 그들 중 한 명에게 설명해 달라고 하였다.

208. 그는 상세하게 설명하였다. "당신의 하인인 비토바라는 사람이 집집마다 방문하여 싸우면서 돈을 받아 내었다.

209. 매운 고추 한 자루를 들고 갔던 남자는 아무것도 주지 않으려 하였다. 그러자 당신의 하인이 즉시 자신의 목에 올가미를 걸고 자살하려 하였다.

210. 크게 소란스런 소리를 듣고서 모든 마을 주민들이 그곳에 모여들었다.

211. 우리는 그 악당을 마구 때리고 발로 차서 모든 값을 치르게 만들

었다. 만약 우리가 그렇게 하지 않았다면 당신의 하인은 죽었을 것이고, 우리 마을은 파멸하였을 것이다."

212. 어떤 일이 있었는지를 자세히 듣고서, 바이슈나바 박타는 너무나 놀랐다. 그는 속으로 생각했다. "그들의 이야기가 진실이 아니라고 말하자니, 나는 외상으로 준 물건 값을 모두 받았다.

213. 이 이야기가 진실이라고 말하자니, 나에게는 하인이 없다. 그러면 이 일은 크리슈나의 마야를 통하여 일어났음에 틀림없다. 크리슈나의 헌신자에게 일어나는 일은 이해할 수 없는 것이다."

마히파티의 감사 기도

214. 이 박타릴람리타는 위대한 마나스(Manas) 호수이다. 사랑 깊고 현명하며 운이 좋은 독자들은 그 호숫가에 서 있는 고귀한 현인들이다.

215. 어떻게 존경을 바치면 사두들과 성자들이 즐거워할 것인가? 시인이 유념할 것은 바로 이것이다.

216. 아름다운 꽃과도 같은 꾸밈없는 시행으로 여러 화환을 만들어 내는 마히파티는 꽃을 가꾸는 자로서 바이슈나바들의 모임 가운데 서 있다.

217. 스바스티! 이 책 박타릴람리타는 단순히 듣는 것만으로도 모든 이의 가슴속 소망을 이루어 줄 것이다. 경건하며 사랑 깊은 박타들이 이를 듣기를. 이것은 흥미로운 제3장이다.

제4장
전적으로 영적인 삶을 살기로 결심하다

마히파티의 기도

슈리 가네샤에게 경배를!

1. 저는 영리하지 않습니다. 저는 현명하지도 않고 훌륭한 시인도 아닙니다. 저는 그저 저 자신을 성자들의 연인이라 부르며 신을 묵상하며 지낼 뿐입니다.

2. 저의 글은 완벽하지 않습니다. 저는 쉰여섯 가지 언어들로 말하지 못합니다. 저는 산스크리트로 말할 줄 모릅니다. 제 말은 두서가 없고 떠듬거립니다.

3. 저는 성스러운 도시에 살고 있지도 않습니다. 저의 집은 보잘것없는 마을에 있습니다. 저는 완벽한 저술가의 도움도 받고 있지 않습니다.

4. 저는 건강이 좋지도 않습니다. 저는 자주 병에 걸립니다. 저는 모든 면에서 서투를 뿐입니다. 오, 어머니 비탈이시여, 당신은 이 모든 것을 잘 아십니다.

5. 오, 당신에 대한 믿음으로 저는 이 장을 시작했습니다. 당신의 겸손한 하인의 명예를 지켜 주시어, 제가 이 장을 끝마치도록 허락하소서. 오, 슈리 하리시여.

6. 거센 바람이 휘몰아치면 짚으로 만든 허수아비는 흔들리기 시작합니다. 그것이 어떻게 스스로 움직일 수 있겠습니까?

7. 인형극을 공연하는 자가 줄을 당겨 인형들을 다양한 모습으로 춤추게 하듯이, 그렇게 당신의 성전인 제 가슴에 앉으셔서, 오, 슈리 하리시여, 당신은 제게 해야 할 말을 떠올리게 하실 것임을 저는 알고 있습니다.

8. 만약 제가 당신의 은혜로운 도움을 조금도 받지 않았다면, 성자들은 틀림없이 제 말들을 존중하지 않았을 것입니다. 사향에 그 향기가 없다면, 누가 시장에서 사향을 달라고 하겠습니까?

9. 공작새의 꼬리 깃털에는 어디에나 눈이 달려 있습니다. 그러므로 당신의 은혜로운 도움이 없다면, 저의 모든 말들은 아무런 결실도 맺지 못할 것입니다.

10. 그러므로 당신의 은혜로운 도움의 축복으로, 저로 하여금 박타들의 생애를 상세히 말하게 하여 주소서. 그리하여 앉아서 듣는 이들에게 사랑이 흘러넘치게 하소서.

천진한 투카가 크나베에게 속다

11. 앞 장에서는 룩미니의 남편 크리슈나가 어떻게 하인이 되어 집집마다 돌아다니며 투카에게 주어야 할 돈을 받아 냈는지에 대한 재미있는 이야기를 들었다.

12. 투카가 마을 사람들로부터 그 사실에 대해 들었을 때, 신을 사랑

하는 이 박타는 놀라면서 "저는 판다르푸르의 신이 어떻게 하시는지 잘 모릅니다."라고 말하였다.

13. 소 등에 안장을 얹고서 이 고귀한 바이슈나바는 데후에 있는 자신의 집으로 향하였다. 길을 갈 때, 그의 가슴은 신을 향한 사랑으로 가득 찼고 그는 신의 이름들을 큰 소리로 외쳤다.

14. 그의 마음은 신의 이름과 모습에 집중이 되어 있었다. 말하자면, 그는 자신의 몸 바깥에 있었던 것이다. 그러다가 갑자기 사기꾼을 만나게 되었는데, 그가 말을 걸어왔다.

15. 그는 동으로 만든 팔찌를 금으로 도금해 두었었다. 이제 그는 그것들을 투카에게 보여 주었다. "만약 당신이 이것들을 갖고 싶다면, 당신에게 주겠소."라고 말하였다.

16. 신을 사랑하는 박타는 그의 제안을 듣고서 다음과 같이 대답하였다. "저는 저에게 합당하게 오는 모든 것을 모았지만 아직 돈이 충분치 않습니다." 그렇게 말한 뒤, 투카는 자신이 가진 돈을 꺼내어 그에게 보여 주었다.

17. 그러자 사기꾼은 "당신이 가지고 있는 돈을 나에게 주시오. 나머지는 내가 천천히 받겠소. 나는 당신이 누구인지 알고 있소."라고 말하였다.

18. 투카는 이 제안을 듣고 자신의 돈을 세어 그에게 주었다. 사기꾼은 다른 길로 갔으며, 투카는 가던 길을 계속 가서 그의 집에 도착하였다.

19. 그는 행복에 겨워 중얼거렸다. "이제 빌린 돈을 일부 갚아야겠다. 고추 장사는 아주 잘 되었다. 아무것도 허비하지 않았고 약간의 돈을 벌었다."

20. 투카는 어느 누가 몰래 속일 수 있으리라고는 꿈속에서도 의심하지 않았다. 그는 신이 인류의 가슴에 가득 차 있다는 것을 확고히 믿었다.

21. 쿤티의 아들 다르마라자가 천국과 지상 그리고 지옥 등 세 가지 세상을 모두 찾아보았지만 그 어느 곳에서도 타락한 영혼을 발견할 수 없었듯이, 투카도 역시 그러하였다.

22. 투카는 행복해 하면서 집에 도착하였고, 그 소식을 듣자마자 사람들이 서둘러 그의 집으로 찾아왔다.

23. 투카는 소를 말뚝에 매고서 그들 앞에 앉았다. 돈을 빌려 준 사람들이 그에게 벌어 온 돈을 보자고 하였다.

24. 그가 말했다. "나는 가지고 있던 돈을 어떤 사람에게 주었고, 그 사람에게서 이 금을 받아 집으로 가지고 왔습니다. 그것으로 빚을 갚을 테니 가져가시고, 일부는 제 가정 살림을 위해 남겨 주십시오."

25. 이렇게 설명하면서 이 경건한 박타는 팔찌들을 꺼내어 그들에게 보여 주었다. 전문가들이 그것들을 살펴보고서 박장대소를 하였다.

26. 그들은 그 팔찌를 조금 깎아서 그것이 무엇인지를 보여 주었다. 확실히 그것은 구리였다. 돈을 빌려 준 사람들은 자신의 이마를 두드렸고, 투카의 아내는 소리를 질렀다. "아이고! 아이고!

27. 당신 같은 사람은 차라리 죽는 게 나아! 이 바보야! 당신은 항상 판다르푸르의 신의 이름들을 외우고 있지만, 그 신이 당신에게서 세상에 대한 감각들을 없애고 있어. 그러니 이제부터라도 그 자비심 없는 자를 그만 숭배해.

28. 당신은 바보 천치를 판디트로 믿고 집에 데려올 사람이야. 또 현자의 돌을 주고 조약돌을 받아 올 사람이야. 당신은 도대체 상식이 없어.

29. 그 사기꾼을 믿고서 당신은 우리 가정에 파멸을 가져왔어. 당신이 우리 집 살림을 꾸려 나가는 것을 도무지 눈뜨고 보질 못하겠어."

30. 투카와 이야기를 나눈 후, 악한 마음을 지닌 사람들은 집으로 돌아갔다. 그의 집에서는 아내가 근심으로 가득 찼다. 그녀는 외쳤다. "우리 가정을 먹여 살리려면 이제 어떻게 해야 하나?"

투카의 아내가 투카를 위하여 돈을 빌려 오다

31. 투카는 두 아내를 두고 있었다. 나이 많은 아내의 이름은 루쿠마바이였다. 어린 아내는 지자이라는 이름이 있었지만 아발리라고 불렸다.

32. 어린 아내인 아발리는 매우 사려 깊은 아내였다. 그녀는 "어떻게 하면 생필품을 조달할 수 있을까?" 하고 걱정하며 생각해 보았다.

33. "나의 남편은 미쳤다. 그는 밤낮으로 숭배하는 데만 정신이 팔려 있다. 장사를 하지만 성공하지 못하고 있다. 그는 궁핍한 처지에 있다.

34. 아직까지 나는 나의 이름으로 차용 증서를 끊을 수 있을 테니, 그 돈을 남편에게 자금으로 주어야겠다. 만약 그가 이윤을 남긴다면, 우리 가정의 생필품을 조달하는 데는 아무런 문제가 없을 것이다."

35. 이런 생각이 마음에 떠오르자 그녀는 대금업자의 집으로 찾아가서 말하였다. "제 정직함을 믿으신다면, 제 옷에 돈을 넣어 주세요."

36. 아발리의 오빠는 부자였기 때문에 대금업자는 그녀의 요구를 거절하지 못했다. 그래서 그는 그녀에게 말하였다. "아발리, 필요한 만큼 가져가시오."

37. 그녀는 200루피를 빌렸고 그에게 차용 증서를 써 주었다. 아발리는 집으로 돌아와서 남편에게 말하였다.

38. "저는 저의 신용으로 대금업자에게 많은 돈을 빌렸습니다. 제가 그렇게 한 것은 당신이 상인들과 같이 먼 원정길을 떠날 수 있도록 하기 위해서입니다.

39. 상인들은 우마차에 소금을 싣고 발레가트로 갈 예정입니다. 그들과 같이 가서 돈을 조금 벌어 오세요."

40. 그녀는 투카에게 200루피를 주었다. 이 비슈누 박타는 즉시 상인들과 함께 떠났다.

41. 아발리는 출발하는 투카에게 자신이 준 자금을 조심하여 관리하라고 신신당부하였다. "만약 당신이 이 돈을 신중하게 다루지 않는다면, 나의 머리에 저주가 내릴 것입니다. 그러니 어떤 수를 써서라도 그런 일이 일어나지 않게 해야 합니다.

42. 당신이 하리의 이름들을 반복하는 데 마음을 빼앗기고 있기에, 어느 누구도 당신의 장사 능력을 믿지 않습니다. 그래서 제가 이 돈을 빌렸고, 제 이름으로 차용증을 써 주었습니다.

43. 만약 당신이 이 자금을 누가 달란다고 해서 주어 버리면, 당신은 내가 어떻게 할 것인지 잘 알 거예요." 이렇게 경고하고서 그의 아내는 집으로 돌아갔다.

투카가 장사에 성공하다

44. 투카는 그의 우마차에 소금 포대를 싣고 상인들과 함께 떠났다.

45. 그들은 발레가트에서 소금을 팔고 그 대신에 설탕 원료를 그들의 자루에 채웠다. 그러고 나서 모든 상인들은 푸나로 향하였다. 이 사랑 깊은 박타도 동행하였다.

46. 그는 먼지 가운데 떨어져 아무도 알아차리지 못하는 진주에 비유될 수 있을 것이다. 황동 무더기 속에 섞여 있어 전문가가 아니면 아무도 알아볼 수 없는 황금과 같았다.

47. 조약돌들 가운데 있는 현자의 돌과 같았다. 누가 그것의 기적 같은 힘을 알겠는가? 그는 수정들 속에 섞여 있는 다이아몬드와 같았다. 상인들 가운데 있는 우리의 고귀한 바이슈나바는 그와 같았다.

48. 그는 호색 문학과 더불어 엮여 있는 베다들과 같았다. 마호메트 무리들 속에 있어서 모든 위대함을 잃어버린 위대한 판디트와 같았다.

49. 부유한 은행가가 도적들의 큰 무리 속에 있는 것과 같았다. 아름답고 헌신적인 아내가 매춘부들의 무리 가운데 있는 것과 같았다.

50. 위대하고 뛰어난 요기가 미치광이들 속에 있는 것 같았다. 취하게 하는 술 속에 감로가 섞여 있는 것 같았다. 신을 사랑하는 사람이 조롱하는 자들의 무리 속에 있다면, 누가 어떻게 그를 존경할 수 있겠는가?

51. 마찬가지로 이 거짓된 상인들의 무리 가운데 경건함과 지식, 세속적인 것들에 대한 무관심의 표상인 투카가 있었다. 아무런 양심과 윤리가 없는 그들은 거듭하여 투카를 조롱하였다.

52. 그들은 서로 말하였다. "우리와 같이 온 이 투카라는 작자는 적당

히 속이면서 장사할 줄을 모른다. 그런 식으로 하면 어떻게 돈을 벌 수 있겠는가?

53. 그는 세상의 일들에는 관심을 끊고, 자리에 앉아서 천상의 신의 이름들만 속으로 반복한다. 그는 항상 숭배만 하고 있다. 그는 우리에게 골칫거리다."

54. 이렇게 사악한 장사꾼들이 투카에 대하여 얘기하고 있었지만, 투카는 자신의 몸을 의식하지 못하는 상태에 잠겨 있었다. 그는 세상의 기쁨이나 슬픔을 조금도 경험하지 않고 있었다.

55. 그러는 사이에 상인들은 푸나에 도착하여, 그들의 설탕 원료를 팔았고 물품 대금을 받았다.

56. 그들 중에 있던 이 비슈누 박타도 자신의 설탕을 팔았다. 그는 돈을 받아서 집으로 돌아가기 시작하였다.

투카가 딱한 브라만에게 자신의 모든 돈을 주다

57. 상인들은 집으로 돌아오는 길에 어느 시장에서 휴식을 취하였다. 지각이 있는 청중들이여, 거기에서 일어난 일을 존경의 마음으로 들어라.

58. 나무로 만든 쟁기를 목에 걸치고 긴 수염을 한 브라만이 다가와서 구걸을 하였다. 그는 "도와주세요. 한 푼 주세요."라고 말하며 애원했다.

59. 상인들은 그에게 대답하였다. "너무 많은 사람들이 구걸하러 온다. 우리는 줄 것이 아무것도 없다. 얼른 꺼져라!"

60. 이 가난한 사람은 다음과 같이 간청하였다. "어떤 사람은 저에게 두 안나나 네 안나를 주었습니다." 투카가 이 광경을 보고 있다가 그 사람에게 말하였다.

61. "당신의 사정을 자세히 말해 보세요." 그 브라만은 그의 말을 듣고서 대답하였다. "저는 읍장의 직무와 관계된 상속권을 가지고 있었습니다. 그런데 친척들이 저의 권리들을 빼앗아 갔습니다.

62. 그들은 쉽게 재판관을 매수했고, 저는 감옥에 가게 되었습니다. 읍의 5인 위원회가 그 사실을 알고서 저를 이 치욕에서 구해 주었습니다.

63. 그러나 왕은 아주 분별없는 사람이고, 저는 약하고 무력한 브라만입니다. 그는 저를 풀어 주는 대신에 300루피를 요구하고 있습니다. 저는 그에게 50루피를 주었습니다.

64. 나머지 돈을 주기 위하여 저와 저의 가족은 구걸을 하고 있습니다. 왕은 저를 감시하도록 병사 한 명을 파견하였고, 그는 저를 잠시도 내버려 두지 않고 있습니다."

65. 투카는 브라만의 이야기를 듣고서 동정심을 느꼈고, 그에게 걱정할 필요가 없다고 말하였다.

66. 그리고는 그 훌륭한 브라만에게 은화 250루피를 주어 그를 기쁘게 하였다. 몹시 희한한 이 거래를 보고, 그 상인들 모두는 박장대소하였다.

67. 그들은 말하였다. "그는 옷감 전체를 가시덤불에 던지고 있다. 이제 더 이상 그와 함께 하지 않는 것이 더 좋겠다. 아발리가 집에서 이 얘기를 들으면 대성통곡할 것이다.

68. 그의 아내와 아이들은 제대로 먹지도 못하고 있는데도 그는 사방

팔방에 돈을 내던지고 있다." 이런 말로 투카를 비웃고서 상인들은 그를 남겨 두고 길을 떠났다.

69. 바이슈나바 박타는 브라만에 대한 봉사를 마치기 위하여 거기에 남았다. 우선 지불해야 할 돈을 병사에게 주어 법정에 대신 내도록 하였다.

70. 그러고는 비슈누의 하인은 이발사를 불러 브라만의 머리를 깎게 했다. 그리고 브라만의 아내를 불러 음식을 요리하게 하였다.

71. 그는 돈을 주어 열 명의 브라만들에게 주연을 베풀었다. 이렇게 하여 그는 부부의 가슴을 기쁘게 하였고, 그들은 투카를 축복해 주었다.

72. "룩미니의 남편인 지고의 신께서 늘 당신을 보호하시기를. 이 세상에 당신처럼 너그러운 비슈누 박타는 아무도 없을 것입니다.

73. 비록 12년 동안 우리가 쟁기를 목에 걸고 구걸하였더라도, 우리는 당신이 우리에게 주신 만큼의 돈을 모을 수 없었을 것입니다. 신께서 당신을 축복하여 주시기를." 하고 그들은 말하였다.

74. 투카의 가슴은 기쁨으로 가득 찼다. 그는 말하였다. "저는 제 돈을 좋은 곳에 썼습니다." 그러나 그는 집에서 아내인 아발리에게 당할 일을 생각하니 눈앞이 캄캄하였다. 그는 중얼거렸다. "내가 그녀에게 무슨 말을 해야 할까?"

신이 투카의 빚을 갚아 주다

75. 투카의 마음속에 무엇이 있는지를 아는 크리슈나는 생각했다. "그는 자본금과 이익금을 모두 다 써 버렸다.

76. 만약 상인들이 아발리에게 가서 말한다면 그녀는 분노할 것이다. 그녀는 투카를 두들겨 팰 테고, 채권자들은 돈을 갚으라고 요구할 것이다."

77. 그래서 판다르푸르의 신이 투카를 이 재앙에서 구하기 위하여 한 일은 투카의 모습을 취하고서 채권자들에게 돈을 갚는 것이었다.

78. 그는 그들에게 원금과 이자를 갚고서 차용증을 돌려받았다. 그리고 말했다. "이제 아발리에게 가서 이 황금 다섯 조각을 전해 주세요."

79. 그러자 상인들이 말했다. "당신이 직접 그녀에게 주시오." 신이 대답했다. "아닙니다. 아내는 저에게 화를 낼 것입니다. 저는 가기가 두렵습니다.

80. 그녀는 내가 오랫동안 나가 있었으면서도 이익을 남기지 못했다고 비난할 것입니다. 그러니 이 차용증과 황금 조각들을 가져다가 그녀에게 주십시오."

81. 이렇게 말하고 나서 영원한 생명을 주시는 분은 그들을 떠났다. 상인은 차용증과 황금 조각들을 가지고 아발리의 집으로 갔다.

82. 그는 그녀에게 무슨 일이 있었는지를 얘기했다. 그녀는 투카가 어디 있느냐고 물었다. "그는 아마도 신의 이름을 암송하며 어딘가에 앉아 있을 것이오."라고 그가 대답했다.

83. 신이 그런 기적을 행했지만, 아무도 그 현명한 행동을 알아차리지 못했다. 사람들의 마음은 마야의 유혹에 홀려 있었기 때문에 아무도 신을 알아보지 못했다.

투카가 집으로 돌아오다

84. 며칠 후 바이슈나바 투카가 집으로 돌아왔다. 그의 아내들은 그가 없는 동안 일어난 일들에 대해 그에게 말했지만 그는 진실이 무엇인지 알 수 없었다.

85. 한편 그와 함께 갔었던 상인들은 투카가 죄인을 풀어 주기 위해 그의 자본금과 이익금을 선물로 다 주어 버렸다는 이야기를 퍼뜨렸다.

86. 다른 이들은 신이 그 빚을 다 갚아 주었다고 말했다. 또 다른 사람들은 그런 말이 거짓이라고 주장했다. 아발리는 약간의 속임수를 써서 가족의 신용을 지켰다.

87. 그녀는 속으로 생각했다. "그 피부색이 검은 놈 크리슈나는 교활하구나. 사람들은 그의 별난 행동을 이해하지 못할 거야. 그는 내 남편을 미치게 만들었어. 사람들은 더 이상 남편을 존경하지 않아."

88. 하지만 투카의 어리석음에 대한 상인들의 이야기는 공공연하게 퍼져 나갔고, 무슨 일이 일어났었는지를 알게 된 사람들은 그 후로는 그에게 더 이상 돈을 빌려 주지 않았다.

투카가 비참한 가난에 빠지다

89. 이런 일이 있고 난 직후 극심한 가뭄이 발생하였다. 곡물 가격은 이제 루피당 2파얄리(payali)로 치솟았다. 비는 한 방울도 오지 않았다. 가축은 꼴을 먹지 못하여 굶어 죽었다.

90. 투카는 그의 가정생활에서 엄청난 고통을 겪었다. 만약 당신이 다정한 마음으로 그의 경험을 듣는다면, 당신 자신의 심각한 문제들은 사라질 것이다.

91. 투카의 재산이 흩어지면서 사람들의 눈에 그는 운명에게 버림받은 존재처럼 보였다. 한때 그를 존경했던 사람들도 이제는 그를 무례하게 대했다.

92. 고난의 시절이 왔을 때 그는 사람들 사이에서 신망을 잃어버렸다. 아무도 그를 집 안에 받아들이지 않았다. 그것은 투카의 마음에 커다란 고통을 주었다.

93. 이제 그의 집에는 먹을 것이 하나도 없었다. 아이들은 굶어야 했다. 모두들 끔찍한 굶주림을 겪고 있었기 때문에 아무도 그에게 어떤 것도 빌려 주려 하지 않았다.

94. 아이들의 고통을 보자 그는 여기저기 음식을 구걸하러 다녔다. 이제 여러분 청중들은 의문이 생겨서 이 이야기의 해설자에게 이렇게 물을지도 모른다,

95. "세상의 일들에 대한 무관심이 투카의 가슴에 들어왔는데도, 왜 투카는 음식을 구걸하며 이집 저집 돌아다녔는가?" 현명한 여러분들이 제기한 이 질문에 대하여, 들을 귀가 있는 자들에게 답을 줄 것이다.

96. 만약 누군가가 파리를 삼킨다면 토하겠지만, 그래도 담즙은 계속 올라올 것이다. 그러면 그는 손가락을 입 안에 집어넣어 담즙을 다 끌어올릴 것이다. 이렇게 하는 것이 건강에 좋다.

97. 이와 마찬가지로 영적인 것을 추구하는 구도자는 세속적인 것들에 그의 마음을 역겹게 만들고, 사람들이 그를 모욕하게 만드는 그러한

원인들을 계획하는 것이다.

98. 투카는 말했다. "전에 한두 번 판다르푸르의 신은 고난의 시기에 나를 구해 주었다. 만약 이 말이 세인들에게 퍼진다면 그들은 나를 성자라 부를 것이다.

99. 그런 일이 일어나지 않게 하기 위해 나는 사람들에게 경멸받아야 한다. 모든 것에 대해 역겨움을 가지기 위해서는 집집마다 구걸을 하러 다녀야 한다."

100. 바이슈나바 박타는 그의 친척들과 친구들에게 말하였다. "우리 아이들과 가족들이 굶주림으로 죽어 가고 있습니다. 어서 구해 주셔야 합니다."

101. 그러면 사악한 마음을 가진 사람들은 말하였다. "혹독한 기근이다. 어떤 집이나 마찬가지다. 우리가 당신한테 얼마나 더 말해야겠나?"

102. 그가 대금업자에게 돈을 빌려 달라고 하였을 때, 그들은 "당장 나가! 먼저 빌린 돈부터 갚고 나서 우리가 주는 것을 가져가."라고 말하였다.

103. 그들 중 한 명은 투카를 쏘아보면서 말하였다. "너는 성공할 기회들이 있었는데도 스스로 가시 울타리를 쳐서 막아 버렸어. 그런데 왜 이제 와서 우리를 괴롭혀?

104. 꺼져! 이 바보 같은 인간아. 우리는 너만 봐도 아주 지긋지긋해."라고 말하였다. 그러고는 그의 손을 잡고 홱 끌어냈다.

105. 투카는 가엾게도 친구들과 친척들에게 도움을 구하러 돌아다녔다. 그는 그들에게 말했다. "돈을 좀 빌려 주십시오. 금방 갚겠습니다.

106. 만약 이 기근이 계속되는 동안 우리를 살려 준다면, 우리는 당신

들을 부모님처럼 여기겠습니다." 그는 모두에게 그의 어려운 처지를 설명하였지만 아무도 그를 동정하지 않았다.

107. 투카가 들어야 했던 언짢은 말들은 그를 부끄럽게 했다. 그래서 그는 물러서서 자신이 무엇을 해야 할지 생각했다.

108. 그리고 그가 막 판두랑에 대해 생각했을 때 갑자기 그는 아직도 자신에게 몇 가지가 남아 있다는 것을 기억했다. 그는 집에 삼베 몇 자루와 접시 몇 개, 그리고 소 안장을 가지고 있었다. 그는 이것들을 재빨리 상인들에게 팔았다.

109. 비록 큰 어려움을 겪었지만 그는 이것을 가지고 곡식 8쉐르를 샀다. 그는 그것으로 묽은 죽을 만들어 가족들을 살렸다.

110. 하지만 이 곡식마저 바닥났을 때는 그의 가장 절친한 친구들조차 그를 무시했다. 그런 상황은 더욱 심각해져서 이제 그는 누구도 찾아가지 않겠다고 결심했다.

111. 그는 부잣집을 찾아갈 때마다 번번이 쫓겨났다. 사람들 사이에서 그의 신용은 무너졌고, 그의 세속적인 일들은 먼지로 변했다.

112. 사람들은 그를 무례하게 대하였다. 그의 친척들은 그를 지켜워했다. 기근은 극에 이르렀다. 이제 1루피를 주고 살 수 있는 곡식은 1쉐르에 불과했다.

113. 하지만 그만큼조차 아무도 얻을 수 없었고, 사람들이 죽어 갔다. 투카의 처지는 최악이었다. 그는 속으로 생각했다. "내가 어떻게 해야 하는가?"

114. "이 칼리 유가의 시대에 생명은 완전히 식량에 달려 있다."고 모두들 말한다. 그들은 이삼 일에 한 번쯤 죽을 먹을 수 있었고 푸성귀와

나뭇잎으로 연명했다.

투카의 나이 든 아내가 굶어 죽다

115. 투카의 나이 든 아내가 "먹을 것을 다오, 먹을 것을!" 하고 외치며 죽었다. 이 일은 그의 마음을 수치심으로 가득 차게 했다. 그는 "내가 세상에서 행한 일들은 아무것도 아닌 게 되었구나."라고 말했다.

116. 그의 친척들과 마을 사람들은 투카에게 말했다. "이제는 정신을 차리고, 우리가 너에게 말하는 대로 해라.

117. 너의 세속적인 일들이 다 무너져 버린 이유는 네가 어리석게도 네 입으로 신의 이름들만 항상 반복하기 때문이다.

118. 네 불행이 이렇게 커진 이유는 네가 우리의 말을 듣지 않으려 하기 때문이다. 미래에도 네 상황은 변하지 않을 것이다." 이것은 그들의 악의에 찬 말이었다.

119. 그것은 마치 날카로운 칼로 뼛속을 찌르는 것 같았다. 그러나 투카는 완전한 평화의 바다였다. 그의 대답은 다음과 같았다.

120. "일어나야 하는 일은 결코 피할 수 없습니다. 왜 당신은 헛되게 당신의 호흡을 낭비하십니까? 좋습니다! 판다르푸르의 신을 찬양하지 않는 사람들, 그들이 죽음을 벗어납니까?

121. 이 엄청난 기근 속에서 무수한 생명들이 식량이 없어서 목숨을 잃었습니다. 그들이 모두 신의 이름들을 반복하고 있었습니까? 이러한 죽음들의 진정한 원인이 무엇입니까?"

122. 이 고귀한 바이슈나바가 그들에게 준 대답은 이러하였다.

투카의 맏아들이 죽다

이제 그 후에 일어난 일에 더욱 귀를 기울여라.

123. 투카가 깊이 사랑하던 그의 장남 산토바가 죽었다.

124. 몹시 무거웠던 가족의 고통을 기꺼이 감내하고 있던 그가 죽었을 때, 투카의 가슴은 비통으로 가득 찼다.

125. 그의 아내와 아들은 죽음으로 평화로워졌다. 이 바이슈나바 박타는 슬픔에 잠겼다. 그는 혼잣말을 했다. "아, 이 지긋지긋한 속세의 삶이여! 나는 이것을 버려야 한다.

126. 세상의 일에 빠져 살아가는 존재들은 근심을 겪는다. 이것은 죄책감을 일으키는 근본 원인이다."

성자들이여, 선한 사람들이여, 이 사실에 대한 몇 가지 예를 들어 보자.

127. 쉬바가 독을 삼켰을 때 그의 온몸은 열기를 느꼈다. 그것에 대해 걱정하자마자 그는 슈리 람을 숭배하였다.

128. 세 겹의 타는 듯한 열을 느끼면 누구나 죄책감을 느낄 것이다. 판다바 형제들은 수많은 재난들을 겪었으며, 슈리 하리가 그들의 마음속에 거주한 것은 그 때문이다.

129. 히란야카쉬푸가 그의 아들 프랄하드를 여러 가지 방법으로 괴롭히며 그의 죄책감을 불러일으킬 때, 슈리 하리는 기둥에서 자신의 존재를 드러냈다.

130. 이러한 예들로도 충분하다. 존재들은 세 가지 형태의 지옥으로 고통을 받는다. 그리고 나서 그들이 회개할 때 그들은 궁극의 해방에 도달한다.

131. 이러한 일이 투카에게도 일어났다. 그는 속세의 일에서 재난들을 겪었다. 그것을 사건이 일어난 차례대로 언급하겠다. 청중들이여, 경건한 마음으로 들어 보라.

투카가 겪은 재난들의 목록

132. 그가 열세 살 때 아버지는 그의 어깨에 사업의 짐을 떠맡겼다. 그는 유능해 보였고, 아버지는 그에게서 위안을 얻었다.

133. 그가 열일곱 살 때 어머니와 아버지가 돌아가셨다. 그의 형수도 갑자기 세상을 떠났다.

134. 열여덟 살 때 그의 형 사바지는 성지를 찾아다니는 순례자가 되어 집을 떠났다. 그와의 이별은 투카를 슬프게 하였다.

135. 스무 살 때 아들을 보게 되면서 그와 아내는 세상일에 말려들게 되었다. 세속적인 성공에 대한 그의 욕망은 커져 갔다. 하지만 그때부터 지고의 신이 어떻게 하여 그의 가슴으로 하여금 세속적인 일들에 역겨움을 느끼게 만들었는지 보자.

136. 스물한 살 때 투카는 역경의 시기를 겪기 시작하였다. 그가 파산하자마자 친척들은 그를 비웃기 시작하였다.

137. 무지하고 평범한 그의 첫째 아내는 "먹을 것, 먹을 것" 하고 애

원하다가 죽었다. 아들들은 대단한 올가미였고, 그들의 죽음은 세상에서의 일들 가운데 엄청난 재난이었다. 아내의 죽음에 관한 소식은 사람들 사이에 좋지 않은 말들이 퍼지게 하였다.

138. 그래서 투카의 삶의 절반은 수많은 슬픔들을 겪는 가운데 끝났다. 그는 가정의 행복에 대한 커다란 기대를 갖고 있었으나 그런 환영은 이제 사라졌다.

139. 무지의 밤이 지나가고 갑자기 지식의 태양이 떠오르면, 그것은 구도자의 가슴에 무한한 기쁨을 준다.

140. 바다를 휘젓느라 신들이 지쳤을 때, 인드라 신은 자신의 눈으로 감로를 보고는 기뻐했다.

141. 주부가 크림을 휘저을 때 당장은 힘들게 느껴지지만, 그녀의 눈으로 버터를 볼 때 그녀는 행복하다.

142. 농부가 아주 힘들게 일하지만, 나중에 농작물이 잘 영글었을 때 농부는 가슴 깊이 행복을 느낄 것이다.

143. 사탕수수에서 즙을 짜낼 때는 매우 힘이 들지만, 마침내 설탕이 고체 형태로 나타나면, 먹는 사람들은 그것의 달콤한 맛을 느끼게 될 것이다.

144. 마찬가지로 구도자는 처음에 고통을 겪게 되지만 마지막에는 비할 데 없는 기쁨을 얻는다. 깨어나서 올바르게 사고하는 사람들은 이 사실을 잘 안다.

145. 그러한 말은 이제 충분하다. 하지만 사례들을 들어 설명하는 것은 시인의 특권이다. 이제 다음에 이어지는 이야기에 주의를 기울이며 들어 보라, 경건한 신의 박타들이여.

투카가 전적으로 영적인 삶을 살기로 결심하다

146. 투카의 나이든 아내와 아들이 죽자마자, 투카는 속세에서의 삶을 후회했고 혼자서 슬픔에 잠겨 생각하기 시작했다.

147. 그는 생각했다. "이제까지 나는 내 가정을 더 잘 이끌려고 노력하면 할수록, 떠올리기도 힘들 만큼 실로 수많은 형태의 슬픔을 더욱더 겪어야 했다.

148. 숯 조각의 겉면이 닳으면 속이 더 까맣게 보이는 것처럼, 내 경험에 비춰 보면 속세의 삶에는 슬픔의 산이 있다는 것이 증명되었다.

149. 만약 어떤 사람이 빈대가 들끓는 침대에서 편안히 잠을 잘 수 있다면, 그때에만 그 사람은 꿈속의 장면들에서 세속적인 삶(삼사라)의 행복을 볼 수 있다.

150. 독이 든 바츠나그(bachnag)도 처음에는 달콤하게 느껴지지만, 결국에는 죽음을 피할 수 없다. 이것이 절대적인 진실임을 알아야 한다.

151. 수카가 속세의 삶을 사는 가운데 신과의 합일이 가능하다는 확신을 가지고 있었다면, 왜 그는 신에게 미쳐 험한 바위산 가운데 홀로 있고자 했겠는가?

152. 내 삶이 얼마나 짧은가. 그런데도 나는 그것을 세속적인 삶의 환영 속에서 다 보내 버렸다. 이제 나는 남은 삶 동안 룩미니의 남편인 신을 섬기는 일에 전념해야겠다."

투카가 산에 홀로 은둔하다

153. 이와 같이 확고한 결심을 하고 투카는 밤바나트 산으로 들어갔다. 그의 떠남은 헌신적인 아내가 죽은 남편을 따르기 위하여 장작불 속으로 뛰어드는 것과 같았다. 아내는 모든 것을 포기한다.

154. 그녀는 더 이상 아버지, 어머니, 아들, 혹은 재물 등을 생각하지 않고 자신의 주인을 만나러 가기 위해 불 속으로 뛰어든다.

155. 이와 같은 마음으로 바이슈나바 투카도 산으로 들어갔으며, 그곳에서 오로지 천상의 신만 생각하며 계속해서 자비를 호소하였다.

156. 그는 두 눈을 감고 마음속에 크리슈나의 모습을 떠올렸다. 그리고 기도했다. "오, 지고의 신이시여! 오, 룩미니의 남편이시여! 제 기도에 귀를 기울이소서.

157. 저는 당신을 어떻게 명상해야 하는지 모릅니다. 저는 그것에 대하여 아무것도 알지 못합니다. 당신에게 간청하는 제가 어떻게 해야 당신을 볼 수 있는지 가르쳐 주십시오.

158. 당신을 어떻게 찬양해야 하는지, 또 어떻게 해야 당신을 진정으로 섬길 수 있는지, 당신을 만나려면 어떤 느낌을 가져야 하는지 말씀해 주십시오. 오, 룩미니의 남편이시여.

159. 당신을 찬양하는 노래를 부르려면 어떻게 해야 하는지요? 당신의 진정한 형상을 떠올리려면 어떻게 해야 하는지요? 사람들 사이에서 어떤 태도로 살아야 할까요? 제게 말씀해 주세요.

160. 당신은 헤아릴 수도 상상할 수도 없는데, 불쌍한 죄인인 제가 어떻게 당신의 모습을 볼 수 있겠는지요? 야마다르마, 바룬, 쿠베라조차

도 당신 존재의 깊이를 알 수 없었습니다.

161. 달과 태양, 수많은 별들은 정말로 당신 주위를 돕니다. 인드라와 다른 신들조차도 당신 존재의 깊이를 모릅니다. 제가 어떻게 그들과 비교될 수 있을까요? 저는 단지 모기에 지나지 않습니다.

162. 브라마데바는 당신의 자식입니다. 그는 당신의 연꽃 중심을 찾으려 했지만 당신의 한계를 알지 못하였습니다. 그러자 그는 즉시 당신을 찬양하기 시작하였습니다.

163. 당신을 보기를 열망하면서 쉬바와 파르바티는 당신의 이름을 계속 부릅니다. 그들조차도 천상의 신인 당신을 보기가 이렇게 어려운데, 어떻게 제 소망을 이룰 수 있을까요?"

신이 상징적인 모습으로 나타나다

164. 마음속으로 이렇게 생각하면서 투카는 판두랑의 모습을 떠올렸다. 크리슈나는 사랑 깊은 그의 헌신을 보고서 놀라운 일을 행했다.

165. 7일 동안 투카는 눈을 감은 채 마음을 집중했다. 그는 과일도 먹지 않았고 물도 마시지 않았다. 언제나 신의 이름을 반복하고 있었다.

166. 그는 몸으로, 말로, 집중된 마음으로 신의 자비를 구하며 사랑의 감정으로 간청하고 있었다. 바로 그때 룩미니의 남편이 기이한 형상으로 자신을 드러냈다. 들어 보라, 경건하며 선한 사람들이여.

167. 크리슈나는 엄청나게 큰 검은 뱀의 모습을 취하고서, 마치 거대한 죽음이 에워싸듯이 굉장한 힘으로 투카를 둘러쌌다.

168. 그는 거대한 두건을 들어 올리고 쉿쉿 소리를 내기 시작했다. 투카는 전혀 두려워하지 않았다. 그는 눈을 꼭 감고 있었다.

169. 갑자기 천상의 목소리가 들렸다. 그 목소리는 투카에게 신비한 상징적인 의미로 말을 했고, 룩미니의 남편이 거대한 뱀의 형상으로 그곳에 있다고 말하였다.

170. 그 목소리가 말했다. "사랑 깊은 박타여, 이제 눈을 뜨고서 바라보라. 가슴속에 어떠한 두려움도 품지 말라." 투카가 들은 말은 그러했다.

171. 그 소리를 듣고서 신을 사랑하는 이 박타는 생각하였다. "만약 신께서 뱀의 형상을 취하고 오셨다면, 나는 분명코 그분을 보지 않을 것이다.

172. 베다들과 경전들은 신이 모든 존재들에 스며들어 있다고 말한다. 그러나 모든 사람들이 우주를 보지만, 어떻게 그들이 구원받았다고 말할 수 있겠는가?

173. 물은 똑같은 하나의 물질이지만, 차타크 새는 땅에 있는 물을 마시지 않을 것이다. 나는 크리슈나를 숭배하는 사람이다. 그러므로 다른 형상들은 바라보지 않을 것이다.

174. 만약 영원한 생명을 주시는 분이 베다들과 푸라나들에 묘사된 것처럼, 그리고 성자들이 가슴 깊은 곳에 그 이미지를 간직해 온 것처럼 명상을 위한 형상을 취한다면, 오직 그때만 나는 바라볼 것이다."

이제 신이 푸라나들에 묘사된 모습으로 자신을 드러내다

175. 천상의 신은 투카의 가슴속 감정을 알아차리고서 자신을 드러냈다. 왜냐하면 신은 사랑의 헌신에 구속되는 존재이기 때문이다.

176. 신은 그의 박타의 사랑을 보고서 그 자신을 팔이 넷이고 검은 얼굴빛을 하고 손에는 소라, 원반, 곤봉, 연꽃을 든 모습으로 나타냈다.

177. 투카는 이제 눈을 떴다. 그 앞에는 룩미니의 남편이 서 있었다. 그의 귀에는 악어 형상을 한 눈부신 귀고리가 아름답게 광채를 발하고 있었다.

178. 판다르푸르의 신, 지고의 신은 투카를 번쩍 들어올려, 마치 어머니가 아기를 사랑으로 달래듯이 옆구리에 안았다.

179. 그가 투카에게 말하였다. "너는 내 소중한 아이다. 이제 눈을 떠라. 나는 절대로 너를 떠나거나 버리지 않을 것이다." 크리슈나는 이렇게 말하였다.

180. 투카는 처음에 모든 육체 의식을 잃었고, 그 뒤에는 분리되지 않은 명상의 상태에 도달하였다. 크리슈나가 그를 깨우고 말했다. "나를 계속 쳐다보아라."

181. 투카는 눈을 뜨고서, 뱀 위에 기대어 누워 있는 자인 비슈누의 형상을 보았다. 그는 이 광경 속에서 앞서 보았던 것보다도 더욱 값진 어떤 것을 보았다.

182. 그는 설명할 수 없는 분에 대해 깊은 관심을 가지고 생각해 왔지만, 이제 그의 앞에 있던 형상 속에서 아주 특별한 가치가 있는 것을 보았다. 투카는 앉아서 놀라워하는 마음으로 열심히 그를 바라보았다.

칸하가 그의 형 투카를 찾다

183. 여러분은 내가 앞에서 말한 이야기, 즉 어떻게 하여 투카가 세상일에 무관심하게 되었으며 산 속으로 들어갔는지를 들었다. 아무도 그가 간 곳을 몰랐다.

184. 투카의 남동생 칸하는 산에 있는 동굴들을 뒤지며 밤낮으로 그를 찾아다녔다.

185. 그는 투카를 찾기 전에는 음식을 먹지 않겠다고 결심했다. 그의 결심은 확고했다.

186. 바라트가 슈리 람과 헤어지자 극도로 불안한 상태에 있었던 것처럼, 칸하의 결심도 이와 같은 것으로 보인다.

187. 7일 동안 칸하는 형을 찾아 무시무시한 정글과 큰 산들을 헤매다가 마침내 밤바나트 산에 도착하였다.

188. 거기서 그는 신과 그의 박타를 함께 봤는데, 그 광경은 그에게 평화로움을 주었다. 그는 비록 몸을 입고 있었지만 몸이 없는 이처럼 되었으며 신성한 본성으로 변했다.

189. 아무런 노력을 하지 않았음에도 그는 빛나는 노란 옷을 입고서 악어 모양의 귀고리를 하고 있는 룩미니의 남편을 보았다.

190. 그의 왕관 보석에서는 태양의 밝음마저 흐리게 하는 빛줄기가 뿜어져 나왔다. 그의 목둘레에는 화환 카우스투바와 바이자얀티가 빛나고 있었다. 그는 투카를 안고 있었다.

191. 신과 그의 박타는 하나가 되어 있었다. 칸하가 이 모습을 봤을 때 그의 눈에는 눈물이 가득 맺혔다. 그는 통나무처럼 바닥에 엎드려 절

하였다. 그의 눈에서는 눈물이 줄줄 흘러나왔다.

192. 그 자비로운 분이 투카에게 말하였다. "네가 바라는 축복이 있다면 나에게 요청해라." 이 말을 듣고 그 현명한 박타가 대답하였다. "결코 당신을 잊지 않게 하소서.

193. 어머니는 결코 자신의 아기를 잊지 않습니다. 어미 사슴은 절대로 어린 사슴을 잊지 않습니다. 그와 같이, 오, 크리슈나시여, 당신의 비천한 하인인 저를 돌보소서."

194. 이 말을 듣고서 세상의 생명이신 분이 대답하였다. "나는 너를 위하여 이 형상을 취해야 했다. 시대마다 되풀이하여 화신들이 되는 데에 또 다른 이유가 있을 수 있겠느냐?

195. 푼달릭을 위하여 나는 비마 강가에 서서 두 팔을 허리에 얹고 경건한 박타들을 맞이한다.

196. 너의 선조 비슈밤바르는 지극한 헌신으로 나를 경배했다. 나는 그가 요청한 축복을 그에게 주었고, 그래서 데후에 남아 있었다."

197. 크리슈나가 이렇게 얘기하자 투카는 그의 발밑에 엎드렸고, 칸하는 큰 소리로 외쳤다 "이 기묘하고 놀라운 광경은 축복이다."

198. 그러고 나서 그는 룩미니의 남편에게 드리는 찬양의 노래를 암송하기 시작하였다.

제4장의 종결

이제 그대 성자들이여, 흥미로운 다음 장을 존경하는 마음으로 잘 들어라.

199. 누구든지 성자들의 노래를 듣는다면 연꽃 눈을 하신 분이 그를 만날 것이다. 그의 마음은 바르고 거룩해질 것이다. 세 가지 세상 모두가 그 자신인 것처럼 보일 것이다.

200. 투카의 세상일에 대한 이 이야기를 사랑의 마음으로 노래하거나 듣는 사람들을 룩미니의 남편은 기뻐하실 것이며, 그들이 세상일로 불행을 겪지 않도록 해 주실 것이다.

201. 그대 성자들은 내가 어떻게든 얘기하는 나의 서툰 말을 듣고 있다. 마치 어린아이가 혀 짧은 소리로 말할 때, 아이의 어머니가 혀 짧은 소리를 내며 응답하여 주듯이.

202. 그와 같이 나는 무지한 사람이며 아는 것이 거의 없지만, 여러분은 친절을 베풀어 부디 나의 시구들을 존중해 주기 바란다.

203. 여러분들은 그 동안 지성적인 사람들에게 영감의 물결을 주었으며, 이제는 마히파티에게 존경을 표한다는 핑계로 이 책의 두께를 늘리고 있다.

204. 스바스티! 이 책 박타릴람리타는 단지 듣는 것만으로도 가슴의 소망을 이루어 줄 것이다. 박타들을 사랑하는 경건한 이들이여 들어라. 이것은 흥미로운 제4장이다.

제5장

고행이 시작되다

기도

슈리 가네샤에게 경배를!

1. 승리! 승리! 자비의 상(像)이신 삿칫아난다에게! 당신에 대한 찬양을 담기에는 온 우주조차 부족합니다. 오, 룩미니의 남편이시여! 오, 비탈이시여! 비록 당신이 그러한 분일지라도 당신을 사랑하는 사람들의 진지한 소망에 주의를 기울여 주십시오.

2. 브라마의 지혜를 얻었고 가장 힘든 고행을 행하는 사람들에게 당신은 요가의 어려운 체계를 알게 하셨습니다. 하지만 평범하며 천진한 마음을 지닌 박타들에게 당신은 바가바탐(인격신에 대한 헌신)의 본질을 알게 하셨습니다.

3. 브라마데바는 사나크 및 다른 이들에게서 특이한 질문을 받고 말문이 막혔습니다. 그리고 그는 사랑으로 가득 차 당신을 찬양하기 시작하였습니다.

4. 브라마데바의 찬양을 듣고서 당신은 백조의 모습으로 그곳에 오셨고, 자비를 베풀어 바가바탐을 알려 주셨습니다.

5. 브라마데바는 당신의 감로 같은 말씀을 듣고서 기쁨으로 가득 찼

으며, 나라다에게 바가바탐의 십계명을 알려 주었습니다.

6. 나라다는 기쁨으로 충만하여 당신을 찬양하는 노래를 부르며 계속 춤을 추었습니다. 드바이파야나는 나라다를 만나 그에게 공손히 말하였습니다.

7. "스와미시여, 제 말을 들어 보십시오. 저는 18개의 푸라나를 지었습니다. 또한 다른 샤스트라들과 의미 깊은 역사서들을 지었으며, 신들에 관한 자세한 이야기를 썼습니다.

8. 그러나 제가 흔들리지 않는 마음을 가지려고 노력해도 제 마음은 만족하지 못하고 있습니다. 여기에 대한 해결책을 말씀해 주십시오." 이 말을 하고서 비야사는 나라다의 발밑에 엎드렸습니다.

9. 훌륭한 제자의 질문에 브라마데바의 아들 나라다는 기뻐하였고, 100행의 바가바탐을 지어 비야사에게 알게 하였습니다.

10. 그리고 나서 삿구루인 나라다는 파라샤르의 아들에게 말했습니다. "이 바가바탐 전체를 명확히 해석하고 암송해 보라. 그렇게 하면 그대의 가슴은 휴식을 찾을 것이며, 그대의 영혼에 이로운 것을 얻게 될 것이다."

11. 그래서 드바이파야나는 사랑으로 가득 찬 채 바가바탐 전부를 명확히 해석했으며, 18,000행의 시구를 지어 우파니샤드의 뜻을 전달했습니다.

12. 후에 위대한 요기인 수카는 그것을 공부하였고 파릭쉬티 왕에게 사랑으로 가르쳤습니다. 그리고 신을 찾고자 하는 수많은 구도자들도 이것을 읽고 구원을 받았는데, 그들의 수효는 헤아릴 수 없을 정도입니다.

13. 그러므로 천상의 신이신 당신은 당신을 사랑하는 이들의 아주 사

랑스럽고 가까운 친구입니다. 그리고 당신은 신을 아는 지식의 종교를 만드셔서, 이 세속적인 삶의 바다 너머로 사람들을 건네주는 나룻배로 삼으셨습니다.

14. 이 칼리 유가에는 아무도 바가바탐의 의미를 완전히 이해하지 못하고 있기에, 당신은 보통 사람들의 마음에 이 진리를 가르치기 위하여 성자의 모습을 한 화신이 되셨습니다.

15. 그러므로 오, 연꽃 눈을 한 분이시여, 성자들에 관하여 많은 이야기를 해 주시는 분은 바로 당신이십니다. 저 마히파티는 오직 당신의 도구에 불과합니다. 저는 저만의 독립된 마음이 없습니다.

16. 길들인 앵무새가 말을 할 때 그의 말에 새로운 무엇이 있습니까? 그러므로 오, 무한한 분이시여, 당신을 제외하고는 우둔한 마음을 밝혀 줄 이가 아무도 없습니다.

투카가 차용 증서들을 강에 던지다

17. 앞 장의 마지막 이야기는 투카가 밤바나트 산에 있을 때 그의 동생 칸하가 그곳으로 가서 룩미니의 남편을 보았다는 내용이었다.

18. 신은 이들 박타들을 보고서 그들의 시야에서 사라졌다. 신의 발이 닿았던 자리는 여전히 그곳에 있었다.

19. 칸하는 그곳에 돌 더미를 쌓았고, 발자국을 새겨 그 위에 올려놓았다. 그리고 투카 앞에 엎드려 절하면서 사랑의 기쁨을 느꼈다.

20. 그리고 나서 두 형제는 서둘러 데후로 향했다. 그들이 인드라야

니 강의 깊은 웅덩이에 도착했을 때 투카는 물속으로 들어갔다.

21. 두 형제는 7일 동안 금식했다. 하지만 이제 해가 떠오르자 그들은 강에서 목욕을 했고 금식을 풀었다.

22. 그 뒤 바이슈나바 박타는 칸하로 하여금 집에 있는 차용 증서들을 모두 가져오라고 하였다. 이 증서들은 여러 사람들이 그의 아버지에게 주었던 것이다. 투카가 칸하에게 말하였다.

23. "책에서 얻은 지식은 경험이 없는 사람에게는 가치가 없는 것이다. 다른 사람의 손에 넘어간 재산도 이와 마찬가지다. 그것은 사람의 마음을 항상 불편하게 만든다.

24. 나는 이 차용 증서들에 대해 늘 헛되이 생각하게 될 것이다. 이 채무자들이 나에게 빚을 갚을 것인가, 갚지 않을 것인가? 그러니 나는 이 차용 증서들을 인드라야니 강물 속에 던져 버릴 것이다."

25. 하지만 신을 사랑하는 박타가 이렇게 선언하자 칸하가 대답하였다. "형은 세속적인 것에 무관심한 사람이 되었지만, 내게는 가족을 부양할 책임이 있습니다.

26. 사실 내가 형에게 충고를 하는 것은 예의가 아니지만, 우리 아이들은 미래에 어떻게 해야 하겠습니까?" 칸하의 마음을 이해하고 투카는 다음과 같이 하였다.

27. 그는 그 증서들을 반으로 나누어 자기의 몫인 절반은 물 속에 던져 버렸다. 다른 절반은 칸하에게 주며 말했다.

28. "오늘부터 내게 필요한 것은 추위를 피하기 위한 담요 한 장뿐이다. 나는 구걸하여 내 음식을 얻을 것이며, 이런 방법으로 나의 생계를 돌볼 것이다.

29. 네게는 세속적인 삶을 살면서 사업을 계속하는 책임이 주어질 것이다. 두 가지 삶의 길을 한 사람이 동시에 따를 수는 없다. 왜 그런지 들어 보아라.

30. 탁발과 장사는 결코 함께 섞이지 않아야 한다. 리쉬들의 입으로 그렇게 선언되었다."

31. 칸하는 형의 말을 듣고 혼자서 가업을 계속해 나갔다.

투카의 고행이 시작되다

이제 투카가 받아들인 엄격한 포기에 대하여 들어 보라.

32. 그는 부끄럽게 여기는 모든 생각들을 던져 버리고 명상에만 전념하였다. 세속적인 것들에 대한 무관심의 힘을 통해 그는 감각 기관들로 하여금 어떤 법칙들을 지키도록 하였다.

33. 그는 아주 절제하여 음식을 먹었으며, 그 때문에 그의 감각 기관들은 약해졌다. 그는 더 이상 졸음이나 나른함을 느끼지 않았다. 그는 마음속으로 회개하였고 언제나 경배하면서 시간을 보냈다.

34. 그는 이른 아침에 몸을 씻고서 크리슈나의 사원으로 갔다. 경배한 뒤에는 봉헌물을 바쳤고, 그 다음에는 인적이 없는 산으로 들어갔다.

35. 반다르 산은 데후에서 서쪽으로 6마일 정도 떨어져 있었다. 투카는 날마다 그곳으로 가서 혼자 앉아 있었다.

투카의 고행의 삶에 대한 설명

36. 그대 청중들은 아마도 마음속에 의문을 품고서 연사에게 물을 것이다. "투카는 이미 형상이 있는 모습을 한 룩미니의 남편을 만났다.

37. 이미 신을 만났는데, 왜 부질없이 자신의 감각 기관을 법칙에 맞추어야 하는가?" 선한 사람들이여, 나는 이 질문에 답할 것이다. 귀를 기울여 보라.

38. 태양이 떠오를 때면 모든 생명체들이 태양을 본다. 하지만 태양은 누구의 지배도 받지 않는다. 그것은 한순간도 정지하지 않는다.

39. 행운으로 투카는 신을 만났지만, 투카는 신이 언제나 자기 곁에 있기를 소망했다.

40. 박타들은 신의 존재에 다가갔을 때도 계속해서 경배를 드렸다. 갠지스는 바다를 만났지만 여전히 계속하여 바다를 향해 빠르게 흘러간다.

41. 공기는 온 우주로 뻗어 나가 모든 공간에 퍼져 있다. 그러나 공기는 어디에서도 그 활동적인 본성을 잃지 않는다. 그것은 한순간도 정지하여 머물지 않는다.

42. 그와 마찬가지로 신에게 헌신한 사람들은 신의 본질과 하나 되어 마침내 둘 사이에는 아무런 차이가 없어진다. 그러나 박타가 신을 계속 경배하기 위하여 그 하나는 다시 둘로 나뉘게 된다.

43. 비슈누는 뱀의 몸 위에 누워 있다. 이런 이유로 그 둘은 완전히 하나이다.

44. 신에게 봉헌물을 바친 뒤, 신이 잠자리에 들었다고 생각하여 경배자는 집으로 돌아간다. 하지만 그 뱀은 분리될 가능성을 조금도 갖고

있지 않으며 계속해서 슈리 하리를 경배한다.

45. 고귀한 바이슈나바인 투카의 경우도 그러하였다. 그의 사랑은 위대하고 순결했다. 그래서 그는 산에 올라가 그곳에서 신을 경배하는 데 익숙해졌다.

46. 그는 자기에 관한 모든 생각들을 버렸다. 사람들 사이에 있건 아무도 없는 곳에 있건 그에게는 마찬가지였다. 그의 '나'는 이제 이름조차 없고 꿈속에서도 존재하지 않았다.

47. '나'라는 생각이 뿌리까지 제거되었다면, 자연스럽게 세상사에 대한 두려움도 사라진다. 만약 몸이 존재하기를 그만둔다면, 어느 누가 질병을 갖겠는가?

48. 투카의 경우도 그러하였다. 그는 세속적인 삶의 뿌리인 '나'를 포기하였다. 그는 정기적으로 어떤 곳에 홀로 가서 룩미니 남편의 이름을 계속 반복하며 앉아 있었다.

49. 투카는 신의 이름들을 반복하는 것 외에는 신을 만날 수 있는 다른 방법이 없다고 확신하였다. 그래서 그는 끊임없이 신을 경배하였다.

50. 그는 두 눈을 감고서 마음속에 크리슈나의 모습을 떠올리고서 말하였다. "오, 크리슈나시여, 당신의 이름 외에는 제가 쉴 수 있는 곳이 없습니다.

51. 당신의 이름을 반복하는 것만이 제 엄격한 고행입니다. 당신의 이름만이 제가 반복하는 만트라입니다. 당신의 이름만이 저의 수많은 성체(聖體)들입니다. 당신의 이름으로 저의 죄는 사라질 것입니다.

52. 당신의 이름을 반복하는 것만이 저희 가족의 경배 방식입니다. 당신의 이름을 반복하는 것만이 저희 가문의 최고 규칙입니다. 오, 슈리

크리슈나시여, 이제 당신의 이름 외에는 어디에도 의지하지 않겠다는 것이 저의 결심입니다.

53. 당신의 이름 외에는 부유함이나 재산이나 다른 어떤 것에 대해서도 저는 말하는 법을 알지 못합니다. 오, 비탈이시여, 이제 이 속세의 삶 너머로 저를 건네주소서.

54. 당신의 이름으로 쉬바는 평온해졌습니다. 당신의 이름으로 인해 발미키는 슈리 라마에 관한 이야기를 썼습니다. 오직 당신의 이름을 통해서 박타인 프랄하드는 세 가지 세상에서 뛰어난 존재가 되었습니다.

55. 성자들과 고귀한 바이슈나바들에게 알려진 당신 이름의 위대한 영광은 그와 같습니다. 어린아이 드루바는 진실로 당신의 이름으로 인하여 움직이지 않는 자리인 북극성에 자리를 잡게 되었습니다.

56. 어린아이 우파만유는 당신의 이름에 의하여 구원받았고, 당신의 사랑하는 박타 비비샨도 그러했습니다. 슈리 라마는 실론의 끝없는 왕국 전부를 그에게 주었습니다."

투카의 새로운 삶에 대한 사람들의 견해

57. 투카는 항상 혼자서 지냈고 은둔하며 신의 은총을 간구했다. 저녁이 되면 마을로 돌아와 사원에서 춤을 추었다.

58. 사람들은 그를 보고 말하였다. "투카는 미쳐 버렸다. 밤낮으로 신의 이름들만 계속 노래한다. 그는 속세의 삶에 대한 욕망을 모두 버렸다."

59. 다른 사람들은 말했다. "그는 장사를 하면서 손해를 봤기 때문에

장사는 나쁜 것이라고 말한다. 그의 입에서 흘러나오는 말들이나 사람들이 많은 광장에서 분별없이 주절거리는 말들은 그런 것들이다."

60. 그러나 어떤 사람은 그를 옹호했다 "투카는 자신이 받은 모든 차용 증서를 인드라야니 강에 던져 버렸다. 그는 확실히 속세의 삶을 버리고 더 나은 최고의 영적인 부를 얻었다."

61. 그러자 다른 사람이 참견하였다. "당신은 그것을 특별하게 생각하지만, 속세의 삶을 포기하는 것이 무슨 가치가 있는가? 그렇다고 하여 위장이 없어지는가? 우리의 몸은 음식 없이는 계속 살아갈 수 없다.

62. 투카는 자식들을 버리고 혼자 있기 위하여 산으로 떠난다. 하지만 배가 고파지면 이집 저집으로 다니며 구걸해야 한다."

63. 이 말을 듣고 어떤 사람이 말하였다. "당신은 자기 일이나 신경 쓸 것이지 왜 쓸데없이 그에게 악담을 하는가? 많은 사람들이 세상에 살면서 고통을 당했다. 그렇지만 그들이 모두 고빈다(크리슈나의 다른 이름)를 경배하는가?"

64. 이런 식으로 사람들은 자신의 성향에 따라서 투카에 대하여 여러 가지로 말하였다. 하지만 가슴이 행복한 투카는 육체적인 필요에 대한 생각이 전혀 없었다.

65. 코끼리가 왕의 길을 따라 걸어갈 때 개들이 그를 보고 사납게 짖어 대도, 코끼리는 그들을 두려워하지 않으며 한결같은 걸음걸이로 자신의 길을 걸어간다.

66. 현자 아가스티는 바다가 노호하는 소리를 듣고도 두려워하지 않았다. 이와 마찬가지로 사람들이 투카에게 악의에 찬 말을 해도 투카는 가슴속에서 어떤 불쾌한 감정도 느끼지 않았다.

67. 사람들의 모욕이 그의 명예를 더럽힐 때에도 그때마다 그는 평화로 가슴을 채웠다. 그는 욕망과 분노의 길을 부수었다. 그의 행동은 놀랄 만했으며 그 무엇과도 비교할 수 없었다.

68. 그는 욕망, 열망, 유혹, 환영적인 갈망, 색욕, 분노를 다 제압하여 없애 버렸다. 그리고 미래에 바이슈나바 투카는 브라마 그 자체가 될 것이다. 이것은 실로 진실이다.

69. 가슴속에 사랑을 담고서 그는 크리슈나의 모습을 계속하여 경배하였다. 낮에는 홀로 인적 없는 산에 머물며 사랑으로 신을 경배하였다.

투카가 농부의 곡식밭을 지키다

70. 인드라야니 강변에는 물의 신들인 카란자야의 신상들이 있었는데, 바이슈나바 박타 투카는 그곳에 앉아서 신을 경배하고 있었다.

71. 그곳 근처에 있는 밭에 농부가 씨앗을 뿌렸는데, 이제 곡식이 잘 여물어서 수확할 때가 가까워졌다.

72. 그의 밭을 다 둘러본 후 농부는 급히 투카에게로 와서 말했다.

73. "투카 쉐트, 나의 말을 들어 보오. 내 밭을 잘 지켜 주시오. 그럼 곡식 1마운드의 반을 주겠소. 그것으로 당신의 가족을 부양할 수 있을 거요.

74. 당신이 아무 일도 하지 않고 집에 가만히 앉아 있기만 하면, 당신의 세속적인 일들은 어떻게 되겠소? 그러니 이 밭에 앉아서 계속 크리슈나를 경배하시오."

75. 고귀한 바이슈나바가 듣고 대답하였다. "알겠습니다." 그러고는 곧 일어나서 농부를 따라갔다.

76. 투카는 어떠한 요청이라도 받으면 귀 기울여 들었고 다른 사람들을 돕고자 했다. 그는 도와 달라는 청을 거절하지 않았다. 그의 성품은 그러하였다.

77. 투카는 마치 무엇이든지 손에 쥐어 주면 좋은 것이건 나쁜 것이건 망설임 없이 곧바로 입 속에 넣어 버리는 아기와 같았다.

78. 아니면 마치 설탕을 넣으면 달콤해지고 소금을 넣으면 즉시 짠맛으로 변하는 물과 같았다.

79. 이것이 투카의 성격이었다. 그를 재촉할 필요는 전혀 없었다. 왜냐하면 그는 누군가가 그에게 요청하면 어느 때건 무엇이건 하려 했기 때문이다.

80. 그래서 농부는 투카를 데리고 가서 그에게 새총을 주면서 말했다. "이제 높은 지대로 올라가 앉으시오.

81. 이 밭을 당신의 감시 아래 맡기겠소. 밤낮으로 지켜 주시오. 이 계약은 수확할 때까지 계속될 것이오.

82. 나는 곡식을 반 마운드 주겠다고 약속했소. 그리고 그것을 타작 더미에서 주겠소."라고 말하고서 농부는 떠났다.

83. 그는 가족이 먹을 곡식을 사기 위해 그 지방에서 곡식을 싸게 파는 곳으로 떠났다. 그는 투카를 그의 밭에 앉혀 놓았고, 가족들에게도 그렇게 했다고 말했다.

84. 이제 바이슈나바 박타인 투카는 높은 지대에 올라갔는데, 그는 생명이 없는 허수아비처럼 보였다. 바로 그때 그는 한 무리의 새들이 밭

에 내려앉는 것을 보았다.

85. 그는 속으로 생각했다. "이것들도 다 신의 살아 있는 피조물이다, 그들은 모두 배가 고프다. 만약 내가 나 자신을 바이슈나바 박타라고 부른다면, 나는 그들을 내쫓아서는 안 된다.

86. 얼마 전에는 극심한 기근이 들었으나 지금은 세상이 풍작을 거둘 수 있는 운이다. 만약 내가 그들을 쫓아낸다면, 나는 죄 받을 만한 내 행동에 책임을 져야 할 것이다."

87. 그렇게 생각하면서 신의 사랑하는 박타는 높은 지대에 가만히 앉아 있었다. 그는 사람처럼 보이지만 어떠한 생명도 없는 허수아비 같았다.

88. 태양이 2프라하르(prahar)만큼 떠오르자, 그는 새들에게 부드러운 목소리로 말했다. "배불리 먹었으면 이제 물이 있는 곳으로 가는 게 좋을 거야."

89. 새들에게 그렇게 이야기하면서 그는 완전히 고요하게 앉아서 경배를 계속하고 있었다. 그가 크리슈나의 이름들을 읊조리는 소리는 멀리까지 울려 퍼져서 마을 사람들도 멀리서 그 소리를 들을 수 있었다.

90. 투카의 아내는 집에서 그를 기다리며 말하였다. "그가 아직 집에 오지 않는데, 어디에 앉아서 경배하고 있을까? 어느 정글로 가서 그를 찾아야 하나?

91. 부끄러움과 자존심도 버리고 그는 사람들 사이나 정글 속을 정처 없이 떠돌아다닌다. 그는 세속적인 것들을 모두 포기했다. 친구들아, 내가 어떡해야 하지?"

92. 그러고 나서 그녀는 딸에게 말하였다. "나가서 정신 나간 네 아버

지가 어디에 앉아 있는지 찾아봐라. 배가 고프지만 네 아버지 없이는 먹을 수가 없구나."

93. 큰 딸 카쉬바이는 아버지를 찾아 달렸다. 아버지를 발견하고는 말하였다. "식사하시러 집에 오세요."

94. 투카가 대답하였다. "나는 여기 앉아서 이 밭을 지켜야 한단다. 농부가 나에게 곡식을 주기로 약속했다. 집에 가서 엄마한테 전하거라."

95. 딸은 서둘러 집으로 가서 어머니에게 자초지종을 얘기해 주었다. 그래서 아발리는 음식을 준비하여 그가 있는 곳으로 보내고 나서 자리에 앉아 식사를 했다.

96. 투카는 빵을 먹으면서 혼자 생각하였다. "여기에 밤낮으로 앉아 있는 게 좋겠다. 왜 쓸데없이 집으로 왔다 갔다 해야 하는가?"

97. 그래서 날마다 아침 일찍 목욕을 하고 크리슈나의 사원에서 신상에 경배를 한 뒤, 밭으로 서둘러 돌아가 혼자서 경배를 계속하였다.

98. 한번은 저녁에 그가 새들에게 말하였다. "모두 떠나거라. 오늘은 유난히 어두워지고 있다. 길을 못 찾게 될 거야."

99. 이렇게 말하면서 바이슈나바 박타는 새들을 쫓아내면서도 그들에게 말했다. "아침이 되면 다시 이곳으로 얼른 오거라."

100. 투카는 새들의 버릇을 지켜보면서 놀라워했다. 그는 생각했다. "새들은 여기서 낟알 몇 개만 먹을 뿐 아무것도 집으로 가져가지 않는다.

101. 오, 지고의 신이시여, 제 영혼이 이 새들과 같게 하여 주소서. 오, 크리슈나시여, 당신이 아니면 어느 누가 우리에게 필요한 것들을 줄 수 있겠습니까?

102. 제 존재가 끝나게 하소서. 제가 제 이름과 형상을 잃게 하소서. 제가 모든 인류를 저 자신으로 보게 하소서. 제가 제 몸을 조금도 의식하지 않게 하소서.

103. 저의 좋은 친척들과 친구들이 더 이상 저의 안녕에 마음 쓰지 않게 하여 주소서. 제 몸이 살았는지 죽었는지를 그들이 알지 못하게 하소서.

104. 낙엽이 강한 바람 앞에 날리듯 제 움직임도 그러하게 하여 주소서. 제 입은 당신의 선함을 찬양할 것입니다. 저에게 이 좋은 선물을 주소서.

105. 새들과 짐승들, 고귀한 나무들, 브라마데바에서부터 아래 개미에 이르기까지 모든 존재들은 하나의 지성으로 가득 차 있습니다. 제가 모든 것을 하나로 여기게 하소서.

106. 오, 슈리 크리슈나시여, 제 눈에 황금과 흙과 돌이 같은 것으로 보이게 하소서. 그릇된 욕망이 제 안에서 일어나지 않게 하소서.

107. 만약 불친절한 말이 제 귀에 들리거나 누군가가 저를 칭찬한다면, 그 둘이 같은 것으로 보이게 하소서. 제 성품이 그러하게 하소서."

농부가 돌아와 투카를 비난하다

108. 투카가 가슴속에 깊은 갈망을 품고서 줄곧 생각하고 있던 것은 바로 그러한 길이었다. 크리슈나가 그의 가슴을 가득 채웠고, 그의 가슴은 언제나 기쁨으로 충만하였다.

109. 그는 마른 소똥들을 모아서 불을 지폈다. 그리고 졸음이 올 때마

다 즉시 자신을 깨우곤 하였다.

110. 마을의 모든 새들이 이제 그곳으로 매일 오기 시작하였다. 그리고 새들이 낟알을 먹을수록 이 바이슈나바 박타는 만족감을 느꼈다.

111. 자애로움을 베푸는 주인이 자신의 집에서 브라만 손님들에게 성찬을 대접하며 만족하듯이, 투카도 배고픈 새들의 허기를 채워 주면서 만족감을 느꼈다.

112. 이렇게 한 달이 지나갔다. 농부는 볼일을 마치고 돌아와서 불현듯 생각하였다. "지금 가서 곡식이 얼마나 여물었는지 봐야겠다."

113. 이렇게 생각하며 그가 서둘러 밭으로 가서 보니, 모든 이삭은 검게 비어 있었고 낟알 하나 보이지 않았다.

114. 그는 끓어오르는 분노를 느꼈다. 그는 입술을 깨물고 이를 갈았다. 그는 생각했다. "투카는 나에게 원한을 품고 이렇게 했다. 이제 누구에게 정의를 호소해야 할 것인가?"

115. 이렇게 생각하면서 그는 밭을 돌며 구석구석 살펴보았다. 그를 두려워하며 새들은 다 날아가 버렸다.

116. 브라만들이 식사를 하고 있는데 천민이 그 자리에 끼어들면, 그들은 즉시 일어나서 식사하고 있던 곳을 떠날 것이다.

117. 밭을 돌아다니며 자세히 검사한 농부는 새들이 모든 곡식을 다 먹어 버렸다는 것을 알게 되었다. 낟알 하나 보이지 않았다.

118. 이 모든 것이 친절한 투카가 높은 지대에 앉아서 신을 경배하는 동안 일어난 일이었다. 농부는 서둘러 그에게 가서 저주를 퍼부었다.

119. 농부는 불같이 분노하며 투카에게 말하였다. "봐라, 당신이 우리 가정을 어떻게 망쳐 놓았는지를. 나는 한 달에 6파얄리를 주는 조건

으로 당신을 일꾼으로 고용했다.

120. 나는 당신을 믿었고, 곡식을 가져오기 위해 먼 길을 다녀왔다. 그런데 당신은 내 밭의 곡식을 새들에게 다 먹여 버렸고, 나에 대한 적개심을 실천하였다."

121. 격분한 얼굴로 비난을 퍼부은 농부는 투카의 손을 잡고서 끌고 갔다. 그가 말하였다. "오늘 당신은 임자를 만났다. 이제 당신은 나한테서 벗어날 수 없다."

122. 악인과 성인, 독이 든 식물과 감로가 운명에 의해 함께 만나듯이, 그들이 바로 이런 상황이었다.

123. 바다와 현자 아가스티, 악마 라후와 달처럼. 이런 것들은 운명에 의해서 함께 만날 수 있다. 투카와 농부가 만난 것도 바로 그런 상황이었다.

124. 백조와 매, 베다 브라만과 살인자, 간통한 여자와 정숙한 아내가 동시에 만날 때처럼.

125. 아니면 사악하고 비뚤어진 욕쟁이와 친절한 바이슈나바 박타, 순수한 사람과 야비한 사람이 우연히 함께 만나는 것 같았다.

농부가 투카를 법정에 끌고 가다

126. 농부는 투카를 읍장과 서기가 앉아 있는 곳으로 끌고 갔다.

127. 자신의 입술을 때리고 가슴을 치면서 그는 고함을 지르며 울부짖었다. 모든 사람들이 말했다. "저 농부는 미쳤고 자신을 망가뜨리고

있다." 그는 좋은 행운이 자신에게 무엇을 주었는지를 몰랐다.

128. 하지만 이런 마음 상태에 있는 그를 보고서 마을 사람들은 무엇이 문제냐고 물었다. 그러자 농부는 그들에게 일의 자초지종을 설명하고는 다음과 같이 덧붙였다. "이제 내가 어떻게 해야 하겠소?"

129. 그 뒤 마을 사람들은 투카에게 물었고, 일말의 거짓도 없는 말을 하는 그 친절한 박타는 그들에게 정확한 진실을 말하였다.

130. 그가 말했다. "이 농부는 내가 밭을 지켜 주면 곡식 1마운드의 반을 주겠다고 약속했습니다. 나도 거기에 동의했습니다.

131. 그는 나에게 이렇게 말했습니다. '높은 지대에 앉아서 새들이 오는지 봐라.' 만약 내가 새들을 다 쫓아냈다면 새들은 금방 다 죽었을 것입니다.

132. 새들은 무리를 지어서 다니면서 몇 개의 낟알을 먹지만 아무것도 집으로 물고 가지는 않습니다. 그런데 왜 내가 그들을 쫓아내야 합니까?

133. 그는 나에게 '새들을 잘 살펴봐라.'고 말했습니다. 그래서 나는 그들을 잘 돌보았습니다." 투카의 이 말을 듣고서 모두들 폭소를 터트렸다.

134. 농부는 무슨 일이 일어나고 있는지를 보고는 매우 화가 나서 말했다. "나는 내 바구니를 들고 갈 것이오. 당신들은 밭이나 잘 돌보시오."

135. 그러자 마을 사람들이 말했다. "농부에게 정부 세금을 내게 해야 한다. 만약 농부가 달아나면 세금을 받기는 어려울 것이다."

136. 그래서 그들은 무심코 농부에게 보통 얼마나 많은 곡식을 수확하느냐고 물어봤다. "우리에게 진실을 말해 보시오. 진실의 가치를 알 것이오."

137. 농부가 대답했다. "보통 그 밭에서 2칸디(khandi)만큼 수확하오. 나는 지금 진실을 이야기하고 있소. 이 사실을 증명해 줄 증인들도 많이 있소."

138. 마을 사람들이 투카에게 말하였다. "당신은 새들이 밭의 곡식을 다 먹었다고 자기 입으로 인정했소. 당신의 집에는 담보로 쓸 재산이 하나도 없어 보이니 지불 증서를 써서 농부에게 주는 게 좋겠소.

139. 만약 당신이 우리의 말을 듣지 않는다면 농부는 도망갈 것이오. 그러면 누가 그 세금을 내겠소? 그렇게 되면 정부는 우리에게 벌금을 물릴 것이오.

140. 그래서 우리는 당신에게 지불 증서를 써서 농부에게 주라고 하는 것이오. 그 뒤에 당신은 그 밭에 있는 속이 빈 곡식을 집으로 가지고 갈 수 있을 것이오."

141. 바이슈나바 박타는 "동의합니다."라고 말했고 증인들이 서명한 지불 증서를 썼다. 그것은 농부의 손에 쥐어졌고 그는 만족했다.

142. 이 어리석은 농부는 종이에 적힌 재산에 기뻐했다. 그러나 그것으로 그는 자신의 복을 가로막았다. 그는 비슈누의 힘을 알지 못했다.

놀라운 수확의 기적

143. 그 다툼은 마을의 5인 위원회의 중재로 이렇게 끝났다. 그들은 "우리가 지금 바로 가서 새들이 먹어 버린 밭을 보자."라고 말했다.

144. 그래서 그들은 그 밭을 보기 위해 마을의 관리들을 데리고 출발

하였다. 갑자기 판다르푸르의 신이 기적을 행하였다. 그대 신의 경건한 박타들이여, 어떤 일이 일어났는지 들어 보아라.

145. 이제 곡식의 이삭들이 평소보다 10배 이상 빽빽하게 차 있었다. 다른 일들도 일어났다. 이 모든 것을 마을 사람들이 보았다.

146. 그들은 새들이 쪼아 먹은 곳을 찾아보았지만 단 한 곳도 발견할 수 없었다. 이것을 보자 그들은 놀라움으로 가득 차서 외쳤다. "이것은 기이하고 심오한 기적이다."

147. 그들에게 분쟁을 제소한 농부는 이제 투카에게 지불 증서를 돌려주고 밭의 소유권을 되찾고 싶다고 말했다.

148. 그러자 마을 사람들은 그에게 대답했다. "왜 마을의 5인 위원회가 그 결정을 번복해야 한단 말인가? 우리는 어느 사람에게도 비난받을 만한 일은 하지 않을 것이오.

149. 속이 텅 빈 이삭들이 지금은 속이 꽉 차 있는데, 이것은 비토바의 행위요. 신이 투카를 돌보고 계시오. 우리는 이러한 증거를 가지고 있소.

150. 투카 쉐트가 당신에게 써 준 지불 증서는 무효가 될 수 없소. 그는 타작한 곡식 더미에서 당신의 몫을 당신에게 줄 것이오. 그리고 남아 있는 것은 그가 가져갈 것이오."

151, 그런 후 그들은 투카에게 말했다. "이제 당신의 밭에 앉아서 그것을 지켜보시오." 그러나 바이슈나바는 그 말을 듣고 이렇게 대답했다. "그렇게 할 수 없습니다.

152. 이 밭에서 아무것도 가져가지 않았는데도 그렇게 지독한 저주를 받았는데, 이제 내가 이 밭 전체를 받는다면 미래에 어떤 벌을 받게

될지 모릅니다."

153. 이렇게 대답하고서 그 바이슈나바 박타는 사랑의 마음으로 경배를 계속했다. 그래서 마을 사람들은 한 사람을 고용하여 그에게 밭을 지키도록 하였다.

154. 나중에 그들은 일꾼들을 고용해서 곡식을 수확하여 단으로 묶었다. 타작을 끝내고 곡식 더미를 측량해 보았을 때, 이게 어찌된 일인가! 놀랍게도 그것은 17칸디나 되었다.

155. 그들은 외쳤다. "이 마을에서 이 정도의 수확을 거둔 사람은 아무도 없었다. 신은 불가능한 것들을 이루신다. 그분은 수많은 기적적인 형태로 그것들을 보이신다."

156. 어떤 이가 말했다. "기근이 있는 동안 투카의 집에는 매우 큰 고통이 있었소. 그를 굶주림에서 얼른 구하기 위해 슈리 하리께서 이렇게 그를 도우러 온 것이오."

157. 다른 이가 대답했다. "당신의 소견은 틀렸소. 이것은 그 농부의 큰 행운이오. 그렇지 않으면 파산자인 투카 쉐트가 평생을 살아도 그에게 결코 지불할 수 없었을 것이오."

158. 그러나 또 다른 이가 말했다. "투카는 새들이 곡식 낟알들을 먹도록 허락했는데, 이는 매우 고귀한 행동이었소. 이 풍성한 수확에서 우리는 그것의 결과를 분명히 보는 것이오."

투카가 자신을 위한 곡식을 거절하다

159. 이렇게 사람들은 자신의 성품에 따라 다양한 견해를 피력했다. 그러나 그들 모두는 비슈누의 놀라운 마야가 그들의 이해력을 넘어선다는 데에 동의했다.

160. 그리고 나서 그들은 그 밭의 주인인 농부에게 곡식 2칸디를 주었고, 투카가 그에게 써 주었던 지불 증서를 돌려받았다.

161. 그리고 이제 마을 사람들은 투카에게 말했다. "이 곡식을 가져가서 당신의 집에 보관하시오. 당신의 가슴이 세속적인 일에 무관심하니, 슈리 비탈이 당신을 도우러 온 것이오."

162. 마을 사람들이 그에게 이렇게 말했지만, 신을 사랑하는 박타는 그들의 말을 듣지 않았다. 부정한 욕망은 그의 가슴속으로 들어갈 수가 없었다. 그는 항상 세속적인 일에 무관심했기 때문이다.

163. 세속적인 일에 대한 무관심의 주요한 특징은 욕망 없음이다. 따라서 욕망 없음만이 지식이라 할 수 있다. 오로지 욕망이 전혀 없는 구도자만이 사구나 모습의 신에 대한 경배로 깊은 감명을 받는다.

164. 욕망이 없는 곳에 가슴의 평화가 있다. 세속적인 것에 대한 무관심은 오직 욕망을 갖지 않는 사람의 가슴속으로만 들어간다. 그들의 가슴속에는 끊이지 않는 기쁨이 있다.

165. 세속적인 것에 무관심한 사람은 진실하며 올바르게 생각한다. 그리고 사람들은 욕망 없는 사람만을 존경한다. 모든 진정한 힘은 욕망 없는 이들을 섬기기 위해 준비되어 있다.

166. 다른 특성들에 대하여 말할 필요가 어디에 있겠는가? 왜냐하면

최종적으로 선택되는 박타는 세속적인 욕망이 없는 박타이기 때문이다. 신은 오직 그러한 박타들만을 만난다. 다른 길들은 위선의 길이다.

167. 그러한 상태의 모든 특성이 투카의 가슴속에 있었다. 그러므로 룩미니의 남편은 그를 위해 놀랄 만한 많은 기적들을 펼쳤다.

168. 이제 일어나고 있던 일로 돌아가 보자. 투카는 그에게 주어진 곡식을 가져가지 않으려고 했다. 그래서 마을 사람들은 어떻게 해야 할지 몰라 당황스러웠으며 마땅한 해결책을 찾을 수 없었다.

169. 그런데 그곳에 마하다지판트라고 불리는 매우 신앙심 깊은 마을 관리가 있었다. 그는 곡식을 가져가서 자신의 집에 보관했다.

170. 그는 말했다. "이 수확은 신의 의지에 의한 것이다. 이것은 오로지 자선의 목적으로만 사용되어야 한다."

마히파티가 자신을 비천하게 평가하다

다음 장이 펼쳐지면, 선한 사람들은 그것을 듣고서 기뻐할 것이다.

171. 그러나 들어라! 이 책 박타릴람리타는 지고의 감로처럼 여겨져야 한다. 오로지 운 좋은 바이슈나바들만이 이것을 사랑하며 이 감로를 마신다.

172. 영혼의 여섯 가지 적들을 진실로 정복한 이들과, 악의 없는 사람들 사이에 사는 이들만이 이것을 즐길 것이다. 다른 이들은 이것에 대한 권리가 없다.

173. 신에 이르고자 하는 열망을 가진 이들은 신에 대한 말을 듣는 것

이 감미로움을 안다. 그러므로 그들만이 투카에 대한 이 이야기를 좋아할 것이다. 다른 이들은 이것이 감미롭다는 것을 알지 못할 것이다.

174. 따라서 나는 성자들인 당신들과 나의 우정을 이용하여, 무지로 인한 **뻔뻔함**으로, 나의 투박하고 비천한 말들을 대담하게 말한다.

175. 만약 부유한 사람이 그의 손가락에 놋쇠 반지를 낀다면, 사람들은 그것을 보고서 금반지라고 추측할 것이다.

176. 마찬가지로 만약 성자들인 여러분이 내 말을 듣는다면, 보통 사람들은 "마히파티의 재능은 대단하며 널리 알려져 있다."고 말할 것이다.

177. 스바스티! 이 책 슈리 박타릴람리타는 그저 듣는 것만으로도 모든 사람들의 소망을 채워 준다. 그러므로 들어라, 신을 사랑하는 그대 경건한 박타들이여. 이것은 흥미로운 제5장이다.

제6장
투카의 아내가 투덜거리다

성자들의 삶에 대해 듣는 것의 열매

슈리 가네샤에게 경배를.

1. 오늘 수없이 많은 탄생에서 오는 행운이 그대 듣는 이들에게 임하였다. 따라서 성자들의 삶을 묘사하는 데 필요한 말들이 전해지게 된다.

2. 구름들이 대지에 풍부한 비를 뿌리는 것은 왕의 백성들의 행운 덕분이다. 보석들이 바다에서 나온 것은 신들의 행운에 의한 것이다.

3. 백조들의 크나큰 행운 덕분에 바다는 진주를 생산한다. 눈부신 황금이 발견되는 것은 아름다운 이를 꾸미기 위한 것이다.

4. 태양이 창공에 떠오르는 것은 대지를 환히 비추기 위해서이다. 달이 떠오르는 것은 밤을 찬란하게 하기 위해서이다.

5. 신이 꽃들을 창조한 것은 형상이 있는 모습의 신상을 숭배하기 위해서이다. 이와 마찬가지로 성자들의 이야기들이 만들어진 것은 그대 듣는 이들의 귀를 아름답게 꾸미기 위해서일 것이다.

6. 왜냐하면 들은 뒤 숙고를 하고, 나중에 명상을 하게 되기 때문이다. 그 뒤에 신을 찾는 구도자들에게 신은 직접 자신을 나타낸다. 경험에서 이러한 증거를 구하라.

투카의 아내가 투덜거리다

7. 지난 장에는 새들이 밭의 곡식을 다 먹어 버렸고, 판다르푸르의 신이 기적을 행하여 엄청난 수확을 거두게 하였다는 이야기가 있었다.

8. 또한 투카가 자신의 몫인 곡식을 받지 않았고 계속하여 경배를 드렸다는 이야기가 있었다. 그는 세속적인 걱정들을 모두 뒤로하고 하리를 끊임없이 경배하였다.

9. 하지만 그의 집에서 아내는 고함을 지르며 소리쳤다. 그녀는 말했다. "곡식이 그에게 왔지만 그는 기어이 받지 않았다. 그는 차용 증서들을 강 속에 던져 버린 것처럼 우리 가정의 일들을 물 속에 던져 버렸다.

10. 사람들은 곡식이 여물었다고 말하지만, 이 집에서는 아이들이 굶어 죽어 가고 있다. '신이 주셨지만, 운명이 치워 버렸다.' 이런 일이 우리에게 일어났다."

투카가 황폐해진 사원을 수리하다

11. 앞서 말했다시피, 아내는 집에서 고함을 지르고 있었다. 그러나 투카의 가슴에는 기쁨이 가득했다. 그때 한 생각이 그에게 떠올랐다.

12. "크리슈나의 옛 사원은 무너져 폐허가 되었다. 만약 내가 이것을 헐고 다시 짓는다면, 나는 그곳에서 밤을 새며 경배할 수 있고, 우리는 크리슈나의 행적을 노래할 수 있다.

13. 듣는 것 후에 사색이 오고, 사색 후에 명상이 오며, 그 뒤에 신의

직접적인 계시가 따르고, 그러면 구도자는 경험에 의한 지식을 얻는다."

14. 마음속에 그러한 생각들을 가지고 그는 곡괭이로 사원을 헐기 시작했다. 그리고 물을 섞어서 필요한 진흙을 만들었다.

15. 판다르푸르의 신 크리슈나는 투카 혼자만의 힘으로는 사원을 복구하는 것이 불가능에 가깝다는 것을 알고서 다음과 같은 방법으로 그를 돕게 되었다.

16. 그는 마하다지판트의 꿈에 나타나서 그에게 말하였다. "네가 너의 집에 저장해 둔 곡식은 오로지 사원을 위한 일에 제공되어야 한다."

17. 머리 숙여 그 명령을 받아들인 뒤 그는 그 문제를 마을 사람들과 의논했다. "내가 이런 꿈을 꾸었습니다."라고 그가 말했다. "우리가 가서 어떤 일인지 봅시다."

18. 이 모든 일이 무슨 의미일까 하고 마음속으로 의아해 하면서, 그들은 사원을 보기 위해 갔다. 보라! 그곳에는 손에 곡괭이를 들고 벽을 파헤치고 있는 투카가 있었다.

19. 그 꿈이 사실이었다고 서로 말하면서 그들은 그를 돕기로 결정했다. 그들은 다섯 명의 일꾼을 고용했고 몇 명의 숙련된 기술자를 데려왔다.

20. 그들은 서까래와 벽돌을 구입하여 크리슈나 사원을 다시 짓는 데 사용했다. 사원은 얼마 지나지 않아서 완공되었으며 이제 모든 곡식이 다 소모되었다.

21. 마지막으로 준공 의식이 남아 있었지만, 브라만들을 대접할 곡식이 남아 있지 않았다. 투카는 어떻게 해야 할지 몹시 염려하였다.

22. 룩미니의 남편은 투카가 곤혹스러워 하는 것을 알고서 매우 놀라

운 일을 행하였다. 그는 마하다지판트가 밤에 혼자 있을 때 그의 꿈에 나타났다.

23. 그가 말했다. "너희 마을 사람들과 5인 위원회는 큰 죄인들이다. 어찌하여 너희들은 정당하지 않은 결정을 내렸는가?

24. 너희들은 투카로 하여금 농부에게 2칸디를 주도록 하였다. 하지만 왜 너희들은 밭을 지킨 대가로 투카에게 주어야 할 반 마운드를 그에게 주지 않았는가?

25. 이제 너희들의 의무를 깨닫고 그 농부를 공회당으로 불러서, 투카에게 지급해야 할 곡식을 이자를 붙여서 받아라. 그렇게 해야만 너희 모두는 축복을 받게 될 것이다."

26. 마하다지판트는 이 꿈을 꾸고서 매우 놀랐다. 아침이 되자 그는 공회당으로 가서 그 꿈에 대해 얘기했다.

27. 마을 사람들 또한 몹시 놀라면서 말했다. "잘못이 있었다. 그것은 사실이다. 우리는 룩미니의 남편이 화가 난 것에 대하여 당연히 책임을 져야 한다."

28. 그리하여 그들은 농부를 불렀고, 모든 마을 사람들이 그에게 말했다. "당신은 밭의 수확량인 곡식 2칸디 모두를 가져갔다. 그런데 왜 투카에게 지급되어야 할 반 마운드의 곡식은 주지 않았는가?"

29. 농부가 그들에게 대답했다. "나 또한 같은 꿈을 꾸었소. 만약 내가 투카에게 반 마운드를 주지 않는다면, 판두랑은 분명히 나에게 화를 낼 것이오."

30. 그래서 그는 집으로 서둘러 돌아가서, 지급해야 할 곡식을 가져왔고 이자를 덧붙여서 투카에게 주었다. 이 대단히 경이로운 기적으로

인해 마지막 의식을 하는 데 매우 유용한 일들이 일어났다.

31. 어떤 이는 밀가루를, 다른 이들은 쌀을 가져왔다. 어떤 이는 기(ghi)를, 어떤 이는 가공하지 않은 설탕, 야채 그리고 달(완두콩의 한 종류)을 제공하였다. 이렇게 하여 필요한 모든 물품들이 갖추어지게 되었다.

32. 이 의식을 위한 길일이 선택되었고, 크리슈나 신상이 그의 옥좌에 앉혀졌다. 크리슈나는 다섯 가지 과즙으로 씻겨졌고 만트라들의 암송이 이어졌다.

33. 베딕 브라만들은 그들의 손으로 신상에 기름을 부었고 그에게 화려한 옷을 입혔다. 그리고 그 밖의 필요한 모든 의식들을 행했다.

34. 이마의 표시, 화환들, 툴시 잎 다발들이 크리슈나에게 그들의 아름다움을 더했다. 향과 등불들, 다른 봉헌물들이 봉헌되었다. 경배자들은 그 앞에 엎드려 절했다.

35. 투카는 참된 사랑으로 충만하여 사원 앞에서 춤을 추었다. 이때에 펼쳐진 사랑은 특별했다. 언어는 그것을 묘사할 수 없다.

36. 이러한 다양한 의식들이 행해졌고, 그들은 신상 주위를 돌았다. 그 뒤에 브라만들이 자리에 앉아서 성찬을 시작하였다. 마지막에는 판 수파리와 약간의 선물들이 그들에게 주어졌다.

37. 사원에 바쳐진 이들 헌납 의식은 투카에게 크나큰 기쁨을 주었다. 그는 이 신상에 규칙적으로 예배드렸으며, 그의 가슴속 사랑은 언제나 새로웠다.

시인 성자들의 작품들이 투카를 매혹하다

38. 투카는 이제 키르탄을 하고자 하였다. 그래서 그는 옛 성자들의 시편들을 암기했다.

39. 전에는 그가 그런 작품들을 공부한 적이 없었지만, 이제는 그것들에 대한 사랑이 가슴속에서 올라왔다. 수많은 시편들의 저자인 남데브는 마라티어로 그의 시들을 썼었다.

40. 투카는 그의 아방가들을 암기하고는 춤을 추면서 그것들을 반복하였다. 크리슈나에게 바쳐진 날들에는 금식을 했고, 다른 성자들과 더불어 밤을 새면서 예배를 드렸다.

41. 2주일의 열두 번째 날에는 금식을 풀고서 능력껏 브라만들을 대접하였다. 그는 악기들과 깃발을 들고 행진하였으며, 그리하여 그는 바이슈나바의 면모를 갖추게 되었다.

42. 그는 많은 다른 성자들의 책들을 공부했다. 그 가운데는 뛰어난 회교도 박타인 카비르의 작품들도 있었다. 투카는 그의 감로 같은 말들을 사랑으로 읽었다.

43. 갸네쉬바라는 철학에 관하여 매우 중요한 책을 썼었다. 고귀한 바이슈나바인 투카는 그것의 정확한 필사본을 구할 수 있었다.

44. 비슈누의 화신인 엑나트는 바가바탐의 주석을 썼었다. 각고의 노력을 기울인 끝에 그는 그것의 필사본을 얻을 수 있었다.

45. 이들 책들을 공부하기 위해 그가 선택한 외딴 곳은 어디인가? 그는 아름다운 반다르 산을 선택했고, 그곳에 가서 앉았다.

46. 이 주요한 박타의 보석은 그곳에서 이전의 연구를 참고하여 의미

와 관계들을 세심하게 살피며 처음부터 끝까지 책을 읽었다. 영원한 생명을 주시는 분이 도움을 주었다.

47. 투카는 큰 노력 없이도 책들을 암기할 수 있었다. 그가 계속해서 작품들을 공부하는 동안 시구들은 그의 입 속에 머무는 것 같았다.

48. 엑나트의 영감을 주는 저서인 바바르타 라마야나를 투카는 사랑의 마음으로 전부 암기해 버렸다.

49. 흥미로운 이야기들을 담고 있는 슈리 바가바탐은 위대한 인물인 비야사가 구술한 책이다. 여기에는 슈리 크리슈나의 특별한 행적이 담겨 있으므로 투카는 그 내용에 정통하기 위해 애썼다.

50. 그 다음에는 요가 바시슈타와, 슈리 갸네쉬바리가 쓴 암리타누바바를 연구하였고 그것들의 의미를 이해하려 하였다.

51. 많은 사람들이 푸라나들을 듣기는 하지만 그것들을 공부하지는 않는다. 그러므로 그들은 그것들의 내용들과 정신들을 잊어버리고, 무시무시한 세속적인 삶 속에서 길을 잃고 방황한다.

52. 만약 가슴이 순수하지 않다면, 오로지 신에게 경배드리며 앉아 있다 할지라도 마음은 욕망들을 떠올리기 시작한다. 그러면 그것들은 그의 마음을 책에서 멀리 떠나 떠돌게 한다.

53. 그러나 투카는 그렇지 않았다. 그는 먼저 그의 가슴을 깨끗하게 하였고, 그 뒤에 어떤 외딴 장소로 가서 책의 참된 의미를 탐색하려고 하였다.

투카의 아내가 신을 비난하다

54. 투카는 날마다 반다르 산에 가서 앉아 공부하였지만, 그곳에는 물이 없었다. 그러나 그곳에 물이 생기게 된 이유를 들어 보라.

55. 사람들은 모두들 투카의 아내가 냉정하다고 말했지만, 그녀의 가슴은 남편을 돌보는 데에 헌신하고 있었다. 그녀는 먼저 남편에게 음식을 주지 않고는 자신의 음식을 먹으려 하지 않았다.

56. 그래서 그녀는 날마다 빵과 물을 들고서 산을 올라가 투카에게 주었다. 매일 왕복 12마일이나 되는 거리를 오고 가는 일은 그녀를 매우 지치게 했다.

57. 그녀는 늘 남편과 함께 하였지만 신과는 끊임없이 다투고 있었다. 그녀는 사원에 가서 신을 보는 것을 거부했다. 그녀는 말하곤 했다. "나는 그 까만 놈을 보고 싶지 않다.

58. 원수를 여기에 데려온 사람은 우리의 조상 비슈밤바르였다. 그 대단한 악마는 우리의 가문 전체를 괴롭히고 있다.

59. 아내와 많은 아이들로 대가족을 이루고 있는데, 우리는 음식과 옷을 얻을 수 없다. 남편은 나에게 모든 가정 일을 떠넘겨 버리고 산으로 가서 앉는다.

60. 밤이 깊어 4가티카가 되면 그는 몰래 사원에 들어온다. 그곳에서 그는 다른 유랑자들과 어울려 까만 놈 앞에서 춤을 춘다.

61. 이른 새벽녘에는 몸을 씻고 그 빌어먹을 것에게 예배한다. 전생의 언젠가에 그는 신에게 빚을 졌고, 이제 빌린 것을 갚고 있는 중이다.

62. 만약 그가 마을 근처에만 머물러 있다면, 나는 그에게 빵을 가져

다줄 수 있다. 얼마나 많이 그 길을 오가야 하나! 도무지 모르겠다."

크리슈나가 투카의 아내를 불쌍히 여기다

63. 투카의 아내는 집에서 이렇게 고민하고 있었다. 그러자 무력한 자를 돕는 판다리의 신 비토바는 그녀를 불쌍히 여겼다.

64. 그는 생각했다. "투카는 산에 가서 앉고, 그녀는 여러 가지로 나를 성가시게 한다. 나는 이렇게 오가는 일을 끝낼 방법을 그녀에게 보여 줄 것이다."

65. 이렇게 생각하면서 그는 그날 경이로운 일을 행했다. 아발리는 빵 한 조각과 물을 가득 담은 조롱박을 들고서 산으로 가고 있었다.

66. 찌는 듯이 무더운 한낮이었다. 크리슈나는 그때 기이한 일을 행했다. 그대 경건한 이들이여, 경외심을 가지고 그것을 들어 보라.

67. 아발리는 산을 쳐다보면서 얼마나 더 가야 하나 하고 생각하면서 길을 걷고 있었는데, 맹렬한 더위로 고통 받고 있었다.

68. 그녀는 샌들도 신지 않고 맨발로 걷고 있었고 길 위의 돌들은 그녀의 발에 상처를 냈다. 그녀는 현기증이 나기 시작했다. 바로 그때 다른 재앙이 그녀를 덮쳤다.

69. 길 가운데에 커다란 카라반디 가시가 놓여 있었다. 그것을 밟자 가시가 그녀의 발을 찔렀다.

70. 이로 인해 현기증이 더욱 심해진 그녀는 정신을 잃고 땅바닥에 쓰러졌다. 물이 가득 담긴 조롱박이 뒤집혔고 물이 쏟아졌다.

71. 잠시 뒤 눈을 뜬 그녀는 발을 쳐다보았다. 발에서 피가 흐르고 있었다. "어떻게 해야 하나?" 그녀는 울다가 소리치기 시작했다.

72. "전생에 우리는 원수였나 보다." 그녀는 생각했다. "그는 아직도 나를 미워하며 복수하는가 보다. 나의 원수는 여전히 나를 괴롭히고 있고, 나의 가정생활은 완전히 망가졌다.

73. 그는 나의 목에 결혼 목걸이를 걸어 주었다는 이유만으로 나의 남편으로 불린다. 그는 혼자 떠나 산으로 가서 앉아 있다. 아이고! 아이고!"

74. 흐느껴 울면서 그녀는 가시를 빼려고 애썼지만 혼자서는 뺄 수 없다는 것을 알게 되었다. 그녀는 생각했다. "어떻게 해야 하나!

75. 내 운명의 신은 이상하게 행동한다. 운명의 신이 내 이마 위에 써 놓은 운명은 결코 피할 수 없다. 시간이 끝날 때까지도. 그래서 내가 이 모든 불운들을 겪고 있는 것이다.

76. 아버지는 나를 위해 많은 돈을 들여 성대한 결혼식을 치러 주셨는데, 나는 미친 사람과 연분을 맺게 되었다. 그러나 결국 운명은 스스로 드러난다.

77. 나의 오빠는 힘들여 나를 최고의 순례지인 바라나시까지 데리고 갔다. 그러나 그 훌륭한 행위는 오늘날 아무런 의미가 없다. 나는 나의 가정 일에서 수치심을 잃어버렸다.

78. 그는 나를 데려오기 위해 막대한 돈을 썼다. 하지만 지금 나는 허기를 달랠 음식조차 충분하지 않다. 바라나시로 간 나의 공덕은 쓸모없게 되어 버렸다."

79. 이렇게 투카의 아내 아발리는 그녀의 운명을 한탄했지만, 그녀는

"오, 신이시여."라는 부르짖음을 입 밖에 낼 수 없었다. 왜냐하면 그녀는 이렇게 말했기 때문이다. "나의 원수가 나에게 달려오고 있을 것이다.

80. 나의 적인 룩미니의 남편이 나의 불행을 알지 않아야 한다. 만약 그가 갑자기 여기에 오게 된다면, 그는 나를 보고 비웃을 것이다.

81. 그리고 말할 것이다. '네가 밤낮으로 나를 저주했기 때문에 이 가시가 너의 발을 찌른 것이다.' 나의 처지를 보면 그는 매우 기뻐할 것이다. 그러니 제발 그가 지금 나타나지 않기를.

82. 불행한 시기가 밀려올 때 마음의 고통은 자연히 생겨날 뿐이다. 그러나 그것들이 적에게 알려지면 안 된다. 이것은 삶에서 원칙이 되어야 한다.

83. 감각의 대상들은 사람에게 즐거운 것으로 보이지만, 사람들이 광장에서 만나면 그를 욕한다. 그리고 쓸모없는 녀석이 부모에게서 태어났다고 말한다.

84. 적이 자기의 비밀을 알게 되더라도, 동정심에 호소하기 위해 그를 찾아가면 안 된다. 심지어 그것으로 인해 죽을 지경에 처하게 되더라도 그를 찾아가 애원하지 말아야 한다."

신이 적대적인 아발리에게 자신을 드러내다

85. 이처럼 신에게 도움을 요청하지 않겠다고 결심한 채 아발리는 계속 흐느껴 울었다. 가시를 제거하기 위한 그녀의 노력들은 효과가 없었다. 그녀는 계속 "어떻게 해야 하나?"라고 생각할 뿐이었다.

86. 천상의 거주자는 아발리의 처지를 알고서 생각했다. "투카는 굶주린 채 산 속에 앉아 있고, 그녀는 이런 상태에 있다." 그렇게 생각하면서 슈리 하리는 그녀에게 그 자신을 나타냈다.

87. 그는 얼굴빛이 검고, 형상이 아름답고, 연꽃 눈을 하고, 천상의 노란 긴 옷을 입고 있었다. 그의 왕관에서 많은 보석들이 반짝거렸는데, 이 광채는 태양까지 희미하게 하였다.

88. 찬란한 귀고리가 그의 귀에서 빛났고, 그의 목에는 카우스투바 보석과 바이자얀티 화환이 걸려 있었다. 그의 발에는 작은 방울들과 방키들이 짤랑거렸다. 갑자기 이런 모습이 아발리에게 보였다.

89. 아발리는 즉시 소리쳤다. "이 빌어먹을 놈이 왜 여기에 왔는가! 그는 나의 남편을 미치게 만들었다. 나의 가정생활에 불운들이 닥친 것은 이 놈 때문이다.

90. 나의 불운한 처지를 보면서 그는 나를 비웃을 것이다." 그렇게 소리치면서 그녀는 그녀의 둥근 얼굴을 즉시 서쪽으로 돌렸다.

91. 그러나 거기에서도 경이로운 일을 행하는 우주의 주인이 그녀 앞에 나타났다. 그녀는 그를 피하기 위해 여덟 방향으로 고개를 돌렸으나 그가 없는 곳은 없었다.

신이 그를 미워하는 사람에게 나타난 것에 대한 설명

92. 그대 듣는 이들이여, 마음속에 의문을 품고서 연사에게 그 이유를 설명해 달라고 물어보라. 아발리는 신을 사랑하는 박타가 아니고 미

워하는 마음으로 계속하여 신을 저주하였다.

93. 그런데 어찌하여 신이 그녀 앞에 나타났는가. 여러분은 매우 궁금해 할 것이다. 그대들은 나에게 의문을 풀어 달라고 말한다.

94. 그대 선한 이들이여, 나에게 이 질문을 해 보라. 그러면 말하는 자인 나는 기쁨으로 그 질문에 답할 것이다. 신은 미움을 통하여 많은 이들과 만났다. 이러한 사실은 푸라나들에도 나와 있다.

95. 어떤 이는 헌신의 마음으로 람을 찾아도, 그는 그 사람의 명상 속에 들어오지 않을지도 모른다. 그러나 미움의 마음을 통하여 라반은 랑카(실론)의 어디에서나 람을 보았다.

96. 마찬가지로 칸사는 크리슈나를 미워하여 그를 자신의 적이라고 선언했다. 하지만 슈리 크리슈나는 그의 시야로부터 결코 멀어지지 않았다.

97. 투카의 아내도 이와 같은 경우였다. 그녀는 생각했다. "나는 저 검은 놈을 쳐다보지 않을 것이다." 그러므로 그녀가 노력하지 않아도 그는 그녀 주위를 걸어야만 했다.

98. 마치 방 안에 크리슈나의 상을 안치해 놓고 사방에 거울을 줄지어 세워 놓으면 어디를 바라보건 크리슈나를 보는 것처럼.

99. 심지어 이 예조차 여기에는 적절하지 않을 것이다. 왜냐하면 아발리가 그를 쳐다보는 것에 지쳐 눈을 감고 침묵했을 때에도, 자, 보라! 그녀는 자신의 영혼 속에서 우주의 영혼을 보았기 때문이다.

100. 그녀는 말했다. "나의 가슴이 바라지 않는데도, 왜 나의 적은 쓸데없이 내 눈앞에 나타나는가? 왜 그는 나를 괴롭히는가?" 그녀는 이렇게 생각하며 화가 나서 투덜거렸다.

101. 천상의 신은 아발리가 그러한 마음의 상태에 있는 것을 보면서 생각하였다. "나는 그녀가 나를 사랑하게 할 어떤 일을 계획해야만 한다."

102. 그래서 판다르푸르의 신은 그녀를 안심시키기 위하여 그의 손을 아발리에게 얹고서 말했다. "나의 딸아, 너의 가슴속에 이런 화를 간직하지 말거라.

103. 너는 나를 적이라 부르지만, 내가 너에게 무슨 적의를 보이더냐? 너는 나에게 '당신은 나의 남편으로 하여금 모든 몸 의식을 잃게 했다.'고 말한다. 너의 이러한 비난은 분별력이 없는 것이다.

104. 열매가 줄기에서 떨어지려 할 때는 바람이 건드리기만 하여도 떨어진다. 이와 마찬가지로 나도 투카의 상황에 책임이 있는 것으로 보인다.

105. 투카는 이름과 형상에 주의를 집중하고서 정글에 들어가 앉아 있다. 나의 처지도 너와 마찬가지다. 나는 항상 그를 돌보고 있다.

106. 너에게는 먹을 음식이 없었다. 그래서 나는 빽빽한 농작물을 만들었다. 하지만 투카는 그 곡식을 받으려 하지 않았다. 그것이 나의 불공평함이더냐?"

107. 이렇게 말하면서 판다르푸르의 신은 그녀의 발을 그의 무릎 위에 얹고서, 그녀에게 조금도 아픔을 주지 않고 가시를 빼냈다.

108. 신이 자비의 눈으로 아발리를 바라보자, 그녀는 이전의 모든 괴로움들을 잊어버렸다. 경이로움을 행하시는 지고의 신의 경이로운 행위의 깊이는 브라마데바와 다른 신들조차 측량할 수 없다.

109. 아발리는 생각했다. "시간이 너무 늦었다. 나의 미친 남편이 산

속 어딘가에 앉아 있다. 나는 서둘러 그가 있는 곳으로 가야 한다."

110. 이렇게 생각하면서 아발리는 광주리를 머리에 이고서 걷기 시작했고, 크리슈나도 그녀의 뒤를 따라 걸어갔다.

111. 그들이 산을 오르기 시작했을 때, 투카는 눈을 떠서 바라보고는 깜짝 놀랐다. "이것은 너무나 놀라운 광경이다."라고 그는 말했다.

112. "나는 어둠과 태양이 한자리에 있는 것을 본다. 그것은 바다가 리쉬 아가스티와 합일한 것처럼 이상한 일이다.

113. 판디트와 염소지기가 우정으로 하나 되는 것과 같다. 독물과 감로를 섞은 것이 하나 되는 것과 같다. 나는 그와 같이 놀란다.

114. 매와 백조가 우정으로 함께 있는 것을 보는 것처럼. 그와 같이 아발리와 비슈누가 함께 있는 것을 보는 것은 말할 수 없는 놀라움이다."

115. 이렇게 생각하면서 고귀한 바이슈나바는 커다란 만족을 느꼈다. 그는 말했다. "둘은 적이었다. 하지만 이제 적의는 완전히 사라져 버렸다.

116. 우리는 가정에서 심하게 다투었다. 그럴 때마다 나는 괴로웠다. 하지만 이제 천상의 왕이 아발리를 만났으니, 나의 가슴은 행복하다."

117. 신을 사랑하는 박타의 가슴이 이렇게 기쁨으로 넘쳐흐르는 동안, 아발리와 크리슈나는 점점 다가왔다.

118. 투카는 즉시 일어나서 슈리 크리슈나의 발을 쥐었다. 가슴의 여덟 가지 느낌들에 압도된 그는 북받치는 감정으로 목이 메었다.

119. 투카, 아발리, 그리고 세상의 생명이신 분, 이들 셋은 고요히 앉아 있었다.

투카와 아발리, 크리슈나가 함께 식사를 하다

그때 신을 사랑하는 박타가 그의 아내에게 말했다. "크리슈나께 음식을 드리시오."

120. 이 말을 듣고서 아발리는 부끄러움을 느꼈다. 그녀가 말했다. "빵이 한 조각뿐이에요. 어떻게 이것이 두 분께 충분할 수 있나요?"

121. 그녀는 마음속으로 몹시 괴로웠기에 이렇게 생각했다. "여기에 조차 이 까만 놈은 적의를 가지고 왔구나. 내가 보기에 그는 튼튼하고 살쪄 보인다. 어떻게 해야 하나?"

122. 비록 그녀는 마음속으로 이렇게 생각했지만, 한 조각의 빵을 접시 위에 올려 신에게 드렸다. 그녀는 자신이나 투카를 위해서는 아무것도 남기지 않았다. 그녀의 행동이 크리슈나를 기쁘게 했다.

123. 크리슈나는 그녀의 정직한 마음을 보고서 갖가지 음식을 만들었다. 아발리의 광주리는 좋은 것들로 가득해졌다. 하지만 그것은 보자기로 덮여 있었다.

124. 옛날에 슈리 크리슈나는 배가 고팠던 적이 있었다. 그때 드라우파디는 그에게 약간의 채소를 주었다. 그녀는 자신을 위해서는 아무것도 남겨 두지 않았다. 그러자 크리슈나는 많은 음식을 만들었다.

125. 이와 같이 비록 아발리에게는 경배하는 마음이 없었고 심지어 그에게 적개심까지 품고 있었지만, 그녀는 크리슈나를 기쁘게 했다. 그래서 크리슈나는 아발리에게 말했다. "이제 투카에게 음식을 주어라."

126. 룩미니의 남편에게서 이 제안을 듣고서, 아발리는 남은 빵이 없어서 부끄러움을 느꼈다. 하지만 그녀가 광주리를 덮고 있던 보자기를

걷어 내고 보았을 때, 보라! 거기에는 맛있는 음식이 가득했다.

127. 너무나 놀라 말문이 막힌 아발리는 속으로 생각했다. "우리 가문의 여신이 나를 보호하러 오셨구나. 바이라바, 또는 칸도바, 또는 바바니가 나를 도우러 오셨다.

128. 나는 어느 분이 내 명예를 지켜 주는 일을 하였는지 모른다. 그분이 누구이든지 나는 나의 모든 가슴과 모든 생명으로 그분께 다가가야만 한다."

129. 아발리가 무슨 생각을 하는지를 알아차리고 룩미니의 남편이 그녀에게 말했다. "네가 탄원자로서 나아가야 할 그는 무한한 존재인 나임을 알아야 한다.

130. 나는 네가 보고 있는 이 음식을 만들었다. 이것이 정말로 내가 행한 것임을 알아라." 천상의 신이 그녀에게 그렇게 말했지만, 그녀에게는 거짓말로 여겨졌다.

131. 그녀는 생각했다. "만약 그가 이 모든 능력을 가졌다면, 왜 그는 비두라가 준 곡식의 낱알들을 먹었는가? 그는 드라우파디에게 손을 벌렸고 그녀가 준 채소 줄기를 게걸스럽게 먹었다.

132. 그는 폭식하는 습성이 있었으나, 찬양 예배를 할 때는 그를 찬미하는 노래가 불린다. 그는 빌 여인이 이미 맛본 보르 열매를 주저 없이 받아먹었다.

133. 만약 그가 이 모든 능력을 가졌다면, 어찌하여 마하르의 집 밖으로 나오는 모습을 보였는가? 그는 초카멜라의 죽은 소를 질질 끌고 가서, 그에게 먹을 것을 달라고 하였다."

신이 생수가 나오는 샘을 만들다

134. 아발리의 마음에 그러한 다양한 생각들이 일어났다. 그녀는 손으로 음식을 집어서 둘에게 드렸다.

135. 가시가 그녀의 발을 찔렀을 때, 그녀는 가져가던 물을 엎질렀다. 산 가까이에는 어디에도 물이 없었다.

136. 이것은 아발리의 마음을 몹시 괴롭혔다. 그래서 그녀는 "어떻게 해야 하나?" 하고 생각했다. 그녀의 생각을 알아차리고서 슈리 크리슈나가 그녀에게 말했다.

137. "나는 저쪽 골짜기에 있는 샘을 알고 있다. 너는 그곳에서 샘물을 찾을 수 있을 것이다. 이것은 틀림없는 사실이다."

138. 아발리는 그의 말을 전혀 믿을 수 없었다. 하지만 그녀가 넓적한 돌을 들어올렸을 때, 자, 보아라! 너무나 놀랍게도 맑은 샘물이 밑에서 솟아나고 있었다.

139. 그녀는 말했다. "그는 물이 없는 숲에서 물이 흐르게 했다. 이러한 그의 행동은 도저히 믿을 수 없는 것이다. 그는 또한 바로 여기에서 음식을 만들었다. 그 말고는 아무도 이렇게 할 수가 없다.

140. 그는 틀림없이 어떤 마술적인 만트라를 배워서 요술을 부릴 수 있게 된 것이다. 그는 나의 남편을 호려 미친 사람으로 만들었다."

141. 그녀의 마음에는 이러한 많은 생각들이 일어났다. 하지만 그녀는 조롱박에 물을 가득 담아 가져왔고, 자신의 손으로 음식을 접시에 담아 드렸다. 룩미니의 남편은 먹기 시작했다.

142. 신들은 그들의 빛의 마차인 비만에 앉아서 경이로운 광경을 보

기 위해 그들 위에 맴돌고 있었다. 그들은 서로 말하였다. "박타의 이 특별한 힘은 축복받은 것이다." 그리고 그들 위에 꽃들을 뿌려 주었다.

143. 그때 세상의 생명이신 분이 투카에게 말했다. "이것을 먹어라. 나는 이것을 나의 축복으로 너에게 주노라. 너의 가슴을 괴롭게 하지 말라. 나는 너의 노력들을 성공으로 이끌 것이다."

144. 이렇게 말하고서 신은 그 자신의 손으로 음식을 투카의 입에 넣어 주었다. 신은 아발리와도 함께 식사를 했다. 세상의 영혼이신 분은 이원성의 사고를 가지지 않는다.

145. 투카가 사랑으로 그 신성한 음식을 맛보았을 때, 그는 기쁨을 느꼈다. 크리슈나는 투카에게 손을 씻을 수 있도록 물을 주고서 그에게 말했다.

146. "오, 투카여, 나의 말을 들으라. 나는 모든 인류의 필요를 채워주는 신이다. 너는 마치 장신구 속에서 금을 보듯이, 나의 형상 속에서 생명이 있는 것들과 생명이 없는 것들을 보아야 한다.

147. 천을 주의 깊게 살펴보면, 천이 그것을 이루는 섬유 없이 존재하는가? 그러므로 우주는 나 없이 존재하지 않는다. 너의 경험을 통해 이것을 배우라.

신이 아발리의 힘든 왕래를 끝나게 하다

148. 오늘부터 날마다 혼자 있기 위하여 이 산으로 오지 말라. 그것은 아발리를 매우 지치게 한다. 나의 말을 들어라."

149. 비천한 자에게 자비를 베푸시는 분이 이렇게 말하자 투카는 그의 발밑에 엎드려 절했다. 그는 말했다. "저는 당신의 사랑하는 자입니다. 그래서 당신은 저에게 자비를 베푸셨습니다.

150. 저는 만트라의 반복이나 금욕에 대하여, 또는 샤스트라들을 읽는 법에 대하여 아는 것이 없습니다. 저는 요가에 이르는 여덟 가지 방법도 모릅니다. 저는 형이상학에 대한 지식도 없고, 브라마에 대한 지식도 없습니다. 저는 모든 면에서 죄인입니다.

151. 당신은 비천한 자의 형제이며 무력한 자의 보호자이십니다. 이러한 당신의 명성은 세상에 널리 알려져 있습니다. 사랑하는 박타들은 그들의 키르탄들에서 그것을 노래하고, 당신은 그것이 진실함을 보여주셨습니다. 오, 판두랑이시여."

152. 투카의 이런 사랑스런 말을 듣고서 자비의 구름이신 분이 말하였다. "평화 속에 머물러라. 어머니는 아기를 보호한다. 이것은 어머니의 자연스런 본능이다.

153. 그와 같이 너는 온전히 나의 것이고, 나의 노년의 아이다." 이렇게 말하면서 크리슈나는 투카를 껴안았다.

154. 그의 사랑스런 헌신을 보고서, 크리슈나는 현인에게조차 말해지지 않고 숨겨져 있는 그의 가슴의 행복을 투카에게 주었다.

155. 그런 상태에서 신과 그의 박타는 하나가 되었다. 그리하여 그들 중 누구도 상대방을 원하지 않았다. 천상의 신은 이것을 깨달았을 때,

156. 이렇게 생각했다. "투카는 나와 하나인 상태에 이르렀다. 물을 우유에 부으면 어디에서도 물이 보이지 않듯이 그는 이원성의 개념을 버렸다.

157. 영혼이 몸에 스며 있는 것처럼, 공기가 하늘을 채우고 있는 것처럼, 황금빛 봉오리 안에 꿀이 숨겨져 있는 것처럼,

158. 소리가 종 안에서 점점 사라지는 것처럼, 달콤함이 설탕 속에 존재하는 것처럼, 그렇게 투카는 이원성이 없음을 인식하는 자가 되었다. 만약 이원성이 없다면, 그때 사랑의 대화는 그치게 된다.

159. 만약 이원성이 존재하지 않는다면, 그때 내가 경이로운 무언가를 생각한다면, 나는 누구에게 나의 비밀을 속삭일 것인가? 내가 누구를 껴안을 것인가?" 세상의 지고한 신은 이렇게 생각하였다.

160. "만약 투카가 나와 하나가 되었다면, 나에게 도움을 요청할 자가 어디에 있겠는가? 누가 있어 내가 그를 돕기 위해 달려가겠는가? 그리고 누가 나의 찬가를 부를 것인가?"

161. 이러한 가능성을 깨달으면서, 비천한 자에게 자비로우신 분이 투카에게 말했다. "네가 찬양의 노래를 부르면서 춤출 때마다 거기에 나 크리슈나가 있을 것이다."

162. 박타들의 친밀한 친구가 이런 말을 하고 있는 동안, 투카는 눈을 뜨고 바라보았다. 그의 질문들에 의해 주어진 기회를 이용하여, 신은 투카에게 박티의 기쁨을 주었다.

신들이 신과 투카의 대화에 박수갈채를 보내다

163. 빛의 마차를 타고 있던 신들은 크리슈나와 그의 박타 사이의 대화를 듣게 되었다. 그들은 서로 말했다. "이 고귀한 바이슈나바 투카는

많은 이들을 구원하게 될 것이다.

164. 우리는 의심의 여지없이 인드라의 천국을 얻기는 하였지만 사랑의 기쁨은 크게 부족하였다. 반면에 이 박타 투카는 박티로 사랑의 기쁨을 움켜잡았으며 크리슈나로 하여금 그를 돕게 만들었다.

165. 복되도다! 복되도다! 이 인간 세상이여, 세상의 영광은 우리에게 굉장해 보인다. 기쁨을 얻는 모든 방법들이 여기에 있다. 반면에 우리 신들이 기쁨을 경험하려면 인드라의 천국까지 가야만 한다.

166. 이 산 반다르는 복을 받았다. 신의 발이 그곳에 닿았기 때문이다. 성스러운 마을 데후는 복을 받았다. 그곳은 이 바이슈나바가 화신으로 내려온 곳이다.

167. 이 주변의 모든 지역도 복을 받았다. 돌들과 땅까지 복을 받았다. 인디라의 남편이 여기를 거닐었기 때문이다. 그의 무한한 영광을 우리는 묘사할 수 없다."

168. 인드라의 이름으로 이러한 찬양을 하면서, 신들은 그의 천국으로 되돌아갔다. 크리슈나는 투카에게 작별을 고하고 시야에서 사라졌다.

마히파티가 투카를 찬양하다

169. 나의 상상으로 볼 때 투카의 가슴은 완벽한 연꽃이었다. 슈리 하리는 사랑으로 인해 그 꽃 속으로 들어와 살아야 하는 꿀벌이었다.

170. 나는 이 박타의 가슴이 바다이고, 그 안에서 인디라의 남편이 물고기처럼 빛을 발하며 헤엄쳐 다니는 것을 상상한다. 자아 의식은

이를테면 인디라의 신(비슈누)이 그 자신의 손으로 죽인 악마 샹카수르 (Shankhasur)이다.

171. 사랑 깊은 박티 안에서 투카는 신성한 말들을 말하였다. 우리는 그 말들이 베다에서 나왔다는 것을 알아야 한다. 거기에는 반대의 견해가 있을 수 없다.

172. 믿음과 경외 속에서 그의 시편들을 노래하는 이들은 고결한 리쉬들로 여겨져야 한다. 그의 말의 권위를 받아들이는 사람들은 그의 고결한 제자들의 수효를 늘릴 것이다.

173. 그의 말들은 무한한 영광이다. 비길 데 없는 경우에는 비교하는 것이 아무런 쓸모가 없다. 박티 안에서 보여 준 비범한 사랑으로 그는 최상의 사람들이 그에게 복종하도록 만들었다.

174. 칼리 유가의 시대에 붓다가 화신으로 왔다. 이것은 푸라나들을 보면 잘 알 수 있다. 그러나 투카의 갈망을 충족시키기 위하여 신은 눈에 보이는 형상을 하고 나타났다.

175. 소망의 소의 송아지가 저녁이 오기 전에도 어미의 젖을 빨듯이, 그리고 그 어미 소의 사랑으로 시간에 상관없이 젖이 흐르는 것처럼.

176. 소망의 나무 아래에 앉아 있는 사람이 특별한 어떤 것을 바라면, 그 나무가 현재의 탄생이든 미래의 탄생이든 탄생에 관계없이 소망을 이루어 주는 것처럼.

177. 그와 같이 비천한 자에게 자비로운 이는, 비록 화신이 될 때가 아니어도, 그의 순수한 형상을 취하여 즉시 박타들을 만난다.

178. 그러나 이러한 사례들로 충분하다. 현명한 듣는 이들은 점차 지루해질 것이다. 우리가 본 것처럼 크리슈나는 투카를 만나고 나서 그의

천국의 도시에 도착했다.

179. 그리고 바이슈나바 투카도 아발리와 함께 그의 마을로 돌아왔다.

마히파티가 자신을 신의 도구로 여기다

나는 사랑 깊은 박타들의 친구가 나로 하여금 다음의 흥미로운 장에서 말하게 하는 내용을 그대들이 듣기를 바란다.

180. 세찬 바람으로 인해 허수아비는 이리저리 흔들린다. 하지만 사람들은 그가 농지를 지키기 위해 그곳에 앉아 있는 농부라고 추측한다.

181. 이런 식으로 작품을 바라보면서 모든 사람들은 그것이 시인의 재주라고 여기며 그를 현명한 사람이라고 부른다. 그러나 현자들은 그렇지 않다고 말한다. 그로 하여금 말하게 하는 이는 신 크리슈나이다.

182. 탁발승들의 뿔피리는 많은 곡조를 연주하며, 많은 사람들이 그 소리를 듣는다. 하지만 뿔피리를 부는 사람은 뿔피리와는 완전히 다르다. 사람들이 훌륭한 연주자로 보는 것은 그 사람이다.

183. 그러므로 성자들의 이런 이야기들을 하는 분은 실제로는 경이로운 일을 행하시는 크리슈나 그분 자신이다. 그는 시인 성자들의 후견을 받고 있는 마히파티를 자신의 도구로 이용하신다.

184. 스바스티! 이 책 슈리 박타릴람리타는 단지 듣는 것만으로도 모든 소망들을 충족시켜 준다. 그러므로 사랑 깊은 경건한 박타들이 그것을 듣기를. 이것은 흥미로운 제6장이다.

제7장
투카의 자비로운 품성

신의 축복이 필요하다

슈리 가네샤에게 경배를.
1. 당신의 이름 외에는 저는 정말로 어떠한 구원의 방법도 모릅니다, 오, 크리슈나시여. 저는 만트라의 반복이나 금욕들, 다양한 형태의 종교 의식들을 전혀 알지 못합니다.
2. 만약 제가 종교 의식들을 정확하게 수행하는 데 의존한다면, 저는 그렇게 할 수가 없습니다. 왜냐하면 저는 식량이 없어서 고생하고 있기 때문입니다. 제가 성스러운 장소를 돌아다녀야 한다면, 저는 그렇게 할 수가 없습니다. 왜냐하면 제 몸은 충분한 힘이 없기 때문입니다.
3. 오, 슈리 하리시여, 만약 당신에게 도달하기 위하여 합당한 사람들에게 선물들을 주어야 한다면, 가진 것이 거의 없는 제가 어떻게 당신에게 도달할 수 있겠습니까?
4. 만약 생명이 있든 없든 제가 보는 모든 것에서 당신을 보아야만 그렇게 할 수 있다면, 저는 그들 안에서 선함과 악함을 봅니다. 제 마음에는 모든 것이 동등하다는 개념이 없습니다.
5. 만약 제가 베다들을 공부해야 한다면, 저는 할 수가 없습니다. 왜

냐하면 저의 마음은 더 이상 젊지 않기 때문입니다. 예를 들어, 제가 철학 책들을 연구하고자 하여도 저는 그것들에 대한 믿음이 없습니다.

6. 그러나 당신의 성자들의 이야기는 커다란 뗏목을 만듭니다. 저는 사랑과 신념으로 그것을 제 등에 묶습니다. 오, 지고의 존재시여, 당신의 자비로운 눈으로 저를 지켜보셔서 저를 건너편 해안에 도달하게 하소서.

투카의 자비로운 품성

7. 앞 장에서는 어떻게 큰 가시가 아발리의 발을 찔렀고 또 어떻게 그 가시를 뽑아낸 뒤에 룩미니의 남편이 투카를 만났는지에 대한 이야기가 있었다.

8. 이 일이 있은 뒤에 바이슈나바 박타는 마을에 머물게 되었고, 성자들에게 봉사하는 데 몰두하게 되었다. 그는 성자들을 크게 존경하였고 그 자신의 손으로 성자들의 발을 씻어 주었다.

9. 그리고 성자들의 발을 씻은 물을 자신의 입에 가져갔을 때, 투카는 성스러운 기쁨조차 그것보다 못하다고 여겼다. 모든 성스러운 강물은 성자들의 발에서 발견된다는 것이 투카의 마음의 확신이었다.

10. 이 고귀한 바이슈나바는 그들을 툴시 잎과 꽃의 화환으로 장식하였으며 그들을 숭배하였다. 또한 투카는 고귀한 브라만들에게도 진심으로 경의를 표하였다.

11. 투카는 어떤 바이슈나바나 브라만이 배고픈 상태에 있다는 것을

알게 되면, 즉시 그들을 돕기 위해 온갖 노력을 다했으며, 존경하는 마음으로 그들에게 먹을 것을 제공하였다.

12. 그는 신의 경지에 도달하는 데는 성자들에게 드리는 봉사보다 더 효과적인 방법이 없다고 믿었다. 그리고 그들이 무슨 말을 하더라도 그 말을 마음속에 진리로서 간직하였다.

13. 성자들이 키르탄을 행할 때 투카는 합창을 인도했다. 이러한 방법으로 그는 그들의 말을 쉽게 들을 수 있는 기회를 가졌으며, 그 뒤에는 그가 들은 내용을 혼자서 명상하였다.

14. 투카는 룩미니의 남편을 만났음에도 여전히 다른 사람을 돕는 데 전념하였다. 고귀한 바이슈나바들이 키르탄을 하며 춤을 추는 곳에서 그는 자신의 손으로 작은 돌들을 쓸어 냈다.

15. 투카는 키르탄에 필요하다는 것을 알고서 손에 작은 횃불을 들어 밝혀 주었다. 그는 아무런 수치심도 없이 이렇게 했고, 신의 이름을 반복함으로써 청중들이 깨어 있도록 했다.

16. 성자들이 앉아서 키르탄을 하고 있을 때 그는 그들의 신발을 지키고 있었고, 그들이 떠날 때는 각자에게 신발을 챙겨 주며 그들에게 진심으로 경의를 표하였다.

17. 투카가 합창을 이끌면 놀라운 열정이 일어났다. 그의 목소리는 북받치는 사랑의 감정으로 떨렸고 눈에서는 눈물이 흘러내렸다.

18. 큰 목소리로 신의 이름을 반복하면서, 그는 그의 사랑의 감정에 의해 감동을 받은 청중들에게 얘기하곤 하였다. 모든 환영은 사라졌다. 투카는 홀로 그의 가장 절친한 친구인 크리슈나와 함께 남았다. 그는 그의 이름을 반복해서 부르고 있었다.

19. 좋은 박타의 특성들은 슈리 바가바탐에 기록되어 있다. 그에게는 그 모든 특성들이 있었다. 어느 한 가지도 빠진 것이 없었다.

20. 사람들은 그를 볼 때마다 외치곤 하였다. "그는 사랑에 미쳤다. 그는 항상 무슨 말인가를 중얼거린다. 그는 밤이든 낮이든 쉬는 법이 없다."

21. 그는 진리를 말하였고, 다른 사람에게 좋은 일을 하였으며, 그의 가슴속에는 모든 생명체들에 대한 연민이 자리하고 있었다. 만약 어떤 사람이 그에게 무엇인가를 해 달라고 하면, 그는 즉시 그 일을 하였다.

22. 만약 어떤 사람이 무언가를 갖고자 하고 바로 그때 투카가 그것을 가지고 있다면, 그는 그것을 그에게 주었다. 그러나 그는 절대로 몸으로나 입으로나 생각으로 누구를 속인 적이 없었다.

23. 사람들에게 입으로 지혜를 설교하는 사람들이 있다. "나는 전적으로 브라마이다."라고 외치지만, 그들은 돈 몇 푼을 위하여 생명을 바칠 준비가 되어 있다. 그러면 물론 그들의 설교도 헛일이 된다.

24. 그러나 투카는 그렇게 행동하지 않았다. 그는 사람들 사이에서 평소에 말하는 대로 행동했다. 그는 온 우주를 그 자신으로 보았다. 그는 꿈속에서도 이원성을 보지 않았다.

25. 자신의 아기와 다른 사람의 아기가 우는 것을 볼 때, 두 아기에게 똑같은 동정심을 가지는 것이 성자들의 특성이다.

26. 도둑이 자신의 돈과 재산을 훔쳐 갔다는 말을 듣고도 마음에 동요가 전혀 없다면, 그 사람은 성자이다.

27. 왕이 다이아몬드와 보석들을 주고 보통 사람은 야채를 주었을 때, 그 둘을 동등한 선물로 여기는 것, 그것이 성자의 특성이다.

28. 한 사람이 여러 가지 말로 칭찬을 하고 다른 사람은 비난을 할 때

그의 마음에 어떠한 즐거움이나 불쾌함이 일어나지 않는다면, 그는 성자이다. 투카는 그러한 사람이었다.

투카가 아내의 하나밖에 없는 옷을 남에게 주다

29. 투카의 아내가 목욕을 하고 있던 어느 날 그런 일이 일어났다. 그녀는 오래된 한 벌의 옷만을 가지고 있었다. 그녀는 그 옷을 접어서 벽에 올려놓았다.

30. 고귀한 바이슈나바는 바깥에 앉아서 사랑과 존경으로 숭배를 하고 있었다. 그에게는 전체 우주가 룩미니의 남편으로 가득 차 있었다. 그분 외에 다른 것은 없었다.

31. 바로 그때 허약해 보이는 브라만 여인이 집에 찾아와서 투카에게 애처롭게 호소했다. 그녀는 말했다. "만약 나에게 옷을 준다면, 그것은 당신에게 너무나 좋은 행위가 될 것입니다.

32. 브라만의 가정 살림은 매우 검소합니다. 나는 목욕할 때 입을 옷이 없습니다. 혹시 누더기 같이 낡은 옷이라도 있으면 내게 주십시오."

33. 브라만 여인의 이러한 요구는 투카의 가슴속에 있는 동정심을 자극하였다. 그래서 그는 몸짓으로 아내의 옷을 가리키면서 그것을 가져가라고 말했다.

34. 아발리는 벽에 옷을 올려 둔 채 뒷마당에서 목욕을 하고 있었다. 브라만 여인은 그곳으로 다가가서 벽에 있는 옷을 집어 들고 갔다.

35. 브라만 여인은 대단히 즐거워하며 "이 사람은 참 좋은 사람이구

나!" 하고 생각하였다. 그녀는 투카에게 애정 어린 축복을 해 주고서 다음과 같이 말하였다. "룩미니의 남편이 당신을 돕기 위해 오기를."

36. 투카는 그녀에게 아무 말도 하지 말고 빨리 떠나라는 몸짓을 했다. 그녀에게 이러한 암시를 준 다음에 그는 곧바로 그 자리를 떠났다.

37. 그는 인드라야니 강변에 앉아서 충만한 사랑으로 숭배를 하였다. 그러나 이제 집에서 일어난 일을 현명한 여러분은 듣게 된다.

38. 목욕을 마친 뒤에 아발리는 그녀의 옷을 찾았다. 그러나 그녀가 놓아둔 곳에는 옷이 없었다. 그녀의 마음은 몹시 혼란스러웠다.

39. 그녀는 말했다. "대단히 골치 아픈 카르마가 찾아왔다. 내가 보지 않을 때 내 옷이 도난당했다." 그러고는 생각하기 시작했다.

40. "하녀 부바이는 집에 없다. 그녀는 쇠똥을 줍기 위해 멀리 나갔다. 어린 아기 강가는 밖에서 놀고 있다." 그녀는 몹시 당황스러웠다.

41. "마하데바는 비토바를 데리고 강으로 목욕을 하러 갔다. 그는 아버지와 같은 성격으로 자라고 있다. 그 애가 나간 지 꽤 오래되었다.

42. 문둥이는 나병에 걸리지 않은 아들을 낳을 수 있지만, 그 아들의 몸에는 적어도 다섯 개의 반점이 있을 것이다. 그래서 '그 아비에 그 자식.'이라는 속담이 있는 것이다.

43. 카쉬와 바기르티는 둘 다 영리한 딸이다. 하지만 그 아이들은 시어머니에게 갔기 때문에 집을 볼 사람이 아무도 없다. 그래서 그는 아무 것이나 다른 사람에게 다 주어 버린다.

44. 나의 남편은 집에 앉아 있었고 그 브라만 여인은 옷을 달라고 말하고 있었다. 나도 그녀가 요구하는 목소리를 들었다.

45. 이 정신 나간 남자는 기본 상식조차 잃어버렸다. 그는 옷감 전체

를 가시덤불 위에 던지고 있다. 내가 집에 가진 옷이라고는 이 옷밖에 없었다. 그는 그것을 주어 버리고 도망을 쳤다.

46. 그 빌어먹을 검은 얼굴의 남편은 내게서 몰래 도망쳐 버렸다. 맙소사! 꼭 전갈처럼 악한 행동을 한 후에는 어딘가에 숨어 앉아 있다.

47. 그렇지 않으면 그는 밖에 나가서 까만 얼굴 크리슈나의 이름을 큰 소리로 외친다. 그는 오늘 조용하다. 자신이 저지른 명백한 잘못을 기억하고 있기 때문이다.

48. 도둑! 대식가! 정말로! 그는 나를 괴롭히고 나에 대한 적의를 실천하고 있다. 그는 나의 남편이 아니라 나의 적이다. 그는 전생의 적개심으로 내게 복수하고 있다.

49. 그 브라만 여자는 대체 어떤 인간이란 말인가! 그는 나의 옷을 그녀에게 주었다. 그는 나에게 한마디도 안하고 정글로 가 버리고는 내 눈을 피해 그곳에 앉아 있다.

50. 나의 아버지, 아파지께서 나에게 그 옷을 사 주셨다. 나는 나의 남편이 번 돈으로 마련한 음식을 먹어 본 적이 없다.

51. 그는 나의 목에 검은 유리알 목걸이를 걸어 주었다는 이유로 나의 남편으로 불리지만, 그는 형편없고 쓸모없는 남편이었다. 나는 그의 행동들을 잘 안다. 그는 그곳에서 파산자처럼 앉아 있다.

52. 그의 첫째 부인은 먹을 것을 달라고 애원하며 굶어 죽었다. 그에게는 부끄럽다는 마음이 일어나는 법이 없다. 뻔뻔스럽게도 그는 모든 사람에게 자기 얼굴을 보여 준다.

53. 첫째 부인은 혼자서 많은 일을 했지만 나보다 먼저 세상을 떠났다. 그래서 나는 크나큰 불행을 겪어야 했고 이런 세속적인 삶을 살아야

했다.

54. 만약 내가 지금 집 안으로 들어가야 한다면, 마을 사람들이 앞에 서 있을 것이다. 나는 어떻게 해야 할지 모르겠다." 그리고 그녀는 울기 시작했다.

55. 바로 그때 신랑 신부의 아버지들과 몇몇 친척들이 결혼식에 참석하러 가고 있었다. 그들은 아발리를 초대하려고 그녀의 집에 들렀다. 그리고 "아발리, 나와 봐." 하고 불렀다.

56. 그녀를 부르면서 모두들 집으로 들어왔다. 아발리는 목욕 널판 위에 벌거벗은 채로 앉아 있었고 몹시 부끄러웠다.

57. 그녀는 속으로 생각했다. "나에게 적의를 품고 있는 남편이 집에 있었다면, 나는 그의 뺨을 후려쳤을 것이다. 하지만 지금 내가 어찌해야 하나! 내가 어떻게 해야 할지 하나도 모르겠다."

58. 그래서 헐뜯기 좋아하는 무리들이 그녀에게 점점 다가오는 동안, 그녀의 두려움의 불꽃이 불붙었다. 슬픔의 기름이 그 불꽃에 떨어지자 그 불길은 격렬하게 타올랐다.

59. 사랑의 장작단에 불이 붙었고, 그것들은 열망의 바람으로 활활 타올랐다. 그리고 그 화염이 그녀의 부끄러운 감정에 닿았을 때, 그녀의 마음은 완전히 압도되었다.

60. 그 불은 세 가지 형태의 열기로 타올랐다. 아발리가 외쳤다. "어떻게 해야 하나!" 갑자기 크리슈나가 그녀를 돕기 위해 달려왔고 매우 놀라운 일을 행하였다.

61. 크리슈나는 뒤에서 노란 옷을 아발리에게 던졌다. 이렇게 해서 자비로운 룩미니의 남편은 그의 하녀의 품위를 지켜 주었다.

62. 내 상상으로는 아발리가 세 가지 열로 불타오르고 있었고, 룩미니의 남편이 구름으로 그녀에게 비를 뿌려 주었다고 생각한다.

63. 아발리가 그 빛나는 옷을 보았을 때, 그녀는 너무 놀라서 어안이 벙벙해졌다. 그녀는 말했다. "이것은 그 까만 놈이 한 일 같아 보인다. 그가 아니면 아무도 할 사람이 없다.

64. 그는 많은 기적을 일으키지만, 나는 그에게 갚아야 할 의무가 전혀 없다. 그는 나의 남편을 미치광이로 만들었다. 그래서 그는 나를 몇 번이고 보호해 주어야 한다."

65. 아발리는 재빨리 이 옷을 입었고 지체 없이 집 앞으로 나왔다. 그 옷은 집에 광채가 나게 하였다. 헐뜯기 좋아하는 모든 방문자들이 놀랐다.

헐뜯기 좋아하는 방문자들이 투카를 비방하다

66. 그들은 외쳤다. "우리는 매우 비싼 옷들을 많이 보았지만, 이 옷처럼 좋은 옷은 보지 못했다. 투카는 파산하였다고 하는데, 대체 무슨 돈으로 아내에게 이 노란 옷을 사 주었단 말인가?

67. 그의 집에는 잘 꾸며진 주방이 있지만, 그는 바깥의 사람들에게는 큰 소리로 슬퍼하는 모습을 보임으로써 가난한 척한다. 그리고 지금 그는 경건한 두루미의 모습을 하고 세속적인 일에는 관심이 없는 척한다.

68. 이 옷이 너무나 눈부시게 빛나서 우리는 눈을 감지 않을 수 없다. 그리고 이 옷에서 풍기는 달콤한 향은 이 방을 가득 채우고도 남을 정도

이다." 그들은 놀라움으로 압도되었다.

69. 누군가가 말했다. "그는 이 옷을 지금까지 상자 안에 숨겨 놓았을 것이다. 그리고 그녀는 지금 그것을 꺼내 입은 것이다. 우리는 투카가 어떻게까지 행동할지 알 수가 없다."

70. 그렇게 서로 얘기한 후에 그들은 아발리에게 말했다, "우리는 모든 것이 잘 되기를 기원한다. 서둘러 결혼식에 가자."

71. 아발리가 대답했다. "우리의 일들을 다른 사람들은 알지 못한다. 나의 남편은 세속적인 삶에 대한 모든 욕구를 버렸고 신체 의식이 없는 사람이 되어 버렸다."

72. 아발리가 이렇게 대답하자 비방하기 좋아하는 방문자들이 말했다. "한번 말해 보라. 결혼식에 올 건가 말 건가?"

73. 그녀의 가정 살림의 약점을 알고서 그들은 생각했다. "그녀가 어디서 결혼 선물을 얻겠는가?" 이기적이며 헐뜯기 좋아하는 그들은 이제 겉으로는 정중한 척 말하기 시작했다.

74. 마치 일시적인 구름의 그림자처럼. 잠시 후에는 아무것도 없다. 햇빛이 조금만 나비를 비추어도 나비가 그 색깔을 잃는 것처럼.

75. 멀리서 보면 어떤 특별한 생각에 잠겨 있고 명상하는 것처럼 보이는 두루미의 모습처럼. 무대 위에서는 아름다운 여인의 배역을 행하지만 실제로는 그렇지 않은 배우처럼.

76. 풍갈 담쟁이의 꽃처럼. 그 꽃은 멀리서 보면 아름답게 보이지만 코에 갖다 대면 메스꺼운 냄새가 난다.

77. 안에는 구리 합금뿐이지만 금으로 도금된 동전처럼. 그것은 이것들과 같다. 우리는 헐뜯기 좋아하는 사람들이 겉으로 정중히 말하더라

도 그것을 잘 판단해야 한다.

78. 아발리는 극도로 무례한 초대 태도를 알아차리고서 그들에게 응답했다. "내 가정 형편이 더 좋아지면 그때에는 틀림없이 결혼식에 가겠어요."

79. 입에 발린 아첨을 한 뒤에 이 비방자들은 떠났다. 이후에 일어난 일을 지혜로운 사람들은 존경심을 갖고서 들어야만 한다.

투카가 신 앞에 그의 죄를 고백하다

80. 그가 브라만 여인에게 몰래 옷을 주어 버렸고 아발리에게 험한 말을 들을 것이 뻔했기에 고결한 바이슈나바인 투카는 서둘러 정글로 떠났다.

81. 그는 자연스럽게 앉아서 판두랑의 모습을 떠올리고 명상하며 기도하였다. "오, 룩미니의 남편이신 지고의 신이시여, 제 부탁을 들어주소서.

82. 제 모든 죄를 모으면 저는 그것으로 동상이 될 것입니다. 오, 타락한 자를 정화시키는 분이시여, 겸손한 자에게 자비로운 분이시여, 부디 이것을 알아주소서.

83. 저는 온갖 죄들을 산더미처럼 쌓았습니다. 그러나 당신의 하인이자 도둑은 당신의 발밑에 있습니다. 오, 신이시여, 제게 벌을 내리시어 제가 모든 세속적인 명예를 잃게 하소서.

84. 저는 겉으로는 저 자신을 당신에게 속한 자라고 부릅니다. 저는

저의 세속적인 일들을 먼지와 흙으로 만들어 버렸습니다. 그러나 이 두 가지 일에서 저 투카는 모두 책임을 회피하는 자입니다. 당신은 저를 잘 아십니다. 오, 비토바시여."

85. 가슴으로 참회하며 투카는 사랑의 감정으로 숭배를 계속하였다. 밤의 4가티카가 지났을 때 그는 사원으로 갔다.

86. 그는 두 개의 돌을 집어 심벌즈로 사용했고, 사랑으로 춤을 추며 시간을 보냈다. 그의 집이 근처에 있었기에 아발리는 그가 돌아온 것을 알게 되었다.

87. 이 무렵 그녀의 화는 완전히 가셔 있었다. 신이 그녀에게 노란 옷을 주었기 때문이다. 그래서 그녀는 딸에게 빵과 채소를 들려 남편에게 보냈다.

88. 그는 적은 양만 즐겁게 먹었다. 그리고 일어나서 사랑의 열정으로 키르탄을 연주했다.

투카가 잠의 유혹을 극복하다

몇몇 신앙심 깊은 사람들이 거기에 가서 노래하고 하리의 이야기를 듣곤 하였다.

89. 투카는 밤 2경까지 사원에서 키르탄을 했다. 그때까지는 사원에 사람들이 있었다. 이후에 그들은 집으로 돌아갔다.

90. 그러나 투카는 전혀 잠을 자지 않았으며 사원에 혼자 앉아 있었다. 그는 전에 외웠던 성자들의 시를 사랑으로 반복하였다.

91. 그는 낮에는 정글에서 지냈다. 밤에는 2경까지 키르탄을 하였다. 그는 가끔 졸았지만, 그때마다 눈을 비벼 잠에서 깬 뒤 눈을 뜨고 있었다.

92. 구도자는 모든 자만심을 버리며, 그리하여 영혼을 직접 보게 된다. 그러나 신체의 성질은 변화하지 않는다. 그것은 과거의 여세로 작용을 한다.

93. 육체의 의식이 없어진 후에도 감각 기관은 여전히 기능을 계속하는 것처럼.

94. 도공이 물레를 돌리다가 갑자기 손을 놓아도 물레는 이미 얻은 여세로 한동안 빠르게 돌아가는 것처럼.

95. 회오리바람이 멈추어도 나무들이 잠시 동안 계속 흔들리는 것처럼. 비구름이 지나간 지 나흘이 되어도 그것은 여전히 많은 습기를 뒤에 남긴다.

96. 태양이 지고 4가티카가 지나도 여전히 빛이 남아 있다. 그러니 어떻게 몸이 즉시 기능을 잃으리라고 기대하겠는가?

97. 그러므로 투카는 자주 잠에 빠져들곤 하였다. 그러한 경향을 극복하기 위하여 그 고귀한 바이슈나바가 어떻게 했겠는가?

98. 그는 머리카락에 끈을 묶고 다른 끝은 나무에 묶었다. 그는 생각하였다. "나의 목이 홱 당겨지는 것을 느끼면 졸음이 달아날 것이다."

99. 그는 나흘 동안 이렇게 했고, 잠들려는 경향을 완전히 정복하였다. 그는 또한 나태함을 마치 꾸러미에 싸서 먼 나라로 보낸 것처럼 잊어버렸다.

100. 들지 말아야 할 것을 투카의 귀는 듣지 않았다. 보지 말아야 할 것을 투카의 눈은 보지 않았다. 그의 혀는 말하지 말아야 할 것을 알았

다. 이런 것들은 투카의 자연스러운 특징이었다.

101. 비록 그의 마음이 영원한 존재에 확고히 고정되어 있지 않더라도, 그의 손이 비슈누에 대한 경배를 드리지 않더라도, 그의 발은 여전히 다른 사람을 도와줄 수 있는 곳으로 서둘러 갔다. 왜냐하면 그것을 대단히 좋은 일이라고 여겼기 때문이다.

102. 다른 사람에게 좋은 일을 하는 사람의 전생들이 순수했다면, 그는 미래에 육체의 건강을 갖게 되고 많은 복락을 누릴 것이다.

103. 투카는 룩미니의 남편에 이르고자 하는 열망과 이타적인 성품으로 그의 힘을 다른 사람에게 좋은 일을 하는 데 사용하였다. 그가 어떻게 했는지 들어 보라.

투카가 친절을 베푼 사례들

104. 만약 투카가 길에서 여행자를 만났다면, 그는 그의 짐을 자신의 머리에 이고 여행자가 잠시 휴식을 취하게 하였을 것이다.

105. 만약 어느 여행자가 세차게 내리는 큰비를 맞으며 묵을 곳을 찾고 있었다면, 투카는 그를 여관이나 사원으로 안내하였을 것이다. 만약 그곳들이 여의치 않다면, 그는 즉시 자신의 집으로 데리고 갔을 것이다.

106. 만약 길을 가던 나그네가 부어오른 발로 고생하고 있다면, 그는 물을 데워서 그의 몸을 씻어 주었을 것이다.

107. 무성한 주인들은 허약한 소들을 풀어 놓아 스스로 꼴을 찾게 하곤 하였다. 그런 소들을 보면 투카는 소들을 돌보고 물과 짚을 주었다.

108. 그는 밀과 곡분, 설탕, 기를 섞은 것을 어느 곳에 보관해 두었다가 개미들이 사는 구멍 안에 넣어 주곤 하였다. 그는 신에 대한 그의 부단한 사랑으로 그렇게 하였다.

109. 그는 모든 생명체를 향해 연민을 느꼈으며, 아무리 작은 벌레라도 마찬가지였다. 그는 죽이는 행위를 싫어했다.

110. 걸어가거나 이동할 때 벌레를 발견하면, 그 벌레가 자신의 발에 밟히지 않도록 주의하였다. 그의 가슴은 연민으로 움직였으며, 고통스러워하는 광경을 보면 그는 물 밖에 나온 물고기 같았다.

111. 더운 계절이 되어 날씨가 무더워지면 그는 키르탄에 앉아 있는 사람들을 위해 부채를 부쳐 주곤 하였다. 만약 굶주림으로 고생하는 사람이 있으면, 그 사람에게 식량을 제공하기 위해 애를 썼다.

112. 더운 계절에 길 주변에 물이 없으면, 그는 물을 주려고 많은 노력을 기울였다. 그는 커다란 질항아리에 물을 채우고 길가로 운반하곤 하였다.

113. 그는 바르게 말하는 것이 고행 체계의 최고 형태라고 여겼다. 그는 절대로 거짓말을 하지 않았다. 그의 신체를 다른 사람에게 좋은 일을 하는 데 썼다. 그에게는 어떠한 나태함도 없었다.

114. 여행자가 여행 중에 병이 나고 가까이에 친구나 친척이 없으면, 그는 사원 경내에 그를 위한 공간을 마련해 주고 약과 적절한 음식을 제공하였다.

115. 바가바탐에는 리쉬 자다바라트의 이야기가 실려 있다. 투카의 특성은 그와 똑같았다. 누군가가 힘든 일을 부탁하면, 그는 즉시 그것을 했다.

116. 그는 모든 이기적인 생각과 개인적인 욕망을 떨쳐 버리고, 다른 사람들이 부탁하는 것을 들어주었다.

불구의 여인에게 베푼 투카의 친절

어느 날 투카는 인드라야니 강변에서 예배하며 앉아 있었다.

117. 갑자기 움바레 나발라크로 가는 상인들의 무리가 나타났다. 그들은 농담으로 투카에게 말했다. "우리와 함께 갑시다."

118. "그러시지요." 이 바이슈나바 박타는 이렇게 대답하고서 즉시 그들과 함께 떠날 준비를 했다. 그러나 그는 사랑의 감정을 가지고 예배를 계속했고 잠시도 그치기를 원하지 않았다.

119. 돌연 그들은 허약하고 늙어 힘이 없는 브라만 여인을 만났다. 그녀는 지팡이를 짚고 절뚝거리면서 느릿느릿 시장으로 가는 길이었다.

120. 투카가 그녀를 봤을 때, 그의 가슴에 동정심이 일어났다. 그는 그녀에게 말했다, "어머니! 아주 힘들어 보이시네요. 와서 제 등에 업히세요."

121. 투카의 말을 듣고 그 브라만 여인이 응답했다. "자네가 나 대신에 기름을 조금 사다 준다면, 나는 집으로 돌아가겠네."

122. "그렇게 할게요." 하고 친절한 박타가 말하자 그 여인의 가슴은 기뻤다. 그녀는 투카에게 돈을 맡기고 그릇을 건네주었다.

123. 늙은 여인은 기쁜 마음으로 집에 돌아갔다. 그리고 투카는 다른 이에게 친절한 행동을 하기 위해 시장으로 갔다.

124. 그는 시장에서도 상인들이 부탁하는 일을 친절한 마음으로 하기 시작하였다. 그러나 그는 사랑의 열의를 가지고 예배를 계속했다. 그의 마음은 선한 정신으로 가득 차 있었다.

125. 다음 날 그는 기름을 사 가지고 와서 브라만 여인에게 주었다. 그녀는 말했다. "나는 자네의 친절에 보답할 것이 아무것도 없다네."

오랫동안 지속되는 과부의 기름

126. 며칠이 지나서, 브라만 여인은 아주 놀라운 일이 일어나고 있으며 누구에게 그 일을 얘기해야 할지 모르겠다고 사람들에게 말하기 시작했다.

127. "투카가 내게 가져다준 기름은 확실히 여드레 분량이었는데, 훨씬 많은 날들이 지나도 계속 남아 있지 뭔가. 참 신기한 일이야."

128. 브라만 여인의 이 말, 즉 "투카가 가져온 기름이 오랫동안 지속되고 있다."는 말은 귀에서 귀로 전해졌다.

129. 한 사람이 말했다. "그는 참 운 좋은 사람이야! 그의 집에서는 자식들이 배불리 먹지 못하고 있고 아내는 굶어 죽었는데도, 그는 부끄러움을 모르지."

130. 다른 사람들도 그 기적을 시험해 보고 싶어서 투카에게 기름을 사 달라고 하였다. 그들도 그 기름이 훨씬 오래 지속되었다고 말했으며, 그것이 불가사의한 일이라고 생각했다.

131. 그러자 욕심 많은 사람들이 투카에게 말하였다. "투카 쉐트, 시

장에 가서 기름을 좀 사다가 우리 집에도 갖다 주겠나. 그러면 자네의 호의를 결코 잊지 않겠네."

132. "그러지요! 나의 어머니 아버지시여." 그가 대답하자 그들은 수많은 기름 깡통을 그에게 갖다 주었다. 그가 가방을 목에 둘러메자, 사람들은 가방 속에 돈을 던져 넣었다.

133. 이러한 소식이 마을에 퍼지자 사람들은 그릇과 돈을 가져와서 투카에게 주었고 그는 즐거워했다.

134. 어떤 사람은 그의 손에 대나무 통을 올려놓았고, 어떤 사람은 그 것을 목에다 걸어 주었다. 그러나 이것은 투카의 마음을 괴롭히지 않았다. 왜냐하면 그는 신체의 자각을 잃어버린 사람이었기 때문이다.

135. 그는 서둘러 시장으로 가서 기름 파는 상점에 들렀다. 여기서 그는 모든 대나무 통과 돈을 건네주었다.

136. 상점 점원은 투카에게 물었다, "각 통에 얼마만큼의 기름을 넣을까요?" 투카가 응답했다, "모르겠어요. 적당하다고 생각되는 양만큼 넣어 주세요."

137. 이렇게 그 점원과 얘기하는 동안, 다른 점원들이 그를 불렀다. "투카, 가게 천막을 치는 것을 좀 도와주게나. 우리는 아주 늦었다네."

138. 그러자 투카는 기뻐하면서 천막 꾸러미를 머리에 이고 날라 주었다. 그는 손에 비를 들고 땅바닥을 쓸어 주었고 점원들이 천막 치는 것을 도와주었다.

139. 누가 어떤 일을 부탁하건 이 바이슈나바 박타는 그렇게 해 주었다. 그는 가축들의 끈을 한데 매고서 밀짚과 물을 가져다주었다.

140. 그는 모든 생명체에서 신을 보았기에 말들까지도 섬겼다. 모두

가 투카를 좋아했다. 그를 싫어하는 사람은 아무도 없었다.

141. 그는 밤에는 사원에 가서 키르탄을 하였다. 경건한 사람들은 그의 노래를 사랑으로 들었고, 그들의 가슴에 뉘우침이 일어났다.

142. 동이 트자마자 상인들은 그를 부르기 시작했다. 투카는 그들이 부르는 것을 듣자마자 그들에게 달려갔다.

143. 그러나 그 사이에도 신의 이름을 크게 반복하는 그의 목소리는 마을 전체에 들렸다. 그는 사람들에게 말했다. "신의 이름을 경건하게 반복하여 부르지 않으면서 여러분의 이 세속적인 삶을 헛되이 낭비하지 마십시오."

144. 그는 그들의 상품들을 묶어서 포장했고 그들이 들 수 있게 도와주었다. 어떤 일을 그에게 부탁하든지 그는 화를 내지 않고 해 주었다.

145. 그리고 나서 그가 기름 가게에 가자, 점원은 대나무 통들에 기름을 적당히 채웠다고 말했다. "그렇군요." 하고 고귀한 바이슈나바는 말하고서 기름통들을 운반하기 시작했다.

146. 사람들은 길가에 서서 그를 기다리고 있었다. 투카가 오자 그들은 각자 자신의 기름통을 가져갔다. 그러나 이때 룩미니의 남편은 대단한 일을 행하였다. 존경심을 가지고 들어 보라.

147. 같은 양의 기름이 각 통에 부어졌고, 투카는 그것을 어떻게 분배해야 할지 알지 못했다. 그러나 그는 각자가 낸 돈의 가치만큼 기름이 채워져 있다는 것을 알게 되었다.

148. 마치 무수한 생명체가 죽고 그들의 몸이 먼지로 변하지만 그들의 다음 생에서는 운명이 다양한 방식으로 그들 각자를 선택하는 것처럼.

149. 그래서 투카는 지상의 모든 사물들이 동일하다는 생각으로 가

득 차 있었다. 그는 어떤 것도 더 많거나 적다고 보지 않았지만, 비슈누는 자신의 선택들을 하였다.

150. 모든 사물이 동일하다는 이러한 생각을 가진 성자들에게는 왕이든 백성이든 다 똑같아 보인다. 그러나 지고의 신은 운명으로 하여금 어떤 이들은 가난으로 고생하게 하고, 어떤 이들은 권력을 누리도록 하게 한다.

151. 바이슈나바 박타는 데후에 돌아오자마자 즉시 사원으로 갔고, 진실한 마음으로 엎드려 절했다.

152. 검은 피부색의 크리슈나를 보았을 때 그의 가슴은 지고의 즐거움으로 가득 찼다. 마치 엄마가 아기를 다시 만날 때 기쁨으로 가득 차는 것처럼.

153. 그때 사람들이 와서 자신의 기름통을 찾아서 가져갔다.
이 광경을 본 아발리는 그들에게 몹시 험한 말을 퍼부었다.

154. 그녀는 말했다. "이 저주받을 사악한 인간들은 이제 나의 남편이 미치니까 그 미친 인간의 손에 횃불을 들리고 그를 마구 부려먹는구나.

155. 그들은 황소가 날라야 할 짐을 한 사람에게 나르라고 한다. 내 남편이 죽는다 해도 그들은 좋아할 것이다."

156. 아발리가 이렇게 싸우고 있을 때, 누군가가 그녀에게 말했다. "만약 당신의 남편이 사람들의 말을 들어주지 않는다면, 왜 그들이 그에게 일을 해 달라고 부탁하겠소?

157. 성품이 특별히 좋은 사람은 그 성품에 매이는 법이오. 야생 들소는 아주 매력적인 하얀 꼬리를 가지고 있기 때문에 일찍 잡혀 죽는 것이오.

158. 앵무새가 사람이 가르치는 말을 따라 하지 않는다면, 어떻게 그 새가 새장 속에 갇히겠소? 사람은 자신의 좋은 성격으로 상처를 입는 법이오. 이것을 사실로 인정하시오.

159. 원숭이 조련사의 지시로 원숭이는 사람들에게 인사를 하오. 원숭이가 단단히 묶여서 이집 저집 떠돌아다니는 것은 그 때문이오.

160. 자, 들어 보시오, 아발리. 당신의 남편은 신체 의식이 없는 사람이 되었소. 어떤 부탁을 하든지 그는 들어준다오. 그러니 당신이 사람들한테 뭐라고 비난할 수 있겠소?

161. 그가 가져오는 기름은 오래 지속된다오. 많은 사람들이 이 기적을 경험했소. 그들이 그에게 많은 기름통들을 가져오고, 그에게 기름을 사 달라고 자주 부탁하는 것은 이 때문이오.

162. 투카는 신체 의식이 없는 사람인 비데히(videhi)이고 미친 사람처럼 보이오. 왜 당신은 험한 말을 써 가며 우리들을 비난하는 거요? 자신의 동전에 문제가 있는데, 왜 다른 사람과 싸우는 거요?"

163. 아발리는 이러한 설명들을 듣고서 입을 다물었다. 그녀는 생각했다. "잘못된 것은 나의 운명이다. 나는 사람들 앞에서 망신을 당했다."

투카의 겸손과 친절 그리고 부드러움

164. 그러한 것이 투카의 상태였다. 그는 모든 여성을 프라크리티로 보았고, 모든 남성을 신, 크리슈나로 생각했다. 따라서 그는 모든 생명체에 자비심을 가졌다.

165. 그는 아침에 아주 일찍 일어났고, 브라만의 집으로 물을 가져다 주었다. 그리고 앞마당을 비로 쓸었으며, 그 집을 청소하고 장식해 주었다.

166. 사냥꾼들은 많은 새들을 잡았다. 그들을 보면 투카는 정중하게 그들에게 얘기하여 어떻게든 새를 풀어 주도록 하였다.

167. 그는 자신을 성자들과 사두들이 구입한 노예로 생각했고, 그들의 발을 씻은 물을 사랑으로 마셨다. 신성한 신주(神酒)도 그에게는 성자들이 먹고 남긴 음식보다 못해 보였다.

168. 슈리 바가바탐은 성자들의 특징들을 설명하고 있다. 그러한 모든 특징들이 투카에게서 발견되었다. 어느 것 하나도 빠진 것이 없었다.

기적적으로 많은 사람들을 먹이다

169. 아발리는 사실 무지 자체였다. 그러므로 투카는 그녀에게서 떨어져 있었다. 그리고 그 때문에 그녀는 그와 밤낮으로 싸웠고 험한 말들을 사용하였다.

170. 어느 날 아발리는 투카에게 말했다. "오늘은 당신의 돌아가신 부모님들을 기리는 신성한 기념일이에요. 그래서 잔치를 준비해야 하는데, 우리는 가진 게 아무것도 없어요."

171. 고귀한 바이슈나바는 이 말을 듣고 대답했다. "나는 지금 정글로 들어가서 푸성귀를 한 짐 가져오겠소. 당신은 그것을 조리하여 손님들에게 대접하면 될 것이오."

172. 친절한 투카는 그렇게 말하고 비탈의 이름들을 크게 외친 뒤, 천상의 신을 가슴에 품고서 정글로 들어갔다.

173. 그는 크리슈나의 모습을 떠올리고서 눈을 감았고, 사랑으로 가득 찬 가슴으로 혼자서 걸으며 신의 자비를 기원하였다.

174. "승리! 승리! 자신의 박타들에게 친절하시며, 죄를 씻기는 분이시며, 자비로운 분이시며, 천한 자들을 구원하시는 슈리 크리슈나, 룩미니의 남편이신 당신에게!

175. 몸과 말과 가슴으로 저는 당신에게 탄원하는 자가 되었습니다. 당신만이 저의 가장 친한 친구이고 친척이며, 많은 재난에서 저를 구해 주셨습니다.

176. 과거에 저는 세속적인 삶에 전념하였으나, 그로 인해 저에게는 슬픈 일들만 일어났습니다.

177. 그러나 지금 저는 없어질 것들에 대한 모든 욕망을 떨쳐 버리고 당신에게 탄원하는 자로 나아옵니다, 오, 룩미니의 남편이시여. 저는 제 모든 짐들을 당신의 머리 위에 올려놓습니다. 당신이 무슨 일을 계획하시든지, 그렇게 행하소서."

178. 이렇게 기도하면서 이 사랑 깊은 박타는 길을 계속 걸었다. 갑자기 그는 잘 익고 풍작을 거둔 밀밭에 이르게 되었다. 모든 고용된 일꾼들이 밭에서 수확하고 있었다.

179. 그들은 투카에게 농담 삼아 말했다. "이리 와서 이 밀밭 수확 일을 좀 도와주시오." 자신의 몸에 대한 생각이 전혀 없던 투카는 그들이 부르는 소리를 듣고 말했다. "알았습니다."

180. 그리고 일꾼들과 함께 두 번째 줄에서 추수하기 시작했다. 그러

나 추수하는 동안에도 그는 사랑으로 신의 이름들을 크게 외치고 있었다.

181. 다른 사람들은 자신의 일을 소홀하게 하고 있었으므로 고귀한 바이슈나바는 그들을 앞서갔다. 투카의 깨끗한 마음은 그가 몸을 아끼는 것을 허락하지 않았다.

182. 그러나 그 동안 투카는 자신이 푸성귀를 뜯어 오기 위해 정글로 출발했다는 것을 완전히 잊어버렸고, 그의 아내는 집에서 그를 기다리고 있었다.

183. 그의 가슴은 신의 이름들과 모습 안에 몰입되어 있었다. 그래서 그는 몸에 관한 모든 생각을 잊어버렸다. 그는 항상 사랑의 성찬을 먹고 있었으며, 그는 이 음식을 잘 먹어 튼튼해 보였다.

184. 한편 그의 집에서는 아내가 험한 말을 내뱉고 있었다. 그녀는 말했다. "그 빌어먹을 도둑놈 대식가. 그는 멀리 위에 있다.

185. 그는 내가 누구의 아내이기를 바라고, 어떻게 집에 옷과 식량을 대기를 바라는가? 남편은 돌아가신 부모님들을 기리면서 브라만들을 이 집에 초대하였고, 이제 정글에서 헤매고 다닌다.

186. 그는 많은 힘을 길러 다른 사람들을 위해 일하지만, 내게는 조금도 호의를 베풀지 않는다. 대체 내가 어떻게 집안일을 꾸려 나가야 하나?"

187. 투카의 아내가 집에서 마음속으로 이렇게 걱정하고 있을 때, 신 크리슈나는 그녀에게 동정심을 느끼기 시작하였다. 그는 생각했다. "나는 그녀를 도와야만 해.

188. 나의 박타들에게 부족한 점이 있다면, 그것은 나의 명예를 손상시킨다. 나는 성실한 나의 하인들을 섬기는 하인의 역할을 해야만 한다."

189. 이렇게 생각하고서 크리슈나는 투카의 모습을 하였고, 향연에 필요한 것들을 담은 광주리를 머리에 이고 투카의 집으로 갔다.

190. 요기들에게 묵상의 대상이요, 쉬바에게 숭배의 대상인 그분은 자신의 박타들이 어려운 지경에 처해 있을 때 자신의 위엄을 전혀 생각하지 않았다.

191. 그분은 우유의 바다에 거하시며, 그분의 발은 락슈미가 닦아 드린다. 그러나 그런 크리슈나가 향연을 위한 물품의 짐을 그의 머리에 이고 스스로 운반하였다.

192. 브라마데바와 다른 신들 그리고 위대한 현자들이 계속해서 묵상하는 그분, 자신의 박타들의 옹호자요, 연꽃 눈을 한 분이신 그분은 자신의 위엄은 안중에도 없었다.

193. 인드라가 복종하는 분이며 여덟 가지 시디들을 가지고 계시는 분, 하늘의 군주이자 세상의 구루이신 그분 자신이 인간의 몸을 입고서 이 힘든 일을 하였다.

194. 크리슈나는 짐을 내려놓고 아발리에게 말했다. "이 짐에서 필요한 것을 가져다가 음식을 만드시오.

195. 나는 다른 집들에 가서 그릇들을 빌려 오겠소." 이런 말을 하고서 크리슈나는 즉시 일어나서 떠났다.

196. 아발리가 밖으로 나와서 보따리를 풀고 그 내용물을 보았을 때, 이게 어찌된 일인가! 거기에는 필요한 모든 것이 있었다. 그녀는 놀라서 기가 막힐 지경이었다.

197. 거기에는 밀가루, 오미자, 기, 쌀, 설탕, 야채와 사탕수수, 커민 씨앗, 생강과 후추가 있었다. 이 모든 것을 그녀는 두 눈으로 직접 보

았다.

198. 아발리는 이 요리 재료들을 가지고 음식을 만들기 시작했다. 바로 그때, 뱀에 기대어 누운 자인 비슈누가 필요한 접시들을 빌려 왔다.

199. 그리고 나서 크리슈나는 집집마다 돌아다니며 향연 초대장을 전달했다. "오늘 저희는 돌아가신 부모님의 신성한 제사를 지내려 합니다. 지금 곧 오셔서 음식을 드십시오."

200. 세상의 생명이신 분이 이렇게 초대하자 사람들은 의아해 하기 시작했다. 그들은 말했다, "적어도 오늘만큼은 투카가 세속적인 일에 마음을 쓰는군."

201. 한 사람이 말했다. "그의 말을 믿어도 될까? 그의 집에는 가재도 구조차 없고, 향연을 준비할 재료도 없다. 투카는 분별도 없고 몸에 대해서도 신경 쓰지 않는 사람인데, 온 마을 사람들을 초대하다니."

202. 이렇게 사람들마다 제각각 서로 다른 얘기를 했지만 그들은 모두 동의했다. "이 거짓말쟁이의 초대는 우리가 그의 집에 가서 식사를 하지 않는 한 확인할 수가 없다."

203. 정오가 가까워졌을 때 모든 음식이 준비되었다. 신은 집집마다 돌아다니며 모든 사람들을 만찬에 초대했다.

204. 모두들 인드라야니 강에 들어가서 목욕을 한 후에 투카의 집으로 갔다. 신은 그들에게 자리를 안내해 주고 공손히 모셨다.

205. 자비로운 룩미니의 남편은 모든 관계를 버리고 성실한 탄원자로서 자신에게 오는 성자들의 선행을 완성시킨다.

206. 크리슈나는 그들의 발을 씻어 주었고 그들에게 꽃다발과 향기로운 기름, 툴시 잎을 주었으며, 아발리는 행복한 마음으로 그들을 위한

음식들을 내왔다.

207. 그녀는 준비한 음식들을 그들의 접시에 담아 주었고, 그 동안 크리슈나가 기를 대접하고 종교 의식인 상칼파를 반복하였다.

208. 락슈미의 남편의 이러한 도움으로 음식은 맛있게 잘 요리되었다. 그들은 어찌나 배불리 먹었는지 물조차도 들어갈 자리가 없었다.

209. 이 불가사의한 일을 하는 세상의 구원자는 그들의 입맛에 맞는 것이라면 뭐든지 먹으라고 재삼재사 권유했다.

210. 손님들이 손을 씻은 후, 그는 13가지 재료로 만든 판 수파리를 주었다. 손님들은 놀라서 아발리에게 말했다.

211. "아발리, 오늘부터는 집안일로 걱정할 필요가 없겠어요. 투카가 다시 마음을 잡고 일하는 것 같아요."

212. 아발리는 그들의 말을 들었지만 속으로 생각했다. "나는 그것을 확신할 수가 없다." 모든 손님들이 흡족한 마음으로 집으로 돌아갔다.

213. 그리고 나서 많은 거지들과 마하르들이 음식을 얻기 위해 찾아왔다. 룩미니의 남편은 그들에게 풍족히 음식을 대접하였다.

214. 아발리는 생각했다. "음식이 넘치도록 풍부했어." 룩미니의 남편은 모든 그릇을 모은 뒤에 아발리에게 말하였다.

215. "나는 이 그릇들을 빌려 준 사람들에게 돌려주고 오겠소. 그 뒤에 편안한 마음으로 앉아서 식사를 합시다. 그러니 조금만 더 참아요."

216. 세상의 영혼이신 분은 인드라야니 강에서 그릇들을 씻었고, 그것들을 원래 주인에게 돌려주었다. 그리고 사라졌다.

217. 이제 투카에게로 돌아가자. 고귀한 바이슈나바인 그는 아주 많은 양의 밀을 수확했다. 농부는 고마워했고 그에게 밀 몇 단을 주었다.

218. 그는 그것을 머리에 이고 집으로 가기 시작했다.

투카가 벌에게 공격당하다

그가 걸어가고 있을 때 밀짚이 벌집을 건드렸다. 벌들은 떼를 지어 그에게 달려들었다.

219. 그러고는 그의 몸에 침을 쏘아 대기 시작하였다. 그러나 투카는 벌들을 쓸어 내지 않았다. 그는 생각하였다. "나의 이 몸은 썩어 없어질 것이다. 그러니 다른 존재들에게 좋은 일을 하는 데 쓰여야만 한다.

220. 아니면 오늘이 조상들의 거룩한 기념일이니, 아마 그분들이 모두 벌의 모습으로 찾아온 것인지도 모른다." 그래서 이 바이슈나바 박타는 그의 몸을 그들에게 완전히 바쳤다.

221. 그러나 슈리 하리는 투카의 결심을 보고서, 보이지 않는 모습으로 나타나 모든 벌들을 쫓아내고 투카의 몸의 통증을 가라앉혔다.

아발리가 투카에게 신의 기적에 관해 얘기하다

222. 신을 사랑하는 박타는 집으로 돌아가서 아내에게 말했다. "이 곡물을 대충 갈아서 조상님께 음식을 대접합시다."

223. 그러자 아발리가 투카에게 말했다. "당신 미쳤어요? 당신은 필요한 일들을 다 했어요." 그리고 요리된 음식들을 그에게 보여 주었다.

224. 그녀는 일어난 일의 자초지종을 투카에게 자세히 얘기했다. 투카는 놀라워하며 그녀의 얘기를 들었다. 그의 눈에 눈물이 가득 고였다. 그가 말했다. "내가 세상의 생명이신 분으로 하여금 힘들게 일하시게 했구나."

225. 그는 감정에 목이 메어 외쳤다. "오, 자비로운 크리슈나시여! 만약 당신이 지금 오지 않으시면, 저는 음식에 입을 대지 않겠습니다."

226. 노란 옷을 입고 계시는 분이 투카의 측은한 울음을 듣고 왔다. 그의 귀에는 악어 귀고리가 달려 있었다. 그의 손에는 소라 껍데기와 원반이 들려 있었다.

227. 이 모습을 본 투카는 그의 발을 쥐었고, 아발리는 그분 앞에 접시를 놓고 음식을 대접하였다.

228. 그리고 나서 투카는 말로써 룩미니의 남편에게 경배를 드렸다. 신과 그의 박타는 사랑의 감정으로 함께 식사했다.

229. 룩미니의 남편은 투카의 성실함에 흡족하였다. 그 뒤에 신은 눈 앞에서 사라졌고, 아발리는 깜짝 놀랐다.

호수에 비유되는 박타릴람리타

230. 이 아름다운 책, 박타릴람리타는 마나스 호수이다. 다양한 이야기들은 커다란 꽃잎을 활짝 피운 연꽃들이다.

231. 사랑의 향기를 즐기는 열성적이고 현명한 청중들은 사랑으로 윙윙거리는 벌들과 같다.

232. 다음 장은 대단히 흥미로운 이야기들로 가득 차 있으며, 말하는 자는 룩미니의 남편이다. 마히파티는 그분이 사랑하는 사람이다. 그분은 그에게 말하는 법을 천천히 가르치셨다.

233. 스바스티! 이 책 슈리 박타릴람리타는 단지 듣기만 하여도 모든 욕망들을 충족시킨다. 사랑하는 성자들과 박타들이 그것을 듣기를. 이것은 제7장이다.

제8장
신이 시인이 되도록 격려하다

마히파티가 그의 언어를 거칠고 투박하다고 하다

슈리 가네샤에게 경배를.

1. 무지하고 귀여운 아기는 처음에는 옹알이를 하고, 그 다음에 말하는 것을 배운다. 엄마와 아빠는 이 옹알이를 듣고 대단히 즐거워하며, 그 말을 흉내 내면서 아기에게 그 옹알이를 되풀이해 보라고 한다.

2. 부잣집에는 맛있는 음식이 부족할 날이 없지만, 그들은 색다른 것을 맛보기 위해 일반인들이 먹는 여러 가지 음식들을 즐겁게 먹어 본다.

3. 마치 우유의 바다이신 분에게 응유를 봉헌물로 드리듯이, 나의 투박한 말들은 내 말을 듣는 성자들에게 그렇게 보인다.

4. 그것은 심지에 불을 붙이고 태양 앞에서 숭배하며 흔드는 것과 같다. 마치 달을 서늘하게 하기 위하여 부채를 들고서 달에게 부채질을 하는 것과 같다.

5. 마치 황금의 산을 위하여 주석으로 도금한 장신구를 만드는 것과 같다. 나의 투박한 언어는 성자들에게 그렇게 보인다.

투카가 옛날 성자들에 대해 이야기하다

6. 지난 장에서 그리고 지난 이야기에서 우리는 어떻게 세상의 생명이신 분이 투카의 모습을 취하여 필요한 것들을 집으로 가져왔고, 모든 사람들에게 식사를 대접했는지를 보았다.

7. 그 뒤에 바이슈나바 박타가 집에 왔을 때, 그의 아내가 일어난 모든 일들을 그에게 이야기했고, 그 말을 듣고서 그는 "우리를 위하여 룩미니의 남편께서 힘들게 일하셔야만 했다."라고 외쳤다는 이야기를 들었다.

8. 그 다음 날 새벽에 그는 인드라야니 강으로 가서 목욕을 했고, 거룩한 신상을 예배한 후에 사랑으로 신을 찬양하였다.

9. "오, 자비의 바다시여, 오, 크리슈나시여, 과거에 당신은 탄원자로서 당신에게 나아온 사람들을 구원해 주셨습니다. 당신은 그들의 신분이나 가문에 전혀 개의치 않으셨습니다. 무한하신 분인 당신은 고통 가운데 있는 그들을 보살피셨습니다.

10. 나마의 자식들이 굶어 죽을 지경에 처하여 그의 아내인 라자이가 크게 괴로워할 때, 당신 크리슈나는 은행가 케샤브가 되어 그녀에게 금화 한 자루를 가져다주셨습니다.

11. 초카멜라는 마하르 계급이었고, 당신은 그에게 주려고 죽은 소를 집으로 끌고 가셨습니다. 그리고 그의 큰 사랑을 알고서 당신은 그와 함께 식사를 하셨습니다.

12. 갸나데바의 사랑 때문에 당신은 그의 담을 옮기셨습니다. 당신의 찬양받을 만한 행동들은, 오, 룩미니의 남편이시여, 수많은 성자들에 의

해 설명되어 왔습니다.

13. 다마지판트는 마음이 너그러운 박타였습니다. 그는 굶주린 자들을 먹이려고 왕의 거대한 곡물 창고를 털었습니다. 그러자 당신은 마하르인 비투가 되어 왕에게 그 곡물의 값을 현금으로 지불하셨습니다.

14. 미라바이를 위하여 무한한 분이신 당신은 독약을 마셨습니다. 그렇게 하여 당신은 그녀의 품위를 지키셨고, 그녀의 훌륭한 명성이 온 세상에 널리 퍼지게 하셨습니다.

15. 바이슈나바 박타인 나르시 메하타가 있었습니다. 신은 그의 수표를 현금으로 바꿔 주셨습니다. 당신은 사발샤가 되어 들어 본 적이 없는 놀라운 일을 보여 주셨습니다.

16. 그리하여 당신의 바이슈나바 박타들은, 오 크리슈나시여, 그들의 찬양을 노래합니다. 저의 둔하고 연약한 마음도 사랑으로 그와 같이 행하기를 원합니다."

행동에 관한 투카의 세 가지 대원칙

17. 크리슈나가 자신에 대한 투카의 찬양을 들었을 때, 그는 아주 기뻐하며 생각했다. "투카는 영감이 깃든 말들을 할 것이다. 나는 그를 위해 적절한 보상을 해 줘야 한다. 나는 그를 영화롭게 할 것이다."

18. 투카는 몸과 말, 마음에 속하는 세 가지 고행을 행하였다. 가장 고귀한 고행은 신체에 속하는 선한 행위, 다시 말하면 타인에게 좋은 일을 하는 것이다. 투카는 여기에 그의 모든 힘을 쏟았다.

19. 또한 아샤드와 카르티카 달에 그는 판다르푸르로 순례를 떠났다. 마치 시댁에 살고 있는 젊은 새댁이 친정으로 갈 때 가슴에 기쁨이 가득 하듯이, 이 순례 여행도 투카에게 마찬가지였다.

20. 투카는 말을 타지 않고 맨발로 걸어서 판다르푸르로 갔다. 그리고 열정적으로 노래하는 키르탄을 들을 때, 그는 사랑의 기쁨을 경험하였다.

21. 따라서 성자들에게 봉사하는 행위, 자선 행위들, 그리고 판다르푸르로 많은 맨발 순례 여행을 한 것은 이 고귀한 바이슈나바의 신체적인 고행들이었다.

22. 그의 말에 관련된 종교적인 행동들은 다음과 같았다. 그가 한 모든 이야기에서 그는 절대로 거짓을 말하지 않았다. 그는 신의 이름들을 잠시도 그치지 않고 밤낮으로 반복하고 있었다.

23. 이제 그의 정신적인 행동에 관하여 말하자면, 그의 가슴은 크리슈나의 발에 고정되어 있었다. 그는 구름에서 직접 떨어지는 빗물 말고는 어떠한 물도 마시지 않는 차탁 새와 똑같았다.

24. 아기가 울고 있을 때, 엄마 말고 또 누가 아기를 달랠 수 있겠는가? 그와 같이 투카의 결심은 신 크리슈나를 숭배하는 것이었다.

25. 위와 같은 말을 듣고서 몇몇 신앙심 깊은 독자들은 마음에 의심을 품을 수 있다. 다시 말하면, 만약에 투카가 크리슈나만을 생각했다면, 왜 그는 선행을 통하여 다른 사람들을 숭배했는가? 이 질문의 답을 들어 보라.

26. 모든 생물과 무생물은 유일자이신 슈리 크리슈나의 힘에 의해 기능을 한다. 이제 투카는 신의 소망을 존중하기 위하여 모든 창조물 앞에

경의로써 절을 하곤 하였다.

27. 시댁에 살면서 남편을 사랑하고, 남편의 느낌들에 주의를 기울이며 의무를 다하는 아내는 모든 시댁 식구들을 기쁘게 하려고 노력한다.

28. 시아버지, 시어머니, 시누이, 시동생들이 그녀에게 심한 말들을 하더라도, 그녀는 그들을 위해 열심히 일한다. 그것이 남편의 소망이라는 것을 알기 때문이다.

29. 그렇게 늘 지내면서도 그녀의 사랑은 오로지 남편을 향할 뿐이다. 마찬가지로 투카의 마음은 크리슈나에게 고정되었고 그에 대한 사랑에 빠져 있었다.

30. 하나의 신을 숭배하는 대신에 다양한 신들을 섬기는 사람들이 있다. 하지만 그들은 신의 직접적인 나타남을 보는 데 실패한다. 많은 이들의 손님이 되기 위하여 애쓰는 사람은 결국 굶주리게 된다.

31. 그러나 투카의 가슴은 그런 종류의 것이 아니었다. 종교적인 행위들의 세 가지 분야인 일, 숭배, 철학적 지식에서 그는 전문가였고, 그가 사는 방식으로 사람들에게 그것을 보여 주었다.

32. 그의 신체적인 종교 행위들은 일들의 체계인 카르마칸드에 속한다. 그는 말하는 행위와 예배로써 신의 선하심을 노래하였다. 그는 판두랑을 제외하고는 아무것도 몰랐다. 그는 완벽한 자기-영혼-지식을 갖고 있지 않았다.

33. 투카는 이러한 세 가지 종교적 고행들을 장신구로 차고 있었으며, 신을 시험하듯이 이런 선량하고 성스러운 행위들을 자신의 삶에 첨가하였다.

신이 투카에게 시인이 되도록 격려하다

34. 투카의 이런 특성들을 알고서 슈리 크리슈나는 생각하였다. "투카에게 시적인 영감을 주어야겠다. 그러면 그가 나를 찬양하는 말을 노래할 수 있을 것이다."

35. 그래서 신 크리슈나는 남데브의 손을 잡고 데후로 데려왔다. 그리고 투카가 밤에 잠들어 있는 동안, 우주의 영혼이신 분이 꿈에 그에게 나타났다.

36. 지고의 우주적인 존재는 투카의 등을 손으로 가볍게 두드리면서 그에게 말하였다. "투카, 어서 일어나라. 그리고 지금부터 내가 하는 말을 잘 들어라.

37. 이 나마는 나의 완벽한 박타이다. 오래전에 그는 마라티어로 백만 편의 시를 짓겠다고 맹세하였다. 그러한 숫자를 그는 맹세하였다.

38. 나는 그에게 시적인 영감을 주었고, 그는 자신의 손으로 그의 시들을 썼다. 그가 지은 시들의 개수가 세어졌고, 나는 너에게 그 개수를 이야기해 줄 것이다.

39. 구십사만 사천구백 개로 그의 시는 끝을 맺었다. 나머지는 사랑의 모습으로 그의 가슴에 남아 있었고, 그는 자신의 소원에 따라서 천상으로 왔다.

40. 그의 맹세를 지키기 위해서는 오만 오천백 개의 시를 더 지어야 한다. 나는 네가 나머지 이 시들을 축복을 나타내는 말들로 짓기를 바란다. 나는 너에게 사랑의 열정과 시적인 재능을 줄 것이다.

41. 정말로 너를 통하여 많은 사람들이 구원받을 것이다. 이제 가치

없는 것에 말을 낭비하지 말고, 즉시 너의 시들을 짓기 시작해라."

42. 투카에게 이런 비전을 보인 후, 신은 시야에서 사라졌다. 바이슈나바 투카는 깨어나서 생각했다. "신은 더할 나위 없이 굉장한 것을 나에게 보여 주셨다.

43. 꿈속에서 나는 신과 그의 박타를 함께 보았다. 나의 마음은 그 비전의 모든 세부 내용들을 기억한다. 크리슈나는 나에게 그의 사랑의 보상을 주시고는 사라지셨다."

투카가 시인이 되다

44. 쉽게 만족하는 투카의 마음은 성자의 말들을 사랑하였으며, 그는 그것들을 기억하는 데 전념하였다. 하지만 이제 세상의 생명이신 분은 그에게 그 축복의 말들을 말하라는 명령을 내리셨다.

45. 투카의 가슴이 느낀 기쁨은 밤에 등불을 찾고 있는데 갑자기 태양이 떠오른 것과 같았다.

46. 약초를 찾기 위해 정글을 헤매고 있는데 갑자기 대단한 효험을 지닌 약초를 발견한 것과 같았다. 왕국을 찾아 헤매고 있는데 갑자기 북극성의 자리에 앉혀진 것과 같았다.

47. 브라만의 아들 우파만유가 우유 한 잔을 원했지만, 그를 기뻐한 락슈미의 남편이 그를 우유의 바다로 데려간 것과 같았다.

48. 투카도 그처럼 기뻤다. 언어의 여신인 사라스와티가 그의 혀 위에 앉았다. 그리고 사랑의 가슴으로 그는 자신의 사랑을 보이는 시를 짓

기 시작하였다.

49. 그는 발보드(Balbodh) 체를 필기하는 연습을 해 본 적이 없었다. 그는 빈 공책을 만들고 거기에 마음이 내키는 대로 글을 썼다.

50. 베다들과 샤스트라들의 정수를 비야사는 슈리 바가바탐이라는 모습으로 담았다. 그리고 바가바탐의 10장에서 크리슈나의 감로 같은 행동들을, 마치 우주의 영혼이 소치는 사람들의 집에서 노는 것처럼 묘사하였다.

51. 투카는 크리슈나의 아기 같은 행동들을 그의 시의 첫 번째 주제로 삼았다. 이 주제에 대해서 900편의 시들이 있다. 성자와 사두들은 개인적인 경험으로 이것을 안다.

52. 그의 키르탄에서 그는 특정한 이야기를 기억하지 못하더라도 이 고귀한 바이슈나바는 즉흥적으로 신속하게 아방가들을 지었다.

53. 청중들은 그의 은혜로운 시들을 듣고서 경탄하였다. 그가 키르탄에서 쓰는 말들은 축복의 말들이었기 때문에 감동은 네 배로 증가하였다.

54. 마치 구름이 비를 뿌린 후 수많은 여린 새싹들이 싹트는 것 같았다. 혹은 바다에서 수많은 파도가 일어날 때 아무도 그 수효를 셀 수 없는 것과 같았다.

55. 그가 영감을 받아서 말들이 흘러나올 때면 투카의 키르탄도 그러하였다. 이제는 어느 누구도 그를 의심하지 않았다. 심지어 사악한 사람도 신앙이 깊어졌다.

56. 투카는 크리슈나의 사원에서 정기적으로 한밤중까지 계속 키르탄을 행하였다. 이웃 마을들의 경건한 박타들이 키르탄을 듣기 위해 그 시간에 오곤 하였다.

57. 2주일의 11번째 날에는 언제나 하리를 기리기 위해 밤새도록 키르탄이 행해졌다. 이 키르탄의 명성은 널리 퍼지기 시작했으며 대단히 유명해졌다.

맘바지의 질투가 적대감으로 발전되다

58. 이 무렵 맘바지 바바라는 이름의 브라만이 친츠와드라는 마을에 한동안 살고 있었다. 이 거물이 탁발 수도승이 되어 데후에 살기 위해 왔다.

59. 그는 혼자서 집을 지었고 모든 가족을 이곳으로 데리고 왔다. 그를 따르는 몇몇 제자들이 있었는데, 그들이 그의 생계를 돌보았다.

60. 투카의 명성이 커져 갔기 때문에 맘바지의 마음속에 미움이 싹텄다. 그는 생각했다. "하나의 칼집에 어떻게 칼 두 자루가 있을 수 있겠는가?

61. 우리가 있는 데서 투카는 책들에 있는 시들을 암송했다. 그 이후로 그의 명성은 매우 높아졌고, 심지어 브라만들까지 그에게 절을 한다.

62. 투카의 계급은 하찮은 바니(vani)에 불과하고, 나는 이 도시에서 높은 존경을 받는 산야시들의 우두머리다. 만약 그의 명성이 사람들 사이에 계속 퍼진다면, 아무도 나에게 관심을 보이지 않을 것이다."

63. 욕망이 없는 사람들의 상태에 대하여 얘기할 때 욕망을 가진 사람들이 분노를 터뜨리듯이. 브라만 점성가들이 점성가 사하데브가 수드라였다는 이유로 그의 제자들을 미워하며 경멸하듯이.

64. 행성 케투가 "태양을 만나는 순간, 나는 그것을 내 입 속으로 던져 넣을 것이다."라고 말하듯이, 행성 라후가 보름달을 보면 분노가 끓어오르듯이.

65. 그와 같이 맘바지는 투카를 몹시 싫어하였고 속으로 생각했다. "언젠가 투카에게 치욕을 안겨 주어 앙갚음을 하고야 말겠다."

66. 비록 그는 마음에 이런 분노를 품고 있었지만 그의 명성을 유지하기 위해 키르탄에 와서 앉곤 하였다. 하지만 투카는 적과 친구를 똑같이 여겼다.

67. 맘바지는 사원 뒤의 남쪽에 어떤 나무들을 심었다. 그의 마음은 종종 그 나무들에게 향하였다. 그래서 그는 나무들을 보호하기 위해 나무 둘레에 울타리를 쳤다.

아발리의 젖소가 투카를 곤란하게 만들다

68. 아파지 굴라비야는 투카의 아내인 아발리의 아버지였다. 딸에 대한 사랑 때문에 그는 젖소를 주었다.

69. 강가에 가서 물을 마시라고 젖소를 풀어 놓았을 때, 젖소는 맘바지의 정원으로 들어가려 했다. 젖소는 울타리를 제치고 안으로 들어가 많은 채소를 먹어 치웠다.

70. 맘바지는 이것을 보고 매우 흥분하였다. 온갖 욕설을 퍼부은 뒤에야 그의 화가 가라앉았다.

71. 며칠이 지난 후 크리슈나의 날이라고 부르는 열 하룻날이 되었

다. 해질녘에 사람들이 신을 경배하기 위해 모여들었다.

72. 사원을 돌기 위한 길에 맘바지는 가시나무의 가지들로 울타리를 세웠다. 투카는 길을 열기 위해 손으로 가시나무 가지들을 잡아 뽑았다.

73. 위선자가 이것을 보았을 때 그의 분노는 불처럼 타올랐다. 우선 그는 투카를 싫어했으며, 지금 투카의 행동은 불에 기름을 붓는 격이었다.

74. 마치 거대한 뱀이 튀어 오를 준비가 되어 있을 때 어떤 사람이 뱀의 꼬리를 밟으면, 뱀은 그의 생명을 뺏기 위해 세차게 쉿쉿 소리를 내며 앞으로 튀어 오르듯이.

75. 그와 같이 이 브라만은 온갖 욕설을 퍼부으며 손에 가시 막대기를 들고서 투카에게 다가갔다.

76. 그는 화를 내며 관대한 투카를 때리기 시작했다. 하지만 마음에 용서와 평화를 가진 투카는 아무런 말도 하지 않았다.

77. 분노로 가득 찬 매질에 때릴 때마다 막대기가 조각조각 갈라졌다. 그래서 맘바지는 번번이 다른 막대기를 가져와서 때려야 했다. 그의 마음에는 어떤 동정심도 없었다.

78. 이렇게 분노의 매질을 하면서 그는 열 개 혹은 스무 개의 막대기를 부러뜨렸다. 하지만 고귀한 바이슈나바는 그 자리에서 움직이지 않았고, 사랑으로 신의 이름을 큰 소리로 반복할 뿐이었다.

79. 투카의 용서의 정신을 묘사하려고 하여도, 이 세상에 그와 같은 사람은 없을 것이다. 그것을 예를 들어 설명하려 하여도 비교할 만한 사람이 생각나지 않으며, 시인의 상상력은 한정된다.

80. 잔인한 자는 생물에 대한 애정이 없다. 육식을 하는 사람이 어떻게 동정을 느끼겠는가? 이런 사람은 육체로서는 브라만인 것처럼 보이

지만, 우리는 그를 입에 담지도 못할 천민이라고 불러야만 한다.

81. 농부가 곡식을 타작하듯이 그는 바이슈나바 박타를 두들겨 팼다. 손에 힘이 빠졌을 때에야 그는 매질을 멈추었다.

82. 그 악한 남자가 자신의 집으로 돌아가자 투카는 사원으로 갔다. 거기에서 그는 룩미니의 남편에게 말하기를, 그분이 그로 하여금 맘바지에게 호되게 얻어맞게 하였다고 하였다.

83. 맘바지는 극도로 험한 욕설들을 퍼부었다. "이 모든 것은 당신의 행동입니다. 그러나 저는 사악한 자와 교제하기를 원하지 않습니다. 저의 마음은 혼란스럽습니다."

84. 투카는 이 주제로 아방가를 지었고 그것을 낭송하였다. 사람들은 날카로운 가시들에 찔린 그의 몸을 보기 위하여 왔다.

85. 진실한 가슴에 동정심이 있으며 투카의 슬픈 처지를 알게 된 사람들의 눈에는 눈물이 가득 고였다. 그들은 외쳤다. "맘바지는 신을 사랑하는 이 박타를 학대하였다."

86. 아발리는 손에 집게를 들고 와서 남편의 몸에 박혀 있는 가시들을 뽑으면서 말하였다. "그 까만 놈이 자신의 증오를 잘 보여 주었고, 우리의 모든 가정생활을 엉망으로 만들어 버렸다."

87. 신 판두랑이 투카를 연민의 눈길로 바라보자, 가시에 찔린 상처들이 곧 나았고 육체의 고통도 경감되었다.

투카가 악을 선으로 대하다

88. 매 2주일의 11번째 날, 크리슈나를 기리는 철야 예배에 많은 청중들이 모였다. 모든 사람들이 키르탄을 위해 자리에 앉았을 때 고결한 바이슈나바가 말하였다.

89. "위대한 맘바지는 어김없이 이 키르탄에 참여한다. 그가 오늘 늦는 것은 무엇 때문인가?" 투카는 맘바지를 초대하기 위해 그의 집으로 사람을 보냈다.

90. 그는 몸이 많이 아프다는 전갈을 투카에게 보냈다. 고결한 바이슈나바는 이 말을 듣자마자 그의 집으로 갔다.

91. 투카는 맘바지에게 엎드려 절하였고, 그의 몸을 손으로 문지르기 시작하였다. 그는 말하였다. "가시 막대기로 나를 때리느라 나의 주인께서 지치셨군요.

92. 만약 제가 선생님의 나무들을 훼손하지 않았다면, 선생님을 불쾌하게 만들지 않았겠지요. 제가 선생님께 저지른 잘못을 용서하시고 즉시 키르탄에 오시지요."

93. 이렇게 맘바지에게 말하면서 투카는 한동안 그의 곁에 앉아서 그의 몸을 문지르고 있었다. 그러자 맘바지는 스스로 부끄러움을 느껴 즉시 키르탄에 참석하였다.

맘바지가 여전히 마음속에 질투심을 품다

94. 바다가 내부의 불을 둘러싸고 있고, 물이 그것을 사방으로 에워싸고 있지만, 그 불은 조금도 사그라지지 않으며 스스로 말한다. "나는 온 바다를 말려 버리겠다."

95. 그와 마찬가지로 투카는 인내의 바다였고, 맘바지는 그에게 내부의 불이었다. 외부는 대단히 서늘해 보이지만 내부는 질투로 불타오르고 있었다.

96. 성자들은 훌륭한 일들을 했지만 사악한 이들은 순수한 가슴을 가지고 있지 않다. 이것을 보여 주는 실례들이 많다. 나는 현명한 여러분들이 그 이야기들에 귀를 기울일 것을 부탁한다.

97. 판다바들의 편에 서서 신은 굉장한 행위들로 자신을 드러냈지만, 두료다나의 거짓된 가슴은 변하지 않았다.

98. 비판적인 사람은 키르탄을 들으며 앉아 있어도 그의 마음은 그것의 문제점과 좋은 점들을 생각하는 데 골몰해 있다. 혹은 두루미의 경건한 자태를 본다 한들, 거기에서 무슨 좋은 행동을 보겠는가?

99. 비록 뱀이 먹이를 먹지 않고 있다 한들, 어느 누가 뱀이 11번째 날의 금식일을 지키고 있다고 생각하겠는가? 만약 마음이 순수하지 않다면, 그것은 순수해지는 방법을 얻을 수 없을 것이다.

100. 돌은 누구에게도 말을 할 수 없다. 그렇다고 돌을 요기라고 보겠는가? 당나귀가 재 위에서 구르지만, 참회는 그의 가슴에 들어오지 않는다.

101. 쥐는 쥐구멍 속에 앉아서 항상 구멍을 파고 있다. 그와 같이 비

판적인 자는 키르탄을 들으며 앉아 있어도 그의 가슴은 감정으로 녹지 않는다.

투카의 키르탄의 주제

102. 투카의 공평함은 대단하여 그에게는 적과 친구가 똑같았다. 그는 결코 가슴속에 시기심을 품지 않았으며, 사랑의 느낌으로 키르탄을 행하였다.

103. 그의 마음은 신의 이름과 형상에 고정되어 있었다. 그래서 그는 자신의 몸을 의식하지 않는 자인 비데히가 되었다. 자리에 앉아서 키르탄을 듣고 있던 성자들은 사랑으로 가득 찼다.

104. "오, 크리슈나, 비슈누, 하리, 고빈다, 아츄타, 마다바, 기쁨의 근원, 지고의 존재, 삿칫아난다시여, 이 세속적 존재의 속박에서 저희를 자유롭게 하소서.

105. 오, 무력한 자의 보호자, 판두랑, 큐피드의 아버지, 룩미니의 기쁨이시여, 악행의 진흙이 저에게 묻지 않게 하소서, 오, 슈리 크리슈나시여.

106. 저의 영혼은 카르마에 의해 시간의 수레바퀴 안에서 방황하고 있습니다. 속히 이것으로부터 자유롭게 하소서, 오, 룩미니 남편이신 슈리 크리슈나시여."

107. 이렇게 자비를 간청하면서 투카는 사랑의 열정으로 키르탄을 부르며 춤을 추었다. 심벌즈와 비나는 감미로운 소리를 내었고, 공기는

그 소리로 가득 찼다.

108. 박수를 치고 손가락을 튕겨 딱딱 소리를 내며 장단을 맞추었다. 졸음이나 싫증을 느끼는 사람은 아무도 없었다. 키르탄이 진행되는 동안 모든 듣는 이들은 몸을 의식하지 않게 되었다. 이것은 놀라운 사실이다.

109. 투카는 현인들의 지극히 흥미로운 삶을 그의 주제로 정했다. 신앙이 깊은 사람들은 이 키르탄을 들었고, 그들의 가슴은 그것에 매혹되었다.

도둑들이 아발리의 젖소를 훔치지만 뉘우치다

110. 투카가 키르탄을 하고 있는 동안 그의 아내는 집에서 자고 있었다. 도둑 두 명이 거기로 왔다. 그들이 했던 것을 들어 보라.

111. 그들은 젖소를 매어 놓은 끈을 풀어 훔쳐 갔다. 도둑 중 한 명은 앞에서 젖소를 끌고 가고 다른 한 명은 뒤에서 밀었다.

112. 데후의 서쪽으로 반 마일 떨어진 곳에 보드케라고 불리는 작은 마을이 있었다. 도둑들이 그 마을까지 갔을 때, 신은 그 일을 들었다.

113. 신은 생각했다. "투카는 키르탄에 열중해 있고 아발리는 집에서 자고 있다. 도둑들은 그녀의 젖소를 훔쳐 가고 있다. 나는 도둑들에게서 젖소를 빼내어 그녀에게 돌려주어야 한다.

114. 만약 내가 이 일을 해결하지 않는다면, 아발리는 여러 가지로 투카를 괴롭힐 것이다." 그렇게 말하고서 박타의 보호자는 기이한 일을

하였다.

115. 크리슈나는 몹시 사나워 보이는 사람의 모습으로 가장했다. 그는 곤봉을 쥐고 도둑들을 때리려고 그들에게 다가갔다.

116. 도둑들이 길을 가고 있을 때, 저런! 사납게 보이는 사람이 큰 곤봉을 쥐고 거기에 있었다. 그는 곤봉으로 그들의 머리를 내려치려는 것 같았다.

117. 그들은 서로 얘기했다. "우리의 앞길을 막고 서 있는 이 사람이 누구인가? 우리는 모른다. 그는 거대한 괴물처럼 보인다. 우리가 어떻게 해야 하지?

118. 우리는 의외의 물건을 손에 넣었지만, 그것을 갖는 것은 우리의 운명이 아닌가 보다. 운명이 하는 일들은 기묘하다. 우리의 운명에 무엇이 놓여 있는지를 누가 알겠는가?"

119. 이렇게 말한 뒤 그들은 서둘러 다른 길로 출발했지만, 거기에도 크리슈나가 곤봉을 들고 서 있었다.

120. 그들은 이제 공포에 떨면서 말하였다. "이제 어떻게 해야 하지?" 그들은 다른 여덟 방향을 바라보았지만, 보라! 그들은 어느 길에서나 크리슈나를 보았다.

121. 그들은 말했다. "이 무시무시한 괴물이 우리의 길을 막고 있다. 이 괴물인 악마는 우리의 생명을 앗아가려고 왔다.

122. 이미 날이 새고 있다. 곧 태양이 떠오를 테고, 그러면 어떤 사람이 우리를 붙잡을지 모른다. 이제 우리가 어떻게 해야 하지?" 그들의 마음은 혼란스러웠다.

123. 그러다가 그들은 생각하였다. "투카는 자신을 비토바의 박타라

고 부른다. 우리는 그의 젖소를 훔치고 있다. 이런 이유로 이 악마가 우리 앞에 서 있는 것이다.

124. 우리는 신의 신비롭고 기이한 행위들을 모른다. 우리가 잘못을 저질렀다는 것은 확실하다. 우리는 지금 되돌아가서 전에 매여 있던 곳에 젖소를 매어 놓아야 한다. 그래야만 우리는 벌을 피할 수 있다."

125. 이렇게 결정한 뒤 도둑들은 그 마을로 다시 돌아가기 시작했다. 룩미니의 남편은 곤봉을 든 채 따라갔다.

126. 도둑들은 여전히 무서웠다. "그가 뒤에서 갑자기 우리를 때릴까?" 하고 그들은 걱정했다. 이렇게 괴물 때문에 무서워서 그들은 다시 마을로 돌아왔다.

127. 그들은 투카의 집으로 들어가서, 전에 매여 있던 곳에 젖소를 매었다. 그들은 급히 서둘러 마을을 떠나기 시작했지만 그들 앞에 우주의 신이 서 있었다.

128. 그는 무시무시하게 사나운 모습을 하고서 곤봉을 들고 서 있었다. 도둑들은 다른 길들로 가 보았지만 그때마다 그들 앞에는 천상의 신이 서 있었다.

129. 그들은 마을에서 좁은 길을 찾아서 빠져나가려 애썼지만 그 악마는 어디에나 있었다. 그가 없는 곳은 어디에도 없었다.

130. 도둑들은 몹시 두려웠다. 이제 그들은 서로 얘기했다. "투카는 지금 키르탄을 하고 있다. 거기로 가서 그에게 우리가 겪은 일을 말하자."

131. 이렇게 결정을 하고 그들은 키르탄이 열리고 있던 자리에 들어갔다. 주저함이나 두려움 없이 그들은 투카에게 공손히 말하였다.

132. 그들은 합장을 하고서 투카 앞에 섰다. 그들이 말했다. "우리는

도둑입니다. 우리가 큰 잘못을 했습니다.

133. 우리는 당신의 젖소를 풀어서 훔쳐 가고 있었습니다. 그런데 갑자기 무서운 악마가 길을 막고 서 있는 것을 보았습니다.

134. 그는 곤봉을 들고서 우리가 가는 길마다 우리 앞에 서 있었습니다. 그래서 우리는 당신의 젖소를 데리고 와서 집에다 매어 두었습니다.

135. 그리고 우리는 즉시 도망가려고 하였는데, 이게 웬일입니까! 악마는 마을의 길목에 앉아 있었습니다. 우리가 가려는 길마다 그가 있었습니다. 그러니 우리가 어떻게 해야 하겠습니까?

136. 당신은 어느 누구도 미워하지 않는 비슈누 박타입니다. 당신에게는 적이나 친구가 똑같습니다. 그러니 이제 고귀한 당신은 우리가 이 악마로부터 자유로워질 방도를 찾아 주셔야 합니다."

137. 도둑들의 간청은 모여 있던 모든 사람들이 듣게 되었다. 그들은 대단히 특이한 이 사건을 듣고서 모두 놀랐다.

138. 투카 또한 놀랐고 판두랑의 형상을 떠올리려 해 보았다. 그러나 이 어찌된 일인가! 룩미니 남편이 키르탄에 있지 않았다. 투카는 외쳤다. "도둑들이 진실을 말하고 있습니다."

139. 투카는 눈을 감고서 판두랑에게 자신을 돕기 위해 와 달라고 간청했다. "오, 판다르푸르의 신이시여, 지고의 신이시여, 당신은 언제 여기를 떠나신 겁니까?

140. 저희가 하리에게 철야 예배를 드리고 있는 동안, 당신은 들판을 여기저기 돌아다니고 계셨습니다. 처음부터 당신은 소를 돌보는 습관을 가지고 계셨습니다.

141. 저희가 진실한 마음으로 당신을 찬미하는 곳에 당신의 가슴은

관심을 갖지 않으시고, 당신은 소름끼치는 형상을 하시고 도둑들에게 나타나셨습니다.

142. 이제 거의 날이 샜습니다. 적어도 찬송을 끝맺는 때에 맞추어서라도 오소서, 오, 자비의 바다시여, 뱀에 기대어 누워 계시는 비슈누시여. 당신이 하셔야 할 일은 바로 이것입니다.

143. 저희는 사랑으로 노래하였지만 아마도 당신은 저희의 주제들을 좋아하지 않으셨나 봅니다. 당신은 서둘러 자리에서 일어나 달려 나가셨습니다. 큰 막대기를 들고서 도둑들을 뒤쫓아 가셨습니다.

144. 만약 당신이 사랑하는 박타들의 가까운 친구가 아니었다면, 키르탄에는 어떠한 열정도 없었을 것입니다." 그러자 신들 중의 신이신 하리는 투카의 간청을 듣고 돌아왔다.

145. 투카가 키르탄을 하며 춤을 추고 있을 때 판다르푸르의 신은 곤봉을 들고 뒤에서 나타났다. 주위의 모든 사람들이 그를 보았다.

146. 도둑들에게는 그분이 여전히 사납고 무서운 존재로 보였지만, 다른 사람들에게는 평소의 모습으로 나타났다. 투카는 도둑들에게 말했다. "일어나 당신의 길을 가시오.

147. 만약 당신들이 젖소가 필요하다면 젖소를 풀고 가져가시오." 도둑들은 대답했다. "우리의 생명을 구해 주셨습니다. 그것은 당신이 우리에게 준 선물입니다."

148. 이렇게 말한 뒤 도둑들은 즉시 달아났다. 하지만 그들은 이처럼 몹시 특이한 일을 경험했기 때문에 큰 소리로 신의 이름을 외치며 길을 갔다.

마히파티가 악인들의 이용에 대해 말하다

149. 맘바지는 이 사건을 보고 들었으며 매우 놀랐다. 그는 생각했다. "투카의 명성은 사람들 사이에 더욱 높아질 것이다. 확실하다."

150. 마음속에 이런 생각을 가지고 그는 중얼거리면서 자리에 계속 앉아 있었다. 증오의 마음을 가진 사람은 비슈누 박타의 영광을 알 수 없다.

151. 믿음이 없는 사람에 대한 이야기는 다른 사례들을 통하여 자주 되풀이된다. 언어의 여신은 불필요하게 지칠 것이며, 듣는 이들은 지루함을 참지 못할 것이다.

152. 지상에서 믿음이 없는 사람들 때문에 박타들의 영광은 높아진다. 가짜 화폐가 만들어지지 않았다면, 누가 진짜 화폐에 대해 얘기하겠는가.

153. 지옥이 만들어지지 않았다면, 누가 천국을 갈망하겠는가? 840만 번의 환생과 같은 것이 없다면, 누가 환생에서 해방되기를 갈구하겠는가?

154. 몸에게 죽음이라는 것이 정말로 없다면, 누가 불사의 감로에 관심을 쏟겠는가? 그러므로 믿음이 없는 사람 때문에 박타들이 널리 알려지게 되었다.

155. 칠흑 같은 밤의 어두움이 없다면, 어떻게 하늘에서 별들이 반짝이겠는가? 슈리 람이 영예로운 이름을 얻은 것은 라반 때문이었다.

156. 이런 사례들만으로도 충분하다. 만약 도둑들이 젖소를 훔치지 않았다면, 우주에 퍼져 있는 분이 어떻게 그의 성자들의 특별한 특징들

을 나타낼 수 있었겠는가?

투카의 주제, 성자들과 함께 계시는 신

157. 이 무렵 바이슈나바 투카는 신의 많은 행위들에 대하여, 그리고 슈리 크리슈나가 그의 박타들의 부름에 어떻게 대답하였는지에 대하여 노래하였다. 그가 어떻게 노래를 불렀는지 들어 보라.

158. 히란야카쉬푸는 비슈누를 찬미하는 말들을 듣지 않으려 하였으므로 그의 가슴은 아들 프랄하드에 대한 분노로 가득 차 있었다. 하지만 프랄하드가 신을 부르자, 신은 기둥의 모습으로 나타났다.

159. 자신의 박타가 고통을 받을 때, 신 자신의 명성은 더욱 올라간다. 두료다나가 드라우파디를 심하게 대했기 때문에 신의 명성이 더욱 널리 퍼지게 되었다.

160. 슈리 크리슈나는 자신의 박타들이 고통 받는 것을 참을 수 없어서 도움을 주기 위하여 달려갔다. 그는 그녀에게 수없이 많은 옷들을 주었으며 모든 사악한 남자들을 부끄럽게 하였다.

161. 자신의 성스러운 성자들을 돌보기 위하여, 정의를 바로 세우기 위하여, 시기나 계절에 관계없이, 구름처럼 어두운 비슈누는 화신으로 내려왔다.

162. 칼리 유가는 이러한 것으로 특별히 유명하며, 이것은 신의 특별한 영광을 발휘하게 한다. 자신의 박타들을 위하여 룩미니의 남편은 많은 고통을 감내해야 했다.

163. 산바타 말리는 신을 사랑하는 박타였다. 크리슈나는 그에게 가서 숨을 장소를 부탁했다. 그는 즉시 칼을 가지고 자신의 몸을 쨌다.

164. 그는 너무나 무한하므로 그의 피부 구멍 속에 온 우주를 담을 수 있지만, 그러한 분이 자신의 박타의 가슴속에 들어갈 수 있었다. 그리고 그곳에서 우주의 지고한 존재이신 분은 산바타와 삶의 불가사의함에 대하여 사랑으로 대화를 나누었다.

165. 갑자기 나마가 울면서 나타났고, 산바타가 룩미니의 남편을 삼켜 버린 것을 알게 되었다. 그러나 그분의 노란 옷에 달린 술은 눈에 보였다. 나마는 그 술을 잡고서 크리슈나를 끌어냈다.

166. 그래서 그분은 산바타의 몸에서 나왔으며, 그가 산바타의 아들이다. 투카는 사랑을 끌어들이는 그러한 이야기들을 노래하였다.

167. 바이슈나바 박타는 그의 청중들에게, 우리의 세속적 삶은 덧없는 것이며 신 슈리 하리를 숭배하는 데 몰입되는 사람은 이 칼리 유가의 시대에 그분의 표시를 지니게 될 것이라고 말하였다.

168. 그의 키르탄에서 이렇게 충고의 말을 할 때 태양이 떠오르기 시작하였다. 그러자 승리! 승리! 하고 외치고 손뼉을 치며, 청중들은 비탈의 이름들을 큰 소리로 반복하였다.

169. 그리고 나서 그들은 불을 흔드는 봉헌 의식을 위하여 등잔에 불을 밝힌 뒤, 룩미니의 남편 앞에서 등불을 흔들었다.

다음 장에서는 흥미로운 이야기가 이어질 것이다. 그러므로 여러분 듣는 이들은 경건한 마음으로 듣기 바란다.

170. 박타릴람리타의 감로 같은 내용을 정말로 이야기하고 있는 이는 영광스러운 룩미니의 남편이다. 현명하고 지식이 풍부한 여러분 모

두가 알고 있듯이, 마히파티는 그분의 도구에 지나지 않는다.

171. 스바스티! 이 책 슈리 박타릴람리타는 그저 듣기만 하여도 가슴의 모든 갈망들을 채워 준다. 신을 사랑하는 경건한 박타들이여, 귀를 기울여라. 이것은 흥미로운 제8장이다.

제9장
신상이 우유를 마시다

서문

슈리 가네샤에게 경배를.

1. 승리, 승리! 자비의 바다, 우주의 지고의 존재에게. 당신이 박타를 자비로운 눈으로 바라보실 때 그들은 즉시 세속적인 일들과의 우정을 깨며, 당신은 그들을 이 세속적 생활에 묶고 있는 그물을 찢으십니다.

2. 당신이 어떤 박타에게 선한 아내를 주신다면, 그의 사랑은 그를 그녀에게 매이게 할 것입니다. 그래서 당신은 그에게 심술궂은 아내를 반려자로 주십니다.

3. 당신이 박타에게 고귀한 아들을 주신다면, 그는 아들에 대한 사랑으로 세속적인 일에 얽매이게 될 것입니다. 그러므로 당신은 아버지와 아들 사이에 싸움을 일으키십니다.

4. 당신이 박타에게 많은 돈과 재산을 주신다면, 그는 세속적인 것들에 대한 즐거움에 빠져들 것입니다. 그러므로 당신은 그가 경배를 소홀히 하지 않도록 그에게 아주 적은 옷과 음식만을 줍니다.

5. 저는 당신의 자비를 잘 이해합니다. 당신은 그들에게서 잘못된 개념들을 제거하시며, 그들을 자비의 눈길로 바라보십니다.

6. 당신은 악인들의 마음에 계속되는 오해를 주시며, 그리하여 그들을 통해서 당신의 박타들에게 고통을 주십니다. 그리고 오, 룩미니의 남편이시여, 당신은 그들을 돕기 위하여 수없이 많은 모습들로 나타나 그들의 고통을 덜어 주십니다.

7. '비슈누의 천 가지 이름'에 드바이파야나는 두려움의 원인자와 두려움의 파괴자라는 이름을 포함시켰습니다. 저는 이것이 진실임을 압니다.

8. 이렇듯 당신은 모든 능력을 가지고 계시며, 운명의 끈을 당기십니다. 저를 당신의 도구로 사용하셔서 당신은, 비록 투박하고 어리석은 말들이지만, 저를 통하여 말씀하십니다.

비토바가 우유를 마시는 모습

9. 지난 장에는 도둑들이 어떻게 젖소를 훔쳤는지, 그리고 크리슈나가 어떻게 젖소들을 구하고 어떻게 놀라운 일들을 사람들에게 보여 주었는지에 대한 이야기가 있었다.

10. 크리슈나의 날에 정성 어린 의식들이 어떻게 거행되었으며, 철야 예배가 어떻게 아침 4경까지 지속되었는지, 그리고 마지막으로 룩미니의 남편 앞에서 어떻게 하여 불을 흔들었는지에 대한 이야기가 있었다. 이제는 고귀한 바이슈나바가 그 후에 어떻게 했는지를 보도록 하자.

11. 투카는 아침 일찍 일어나 인드라야니 강으로 목욕을 하러 갔다. 그리고 평소처럼 크리슈나에 대한 사랑의 표현으로 그를 경배하였다.

12. 그 동안 모든 사람들이 아발리에게 말하기를, 그녀의 젖소가 밤에 도둑맞았지만 비토바가 기적을 행하여 젖소를 되찾았다고 하였다.

13. 아발리는 이 경이로운 일을 듣고서 말할 수 없이 놀랐다. 그녀는 기쁜 마음으로 아침 식사를 위해 투카와 앉았다.

14. 그녀는 밥을 하고, 빵을 만들었으며, 다음에는 야채 요리를 그에게 내왔다. 그 뒤에는 그에게 우유 한 잔을 주었다. 비슈누의 종은 의아해 하였다.

15. 투카는 아발리에게 말했다. "만약 당신의 가슴을 깨끗이 하고 싶다면, 놋쇠 그릇에 우유를 담아 나에게 주시오. 나는 즉시 가서 신에게 그것을 마시도록 드리겠소."

16. 아발리는 자신의 손으로 놋쇠 그릇을 깨끗이 씻었고, 그릇에 우유를 가득 채워서 투카에게 주었다. 신을 사랑하는 박타는 사원에 가서 신상 앞에 우유를 드렸다.

17. 그 신상은 사람들에게는 돌상으로 보였지만, 투카는 날마다 우유를 드렸다. 그분은 브라마데바나 다른 신들에게는 복종하지 않지만, 경건한 가슴을 가진 사람에게는 복종한다.

18. 이렇게 많은 날들이 지나자, 아발리는 심한 의심을 품기 시작했다. 그녀는 말했다. "남편은 매일 놋쇠 그릇에 우유를 담아 가지고 간다. 나는 왜 그렇게 하는지 이해되지 않는다.

19. 집에서는 아이들이 모두 먹을 것을 달라고 난리를 치는데, 우유가 부족하니 내가 어떻게 응유를 만들 수 있겠는가? 내가 어떻게 가정 살림을 꾸려 갈 수 있겠는가? 나는 아주 적은 양의 버터를 만들 수 있을 뿐이다."

20. 그들의 막내딸 바기르티는 날마다 아버지와 같이 사원에 갔다. 그래서 아발리는 딸을 사랑으로 부드럽게 어루만지며 몰래 물어보았다.

21. 그녀가 말하였다. "네 아버지는 나에게 우유를 달라고 하여 사원에 가지고 간다. 그 검은 돌상이 우유를 마시는지 솔직히 말해 보아라."

22. 바기르티는 대답하였다. "신상이 우유를 마시는 것은 사실이에요. 남은 것은 아버지가 마시지만 저에게도 조금 주셔요."

23. 딸에게 이 말을 들은 아발리는 놀라워하면서 이 문제에 대해 생각하였다. 그러던 어느 날 아발리가 투카에게 말했다. "오늘은 신상이 마실 우유를 제가 가지고 가겠어요."

24. "그렇게 하시오." 하고 신을 사랑하는 박타가 말하였다. 그래서 아발리는 사원으로 갔다. 이것은 크리슈나를 난처하게 만들었다. 그는 생각했다. "내가 어떻게 해야 하나?

25. 만약 내가 우유를 마셔야 한다면, 좋다. 하지만 나를 향한 그녀의 감정은 사랑의 감정이 아니다. 그러나 만약 내가 그녀에게 기적을 보이지 않는다면, 그녀는 집에서 투카를 괴롭힐 것이다.

26. 이렇게 생각하면서 룩미니의 남편은 고요히 있었다. 그는 아발리를 매우 염려하였다. 왜냐하면 그녀는 항상 그를 적대시했기 때문이다.

27. 판다르푸르의 신은 난처했다. 우유를 마실 것인가, 마시지 않을 것인가, 그것이 문제였다. 그가 형상이 있는 모습을 취한 것은 그의 박타를 위해서였다. 그렇지 않다면 우주의 영혼으로서 그는 아무런 속성들을 가지고 있지 않았다.

28. 나는 쉬바가 자신을 보여 주지 못하는 것을 매우 의아하게 여긴다. 신들 중의 신이요, 우유의 바다에 거하시는 분인 비슈누는 투카가

가져온 우유를 맛보기를 원했다.

29. 그것은 이상해 보인다. 마치 어두움이 태양을 가둘 수 있다고 생각하는 것처럼. 월장석이 추위에 떤다고 생각하는 것처럼, 혹은 유령이 온다는 소리를 듣고서 죽음의 신이 두려워한다고 생각하는 것처럼,

30. 폭풍이 새장 안에 갇힐 수 있다거나, 천국이 흙 단지 속에 가두어질 수 있다거나, 행성들의 빛이 태양을 흐리게 할 수 있다고 생각하는 것처럼 이상해 보인다. 이 모든 것은 불가능해 보인다.

31. 요기들이 가슴속에 명상하는 영원하신 분, 변화할 수 없는 분, 지고의 브라마의 형상인 그분조차 사랑이 담긴 박티의 힘 때문에 마음이 곤혹스러워졌다.

32. 앞에서 아발리가 놋쇠 그릇에 우유를 담아 가지고 사원에 갔다고 말했다. 그러나 그녀의 마음에는 사랑도 경외심도 없었다. 그러니 어떻게 그녀의 가슴이 순수해질 수 있겠는가?

33. 우유는 매우 뜨거웠다. 아발리는 우유가 식을 때까지 기다려야 했지만, 그녀는 그러한 것을 생각하지 못했다. 왜냐하면 그를 자신의 적으로 여겼기 때문이다.

34. 그녀는 생각했다. "그는 우리 집의 가장을 미친 사람으로 만들어 자신에 대한 숭배에 빠지게 하였다." 이처럼 그에게 가혹한 생각을 하고 있는 동안에 크리슈나는 어떻게 했는가?

35. 뜨거운 그릇이 그의 입술에 닿자, 우주의 지고의 존재이신 분의 입술은 벌겋게 달아올랐다. 이것은 그의 고개와 눈을 한쪽으로 돌리게 하였다. 아발리는 깜짝 놀랐다.

36. 그녀는 말했다. "내가 보기에는 검은 돌상으로 보이는데 생명이

있구나. 우리 집의 가장이 매일 신상에게 우유를 먹인 것은 거짓이 아니었구나."

37. 아발리는 놀라움으로 신상을 주의 깊게 살펴보았다. 그녀가 신을 바라보는 것은 특별한 의도가 있어서가 아니라, 갑자기 신상의 입술이 부풀어 오르는 것을 알았기 때문이다. 그녀는 말했다. "참 신기한 일이로구나."

38. 이 기적을 목격한 뒤 아발리는 집으로 돌아왔다. 그 사이에 뱀에 기대어 누워 계시는 분인 비슈누가 투카의 명상에 들어와 그에게 말했다.

39. "너는 게으름을 부려, 아발리의 손에 우유를 들려 보냈다. 그녀는 결과도 생각하지 않고 나의 입술에 뜨거운 그릇을 갖다 대었다.

40. 네가 세속적인 생활을 포기했기 때문에 그녀는 나를 계속 적으로 여긴다. 그녀는 나에게 적이라는 이름을 붙여 주었다. 그녀는 나에게 어떠한 애정도 없다."

41. 투카는 크리슈나의 말을 듣고 놀라서 아내에게 물었다. "어찌 당신은 신에게 뜨거운 우유를 드렸소?"

42. 아발리는 대답했다. "당신은 매일 사원에서 찬송을 하면서, 소치는 사람들 사이에서 살아가는 당신의 크리슈나가 열두 마을에서 일어난 불길을 모두 삼켰다는 이야기를 항상 노래합니다.

43. 그런데 나의 우유가 조금 뜨거웠다는 이유로 그는 얼굴을 한쪽으로 돌렸고 입술이 부풀어 올랐습니다. 사원에 가서 직접 보세요.

44. 만약 옛날의 행위들에 대한 이야기가 사실이라면, 어떻게 우유를 마시면서 입술이 데겠어요?" 아발리의 이 말을 듣고서 투카는 감정이

북받쳤다.

45. 그는 서둘러 사원으로 달려가서 신상을 보았다. 세상에! 판다르푸르의 신의 고개는 한쪽으로 돌아가 있었고 입술은 부풀어 있었다.

46. 투카의 가슴은 신에 대한 사랑으로 충만하였기 때문에 눈물이 가득 고였다. 마치 어린 자식이 불에 덴 것을 보고 어머니의 가슴이 슬픔에 빠지는 것과 같았다.

47. 그렇게 신을 사랑하는 투카는 목이 메어 흐느끼며 외쳤다. "오, 판다르푸르의 왕이시여, 무력한 자의 친구시여, 우주의 구루시여, 당신이 데었군요."

48. 투카가 신을 찬미하는 노래를 부르자 물집은 가라앉았지만, 그의 목은 여전히 한쪽으로 돌아가 있었으며 아직까지도 그러한 모습을 볼 수 있다.

49. 룩미니 남편은 미래에도 그의 기적을 목격하도록 이런 계획을 세웠다. 이런 식으로 자비로우신 분은 자신의 하인들의 훌륭한 명성을 더욱 드높였다.

투카가 모기에게 물리다

50. 어느 날 투카는 차칸 정글을 홀로 걷고 있었다. 갑자기 무수한 모기떼들이 그를 공격했다.

51. 그는 모기떼들을 바라보았고, 고통에 대해서는 조금도 신경 쓰지 않았다. 그는 생각했다. "사람의 몸은 다른 존재들을 위해 좋게 사용되

어야 해." 그러고는 조용히 앉아 있었다.

52. "만약 내가 나의 몸을 염려한다면, 나는 이 모든 작은 생명체들에게 고통을 주게 될 것이다. 덧없는 나의 몸은 곧 없어질 것이다. 과거의 세속적인 삶을 돌이켜보면 이것을 확실히 알게 된다."

53. 모기떼들이 사방에서 그를 계속 물어 댔기 때문에 그는 몹시 고통스러웠다. 하지만 그는 고통에 신경 쓰지 않았고 사랑으로 자신의 경배를 계속했다.

54. 바로 그때 여행자로 가장하고 있던 룩미니의 남편이 그곳에 나타났다. 그는 정글에서 달려드는 모기들을 쫓기 위해 손에 대추야자 가지를 들고 있었다.

55. 다른 여행자들도 와서 투카를 보았지만, 자신의 생명을 염려하여 아무도 투카에게서 모기떼를 쫓아내려 하지 않았다.

56. 자신의 자식에게 모성애를 느끼는 사람은 어머니 말고는 아무도 없다. 그래서 가엾게 느끼는 크리슈나가 투카를 돕기 위하여 즉시 왔다.

57. 슈리 크리슈나는 자신의 손으로 모기떼를 쫓아 버리고 그의 몸을 문질러 주었다. 몸의 고통이 완화되자 투카는 다시 길을 떠났다.

58. 해질녘에 투카는 데후 마을에 도착했다. 그는 즉시 사원에 가서 룩미니의 남편을 쳐다보았다.

59. 마치 장대가 땅에 쓰러졌을 때 어떻게 일으켜 세워야 할지 모르는 것처럼, 투카는 사랑의 표현으로 절하며 바닥에 엎드려 있었다.

60. 밤이 되자 그는 키르탄을 시작했고, 그 키르탄에서 노래하였다. "승리! 오, 죄인을 정화시키는 분이시여, 슈리 하리시여, 이 세속적인 삶의 바다에서 저를 구하소서.

61. 제가 음식을 먹건 먹지 않건 그것은 중요하지 않습니다. 저의 자손들이 불어나지 않아도 괜찮습니다. 제가 원하는 것은 당신의 사랑입니다. 다른 생각은 없습니다.

62. 저의 몸이 고통을 받아도 괜찮습니다. 저의 세속적인 삶에 재앙들이 닥쳐도 저의 마음은 당신의 사랑만을 원합니다. 그밖에는 원하는 것이 없습니다. 오, 슈리 크리슈나시여.

63. 마치 저의 목소리가 저의 입으로 저 자신에게 설교하듯이, 그렇게 저는 다른 이들에게 설교할 것이며 그들에게 올바른 길을 보여 주겠습니다."

64. 그렇게 노래하면서 바이슈나바 박타는 사랑의 감정으로 경배를 계속하였다. 람과 크리슈나의 이름을 노래하면서 그는 사람들에게 귀 기울이게 하였다.

65. 밤 3경이 될 때까지 키르탄은 계속되었고, 그 뒤에 불을 흔드는 봉헌 의식을 위하여 불을 밝혔다. 룩미니의 남편 앞에 불을 흔들었을 때, 모든 사람들이 사랑으로 바닥에 엎드려 절하였다.

66. 모든 선한 사람들과 청중들이 집으로 돌아간 뒤, 투카는 평소의 자세를 취하고서 신의 이름과 형상에 마음을 고정시키고 사랑으로 경배를 계속하였다.

신이 투카의 아들을 치료하다

67. 며칠이 지났을 때 매우 재미있는 일이 일어났다. 투카에게는 두

아들이 있었다. 그들의 이름은 다음과 같다.

68. 첫째 아들의 이름은 마하데바였고 매우 어린 아들의 이름은 비토바였다. 첫째 아들은 몹시 고통스러운 병을 앓고 있었다.

69. 그는 방광 안에 결석이 있어 고통을 받고 있었고, 종종 고통 때문에 졸도하기도 하였다. 아발리는 많은 치료법들을 사용해 보았다.

70. 어느 누가 치료약을 추천해 주면 그녀는 어떻게 해서든 그 약을 구하였다. 그녀는 그런 약들을 이용하여 환자에게 특별히 적합한 음식을 만들었다. 자식에 대한 사랑 때문에 밤낮으로 정성을 다 쏟았다.

71. 그녀는 많은 의사들과 약초 파는 사람들을 고용했지만 소년은 전혀 나아지지 않았다. 그녀는 가족의 신들에게 봉헌하는 재를 구하여 써 보기도 하였다.

72. 그녀는 악령을 물리친다는 주술사의 집에도 빈번히 찾아갔다. 그들은 그녀에게 말하였다. "이 병은 악마에 의해 생겨난 것입니다. 우리의 말을 믿으십시오."

73. 그들은 소년의 목에 끈을 매고 주문을 외웠다. 아들에 대한 지나친 사랑 때문에 그녀는 아들 앞에서 음식을 흔들었다.

74. 이렇게 그녀는 많은 치료법들을 사용해 보았지만 전혀 차도가 없었다. 아발리는 크게 상심하여 생각했다. "이제 내가 어떻게 해야 하나?

75. 병이 이 아이를 너무나 심하게 괴롭히고 있어. 아무것도 먹지를 못해." 아발리의 마음은 걱정으로 가득 찼다. "나는 좋은 결과를 기대할 수 없어."라고 그녀는 말했다.

76. "내 남편은 신에게 미쳐 버렸고, 내 아들의 상태도 아주 안 좋다. 이 애가 살 수 있을지 확신이 서지 않아." 이렇게 말하며 그녀는 탄식을

했다.

77. 물을 마실 때마다 소년은 온몸에 심한 통증을 느꼈다. 투카는 낙심하여 휴식을 취하기 위해 혼자 떠났다.

78. 물 긷는 곳에서 아발리는 여인들에게 자신의 걱정거리를 얘기했다. "나의 아들이 아파서 누워 있어요. 내가 어떻게 해야 할까요?

79. 나는 많은 신들과 성소들을 찾아다녔어요. 내가 사용한 약들의 수는 셀 수가 없어요. 봉헌을 하고 난 뒤의 재도 밤낮으로 사용해 보았어요. 나의 마음은 매우 불안해요.

80. 나는 아들의 입에 호스를 끼워 그 속으로 온갖 약들을 먹였어요. 하지만 날마다 아들의 고통은 커지고 있어요.

81. 내 남편은 신에 미쳐 버렸어요. 그는 모든 세속적 생활과 욕망들을 포기했어요. 내 마음은 매우 혼란스러워요. 나는 이제 어떻게 해야 할지 모르겠어요."

82. 그녀의 이야기를 듣고서 이웃 사람들이 왔고, 그들 중 몇 명은 그녀의 집에 가서 소년을 보았다. 소년을 본 그들은 비관적으로 말했다.

83. 그들이 소년을 보았을 때, 소년의 팔과 다리는 마치 막대기처럼 보였다. 그들은 그녀에게 말했다. "왜 당신은 아들에게 많은 처방을 하여 헛되이 자신을 지치게 합니까?

84. 당신의 남편은 룩미니의 남편을 가슴에 간직하고 있어요. 때문에 그의 가정생활에 온갖 문제들이 일어나고 있는 거예요.

85. 슈리 크리슈나를 경배하는 동안, 그의 첫째 부인이 죽었어요. 판다르푸르의 신을 그의 가슴에 간직하기 때문에 나쁜 때가 왔어요."

86. 이웃 사람들의 말을 들었을 때 아발리의 가슴에 화가 치밀어 올

랐다. 만약 누가 원숭이에게 취하게 하는 술을 먹이고 전갈에 물리게 한다면,

87. 그 원숭이가 어떤 기괴한 행동을 할 것인지를 누가 알 수 있겠는가? 하지만 아발리에게 바로 그러한 일이 일어났다. 그녀는 이를 악물었다.

88. 무엇보다도 그녀는 신을 미워하는 자였고, 이웃 사람들은 그녀의 분노에 불을 붙였다. 두료다나에게 나쁜 생각들을 속삭였던, 마음이 악한 사쿠니 같았다.

89. 히란야카쉬푸가 히란야크샤에게 도움을 주어 둘은 친구가 되었고 천상의 신을 모욕했다.

90. 혹은 비슈누를 싫어하는 라반을 쿰바카르나가 도운 것과 같았다. 그가 시타를 유괴한 결과로 그의 마음은 악하게 변하였다.

91. 혹은 마음속에 슈리 람에 대한 증오를 품고 있던 악녀 타티카와 같았다. 그녀는 숲에서 우연히 악한 마음을 가진 슈르파나카를 만났는데, 그녀는 그녀의 귀에 나쁜 일을 하도록 속삭였다.

92. 이와 같이 아발리는 신에 대해 분노를 품고 있었고, 이제 그녀의 모든 이웃들이 그녀에게 다음과 같이 말하기 시작했다. 그녀는 비토바에게 더 이상 봉헌을 하지 말아야 한다.

93. 신에게 경배하기 시작한 이후로 그들의 가정생활이 재난을 입었다. 이제 아들의 병은 너무 심해져서 더 살지 못할 수도 있다.

94. 아발리에게 이런 말들을 한 뒤에 그들은 집으로 돌아갔다. 아발리는 아들을 보자 마음이 괴로웠다.

95. 저녁이 되었을 때 그는 이제 완전한 기능 장애로 고통을 받고 있

었다. 그의 복부는 부풀어 올랐고 북처럼 딱딱해졌다. 그는 더 이상 손과 발을 움직일 수 없었다.

96. 어머니가 그에게 말을 해보았지만 그는 아무 대답도 하지 못했다. 그의 손과 발은 차가웠다. 아발리는 말했다. "이것은 좋지 않아. 이제 내가 어떻게 해야 하지?

97. 분명히 아들이 죽어 가고 있다. 이 아이는 이 시기를 넘기지 못할 거야. 확실해. 그러니 나는 즉시 사원에 가서 신상의 발밑에 내 아들을 놓아두어야겠다.

98. 그 자는 나의 남편을 명상에 빠지게 하여 우리의 가정생활을 망쳐 놓았고, 이제 나의 아들을 죽이기로 결정했다. 그러므로 나는 나의 아들을 그의 발아래 놓을 것이다.

99. 일어나기로 되어 있는 일을 피할 수는 없겠지만, 나는 그 자에게 책임을 물을 것이다." 이렇게 말하고서 아발리는 마하데바를 끌고 갔다.

100. 그녀는 거칠게 아들을 끌고서 사원으로 걸어갔다. 한 손에는 신발을 들고 있었다. 그녀는 "나는 신에게 복수를 할 것이다."라고 말했다.

101. 그렇게 말하면서 아발리는 사원에 도착했다. 뱀에 기대어 누워 있는 자인 비슈누는 이것을 보고 난처하였다.

102. 룩미니의 남편은 생각했다. "어떤 계획을 세워야 하는가? 만약 아발리가 신발로 나를 때린다면, 나는 사람들 사이에서 명성을 잃을 것이다."

103. 그렇게 생각하면서 신은 룩미니의 얼굴을 바라보며 악을 피할 수 있는 방법을 물었다.

104. 지고의 브라마의 그림자인 아디마야는 그의 말을 듣고서 말하

였다. "오, 판다르푸르의 신이시여, 왜 당신은 걱정을 하십니까?

105. 이 무한한 우주가 창조되고 파괴되는 것은 오로지 당신의 의지에 따른 것입니다. 태양이 지상에 빛을 비추는 문제로 걱정한다면, 그것은 쓸데없는 일입니다.

106. 비가 내리기를 그쳐 어디에서도 물을 얻을 수 없다 한들, 왜 이것이 바다에게 걱정을 끼치겠습니까? 오, 무력한 자들을 돕는 분이시여, 슈리 비탈이시여.

107. 더운 계절에는 더위가 심하므로 사람들이 부채를 사용합니다. 그러나 왜 달이 더위에 대해 걱정해야 하겠습니까?

108. 당신이 사랑으로 쳐다보면, 심지어 돌이나 대리석 혹은 조약돌이라 할지라도, 그것은 현자의 돌로 변할 것입니다.

109. 당신의 종은 죽은 자를 살릴 수 있는 능력을 가지고 있습니다." 룩미니는 그렇게 말한 뒤 침묵하였다.

110. 그 사이에 아발리는 아들을 거칠게 끌면서 사원까지 데리고 왔다. 그녀는 말했다. "나는 내 아들을 신의 발 위에 놓겠다. 그리고 신을 신발로 때리겠다."

111. 이렇게 결심을 하고 그녀는 신 앞으로 갔다. 그녀가 아들을 들어올려 신의 발 위에 놓았을 때 갑자기 룩미니가 그녀에게 말했다.

112. 사원에는 아무도 없었는데 신상 뒤에서 소리가 들렸다. "나는 지금 그를 건강하게 만들었다. 집으로 돌아가라."

113. 아발리는 놀랐다. 그녀는 말했다. "돌상이 말을 할 수 있는가?" 그리고 나서 아들을 보았는데, 이럴 수가! 아들이 좋아졌다.

114. 아발리는 아들을 일으켜 세우고 사원 밖으로 데리고 나왔으며,

그의 신체적 기능들은 그가 완전히 회복되었음을 보여 주었다.

115. 아들의 몸에 있던 여러 가지 병들이 없어졌고, 그가 어머니에게 처음으로 한 말은 "엄마, 배고파요."였다.

116 아발리는 놀라서 생각했다. "룩미니의 남편이 나를 두려워해서 내 아들을 낫게 했구나." 그렇게 생각하면서 그녀는 집에 돌아왔다.

117. 아들이 몹시 배고파했기 때문에 아발리는 그에게 음식을 주었다. 투카는 이 일을 듣고 말했다. "우리는 판다르푸르의 신에게 수고를 끼쳐 드렸다.

118. 아들은 고통을 받고 있었다. 그런데 갑자기 나았다. 우리는 신의 행위를 이해할 수 없다. 그분만이 자신의 지혜로운 길을 이해한다."

119. 바이슈나바 박타는 식사를 하고 즉시 사원으로 갔다. 밤 4경이 되었을 때 그는 키르탄 연주를 시작했다.

투카의 음악 조력자

120. 바이슈나바 박타가 키르탄을 연주할 때, 그를 따르는 사람들은 합창을 인도했다. 그들의 이름을 들어 보라, 그들을 통해서 사랑은 배가 되기 때문이다.

121. 그 자리에는 카두스에 살고 있는 브라만인 강가다르 마발이 있었다. 그는 투카의 서기였으며, 그의 축복의 말들을 받아 적었다.

122. 다음은 산타지 텔리인데, 그는 자가나데 가문의 사람이었다. 그는 오랫동안 차칸에 살았지만 지금은 투카의 제자가 되었다.

123. 두 사람은 바이슈나바 박타의 성실한 제자였다. 그들은 이 생애의 것들에 대한 모든 욕망을 포기하였고, 투카의 시를 손수 받아 적었다.

124. 매일 키르탄을 할 때마다 그들은 투카를 따랐고 합창을 인도했다. 노래를 하다가 열정이 강렬해지면 그들은 신에 대한 사랑으로 춤을 추었다.

125. 그들은 모든 그릇된 욕망을 버렸으며 투카와 좋은 관계를 유지하였다. 그들은 합창을 인도했고 사랑의 표현을 발전시켰다.

126. 마부가 손님의 의향에 따라 마차를 모는 것처럼, 순종하는 아내가 남편의 기쁨을 위하여 그의 바람대로 행하는 것처럼.

127. 왕에게 판 수파리를 바치는 시종처럼. 그는 온몸을 바쳐 왕을 섬기지만 자신의 의무에 대해서는 말하지 않을 것이다. 왜냐하면 그의 목적을 달성해야 하기 때문이다.

128. 그래서 브라만 강가지 마발과 산타지 텔리, 이 두 사람은 투카의 영혼과 몸을 따랐다.

129. 그들은 심벌즈와 비나를 연주하며 키르탄의 합창을 이끌었다. 그들은 악기들의 아름다운 음색으로 투카를 따르며 사랑이 폭발하도록 하였다.

신과 대화하는 투카

130. 이렇게 바이슈나바 박타는 밤의 4가티카(1가티카 = 24분)가 지

난 뒤에 그의 키르탄을 시작하였다. 탄원하는 어조로 그리고 사랑의 감정으로 투카는 판다르푸르의 신에게 사랑의 노래를 불렀다.

131. 그는 룩미니의 남편을 떠올리며 그에게 말하였다. "당신이 저를 받아들이실까, 아니면 받아들이지 않으실까? 저는 오로지 이 생각만 합니다. 이것은 저를 밤낮으로 걱정하게 합니다.

132. 당신이 제게 당신의 발을 보여 주실까, 보여 주지 않으실까? 저의 마음은 이 걱정뿐입니다. 당신이 저에게 말하실까, 말하지 않으실까? 이 생각이 저를 괴롭힙니다.

133. 당신이 저를 기억하실까, 기억하지 못하실까? 이것이 저의 의심입니다, 오, 독수리 깃발을 들고 계신 분이시여. 당신 말고는, 사랑하는 크리슈나시여, 그 누구도 도움을 주지 않습니다.

134. 저는 선한 행위가 부족하여 영혼에 침울함을 느끼지만, 당신은 무력한 자의 형제이며 자비의 구름입니다. 제게 이 이름이 진실하게 하소서.

135. 저는 위대한 이름을 가진 사람이 아니므로 당신은 저의 요청을 들어주셔야 합니다. 모든 면에서 저는 제대로 섬기지 못하는 사람입니다. 저의 가슴이 이것을 증명하는 저 자신의 증인입니다.

136. 저는 높은 신분이나 좋은 가문의 사람이 아니며, 행위도 순수하지 못합니다. 제가 당신의 비밀들을 알면 그 비밀을 통하여 저의 목적을 달성할 수 있겠지만, 저는 어떤 비밀도 알지 못합니다. 저는 헌신이나 사랑에 대해서도 아는 바가 전혀 없습니다. 당신은 이것을 알고 계십니다, 오, 완전한 존재시여.

137. 제게는 종교적인 행위들을 할 만한 힘이 없으며, 고결한 이들에

게 있는 품성도 없습니다. 저는 단지 지상에 짐만 될 뿐입니다. 당신은 이것을 알고 계십니다, 오, 자비로운 존재시여."

138. 투카가 이와 같이 사랑으로 신의 자비를 위해 탄원하고 있을 동안, 여전히 몸 안에 있었지만 그는 몸을 의식하지 않는 자가 되었고, 사랑이 담긴 그의 헌신의 힘으로 크리슈나의 형상이 그의 가슴에 나타났다.

139. 신에 대한 사랑으로 그는 키르탄에서 춤을 추기 시작했고, 때때로 바닥에 엎드려 절을 하곤 하였다. 무아경에 들어간 투카는 박타로서 자신의 관계를 잊었고, 크리슈나는 신으로서 자신의 관계를 잊었다.

140. 이것을 보고서 크리슈나는 걱정이 되었다. 그는 생각하였다. "만약 투카가 나와 하나가 된다면, 누가 있어 내가 그와 얘기할 수 있겠는가?

141. 힘든 일이 있을 때 누가 나를 찾을 것이며, 내가 누구를 돕기 위해 달려갈 것인가? 그는 나의 이름을 찬미하며 영적인 몸을 얻었다."

142. 이렇게 생각하면서 그는 투카를 끌어안았다. 투카가 깨어나 몸을 의식하게 되었을 때, 그는 다양한 말로 자비를 탄원하기 시작했다.

143. "오, 비천한 자에게 자비로운 당신, 판다르푸르의 신이시여, 당신은 저의 어머니며 아버지, 저의 누이, 저의 형제, 가장 친한 친구, 그리고 삼촌이십니다. 당신 말고는 저에게 아무도 없습니다.

144. 오, 비토바시여, 당신은 저의 위대한 진정한 구루이십니다. 이 삶의 경험의 바다 건너편으로 저를 데려가소서. 그러면 저는 그치지 않고 당신의 이름을 노래할 것입니다. 저를 이렇게 축복하소서."

145. 그의 키르탄의 주제는 이러하였다. 불을 흔드는 봉헌 의식을 위하여 불이 밝혀졌고 룩미니의 남편 앞에서 불을 흔들었다. 모두들 사랑

으로 신 앞에 엎드려 절하였다.

신이 꿈속에서 투카에게 만트라를 주다

146. 그때 크리슈나는 생각했다. "투카는 나마의 화신이다. 형상으로 있는 나에 대한 그의 숭고한 사랑 때문에 나는 이와 같이 보이는 형상을 취한 것이다.

147. 그는 비이원성을 가르치는 교리를 좋아하지 않아서 어떤 삿구루에게도 가지 않는다. 이것은 앞으로 다른 사람들이 따르는 길이 될 것이며, 한 구루에게 헌신하는 것에 좋지 않은 영향을 미칠 것이다.

148. 위대한 사람들이 세운 사례를 보고 다른 사람들은 그것을 따른다. 따라서 나는 브라만의 형상을 취하여 투카에게 만트라를 줄 것이다."

149. 그러나 룩미니는 판다르푸르의 신에게 말했다. "저의 요청을 들어 보세요. 당신이 누구에게든 만트라를 주게 되면, 그는 진실로 죽지 않게 됩니다.

150. 저는 당신에게 여기에 관한 옛날의 이야기들을 하고자 합니다. 브라만의 저주로 모든 야다바들이 파괴되었을 때, 당신은 우다바의 생명을 지켰습니다.

151. 당신의 은총 앞에서 브라만의 저주는 무력해졌습니다. 당신은 우다바에게 바가바탐을 설명하여 그를 구했습니다.

152. 람의 화신으로 있는 동안, 당신은 안자니의 아들 하누만트와 박타 비비샨의 머리에 당신의 손을 얹어 그들의 육신을 죽지 않게 하였습

니다.

153. 만약 당신이 지금 투카의 머리에 당신의 손을 얹으면, 그의 몸은 죽지 않게 될 것입니다." 크리슈나는 룩미니의 말을 듣고 웃었다.

154. 그가 말했다. "당신은 정확한 진실을 말하였소. 투카는 나의 가장 소중한 생명이오. 나는 그에게 강력한 만트라를 주어 죽음이 그를 파괴하지 못하게 하겠소."

155. 그렇게 말하고서 자비의 구름은 상서롭고 좋은 날을 기다렸다. 2월의 밝은 전반 동안인 그달 열흘날 목요일에 그날이 왔다.

156. 투카는 밤에 잠을 자면서 크리슈나의 형상을 떠올렸다. 성자 여러분은 투카가 꿈속에서 보았던 것을 존경하는 마음으로 들어야 한다.

157. 바이슈나바 박타는 인드라야니 강에서 목욕을 하고 사원으로 가고 있었다. 그의 양손에는 툴시 잎이 들려 있었다. 그런데 길을 가던 중에 그는 갑자기 한 브라만을 만났다.

158. 투카는 브라만이나 성자를 만날 때마다 그들에 대한 사랑으로 언제나 땅바닥에 완전히 엎드려 그들에게 절하였다.

159. 사람은 깨어 있는 상태에서 무엇이든 보게 되면 꿈속에서도 똑같은 것을 보게 된다. 이것은 모든 사람이 경험하는 것이며, 신성한 법칙이 불러일으키는 환영이다.

160. 그것을 보여 주는 사례들은 아주 많다. 투카는 길을 가다 브라만을 만나자, 그에게 툴시 잎을 드리고 그 앞에 엎드려 절했다.

161. 그 브라만은 기뻐하며 투카의 머리에 손을 얹고, 그에게 세상 사람들을 구원할 수 있는 '람 크리슈나'라는 만트라를 주었다.

162. 동시에 슈리 하리는 그의 계보에 있는 구루들의 이름을 투카에

게 직접 말해 주었다. 나는 현명한 청중들인 여러분들이 존경하는 마음으로 이 이름들에 귀를 기울이기를 바란다.

163. "라가바 차이타니야는 바이슈나바 박타이며, 케샤브 차이타니야는 그의 제자가 되었다. 바바 차이타니야는 나의 이름이다." 신은 투카에게 그렇게 말했다.

164. "슈리 크리슈나에 대한 숭배를 결코 그치지 말 것이며, 그의 발을 결코 떠나지 말라." 이에 투카는 마음이 행복하여 이 삿구루를 간곡히 초대하였다.

165. "스승이시여, 부디 지금 저의 집에 오셔서 당신의 현존으로 그곳을 성스럽게 하여 주십시오. 당신께서는 손수 요리하여 흡족하게 드실 수 있습니다."

166. 투카의 말을 듣고 룩미니의 남편이 말했다. "그대가 나에게 기(ghi) 1/4쉐르를 준다면, 그대의 집에 가겠다."

167. 고귀한 브라만의 이 말을 듣고서 바이슈나바 박타는 "그러겠습니다."라고 말한 뒤, 브라만의 손을 잡고 자기 집으로 모시고 갔다.

168. 바이슈나바 박타가 아내에게 말했다. "신께서 우리 집에 오셨소. 요리에 필요한 모든 재료를 그분께 드리고, 그분께서 원하시는 만큼의 기를 드리시오."

169. 투카의 말을 듣고 그의 부인은 격분하여 말했다. "이 빌어먹을 브라만은 어디서 왔어요? 저 사람에게 줄 기 1/4쉐르를 어디서 구해요?

170. 그는 계속해서 모든 부류의 브라만을 우리 집에 데려와요. 그는 우리의 구리 그릇들을 다 없애 버렸고, 나에게 질그릇들만 남겼어요. 내가 어떻게 가사를 꾸려 나갈 수 있겠어요?"

171. 말다툼이 점점 더 격렬해지는 사이에 삿구루는 갑자기 떠났다. 그것은 고귀한 바이슈나바가 그날 꾼 꿈이었다.

172. 꿈에서 깨어난 바이슈나바 투카는 마음에 자책감이 일었다. 그는 말했다. "존경하는 삿구루께서 나를 만나시고, 이런 삶의 경험의 바다 건너편으로 나를 건네주셨다.

173. 그리고 그분께서 요구하신 것은 단지 기 1/4쉐르가 전부였다. 그러나 우리 가정의 불화가 너무도 심하여 신은 곧 떠나셨다.

174. 그러나 그분께서는 구루의 계보에 있는 분들의 이름인 케샤브 차이타니야, 라가바 차이타니야, 그리고 자신의 이름인 바바지 차이타니야를 나에게 알려 주셨고, 나에게 '람 크리슈나 하리'라는 만트라를 주셨다.

175. 이날은 2월의 밝은 전반부인 열흘날 목요일이었고, 그분께서는 이날이 상서로운 날이라는 것을 아시고 나를 받아들이셨으며, 그 뒤에 구루께서는 즉시 떠나셨다."

176. 경애심에 젖은 투카람은 이것을 주제로 세 개의 아방가를 지었다. 누구든 경애하는 마음으로 아방가를 계속 노래하면, 세속적인 존재의 걱정들로 고통 받지 않을 것이다.

177. 그것은 꿈속에서 투카에게 보여 준 삿구루의 자비이다. 신을 사랑하는 경건한 박타들은 크리슈나 키르탄에서 그러한 이야기들을 듣는 것처럼 개인적인 경험으로 이것을 이해한다.

178. 구루들의 계보는 꿈을 통하여 같은 방법으로 계속되고 있다. 투카는 꿈속에서 그가 특별히 사랑했던 사람들에게 만트라를 주었다. 그리고 그런 기적은 아직까지 계속되고 있다.

마히파티는 신의 도구이다

179. 대단히 흥미로운 다음 장에서 말하는 이는 룩미니의 남편이다. 그러므로 친애하는 박타들이여, 존경하는 마음으로 주의를 모아 듣기 바란다.

180. 슈리 크리슈나는 그의 하인 투카에 대한 찬미가 온 세상으로 퍼져 나가도록 하기 위하여 이 박타릴람리타를 이야기하고 있다.

181. 룩미니의 남편은 행위자이며, 손에 끈을 쥐고 있다. 그는 나를 자신의 도구로 삼았다. 그분도 그렇다는 것을 알고 있다.

182. 크리슈나는 양팔을 허리에 얹고서 벽돌 위에 서 있다. 마히파티는 단지 키르탄에서 그분의 선량함을 노래하도록 그분에게서 축복을 받은 사람이다.

183. 스바스티! 이 책 슈리 박타릴람리타는 단지 듣는 것만으로도 마음의 욕구들을 충족시켜 준다. 신을 사랑하는 경건한 박타들이 그것을 듣기를. 이것은 흥미로운 제9장이다.

제10장
투카의 아내가 신상의 발을 부수러 가다

마히파티의 기도

슈리 가네샤에게 경배를.

1. 저는 이 세상살이에 있어 보호자도 지지자도 없습니다. 저는 모든 면에서 절름발이입니다. 그럼에도 불구하고 저는 저 자신을 당신의 것이라 부릅니다, 오, 슈리 하리시여. 제 가슴은 이것에 자부심을 느낍니다.

2. 하지만 저는 박티나 지식이나 힘이 부족합니다. 세속적인 일에도 무관심하지 못합니다. 저는 그처럼 우둔하고 무지한 사람입니다. 당신이 아니면 누가 저를 돕겠습니까?

3. 하수구의 불결한 물이 탱크나 우물에 모이면 우물물을 못 쓰게 만들 것이며, 신성한 사람들은 아무도 그 물을 마시지 않을 것입니다.

4. 그러나 그와 같이 오염된 물이 갠지스 강으로 흘러들면, 그 물은 그날 바로 그 순간에 신성해지며, 무니들, 성자들, 리쉬들에 의해 찬미됩니다.

5. 그와 같이 모든 면에서 죄인인 사람도, 비록 마음속에 어떤 감정을 가지고 있건 탄원자로서 당신에게 나아오면, 천상의 신이신 당신은 그 사람의 선량함이나 비난할 것을 보지 않으시고 그를 당신의 것으로 받

아들이십니다.

6. 베다들에서는 카스트에서 추방된 자들을 경멸받을 만한 자들로 말하고 있습니다. 그러나 만약 그들이 당신의 이름을 반복하며 진실한 가슴으로 당신을 숭배한다면, 그들은 최고 계급의 사람들보다 더 찬미를 받습니다, 오, 크리슈나시여.

7. 당신은 그러한 분이시며, 진정 죄인을 정화시키는 분이십니다. 당신은 모든 생물과 무생물의 우주적 구루가 되실 수 있습니다. 마음속에서 이것을 알기에 저는 탄원자로서 당신에게 나아옵니다, 오, 룩미니의 남편이시여.

8. 그러니 이제 당신에게 옳게 보이는 대로 행하소서. 저를 없애시거나 저의 선함을 북돋아 주소서. 도움을 주시는 분으로 세상에 널리 알려진 당신의 명성은 결코 거짓이 아닙니다.

9. 오, 크리슈나시여, 당신은 헤아릴 수 없이 많은 당신의 박타들을 구원하셨습니다. 이런 명성은 푸라나들에 잘 나타나 있습니다. 그들 가운데 둔하여 이해하지 못하고 당신의 도움을 필요로 하는 저 마히파티가 있습니다.

우울에 빠진 투카가 가정을 버리다

10. 지난 장의 이야기는 투카가 꿈속에서 만트라를 받았으며, 꿈에서 깨어난 그가 그 일에 대해 경탄했다는 내용이었다.

11. 어느 날 신을 사랑하는 이 박타는 정글에 들어가 앉았다. 그는 생

각했다. "나는 거친 아내와 살아야 했다. 그리고 그녀는 모든 사람들 중에서 나를 가장 불신하고 있다.

12. 그녀는 내가 가장의 역할을 하려 하거나, 예기치 않은 손님들이나 초대받은 손님을 접대하려는 것을 싫어한다. 그녀는 지고의 영적인 진리에 대해서도 적개심을 가지고 있다.

13. 그녀는 꿈속에서조차 나에게 상냥하게 말하지 않는다. 그래, 신께서 그 인연을 끊으셨다. 나는 어떠한 일에도 말려들지 않겠다."

14. 이렇게 말하고 바이슈나바 박타는 사랑하는 마음으로 신에 대한 숭배를 계속하였다. 밤 4가티카가 지난 뒤, 그는 키르탄을 하기 위하여 사원으로 갔다.

15. 이 열정적인 키르탄에서 그는 많은 형태의 탄원 주제들을 택했다. 많은 청중들이 듣기 위해 찾아왔다. 그들은 신을 사랑하고, 세속적인 일에 무관심하며, 신앙심이 깊은 사람들이었다.

16. 그는 4프라하르 동안 키르탄을 계속한 후, 목욕을 하기 위해 인드라야니 강으로 내려갔다. 다음에는 크리슈나를 예배하고 정글로 들어가 홀로 앉았다.

17. 누군가가 그에게 빵을 갖다 주면 정글에서 필요한 만큼씩만 먹었다. 하지만 바이슈나바 박타는 집으로 돌아가지 않으려 했다. 그러면 거친 아내와 함께 살아야 했기 때문이다.

18. 투카가 집으로 돌아가지 않은 날이 흘러 두 달이 되었다. 그의 부인은 이웃들을 불러 자신의 입장을 하소연했다.

19. 그녀는 말했다. "그 미친 사람은 마을에 있지만 나를 쳐다보지도 않으려 해요. 그 사람에게 가서 물어봐 주세요. 대체 나에게 어떻게 할

계획이랍니까?

20. 투카는 정글에 앉아서 숭배하고 있고, 누군가가 그에게 먹을 것을 가져다준대요. 그는 밤이 되면 사원에 와서 심벌즈를 치며 춤을 춘답니다."

21. 어느 날 강에서 목욕을 마치고 사원으로 가던 바이슈나바 박타는 강에서 물을 길어 오던 아발리와 갑자기 마주치게 되었다.

22. 그녀는 투카의 옷을 잡고 길을 막아섰다. 그리고 입술을 깨물며 독설을 퍼부었다.

23. 그녀가 투카에게 말했다. "당신은 두 달 동안 집에 들어오지 않았어요. 당신은 내가 가정 살림을 꾸려 가기 위해 누구의 부인이 되기를 원해요?"

24. 투카는 대답했다. "비토바이신 슈리 크리슈나와 룩미니는 우리의 아버지와 어머니오. 만약 당신이 그분들의 발을 잊지 않고 기억한다면, 당신의 가정생활에 불행이 없을 것이오."

25. 아발리는 그에게 말했다. "나는 당신이 집으로 돌아오기를 원해요." 투카가 대답했다. "만약 당신이 나의 제의에 귀를 기울이고자 한다면, 지금 내게 약속하시오."

26. 아발리는 투카에게 약속을 하고 그를 집으로 데려갔다.

투카가 가정생활을 재개하다

투카의 집 현관 옆에는 툴시 계단이 있었는데, 투카는 거기에 앉아 있었다.

27. 그날은 크리슈나의 날이었고, 사람들이 투카의 말을 듣기 위하여 찾아왔다. 그러나 아발리는 그들을 보자 욕지거리를 하며 내쫓았다.

28. 투카가 그녀에게 말했다. "어느 누가 아무 용무 없이 남의 집에 가겠소? 당신은 우리 집을 방문하는 영광을 좋아하지 않소. 당신은 왜 그 사람들에게 이를 가는 것이오?

29. 신을 통해서 온 우주는 우리의 친척이 되었소. 그들에게 상냥하게 말하지 않으면 당신이 뭔가를 잃게 되오?

30. 사람들은 하던 일을 멈추고 여기 우리 집을 찾았소. 당신은 이것을 영광으로 생각하지 않고, 대신 욕하며 그들을 쫓아내고 있소."

31. 바이슈나바 박타의 말을 듣고 아발리는 조용해졌다. 그러나 사람들은 아발리를 몹시 두려워하여 더 이상 그들의 집에 찾아오지 않았다.

32. 투카는 툴시 계단 옆에 앉아서 부인에게 말했다. "이제 우리의 마음을 모으고 앉아서 신의 찬미를 듣도록 합시다."

33. 아발리는 마음속으로 생각했다. "내가 그의 말을 듣지 않는다면……, 하지만 나는 그에게 약속을 하고 그를 집으로 데려왔다." 그래서 그녀는 그의 옆에 앉아서 그의 말을 들었다.

34. 그리고 바이슈나바 박타는 그들 부부만 있는 것을 알고서 부인에게 설교하기 시작했다. 그는 말했다. "여기 데후의 마을에서 그리고 인간의 몸에서도 우리는 세금 평가액을 받아들였소.

35. 정부 세금은 80루피고, 우리는 평가된 금액만큼 납부를 해야 하오. 만약 우리가 세금을 납부하지 않으면 관리는 우리를 몹시 겁줄 것이오.

36. 당신은 나에게 이 80루피가 무엇이냐고 물을 것이오. 당신의 마음에 그런 의문이 생길 것이오. 그것들은 우리의 몸을 구성하는 80개의 원소들이오.

37. 우리는 우리의 감각 기관들을 밤낮으로 소모하고 있소. 그리고 그 일에 10개의 원소들이 쓰이고 있소. 만약 가슴이 지속적으로 평온하면, 다섯 기관들에 대한 특별한 욕망이 없어지게 되오.

38. 사람들은 5개의 행위 기관이 있다고 말하오. 그것들은 신을 위해서도 쓰이오. 내가 행위자로서의 나 자신을 잊어버리면, 그것들은 자연적으로 없어지게 되오.

39. 이런 식으로 10개의 원소들은 쉽게 없어지지만, 70개의 원소들은 우리의 몸에 남게 되며, 우리는 그것들에 대한 값을 치를 수 없소.

40. 이곳의 관리인 크리슈나는 '모든 잔액을 지불하라.'고 말하오. 그는 우리의 항아리들, 다른 그릇들, 가축들, 그리고 우리 집에 있는 모든 재산을 요구하오.

41. 만약 내가 이미 이 가정을 세우지 않았더라면, 나는 그의 수중에 들어가지 않았을 것이오. 그러니 이제 세상일에 무관심해짐으로써 나를 그에게서 자유롭게 해 주시오, 오, 나의 아내여.

42. 내일은 열 이튿날 월요일이요. 빨리 강에 가서 목욕을 하고 돌아오시오. 그런 다음 브라만들을 초대하여 모시고 그분들에게 우리 집을 내어 줍시다.

43. 음식이나 옷에 대해서는 조금도 생각하지 맙시다. 만약 우리의 거룩한 천상의 아버지이신 판두랑께서 우리의 머리에 손을 얹으신다면, 그분은 우리에게 어떠한 좋은 물건도 부족함이 없게 하실 것이오.

44. 당신이 내 말을 듣는다면, 당신에 대한 찬사는 세상에 널리 퍼져 나갈 것이오. 그리고 우리는 '도둑들이 우리 그릇들을 훔쳐 갔고, 우리 소가 먹을 것이 없어서 죽었다.'고 생각할 수 있소.

45. 모든 욕망을 버리고 당신의 가슴을 강철처럼 굳건히 하시오. 당신에게는 어떤 자식도 없다고 생각해 보시오. 그래서 자유를 얻으시오.

46. 마음을 단단히 먹고, 썩어 없어지는 물질에 대한 모든 욕망을 버리고, 신과 브라만들, 손님들을 우리 집에 초대하여 그분들을 숭배하시오.

47. 성실한 자세로 바이슈나바들을 섬기는 사람이 되어, 온전한 마음가짐을 가지고 탄원자로서 성자들에게 가시오. 그리고 사랑하는 마음으로 크리슈나의 이름들을 암송하시오."

48. 그가 자상한 방법으로 부인에게 설교했던 이 주제에 관하여 11개의 아방가가 있다. 그것은 '푸르나 보다' 즉 '완전한 깨달음'이라고 불린다. 그것을 낭송하는 소리를 듣게 되면 누구든지 세상일에 무관심해진다.

49. 어떤 구도자든지 이 비길 데 없는 투카의 시들을 암송하는 데 전념한다면, 그는 박티, 브라마의 지혜, 세속적인 일에 대한 무관심에서 확실히 완전해질 것이다.

50. 나는 단지 투카의 말을 간단하게 인용하였을 뿐, 장황하게 늘어놓은 것이 아니다.

아발리가 브라만들을 초대하여 모든 것을 다 내주다

투카는 슈리 크리슈나에 대한 철야 예배를 열고는 신의 여러 업적들을 찬양하며 노래하였다.

51. 마침내 태양이 떠오르고 불을 흔들어 봉헌하기 위하여 불을 밝혔다. 투카의 부인은 그의 옆에 앉아 있었기 때문에 한동안 세속적인 일에 무관심해졌다.

52. 이른 아침이 되자, 그녀는 강에 가서 목욕을 한 뒤 브라만들을 집에 초대하여 가축, 송아지들, 돈, 곡식, 요리 용기와 같은 집 안의 모든 것을 가져가도록 했다.

53. 난로에 있는 재조차도 산야시들이 가져갔다. 그들은 서로 말하였다. "우리는 세속적인 것들에 무관심한 채 앉아 있으니 이 재를 우리 몸에 바릅시다."

54. 그들은 곡식 항아리, 돌절구, 절굿공이, 빈 토기 단지들 등 모든 것을 가져갔다. 약간의 낡은 옷들이 남아 있었지만, 그것들은 말리기 위해 뒷마당에 널려 있었다. 바로 그때 어머니 룩미니는 마하르 부인의 모습으로 나타나 투카에게 말했다. "당신이 옷가지를 가지고 있으면 나에게 좀 주십시오, 위대한 분이여."

55. 투카는 혼자 생각했다, "이 마하르 부인은 돌아가려 한다." 그래서 그는 낡은 옷들이 널려 있는 뒷마당으로 서둘러 가서 그것들을 가져왔다.

56. 그런 다음 그 옷들을 마하르 부인에게 주고서 빨리 가라고 손짓하였다. 그는 이 일에 대해 아무에게도 말하지 않았다.

57. 그러나 마을의 소년들이 이런 상황을 보고는 곧바로 아발리에게 이야기했다.

58. "마하르 부인이 옷가지를 달라고 부탁하자 그가 옷을 가져와서 부인에게 주었어요."라고 소년들이 일러바쳤다.

59. 아발리가 소년들의 말을 들었을 때, 그녀의 마음은 다시 세속적인 삶으로 돌아갔다. 그녀는 말했다. "내가 남편을 설득해서 집으로 오게 했는데 결과적으로 나에게 이런 불행이 닥쳤어.

60. 나는 집에서 곡식을 찧고 빻으며 이제까지 가계를 꾸려 왔다. 그의 관심은 오직 집 바깥에 있으며, 그는 구걸하며 살아갈 수 있다.

61. 나는 이런 식으로 나 자신을 지탱해 왔다. 내가 어떻게 하여 이런 재앙들을 나에게 일어나게 하였는지 나도 모르겠다. 하지만 나는 그에게 약속을 하여 그를 집으로 돌아오게 하였다. 그는 내가 모든 것을 포기하게 만들었다.

62. '검은 분의 발을 기억하라. 그분은 음식과 옷을 줄 것이다.' 오, 어머니, 저는 이 말, 그의 허황된 약속을 믿고 우리의 모든 살림살이를 다 내주었습니다.

63. 그날 밤 저는 그의 발을 적어도 두 번은 기억하였습니다. 이제 깨닫게 되었습니다. 제가 가지고 있던 모든 재산이 다 없어져 버렸다는 것을요."

아발리가 신상의 발을 부수러 가다

64. 그런 다음 아발리는 머리에 돌을 이고 사원으로 서둘러 떠났다. 그녀는 말했다. "나는 검은 놈의 발을 산산조각 낼 것이다." 그녀의 결심은 이처럼 단호했다.

65. 마음속으로 이런 결심을 하고 그녀는 서둘러 사원으로 갔다. 그 사이에 크리슈나의 신상은 부들부들 떨기 시작하였다. "어떻게 해야 하는가?" 그분이 말했다.

66. 아발리가 사원에 들어가자, 룩미니가 그녀에게 말했다. "당신은 지금 무슨 짓을 하려는 겁니까?" 아발리가 대답했다. "나는 신의 발을 부수려고 합니다. 당신의 남편은 파괴자입니다.

67. 어젯밤에 내 남편은 여러 가지 말로 나에게 설교를 했어요. 만약 내가 신의 발을 계속해서 기억한다면, 내게 필요한 모든 것들이 주어질 것이라고 했어요. 하지만 보세요, 그 대신에 나에게 가난이 왔어요.

68. 브라만들은 나의 돈과 곡식, 가축들, 정말이지 모든 것을 가져갔어요. 낡고 보잘것없는 옷 한 벌이 남았지만, 그는 그 옷마저도 가져다가 남에게 주어 버렸어요.

69. 나는 지금 옷도 음식도 없습니다. 내 남편은 육체적으로 필요한 것에 대해 완전히 무관심해졌습니다. 그래서 나는 화가 났습니다." 룩미니는 그녀의 말을 듣고 말했다.

70. "몸에 해로울 정도로 생계에 대해서 걱정하지 마세요." 그런 다음 최초의 어머니인 룩미니는 곧바로 그녀에게 한 움큼의 금화를 주었다.

71. 룩미니는 손수 아발리에게 사리와 외투를 주었고, 아발리는 얼른

그 옷을 입고 사원에서 나왔다.

72. 투카는 그녀에게 주어진 것을 보고서 말했다. "그녀는 너무나 성급했다." 그는 신이 준 금화들을 받아서, 브라만들을 초대하여 금화를 나누어 주었다.

73. 이와 같이 모든 욕망에서 자유롭고 신을 사랑하는 이 박타는 사랑의 숭배를 계속하였다. 투카의 명성은 이제 널리 퍼져 나가기 시작하였으며, 사람들이 그에게 경의를 표하기 위하여 방문하기 시작했다.

74. 그의 놀라운 행위들을 보고서 사람들은 서로 이야기했다. "크리슈나의 신상이 실제로 와서 투카와 함께 식사를 한다."

가네샤와 크리슈나가 투카와 식사를 하다

75. 이 소문은 친츠와드 마을에 사는 친타만에게도 전해졌다. 그는 이 소문을 듣고 대단히 놀라며 생각했다. "투카를 여기로 초대하여 이 소문이 사실인지 확인해 봐야겠다."

76. 그리하여 친타만은 투카를 친츠와드로 초대하는 내용의 전갈을 인편에 보내면서 자신을 만난 후에는 곧 돌아가도 좋다는 말을 덧붙였다. 친타만의 의도를 알게 된 바이슈나바 박타는 생각했다. "친타만이 나를 보고 싶어 한다. 그 사람에게 가 보아야겠다."

78. 그렇게 생각한 후, 그는 즉시 친츠와드를 향해 길을 나섰다. 길을 가는 동안 그는 사랑으로 신에 대한 숭배를 계속했다.

79. 그가 길을 절반쯤 갔을 때 전갈을 전하러 오는 사람을 만났다.

"친타만이 당신을 뵙기를 바라며, 그래서 당신을 초대합니다."

80. 바이슈나바 박타가 말했다. "좋습니다. 나도 마음속에 똑같은 의향을 가지고 있었습니다." 그는 곧 친츠와드에 도착하여 가네샤에게 절을 올렸다.

81. 바로 그때 친타만은 아침 목욕을 하고 예배를 보는 중이었다. 그래서 그는 투카람이 도착한 사실을 몰랐다.

82. 그는 기도실에 홀로 앉아 침묵으로 기도를 하고 있었다. 그러나 그는 변덕스러운 마음을 억제할 수 없었다. 그것이 어떠하였는지 들어 보라.

83. 그는 예전에 정원에 화단을 만든 적이 있었다. 숭배자는 바로 그 순간 그 사실을 바로 기억했다.

84. "화초들이 많이 손상되었고 쓰레기들이 그 위에 널려 있어. 정원사를 불러서 혼내야겠어."

85. 이런 생각이 그의 마음에 떠오르는 순간, 그는 마음을 집중하여 가네샤의 형상을 명상하며 전심전력으로 예배를 올렸다.

86. 예배를 마친 후 친타만은 밖으로 나왔다. 바이슈나바 박타가 그를 보고 땅에 엎드려 절을 올렸다.

87. 그러나 친타만은 어떻게 해야 할지 망설였다. 그는 생각했다. "수드라에게 나마스카르(인사)를 하면 안 된다." 그래서 그는 간단하게 투카를 맞으며 말했다. "오신 것을 환영합니다. 언제 오셨는지요."

88. 신을 사랑하는 박타가 대답했다. "당신은 고요한 마음으로 예배를 하고 있었는데, 당신의 생각이 화단으로 옮아갔습니다. 바로 그때 제가 왔습니다."

89. 이 대답을 듣고 친타만은 놀랐다. 그는 생각했다. "그는 마음을 읽는 사람이다. 그에 관해 알려진 소문이 사실이구나."

90. 하지만 한 가지 소문에 대해서는 의구심이 있다. 그것은 신상 크리슈나가 그와 함께 식사를 한다는 것이다. 모든 사람들이 그에 대해 이렇게 말하는데, 우리가 식사를 마치면 그에게 그것에 관해 물어봐야겠다.

91. 그의 명성은 대단히 높아졌다. 브라만들조차도 그에게 나마스카르를 하고 있다. 만약 그가 나에게 어떤 기적을 보여 준다면, 나도 그에게 존경과 경의를 표할 것이다.

92. 하지만 그것이 단순히 마술에 불과하다면 나는 주저 없이 그를 벌할 것이다. 식사가 끝나면 곧바로 그 문제를 투카와 논의해 봐야겠다."

93. 그런데 만약 불에 봉헌물을 바치는 순간에 손님이 온다면, 그는 크리슈나로 여겨질 수 있다. 브라만들과 같은 줄에 앉아 있던 투카에게 접시가 전달되었다.

94. 그러나 투카의 접시는 브라만들과 약 6피트 정도의 간격을 두고 배치되었다. 투카는 시중드는 사람에게 접시 두 개를 더 놓아 달라고 말했다.

95. 친타만은 그에게 물었다. "당신은 누구를 위해서 그 접시들을 놓았습니까? 만약 우리와 함께 식사할 다른 분들이 있다면 그분들도 초대하세요."

96. 바이슈나바 박타는 대답했다. "이 접시들 중 하나는 룩미니의 남편 슈리 크리슈나를 위한 것이고, 다른 하나는 가네샤를 위하여 놓은 것입니다. 주인이신 당신은 그분들을 초대하시겠습니까?"

97. 가야트리 만트라를 암송하는 동안 접시들에 물을 뿌려 깨끗하게

닦고서, 투카는 가네샤를 상념 속에 초대하였다. 그는 눈을 감고서 봉헌물을 드렸다. 그런 다음 투카는 그에게 다음과 같이 말했다.

98. "한 박타가 바다에서 목욕을 하다가 막 익사할 지경에 처했습니다. 그는 마음속에 가네샤를 떠올리고 도와 달라고 요청했습니다.

99. 그를 구하기 위하여 쉬바의 아들인 가네샤가 바다 속으로 뛰어들었습니다. 나는 이 사건을 알고 있습니다. 지금 당신은 누구에게 이 봉헌물을 바치고 있는 겁니까?

100. 만약 당신이 이 일에 조금이라도 의심을 품고 있다면, 잠시 뒤에 증거를 보여 드리겠습니다." 투카의 이 말을 듣고 친타만은 놀라며, "투카의 마음 상태는 비길 데가 없다."라고 말했다.

101. 반 가티카도 지나지 않아 가네샤가 나타났다. 그가 그의 노란 옷을 짜니 옷에서 바닷물이 떨어졌다.

102. 그때 투카는 친타만에게 말했다. "이제 가네샤를 식사에 초대하세요. 당신이 실제로 그분에게 음식을 대접한다면, 내 마음은 흡족할 것입니다."

103. 투카의 말을 듣고 친타만이 말했다. "어떻게 신상이 음식을 먹습니까? 만약 어떤 사람이 음식을 봉헌한다면, 그것의 향기가 그에게로 갑니다."

104. 이 말에 바이슈나바 박타는 대답했다. "당신은 가네샤가 여기서 음식을 실제로 먹도록 해야 합니다. 그렇게 해야만 당신의 마음이 만족할 것입니다. 그렇지 않으면 당신의 숭배는 허사가 되고 말 것입니다.

105. 이것은 마치 밭에 알맞게 씨앗을 뿌리면 그 밭은 이삭으로 가득 차지만, 이삭에 낟알이 없으면 모든 노동은 허사가 되는 것과 같습니다.

106. 마치 하늘에 구름이 잔뜩 끼어 있지만 비 한 방울 내리지 않는 것과 같습니다. 이와 마찬가지로 신이 눈에 직접 보이는 형상으로 자신을 드러내지 않는다면, 숭배에 사용된 만트라들은 아무런 소용이 없게 됩니다.

107. 열매가 없는 나무나 덩굴 식물은 매력이 없습니다. 물이 없는 강은 무섭게 보이며, 아이가 없이 아름다운 여자는 우아함이 없습니다.

108. 남편이 없는 여인을 위한 장신구들, 영혼이 없는 육체, 보지 못하는 큰 눈, 이 모든 것들은 헛되어 보입니다.

109. 그러므로 신이 눈에 직접 보이는 모습으로 자신을 나타내지 않으면, 숭배와 예배들은 아무런 소용이 없습니다." 투카의 말을 듣고 친타만은 놀랐다.

110. 친타만은 투카에게 말했다. "나는 가네샤를 숭배하고 있습니다. 하지만 그분의 모습을 실제로 모시고 그분과 함께 식사를 할 수 있는 능력이 제게는 없습니다.

111. 고귀한 바이슈나바들은 당신이 룩미니의 남편을 당신의 힘 아래에 두고 있다고들 말합니다. 그러니 지금 가네샤를 초대하여 그분이 여기서 음식을 드시도록 하십시오.

112. 만약 가네샤가 오지 않으면, 나는 음식에 입도 대지 않겠습니다." 친타만의 결심이 확고함을 알고서 비슈누의 종이 대답했다.

113. "당신의 호의로 나는 여기 당신 앞에서 가네샤가 식사를 하도록 하겠습니다." 그런 다음 투카는 사랑을 주제로 찬미하는 한두 편의 아방가를 지었다.

114. "승리, 당신에게 승리를, 가네샤, 열네 가지 과학의 신, 선의 바

다, 모든 시디들의 제공자, 전투용 도끼를 쥔 자, 코끼리 얼굴을 한 자.

115. 당신이 발에 방울을 달고 춤을 추실 때, 나라다와 툼바라를 포함한 모든 사람들은 기이한 광경을 보고서 경외심에 사로잡힙니다.

116. 당신이 은총의 눈으로 사람을 바라보면, 모든 장애물들이 사방으로 흩어집니다. 당신은 사람들을 이 세속적인 존재에 묶고 있는 올가미를 부수시고, 크나큰 고난의 시대에 당신의 박타들을 보호하십니다."

117. 투카가 그러한 찬양을 노래했지만, 가네샤는 오지 않았다. 투카는 계속해서 그가 나타나기를 간청했다. "당신의 마음이 미루지 않게 하십시오.

118. 친타만의 헌신을 보고서, 당신은 새끼를 낳지 못하는 암소들에게서 젖이 나오도록 하셨습니다. 저는 지금 그런 일을 요청하는 것이 아닙니다. 저는 오로지 당신이 지금 여기에 오셔서, 노력 없이 얻으신 음식을 드시기를 간청할 뿐입니다."

119. 투카가 간청하는 목소리를 듣고, 쉬바의 아들 가네샤는 기뻐하며 사구나의 모습을 하고서 자신의 접시 앞에 앉았다.

120. 친타만은 자신이 숭배하는 신이 눈에 보이는 모습으로 나타나자 너무도 만족하였으며, 사랑의 마음으로 바닥에 엎드려 절하였다.

121. "이제 크리슈나를 초대합시다. 그분이 오셔서 우리 앞에서 직접 음식을 드신다면, 그것은 나에게 기쁨이 될 것입니다." 하고 친타만 데바가 투카에게 말했다.

122. 투카는 눈을 감고, 크리슈나의 형상을 떠올리며 명상에 잠겼다. 이 사랑 깊은 박티를 보고서 룩미니의 남편이 나타났다.

123. 검은 피부에 아름다운 모습을 하고 있었고, 양손에 소라 껍데기

와 원반, 무기를 들고 있었다. 크리슈나는 그런 모습이었다. 그의 왕관에 있는 보석이 번쩍이자, 그 빛은 너무 밝아서 태양마저 희미하게 했다.

124. 귀에는 악어 모양의 귀고리가 걸려 있었고, 허리에는 노란 옷을 두르고 있었다. 그의 아름다운 얼굴은 눈부시게 빛나고 있었다. 그의 발에서는 방울이 딸랑거렸다.

125. 친타만이 본 것은 그처럼 장엄한 모습이었다. 그는 바닥에 엎드려 절하였으며, 그의 마음은 기쁨을 주체할 수 없었다.

126. 접시 하나는 하얀 어금니와 아름다운 네 팔 그리고 온몸이 붉은 납으로 칠해져 있는 가네샤 앞에 놓여졌다.

127. 바이슈나바 박타인 투카와 친타만 두 사람은 신이 실제로 있는 모습을 보았다. 그러나 두 신은 다른 사람들에게는 보이지 않았다.

128. 접시에 음식이 담기자 두 신은 손으로 음식을 먹었다. 두 신이 음식을 다 먹고 나자 브라만들은 경탄하며 바라보았다.

129. 여기에 신과 그의 박타, 그리고 다른 브라만들이 그들의 통상적인 순서대로 앉아 있었다. 어느 누구든 무엇이든 청하면 그것이 주어졌다. 그래서 모두가 만족하였다.

130. 투카는 크리슈나와 가네샤의 모습 앞에 물을 가져가 두 분이 손을 씻도록 했다. 그런 다음 두 분에게 판 수파리를 주어 입을 닦도록 하고, 공경하는 마음으로 두 분의 발에 엎드렸다.

131. 그런 다음에 두 신의 모습은 자신들의 박타들을 떠나 시야에서 사라졌다.

이제 친타만은 투카를 사랑으로 껴안고는 그의 앞에 엎드려 절했다.

132. 투카는 이 광경을 보고는 손을 내밀어 친타만을 잡아 일으켰다.

그는 말했다. "제가 당신의 발에 경배해야 합니다. 오, 스와미, 제게 절하는 것은 당치가 않습니다.

133. 저의 스와미 판다리나트의 가슴에는 브라만 브리구의 표시가 있습니다. 모든 신성한 강물이 당신의 발에 있습니다. 신분이 낮은 제가 거기에서 무엇이겠습니까?"

134. 투카의 말을 듣고 친타만은 대답했다. "비슈누 박타를 신분이 낮은 사람이라고 부르면 안 됩니다. 바가바탐에 그렇게 기록되어 있습니다.

135. 많은 산들 중에서 우뚝 솟은 황금 산과 같고, 활을 쥔 자들 중에서는 슈리 람과 같으며, 요기들 중에서 최고인 쉬바와 같습니다. 고귀한 바이슈나바인 당신은 그런 분입니다.

136. 성스러운 모든 강들 중에서 최고인 바기르티와 같고, 신의 이름을 암송하는 사람들 중에서 최고인 나라다와 같으며, 모든 요기들 중에 최고인 아누수야의 아들과 같습니다. 투카 당신은 그런 분이며, 신을 숭배하는 사람들 중에서 최고입니다.

137. 당신은 슈리 하리를 찬양하며 키르탄을 할 것이며, 그러면 당신의 몸은 신성한 모습을 가지게 될 것입니다. 제가 당신의 선한 행위들을 지켜볼 때, 제게 이런 믿음이 왔습니다."

138. 그런 후 친타만은 이와 같이 투카를 찬미하며 말했다. "제가 오늘 슈리 크리슈나의 모습을 직접 본 것은 진실로 당신의 호의에 의한 것입니다."

139. 신을 사랑하는 박타인 투카가 이 말에 대답했다. "이 모든 것은 당신이 훌륭한 호의를 보였기 때문입니다." 그런 다음 투카는 친타만

데바와 작별하고 데후 마을로 돌아왔다.

투카가 세 딸을 시집보내다

140. 투카는 이제 아무런 욕망이 없었다. 누군가가 그에게 돈을 주고자 하여도 그는 손에 그 돈을 쥐지도 않을 것이다. 어떤 청중들은 내 말을 듣고 의심이 생겨 화자에게 질문을 하고자 할 것이다.

141. 가장인 바이슈나바 박타는 몇 명의 자식들이 있었습니다. 그가 그들을 어떻게 결혼시켰습니까? 이 문제에 대해 얘기해 보세요.

142. 청중들의 이러한 물음에 대하여 화자는, 투카에게 세 딸이 있었고 그는 다음과 같은 방법으로 그들을 시집보냈다고 대답할 것이다.

143. 맏딸은 카쉬바이였고, 둘째 딸은 바기르티였으며, 막내딸은 강가바이였다. 모두가 훌륭한 가계에서 출생하였다.

144. 이 딸들이 혼기에 접어들자, 아발리는 심히 걱정이 되었다. "우리가 어떻게 딸들을 시집보낼 수 있을까요?" 그녀는 이렇게 투카에게 물었다.

145. 아내의 말을 듣고, 투카는 곧바로 밖에 나갔다. 그곳에서는 자신과 신분이 같은 소년들이 놀고 있었다. 그는 소년들을 자신의 집으로 데려왔다.

146. 그날은 마침 결혼에 상서로운 날이었다. 바이슈나바 박타는 몇 명의 브라만들을 초청하였고, 신랑 신부에게 샤프란 반죽을 바른 다음 그들을 바로 결혼시켰다.

147. 집에 있던 약간의 우유와 쌀, 그리고 다른 맛있는 음식들을 그들에게 주었다. 다음 날 신랑의 부모들이 아들들의 결혼을 알게 되었다.

148. 그리하여 세 가문의 훌륭한 인척들이 혼인 행렬을 지어 데후 마을로 왔다. 신앙심 깊은 사람들이 도와서 혼인 축제는 나흘 동안 계속되었다.

149. 어느 누가 슈리 하리를 친구로 삼는다면, 온 우주가 그를 우호적으로 대할 것이다. 천상의 거주자는 그의 종들이 이 세속적인 존재의 바다에 빠지도록 내버려 두지 않을 것이다.

한 브라만이 단식투쟁을 계속하다

150. 모세, 가데 그리고 잠불카르는 고귀한 바이슈나바와 혼인을 통하여 친척이 된 사람들이었다. 그는 여전히 세속적인 일에 조금도 얽매이지 않고 있었다. 그는 자신에게 육신이 있다는 것을 잊었다.

151. 이 칼리 유가 시대에 투카는 세상을 구하기 위하여 화신으로 내려왔다. 무지한 사람들은 그의 위대함을 알지 못했으나 그는 세상 사람들의 벗이며 구루였다.

152. 신을 찬양하여 노래함으로써 육신을 가지고 가는 곳마다 천상에 있는 승리의 깃발을 쉽게 꽂을 수 있었던 그 바이슈나바 박타 마하라지가 그의 자비로 나에게도 꿈속에서 만트라를 주었다.

153. 투카의 특질은 사랑이었다. 그는 자주 알란디를 방문하였다. 동경의 눈으로 크리슈나를 보면서, 그는 감정에 북받쳐 목이 메곤 하였다.

154. 다른 일들이 또 일어났으니, 경건한 여러분은 존경하는 마음으로 듣기 바란다.

비드다 지방에 데슈판데라는 브라만이 살고 있었다. 그는 판다르푸르에 있는 크리슈나 사원의 문 앞에서 단식 투쟁을 하고 있었다.

155. 그는 몹시 엄격한 고행을 하고 있었다. 그는 음식을 일절 먹지 않고 단식을 계속하였다. 그는 자신의 힘으로 푸라나들을 이해할 수 있게 되기를 갈망했다.

156. 그가 이렇게 열흘을 앉아 있자, 판다르푸르의 신이 꿈속에서 그 브라만에게 말하였다. "지금 즉시 알란디로 가서 갸네쉬바라에게 간청하라.

157. 네가 그의 제안에 따른다면, 네 가슴의 갈망이 이루어질 것이다." 룩미니의 남편이 이렇게 말하는 것을 듣고 그 브라만은 깨어났다.

158. 그는 꿈을 기억하고 알란디로 갔다. 그는 말했다. "저는 지금 당장 세속적인 기쁨과 궁극적인 해방을, 그리고 푸라나들에 대한 이해를 원합니다."

159. 그는 이러한 갈망을 마음속에 지니고 단식을 하며 갸네쉬바라 앞에 앉아 있었다. 그는 음식을 전혀 먹지 않아서 몸이 몹시 쇠약해졌다.

160. 이렇게 열이틀이 지나자, 갸네쉬바라는 몹시 당혹스러웠다. 그는 말했다. "이 브라만은 행운이 없는데, 쓸데없이 자신의 육체에 고통을 주고 있다."

161. 마침내 그는 그 브라만에게 말했다. "지금 당장 데후 마을로 가라. 그곳에 가면 실제로 나마의 화신인 투카람이라는 바이슈나바 박타를 만나게 될 것이다. 그는 세상 사람들을 구원하기 위해서 이 세상에

내려왔다.

162. 그는 무슨 부탁이든 들어줄 것이다, 네가 그것을 믿는다면, 너의 목적이 이루어질 것이다." 갸네쉬바라가 하는 말을 듣고서 그 브라만은 꿈에서 깨어났다.

163. 단식을 하던 브라만은 그 꿈에 대해 생각할 때 가슴속에 심한 의구심을 느꼈다. 그는 생각했다. "투카는 수드라 계급의 바니라고 전해 들었다.

164. 그를 찾아간다고 하여 어떻게 내 가슴속의 갈망이 실현될 수 있겠는가?" 그는 이와 같이 심한 의구심을 가졌음에도 데후로 서둘러 갔다.

165. 그는 투카를 찾아가 자신의 사정을 전부 얘기했다. 신을 사랑하는 박타는 놀랐다. 하지만 그는 일어나게 될 모든 일을 이해하게 되었다.

166. 투카는 말했다. "그의 축복으로 물소들이 베다를 암송했으며, 찬가데바가 그를 시험하러 왔을 때 그는 자신의 능력으로 벽을 옮겼습니다.

167. 세속적인 기쁨과 궁극의 해방은 준비된 하인으로 항상 그의 문 앞에 서 있습니다. 황금의 피팔 나무가 그의 문 앞에 자라고 있습니다. 나의 스와미가 할 수 없는 것이 무엇이겠습니까?"

168. 그래서 투카는 의아해 했다. 그와 같은 존재인 갸네쉬바라가 단식하는 브라만을 왜 자신에게 보낸 것인가? 그에게 무엇이 부족할 수 있겠는가?

169. "나는 정말 진실한 신의 종이 아닌데도 그런 명성이 사람들 사이에 널리 퍼졌을 뿐입니다. 그런데 오, 갸네쉬바라여, 왜 겸손한 자의 형제인 당신이 이 문제를 나의 집으로 보냈습니까?

170. 사람들 중에서 나는 당신의 다정한 친구입니다. 당신은 문자와 문자를 이어가며 내 귀에 대고 말합니다. 마치 어머니가 우유를 저어 만든 버터를 아이에게 주는 것처럼.

171. 마찬가지로 당신은 호의를 베풀어 나에게 당신의 말들을 전해 주며, 나는 아무 노력 없이 그것들을 갖게 되었기에 사람들 사이에서 그 말들을 되풀이하고 있습니다. 위대한 당신에게 무엇이 부족하여 이 단식자를 여기에 보냈습니까?"

172. 투카는 이와 같이 궁금해 하며 11개의 아방가를 지었다. 학식과 경험이 있는 사람들은 이 운문들을 '가장 뛰어난 지혜'라고 말한다.

173. 단식자는 투카의 옆에 앉았고, 신을 사랑하는 박타는 자신이 지은 운문들을 그에게 주었다. 투카는 은총의 선물로 그에게 코코넛을 주었다. 하지만 그 브라만은 바로 거절했다.

174. 그는 생각했다. "나는 푸라나들을 이해하기를 갈망하는데, 그 대신에 그는 자신이 지은 마라티어 운문들을 나에게 준다. 내가 여기 온 것이 허사인 것 같구나." 그는 푸라나들을 고집하며 갸네쉬바라의 무덤 앞에서 "저의 갈망을 이루어 주소서."라고 말하며 단식을 계속했다. 그는 자신이 갈망하는 바를 얻기 위하여 혹독한 고행을 행하였다.

176. 그 동안 투카는 갸네쉬바라에게 13개의 아방가들로 편지를 썼다. "당신은 브라만을 나에게 보냈습니다.

177. 당신은 단식자가 갈망하는 일들이 그의 운명이 아님을 잘 알면서도 그를 나에게 보내어 내가 망신을 당하는 것 같습니다.

178. 그것은 거짓말쟁이의 증언과 같아서, 또 다른 사람에 의하여 결정되어야 하는 것입니다. 나는 당신의 발에 섬김을 바치면서 감사히 여

기며 처신했습니다, 오, 갸네쉬바라여.

179. 나는 당신의 소망을 외면할 수 없습니다. 나는 그에게 11개의 아방가를 주었고, 은총의 선물로 코코넛을 주어 그를 영예롭게 하였습니다.

180. 하지만 행운은 그의 편에 있지 않았습니다. 그는 그것들을 거절하고 가 버렸습니다." 투카람이 갸네쉬바라에게 쓴 편지는 그러했다.

181. 그 후 갸네쉬바라는 단식하던 브라만을 당장 내쫓았다. 그것은 그의 마음속 의심이 불러일으킨 카르마의 결과이다.

182. 그것은 소망의 나무 아래에 앉아서 자루 입구를 묶어 놓고 있는 사람과 같다. 그는 이 세상에서 경험해야 하는 것이 무엇이든 간에 운명을 통하여 그것을 경험했다.

183. 죽어 가고 있던 사람이 갑자기 한 컵의 감로를 발견하게 되었다. 하지만 그는 그것을 소금물로 생각하고, 컵을 뒤집어 감로를 쏟아 버렸다.

184. 어떤 사람이 자신의 눈으로 금광을 보았다. 불운한 그 사람은 금광 가까이 갔지만, 그에게는 금광이 화산처럼 보였다. 누가 운명을 거스를 수 있겠는가?

185. 운이 없는 가련한 사람은 현자의 돌을 발견하더라도, 그에게는 그것이 단지 평범한 조약돌로 보여 그것을 아무 데나 던져 버린다.

186. 그런 식으로 투카는 단식하고 있는 브라만에게 베다와 샤스트라의 본질이 담겨 있는 매우 뛰어난 아방가들을 주었지만, 그의 불운한 운명으로 인해 그에게는 그것이 평범한 작문으로 보였던 것이다.

187. 그래서 그는 코코넛을 거절하고 알란디로 돌아갔지만, 나의 훌

륭한 친구들인 여러분이 이미 들은 대로 갸네쉬바라는 그를 내쫓아 버렸다.

188. 이제 데후 마을로 돌아가 보자. 바이슈나바 박타인 투카는 종이에 쓰인 거절당한 아방가들을 보며 생각했다. "내가 누구를 위하여 이 아방가를 지었는지 도무지 알 수가 없구나."

189. 그러나 바로 그때 콘도바라는 이름의 덩치 크고 뚱뚱하며 아둔한 브라만이 길을 가다 투카를 알아봤다.

190. 그는 글자도 몰랐고 마음속에 자만심도 없었다. 그는 투카를 보자 정중하게 인사를 했다.

191. 바이슈나바 박타는 그의 순수함에 기뻐하며, 이전에 지었던 11편의 아방가를 콘도바에게 주었다.

192. 그리고 단식하던 브라만이 던져 버린 코코넛도 그에게 주었다. 콘도바가 코코넛을 깨어 보니 그 속에는 빛나는 진주들이 들어 있었다.

193. 아메다바드 시에 한 상인이 있었는데, 그는 갸네쉬바라에게 10만 루피 상당의 보석을 그의 무덤에 바치겠다고 맹세했다.

194. 그 상인은 자신이 한 맹세를 지키기 위하여 무덤에 참배를 하러 갔다. 그러나 갸네쉬바라는 그의 꿈속에 나타나서 그 보석을 투카 앞에 갖다 놓으라고 말했다.

195. 그 상인은 코코넛을 가져와 속을 파낸 다음 그 속을 진주로 채워서 투카 앞에 갖다 놓았다. 단식하던 브라만이 찾아온 날이 바로 그날이었고, 그는 그 코코넛을 받았다.

196. 하지만 운명은 단식하던 브라만 편에 있지 않아서 그는 그 코코넛을 거절했던 것이다. 투카가 그 코코넛을 콘도바에게 준 것이다. 게다

가 콘도바는 사랑의 감정으로 그 아방가들을 읽었기 때문에 산스크리트를 이해하기 시작했다.

197. 쉬바지 왕은 푸라나들을 읽어 주는 박식한 브라만을 두고 있었다. 그 브라만은 콘도바라는 요리사를 두고 있었는데, 그 콘도바는 탄원자로서 투카에게 갔다.

198. 그리고 그 성자는 자연히 그에게 호의를 보였으며, 그는 세속적인 기쁨과 궁극의 구원을 얻게 되었다. 또한 그는 그 순간에 푸라나들에 대한 지식을 얻었고, 나아가 바가바탐의 전문 학자가 되었다.

199. 쉬바지 왕은 일의 전모를 알고는 콘도바에게 의류와 장신구를 주었다. 이 일로 인해 쉬바지 왕은 투카를 찾아가 경의를 표해야겠다고 생각하게 되었다.

투카의 높아 가는 명성

200. 날이 갈수록 투카의 명성은 더욱더 높아졌다. 신앙심 깊은 사람들은 투카의 키르탄을 듣고서 그에게 경의와 존경심을 표했다.

201. 어느 날 바이슈나바 박타가 알란디에 있는 사원의 정문 앞에서 키르탄을 하고 있을 때, 로하가브 사람들이 그곳에 왔다. 그들은 지성적이고 세속적인 일에 무관심하며 경건하였다.

202. 그들은 투카의 발에 절하며, 그들의 마을을 잠시라도 찾아 줄 것을 간청했다. 이와 같이 진지하게 부탁을 하며 그들은 공손하게 그의 발 앞에 엎드렸다.

203. 그들은 말했다. "오, 스와미시여, 부디 저희 마을에 오셔서 저희가 살고 있는 곳을 신성하게 해 주십시오." 그들의 숭고한 진실성을 보고서 고귀한 바이슈나바는 대답했다. "틀림없이 가겠습니다."

204. 그리하여 다음 날 그들은 투카를 로하가브로 성대하게 모시고 갔다. 그들은 맛있는 음식을 요리하여 브라만들의 식욕을 만족시켰다.

205. 그들은 큰 천막을 세우고 옆에는 휘장을 쳐서 대형 강연장을 만들었으며, 고귀한 바이슈나바는 거기서 영혼을 고양시키는 키르탄을 했다.

206. 심벌즈, 비나, 북을 연주하는 커다란 소리는 정말 귀청이 터질 듯 울렸다. 이러한 키르탄에서 넘치는 신성한 열정이 청중을 감동시켰다. 브라마데바나 다른 신들조차 그와 같이 할 수는 없을 것이다.

207. 신앙심 깊은 사람들은 투카의 자비로운 목소리를 귀 기울여 들었다. 감정에 북받쳐서 그들의 눈에는 사랑의 눈물이 흘러내렸다.

208. 투카가 하는 말들을 황홀한 상태에서 사랑으로 듣는 동안, 어느 한 사람도 졸거나 지루해 하지 않았다. 태양이 떠오르자, 사람들은 판다르푸르의 신에게 불을 흔드는 의식을 하며 끝맺었다.

209. 다음의 놀라운 장에서 화자는 룩미니의 남편이다. 마히파티는 단지 성자들의 업적을 칭송하는 그분의 휘장을 단 사람에 지나지 않는다.

210. 스바스티! 이 책 슈리 박타릴람리타는 단지 듣는 것만으로도 마음의 모든 갈망들을 채워 준다. 신을 경외하는 박타들은 듣기 바란다. 이것은 흥미로운 제10장이다.

제11장
그의 시들을 강물에 던지다

판다르푸르에 있는 크리슈나의 신상을 찬양함

슈리 가네샤에게 경배를.

1. 오, 슈리 하리시여! 당신의 이름은 무력한 자들의 형제입니다. 제 가슴에게도 정말 그런 것 같습니다. 당신은 비마 강둑 위의 돌 위에 발을 나란히 하고 똑바로 서 계십니다.

2. 당신의 아름다운 몸의 모습이 기쁨을 줍니다. 당신은 두 손을 허리에 얹고 계십니다. 이와 같이 옷을 입고 있지 않은 당신의 상을 보고도 사람들은 신체 의식을 잃습니다.

3. 당신의 아름다운 신상은 기쁨을 주는 광경입니다. 향기로운 꽃가루들이 당신 위에 뿌려집니다. 당신의 눈은 코끝을 향하고 있습니다. 당신 머리 위의 왕관은 영광의 빛을 발하고 있습니다.

4. 당신을 찾아온 신앙심 깊은 박타들은 사랑에 빠져 당신을 꼭 껴안습니다. 그들은 당신의 목에 툴시 화환을 걸어 드립니다. 이 모든 것이 당신을 기쁘게 합니다, 오, 신이시여.

5. 도둑질을 한 자, 불륜을 저지른 자, 브라만들을 증오하는 자, 소를 도살한 자들과 같은 갖가지 죄인들이 단지 당신을 바라보는 것만으로도

구원을 받습니다. 이것은 당신이 푼달릭에게 하신 약속이었습니다.

6. 영적인 구도자들은 천국에 가기가 대단히 어렵다는 것을 깨닫습니다. 그래서 당신은 인간들 사이에 이 신성한 도시 판다르푸르를 세우셨습니다.

7. 세 가지 세상의 여러 신성한 강물이 정오에 찬드라바가로 흘러듭니다. 그래서 신들은 빛의 수레인 비만을 타고서 목욕을 하기 위해 여기로 옵니다.

8. 이 신성한 도시 판다르푸르의 비길 데 없는 영광을 더 이상 표현할 길이 없습니다. 오, 우주의 구루시여, 오, 우주의 영혼이시여, 그러므로 이 책을 짓는 데 필요한 사랑을 저에게 주십시오. 당신은 이미 지은 운문들을 저의 가슴속에 알맞게 두셨습니다. 저는 단지 그것들을 종이에 쓸 뿐이며, 그렇게 하지 못하도록 저를 방해하는 것은 아무것도 없습니다.

10. 연꽃 같은 눈을 하신 당신이시여, 당신의 성자들의 이런 이야기들을 말씀하시는 분은 바로 당신 자신입니다. 저로 하여금 당신의 악기가 될 수 있게 만드신 분은 바로 당신이시며, 심금을 울리는 모든 현들은 당신의 손안에 있습니다.

투카가 로하가브에 머물다

11. 지난 장에서는 투카람이 로하가브로 가서 키르탄을 함으로써 모든 마을 사람들을 감동시켰다는 내용을 얘기하였다.

12. 마을 사람들은 간곡히 권유하여 비슈누의 종이 그들과 함께 한

달간 머물도록 하였다. 그리하여 키르탄의 요란한 음악이 밤낮으로 계속되었지만, 어느 누구도 그것을 싫어하지 않았다.

13. 투카의 마음은 한결같이 세속적인 물질에 욕망이 없었다. 황금과 흙이 그에게는 같은 것이었다. 그래서 사람들은 자신의 능력에 따라 브라만들에게 봉헌을 하였다.

14. 세상에 정의로움을 유지하기 위하여, 성자들은 이 칼리 유가에 화신으로 내려오고 있다. 선행이든 악행이든 어느 것도 그들의 삶의 일부가 아니다. 그들은 단순히 신을 사랑하는 즐거움으로 살고 있다.

로하가브의 늙은 미망인이 잔치를 베풀다

15. 로하가브에는 늙은 브라만 미망인이 있었는데, 그녀는 투카를 정중히 초대하였다. "부디 저희 집에 오셔서 식사를 하시고 키르탄을 해 주십시오."

16. 바이슈나바 박타는 그녀의 사랑이 진실함을 보고서, "초대에 응하겠습니다."라고 말했다. 그녀는 "저는 필요한 준비를 하겠습니다. 그 날 꼭 와 주십시오."라고 덧붙였다.

17. 그래서 그 미망인은 직접 일하여 10명의 브라만을 대접할 준비를 했다. 그러나 갑자기 그녀에게 문제가 생기게 되었다. 나는 현명한 여러분이 무슨 일이 일어났는지를 경건한 마음으로 듣기를 부탁한다.

18. 그 미망인의 오두막은 이웃집의 담과 붙어 있었다. 그런데 비가 계속 세차게 내려서 담이 막 무너지려 하고 있었다.

19. 미망인은 투카를 찾아가 슬피 울었다. 그녀는 말했다. "담이 오늘 무너질 것입니다. 제가 어떻게 해야 합니까?

20. 저는 당신을 모시고 만찬을 열기 위해 집에 모든 준비를 해 놓았습니다." 투카는 확신에 차서 그녀에게 두려워할 필요가 없다고 대답했다. 그가 말했다. "마음을 편안히 하십시오.

21. 우리가 식사를 끝낼 때까지 담은 무너지지 않을 것입니다. 비토바가 모든 어려움을 해결해 주실 겁니다. 분명히 그렇게 될 것입니다."

22. 마을 사람들이 와서 그 담을 보았다. 담은 기울어져 있었지만 무너지지는 않았다. 이러한 경이로운 광경을 보고 모두가 놀라워했다.

23. 나흘이 지난 뒤 브라만 미망인은 직접 요리를 하였고, 투카는 그녀의 집으로 안내되었으며 정중한 환대를 받았다.

24. 바이슈나바 박타는 다른 브라만들과 함께 기쁜 마음으로 만족할 때까지 식사를 하였다. 그리고 나서 투카는 미망인에게 권유했다. "이제 부인께서도 어서 음식을 드십시오."

25. 그녀가 식사를 끝내자마자 그들은 그녀의 모든 살림살이를 밖으로 꺼냈다. 마침내 그들이 모두 집 밖으로 나오자마자 담은 완전히 무너졌다.

26. 투카는 마을 사람들에게 자신의 뜻을 말하여 미망인에게 다른 집을 주도록 하였다. 그리고 그날 밤 그는 거기서 열정적으로 키르탄을 하였다.

27. 성자가 들어가는 집에서는 모든 어려움이 멀리 떠나간다. 손에 원반을 든 슈리 크리슈나가 그들을 다양한 방법으로 보호한다.

28. 한 달 후 바이슈나바 박타는 로하가브를 떠났다. 세속에 무관심

한 사람들은 그들의 명성이 한 장소에서 높아지면 그곳에 더 이상 머무르지 않는다.

라메쉬바르 바트가 투카의 적이 되다

29. 투카의 명성은 마치 달이 첫 2주 동안 밝아지는 것처럼 날이 갈수록 증가하였다.

30. 사람들은 밝아지는 달빛을 볼 때 행복해 하지만, 도둑의 마음은 오히려 분노하게 된다. 그는 그것을 견딜 수 없다.

31. 마찬가지로 정직한 사람들은 투카의 훌륭한 명성을 듣고서 마음이 편안해졌지만, 냉소적인 사람들과 악한들, 사악한 마음을 가진 사람들은 오히려 분노하게 되었다.

32. 그들은 지식, 나이, 외모, 카스트와 가문에 대한 자긍심을 가지고 있었지만 성자들의 가르침은 좋아하지 않았다. 마치 열병을 앓고 있는 사람이 우유를 좋아하지 않는 것처럼.

33. 바골리 마을에는 라메쉬바르 바트라는 사람이 살고 있었다. 그는 철학의 네 체계를 연구하였고, 왕의 칭송을 받을 만한 인물이라는 뜻의 라자마니야라 불리고 있었다.

34. 그는 다른 사람들에게서 투카의 탁월한 명성을 전해 들었다. 투카의 명성을 듣자 그의 마음에 증오가 일어났다. 그는 말했다. "이단자들이 너무 많이 증가하고 있다.

35. 좋은 계획을 세워서 투카를 이 고장에서 쫓아내야 한다. 이제 내

가 몇 가지 조취를 취하면 그는 창피를 당하게 될 것이다."

36. 이러한 계획을 마음에 품고서, 그는 궁정에 가지고 있는 자신의 영향력을 이용하여 투카를 다음과 같이 고발하였다. "투카는 수드라 계급에 불과한데도 대중 앞에서 베다의 본질에 관하여 설교하고 있습니다.

37. 게다가 크리슈나 키르탄을 행함으로써 그는 경건한 사람들을 꾀었고, 심지어 브라만조차도 그 자에게 엎드려 인사를 합니다. 제가 보기에 그것은 몹시 비난받을 짓으로 보입니다.

38. 그는 다른 예배 규정들을 모두 제쳐 두고 신의 이름을 반복하는 것만이 중요하다고 주장하고 있습니다. 그가 발전시킨 박티의 길은 제게 이단으로 보입니다."

39. 라메쉬바르의 고발을 듣고서 푸나 시의 시장은 격분하였고, 데후 읍장에게 전갈을 보내어 투카를 추방하라고 명령하였다.

40. 마을 사람들이 투카에게 그 명령문을 보여 주자 투카는 즉시 아방가를 작성하였는데, 그것은 자비를 비는 내용이었다.

41. 투카는 말했다. "내가 어떻게 해야 하는가? 내가 다른 어느 지방으로 갈 수 있다는 말인가? 내가 그 마을에 살고자 하여도, 신은 그곳에 피난처를 주시지 않는다.

42. 마을의 읍장과 사람들이 나에게 화를 내는데, 음식을 구걸하는 나에게 누가 응답하겠는가? 그들과 함께 머물러도 기쁨이 없다. 나는 가서 비토바를 찾아야 한다."

43. 그렇게 말한 후 고귀한 바이슈나바는 비탈의 이름을 큰 소리로 반복해서 부르기 시작했다. 그리고 생각했다. "즉시 바골리로 가서 라

메쉬바르 바트를 만나야겠다."

44. 이렇게 생각하고서 사랑 깊은 박타는 곧 출발하였다. 라메쉬바르는 앉아서 헌신 의식을 행하고 있었다. 투카는 라메쉬바르 앞에 엎드려 절하였다.

45. 그러고는 곧바로 신의 이름을 사랑으로 큰 소리로 반복하고서 크리슈나 키르탄을 시작하였다. 그는 은혜로운 말들을 시의 형식으로 표현하였으며, 조금도 주저하지 않고 그렇게 하였다.

46. 이에 대해 라메쉬바르는 투카에게 말했다. "당신은 카스트로 볼 때 수드라이다. 당신이 키르탄에서 낭송하는 시들은 베다에서 발견되는 의미들을 지니고 있다.

47. 당신은 그럴 권한이 없으며, 내가 볼 때 그것은 샤스트라들에 반하는 것이다. 만약 그렇다면 말하는 자와 듣는 자 모두 지옥에 떨어지게 될 것이다.

48. 그러므로 오늘 이후 당신은 이런 시들을 암송할 수 없다." 라메쉬바르의 명령을 듣고서 투카는 기뻐하였다.

49. 바이슈나바 박타는 생각하였다. "나에게 이렇게 명령하신 분은 판다르푸르의 신이시다. 그분은 내가 너무나 많은 말을 하고 내 목소리를 헛되이 낭비하였기 때문에 이런 명령을 내리신 것이다."

50. 그리고 나서 투카는 라메쉬바르에게 말했다. "당신은 신의 형상인 브라만입니다. 당신이 나에게 명령을 하였으니 앞으로는 절대로 시를 암송하지 않겠습니다.

51. 당신의 명령에 따라 다시는 시를 짓지 않겠습니다만 이미 만들어 놓은 시들은 어떻게 할까요?"

52. 바이슈나바 박타의 질문에 라메쉬바르가 대답하였다. "당신이 이미 지은 시들은 당신의 손으로 직접 강물에 빠뜨려라."

53. "그렇게 하겠습니다. 당신의 명령을 받들겠습니다."라고 투카가 말했다.

투카가 그의 시들을 강물에 던지다

투카는 즉시 데후로 돌아가 사원에 들어갔다.

54. 판두랑의 신상을 보자 그의 눈에는 눈물이 가득 고였다. 그는 사랑으로 바닥에 엎드려 절했다.

55. 그리고 영광스러운 신상 앞에 서서 합장을 했다. 그는 말했다. "만물의 창조자시여, 룩미니의 남편이시여, 저는 정말로 죄인이며 어리석은 자입니다.

56. 제가 이 잘못된 시들을 지은 것은 크리슈나 당신의 명령에 의해서였습니다. 그리고 이제 당신은 제가 이 시들을 강물에 빠뜨리기를 바라십니다, 오, 뱀에 기대어 누워 계시는 분이시여."

57. 이렇게 말한 후 신을 사랑하는 박타는 그의 모든 시들을 가지고 인드라야니 강의 깊은 지점으로 가서 자신의 손으로 직접 가라앉혔다.

58. 그는 시를 적은 원고들을 보자기에 싸고 그 안에 돌을 집어넣었다. 그리고 크리슈나의 이름을 크게 외치며 강물에 빠트렸다.

59. 신을 사랑하는 경건한 사람들은 비탄에 잠겼지만, 사악한 사람들은 머리를 흔들며 기뻐하였다.

60. 그들은 말했다. "그는 이 시들을 지어 큰 영광을 얻었지만, 이 영광은 덧없는 나비의 색깔처럼 이 세상에서 오래가지 않을 것이다.

61. 라메쉬바르는 진정으로 학식 있는 브라만이다. 그는 또 하나의 태양 같다. 그는 거짓의 모든 버팀목을 부수어 우리의 마음을 기쁘게 했다.

62. 그는 자이미니가 만든 바라트를 완전히 없애 버린 드바이파야나와 같고, 혹은 자이나교의 존재를 쫓아 버린 샹카라차리야와 같다.

63. 드바이파야나는 자이미니의 시 가운데 아슈바메다라는 책 하나를 남겼고, 샹카라차리야는 자이나교 신앙에 속하는 아마르코슈를 기꺼이 남겨 두고자 하였다.

64. 그러나 투카의 시들은 하나도 남지 않았다. 모든 시 원고들이 깊은 강물 속에 가라앉았다." 악한 마음을 지닌 사람들은 비슈누의 힘을 알지 못하고 그렇게 말했다.

65. 그러나 투카의 마음은 평온했다. 왜냐하면 그에게는 기쁨이나 고통이 없었기 때문이다. 그는 혼잣말을 했다. "신의 규칙이 이곳을 지배하고 있다. 내가 왜 쓸데없이 불평해야 하는가?"

66. 그렇게 생각하면서 그는 사랑으로 숭배를 계속하였다. 그가 시들을 강물에 가라앉힌 지 5일이 지났다.

사악한 사람들이 투카를 괴롭히려 하다

67. 악한 마음을 지닌 몇몇 브라만과 다른 카스트들이 있었다. 그들

은 함께 투카가 있는 곳으로 와서 그에게 매우 혹독한 말을 하였다. 그의 경건한 박타들이여, 그들의 말을 들어 보라.

68. 그들은 투카에게 말했다. "전에 당신은 차용 증서를 강물에 던졌다. 그때 당신은 세속적인 일들에 혐오감을 느껴 그것들을 모두 강물에 가라앉혔다.

69. 그 뒤에 당신은 지고의 영적인 부를 주제로 시를 지었다. 그런데 이제 당신은 그것들을 전부 강물에 던졌다. 만약 누군가가 당신의 처지라면, 그는 더 이상 살려고 하지 않았을 것이다.

70. 이제 당신은 세속적인 것과 영적인 것 모두를 가라앉혔다. 그런데도 아직까지 사람들에게 당신의 얼굴을 보이고 있다." 이렇게 잔인한 말을 투카에게 남긴 채 사악한 사람들은 돌아갔다.

투카의 정신적인 갈등

71. 그 모진 말들은 화살처럼 투카에게 꽂혔고, 그의 마음은 두 갈래로 찢어졌다. 그는 생각했다. "내가 만약 삶을 포기한다면 그것은 자살을 의미하는 것이다.

72. 한 사람의 생명이 존재하는 한, 생명은 그를 쉽게 떠나지 않는다. 그러니 내가 어떤 방법을 써야 하는가? 나는 아무것도 먹거나 마시지 않겠다. 단식하며 신의 문 앞에 앉아 있겠다."

73. 툴시 제단이 있는 사원 앞에는 평평한 돌이 있었다. 바이슈나바 투카는 즉시 그곳으로 가서 돌 위에 앉았다.

74. 그의 가슴은 참회를 경험했다. 그는 말했다. "저의 박티는 한계에 이르렀고, 저의 거처에는 비난이 들러붙습니다.

75. 첫 2주일의 열 하룻날에 드리는 철야 예배, 크리슈나 키르탄들이 마침내 열매를 맺었습니다. 저의 가슴은 동요합니다.

76. 아아, 저는 당신을 특별한 정성 없이 섬겼습니다. 제 가슴이 그것을 증언합니다. 그리고 이제 사람들에게 제 얼굴을 보이는 것이 부끄럽게 되었습니다.

77. 저의 목숨을 던지지 않는 이상, 제가 신께 무엇을 말할 수 있겠습니까? 저는 어머니 비타바이이신 당신과 결합하기를 원합니다. 그렇지 않으면 저는 저의 삶을 끝낼 것입니다.

78. 이전에 제가 혼자 정글에 가서 앉고자 하였을 때는 누구의 방해도 받지 않고 쉽게 할 수 있었습니다.

79. 저의 목적이 이루어진다면 그때 저는 대답할 것입니다. 만약 지금 제가 시를 짓는다면, 사람들은 '그는 부끄러운 줄 모른다.'라고 말할 것입니다.

80. 오늘이 결정을 내려야 할 마지막 날입니다. 그리고 이날은 아무런 저의 노력 없이 찾아 왔습니다. 경험이 없는 결실이 어떻게 환영받을 수 있겠습니까? 누가 공허한 말에 관심을 갖겠습니까?

81. 저는 지금 더 이상 용기를 유지할 수 없습니다. 제 심장이 무엇으로 계속 뛸 수 있겠습니까? 당신이 저의 외침을 듣지 않았다면, 저는 쓸모없는 왕겨만 만든 것입니다.

82. 오, 크리슈나시여, 당신은 필요한 조처들을 다 취하셨고, 이제 제가 기다릴 것은 어떤 것도 남지 않았습니다.

83. 저는 지금 제 박티의 길의 끝에 와 있습니다. 저는 당신의 발밑으로 곧장 왔습니다. 말들에는 특별히 즐거운 맛이 없습니다. 온 세상에서 심한 비난이 일어났기 때문입니다.

84. 맷돌을 돌리는 동안 그릇된 내용의 시들이 불리지만, 사람들은 그것들을 진실하게 여길 것입니다. 오, 판다르푸르의 신이시여, 그러한 것이 제 삶의 상황입니다.

85. 지금 이것이 저의 마지막 결심입니다. 왜 제가 쓸데없이 왕겨를 키질하여 골라내야 합니까? 저는 부주의하게 펜을 잡지 않을 것입니다. 이것이 저의 확고한 결심입니다.

86. 저는 자비를 호소하기 위해 말합니다. 당신은 저에게 등을 돌리셨습니다. 이 모든 것들은 당신의 음모입니다. 그래서 저는 이렇게 결심합니다.

87. 오, 어머니 판다르푸르의 신이시여, 옛적에 당신은 무수한 박타들을 구해 주셨습니다. 그런데 이제 당신은 한 사람에게 싫증이 나셨습니까? 왜 지상에서의 제 삶의 연을 끊어 버리지 않으십니까?

88. 오, 슈리 크리슈나시여, 당신은 저에 대해 완고히 마음을 굳히셨습니다. 이제 저는 더 이상 박티를 전하지 않을 것입니다.

89. 오, 판다르푸르의 신이시여, 당신은 누군가가 당신께 자비를 빌면 화를 내고 당신에게 가혹한 말을 하면 그들에게 호의를 베푸는 성품을 가지고 계십니다.

90. 어찌하여 당신은 저를 당신의 종으로 여기지 않으십니까? 제게 말씀해 보소서, 오, 판다르푸르의 신이시여. 누구를 위해서 제가 세속적인 욕망을 버리고 이렇게 파산하게 되었습니까?

91. 만약 어머니가 자식의 요구를 들어주지 않는다면, 그들은 밖으로 떠돌게 될 것입니다. 친하고 가깝게 지내던 모든 사람들이 그를 잊었을 때, 그는 그 슬픈 이야기를 누구에게 하소연해야 합니까?

92. 제가 이제 어떻게 당신을 찬송할 수 있겠습니까? 어떻게 제가 당신의 선한 명성을 찬양할 수 있겠습니까? 제게는 사람들에게 얼굴을 보여 줄 만한 것이 더 이상 아무것도 남아 있지 않습니다.

93. 저는 제 모든 힘을 써 버렸습니다. 육체적인 힘도 정신적인 힘도 더 이상 남아 있지 않습니다. 당신이 무엇을 행하시건 그 일이 일어날 것입니다, 오, 룩미니의 남편이시여, 슈리 크리슈나시여."

투카가 단식을 계속하다

94. 두 눈을 감고 이렇게 신을 찬양하면서 투카는 신의 형상에 마음을 집중하였고, 신의 발에 그의 가슴을 고정시켰다.

95. 그는 사원 앞의 평평한 돌을 잠자리로 삼았다. 그는 과일도 뿌리도 물도 거부하였다. 그는 육신의 모든 의식을 완전히 잃었다.

96. 그는 사람들에게 많은 모욕을 받았으며, 심지어 그의 부인조차 그를 보살피러 오지 않았다. 우선 그녀는 영적인 부유함이라는 개념을 싫어했는데, 거기에 더하여 이제 이런 상황까지 온 것이다.

97. 신을 믿고 투카의 크리슈나 키르탄을 들으러 종종 왔던 사람들까지도 투카의 절망적인 상태를 보고는 의심으로 마음이 더럽혀졌다.

98. 과일이 다 익으면 가지에서 떨어져 나가듯이, 신에 대한 사랑이

넘치면 슈리 하리의 자비의 힘에 의해 미치게 된다.

99. 경건한 사람들이 한 사람씩 찾아와서 투카에게 간청했지만, 투카는 누구에게도 대답하지 않았다. 그의 결심은 흔들림이 없었다.

100. 그는 사원의 문 앞에서 굶어 죽을 작정으로 이런 단식을 결심하였다. 누구도 그가 죽었는지 살았는지 자신하지 못했다.

라메쉬바르가 투카에 대한 증오로 인해 벌을 받다

101. 여러분 슬기로운 독자들이여, 바골리에 살고 있는 브라만인 라메쉬바르에게로 잠시 돌아가 보자. 박타들에 대한 그의 증오는 더욱 커졌다. 그리고 신은 그에게 매우 화가 났다.

102. 람을 미워한 라반과 쿰바카르나는 최종적인 구원의 안식처로 보내졌지만, 박타들을 미워하는 자들에게는 아무런 구원이 없다. 그들은 당연히 지옥에 속한다.

103. 슈리 크리슈나는 그의 박타들을 보호하기 위해 손에 곤봉과 원반을 들고 있으며, 마음에 영감을 주는 자인 그는 그의 박타들과 맞서는 이들에게 재앙을 내린다.

104. 박타들을 미워하는 자들은 좋은 공덕의 저장고를 잃으며, 모든 종류의 죄가 그들의 가슴속에 적합한 장소를 찾아 그곳에 와서 머문다.

105. 라메쉬바르는 금욕을 수행하는 브라만이었다. 그는 태양과도 같은 사람이었다. 그는 네 가지 샤스트라들을 연구하였으며, 모든 면에서 왕의 존경을 받을 만한 자라는 뜻의 라자마니야라는 칭호로 불릴 만

했다.

106. 그러나 그는 비슈누의 박타들을 미워했다. 그로 인해 그는 선한 공덕의 저장고에서 모든 것을 잃었다. 어느 날 그는 쉬바를 보고 찬양하기 위해 푸나로 갔다.

107. 거기에는 깨어 있는 신인 나그나트가 있었다. 라메쉬바르의 모든 믿음은 그의 발에 고정되어 있었다.

108. 라메쉬바르는 가장 상서로운 날인 월요일과 프라도슈(첫 2주일의 13일째)를 택했다. 그가 푸나에 왔을 때 다음 사건이 일어났다.

109. 그곳에는 아나가드샤라 불리는 수행자가 있었는데, 이 회교 수도승은 금욕 생활을 하고 있었다. 그것을 알지 못한 채 라메쉬바르는 그의 정원에 들어갔다.

110. 라메쉬바르는 두 명의 제자들과 같이 있었고, 아침 목욕 시간이 되자 맑고 깨끗한 연못을 보고는 그 안에 들어갔다.

111. 라메쉬바르가 목욕을 하는 동안, 수행자 아나가드샤는 조금 떨어진 곳에 있었다. 그러나 그는 목욕을 하면서 라메쉬바르가 반복하는 만트라를 듣고서 저주의 말을 내뱉었다.

112. "내가 기도하는 곳의 물을 더럽힌 그는 몸이 불에 타는 것을 느끼게 될 것이며, 불을 끌 물을 구하지 못할 것이다."

113. 그 회교 수도승이 이 저주를 내뱉자마자, 라메쉬바르의 몸에서 물에 닿지 않고 있던 피부가 마치 불에 타는 것처럼 타기 시작했다. 그는 제자들에게 물었다. "내가 어떻게 해야 되지?"

114. 그가 물 밖으로 나오려 하자 그의 몸은 더욱더 타들어 가는 것 같았다. 그는 어찌할 바를 몰라 처절하게 도움을 호소했다.

115. 제자들이 그에게 말했다. "그 회교 수도승이 분명히 어떤 주문을 썼을 것입니다. 즉시 그에게 가서 애원하십시오. 지금 가시죠."

116. 그러나 라메쉬바르가 말했다. "나는 가장 높은 카스트인 브라만이고, 그 회교 수도승은 낮은 무함마단이다. 나는 그에게 가지 않을 것이다."

117. 이러한 자존심으로 그는 가지 않기로 결심했지만, 물 밖으로 나오려 하면 그의 몸이 불타는 것 같았다.

118. 4가티카가 지난 후 그는 물 밖으로 나왔다. 그는 물이 뚝뚝 떨어지는 축축한 의복을 몸 주위에 둘렀다.

119. 그의 제자들은 물 항아리에 물을 담아 와서 그에게 물을 끼얹었다. 그는 말했다. "집으로 돌아가자. 몸의 고통이 너무 심하구나.

120. 이 고통 때문에 나는 더 이상 살지 못할 것 같다." 이런 재앙으로 죽게 될 것 같다는 생각은 그에게 커다란 근심을 안겨 주었다.

121. 그는 눕거나 앉거나 걷거나 항상 타는 듯한 고통을 느꼈다. 그가 행했던 모든 고행도 아무런 소용이 없었다. 그는 자신에게 무엇이 문제인지를 알지 못했다.

122. 라메쉬바르의 절망적인 상황을 보고서 사람들이 저마다 다른 의견들을 말하였다. "그 회교 수도승이 주문을 건 거야. 다른 까닭은 있을 수 없어."

123. 현명한 사람들은 다른 의견을 얘기했다. "그는 투카의 아방가들을 물 속에 가라앉게 하여 룩미니의 남편을 화나게 했다. 아나가드샤는 단지 신의 도구였을 뿐이다.

124. 암바리슈 왕은 비슈누의 완벽한 박타였는데 두르바스가 그를

저주했다. 그러자 비슈누의 원반이 두르바스를 뒤따르며 괴롭혔다. 그와 같은 일이 일어난 것이다."

125. 그들은 모두 그렇게 말했지만 누구도 치료법을 생각하지는 않았다. 그들은 그냥 이렇게 말할 뿐이었다. "라메쉬바르와 같은 브라만도 고통을 받으며 누워 있구나."

126. 이 병으로 고통 받고 있는 동안 그는 아들이나 집, 부인, 재산 등 어디에서도 즐거움을 느낄 수 없었다. 그래서 그는 알란디로 가서 갸네쉬바라의 무덤 앞에 앉아 단식을 시작하였다.

127. 아잔 나무에 물이 새는 항아리를 묶어 놓고서 그 아래에 앉았다. 그는 생각했다. "내 몸은 이 엄청난 고통을 겪고 있다. 나는 운명이 나를 어떻게 할지 알지 못한다."

신이 투카를 위로하다

128. 박타들을 미워하는 자인 라메쉬바르에게 이런 일들이 일어나고 있는 동안, 투카에게는 어떤 일들이 일어나고 있었는지 보자. 그는 음식과 물을 거부하였다. 이제 판다르푸르에 거주하는 분이 어떻게 했겠는가?

129. 슈리 크리슈나는 아이의 모습을 하고서 투카에게 손을 얹고 그를 위로하였다. 크리슈나가 투카에게 말했다. "나는 너의 원조자이며 옹호자이다. 내가 네 곁에 서 있는데, 왜 걱정을 하느냐?

130. 프랄하드가 나의 이름을 끊임없이 반복하자, 나의 적인 히란야

카쉬푸는 그를 여러 가지 방법으로 박해하였다. 그는 확실히 그의 아들을 미워하였다.

131. 그가 절벽에서 프랄하드를 밀었을 때, 무한한 자인 나는 무한한 손으로 그를 떠받쳐 주었다. 바닷물은 그를 빠뜨릴 수 없었다. 내가 거북이의 형상을 취하여 그를 태웠기 때문이다.

132. 잔악한 악당인 히란야카쉬푸는 그의 자식인 프랄하드를 불 속에 던져 버렸다. 그러나 불은 그에게 시원하게 느껴졌다. 이것은 나의 자비의 물결 때문이었다.

133. 악마 같은 히란야카쉬푸가 흥분한 코끼리들로 하여금 프랄하드를 짓밟게 했을 때, 코끼리의 눈에 프랄하드는 사자처럼 보였고, 그래서 코끼리들은 정글 속으로 도망쳤다.

134. 히란야카쉬푸는 독사들로 하여금 프랄하드를 물게 하려 했으나 독사들에게 프랄하드는 새들의 왕으로 보였다. 독사들의 몸 아래에 다리가 생겼고, 독사들은 개미구멍 속으로 달아나 버렸다.

135. 나의 박타인 프랄하드를 죽이기 위해서 히란야카쉬푸는 그에게 독이 든 음료를 마시게 하였다. 그러나 나의 이름을 반복해 부르는 프랄하드에게 독물은 감로처럼 느껴졌다.

136. 그리고 그가 나에게 도움을 요청했을 때, 나는 반은 사자이고 반은 사람인 나라하리의 모습으로 나타났다. 나는 그 악마를 발톱으로 찢어 버리고 나의 하인을 구했다.

137. 이와 같은 나의 이야기들은 수도 없이 많으며, 너는 키르탄에서 그 이야기들을 자주 노래하였고 자주 들었다. 그것들은 거짓 이야기들이 아니다. 푸라나들에서는 이러한 영웅적인 행위들이 칭송된다.

138. 우주의 지고의 존재인 나는 너의 시들을 가슴에 품고서 물 속에 앉아 있다. 너는 내가 어떻게 할 것인지를 너의 두 눈으로 똑똑히 볼 것이다." 이렇게 말한 뒤 그는 투카를 꼭 껴안았다.

139. 이렇게 위로의 말을 건네고서 신은 시야에서 사라졌다. 혹은 슈리 크리슈나라는 벌이 투카의 연꽃 가슴속에 갇히게 되었다고 말할 수도 있을 것이다.

140. 경건한 사람들뿐 아니라 사악한 사람들도 투카를 보기 위해 자주 찾아 왔다. 그들이 볼 때 그는 거의 숨을 쉬고 있지 않았다. 그의 몸은 나무토막처럼 그곳에 누워 있었다.

141. 그는 한쪽으로 누워 있었기 때문에 몸의 위치를 바꿀 수도 없었다. "그는 육신을 쇠약하게 하여 죽어 가고 있다."라고 투카를 욕하던 사람들이 말했다.

142. 누군가 말했다. "그의 부인은 음식을 달라고 외치면서 굶어 죽었다. 그런데 이제 똑같은 일이 투카에게 일어나고 있다. 그는 굶어 죽을 것이다."

143. 반대로 경건한 사람들은 이렇게 말했다. "슈리 크리슈나께서 투카를 보호하고 계신다. 그는 음식과 물을 먹지 않았는데도 특별한 광채가 보인다.

144. 우주의 생명이신 슈리 하리께서 그를 돕지 않으셨다면 그는 벌써 죽었을 것이다. 우리는 여전히 그가 신의 이름을 크게 반복해 부르는 소리를 들을 수 있다. 가까이 가서 들어 봐라."

145. 사람들이 그런 말들을 주고받았지만 투카의 가슴은 기쁨으로 가득 차 있었다. 겉으로 사람들이 볼 때는 그는 여전히 사원 앞에서 금

식을 하고 있는 것처럼 보였다.

투카의 시 원고들이 젖지 않은 채 물 위로 떠오르다

146. 이렇게 13일이 지났다. 이제 우주에 퍼져 있는 분이 행하신 일을 보도록 하자. 우주의 영혼은 많은 사람들의 꿈속에 나타나서 그들에게 말했다.

147. "나는 진실로 투카의 아방가들이 젖지 않도록 물 속에서 보존하였다. 이 시 원고들은 이제 수면 위로 떠오를 것이다. 즉시 가서 그것을 꺼내라."

148. 밤에 이 모습을 본 그들은 아침이 되자마자 그곳으로 갔다. 그런데 놀랍게도 그 시 원고들은 마치 조롱박이 물 위에 떠 있듯이 물 위에 떠 있었다.

149. 그러자 박타들은 신의 이름을 크게 외치고 박수를 치며 기쁨을 표현했다. 그들은 말했다. "야생화 화환을 걸치신 분인 크리슈나께서 투카를 도우러 오셨다. 이것은 비길 데 없을 만큼 새로운 것이다."

150. 이들 박타들 가운데 수영할 줄 아는 사람들이 강 속에 뛰어들어 시 원고들을 손에서 손으로 전달하여 물 밖으로 끄집어내고 이렇게 말했다. "판다르푸르의 신께서 투카를 도우러 오셨다."

151. 그리고 모두들 사원으로 와서 투카에게 이 소식을 전하였다. "당신의 박티가 흠 없이 진실하여 룩미니의 남편께서 당신을 도우러 오셨습니다."

152. 신을 사랑하는 박타가 눈을 떴을 때, 그는 자신의 시 원고들이 무사히 꺼내졌다는 말이 사실임을 알게 되었다. 그는 곧바로 특별히 자비의 감정이 실린 7개의 아방가들을 지어 신을 찬미하였다.

투카의 진심 어린 참회

153. 투카가 말했다. "오, 룩미니의 남편이시여, 오, 슈리 비탈이시여, 저는 큰 잘못을 범했습니다. 사람들의 말에 현혹되어 당신을 곤경에 빠트렸습니다.

154. 오, 비타바이시여, 당신은 두 곳에 계셔야만 했습니다. 제 몸을 보호하기 위해서 한 곳에 계셔야 했고, 저의 시 원고들이 물에 젖지 않게 하기 위해서 다른 곳에 계셔야 했습니다.

155. 당신은 제가 13일 동안 음식도 물도 없이 살게 해 주셨고, 13일 동안 제 시들이 물 속에서 젖지 않게 하셨습니다. 이것으로 당신은 대단한 기적을 보여 주셨습니다.

156. 오, 무력한 자들을 돕는 분이시여, 저는 참으로 죄인입니다. 저는 저의 목적을 달성하기 위해 당신의 사원 앞에 앉아 금식하는 또 하나의 큰 잘못을 저질렀습니다.

157. 일어나기로 되어 있던 일이 일어났고, 그런 일들은 돌이킬 수 없습니다. 오, 어머니 비탈이시여, 이제부터 저는 당신에게 짐을 지우지 않겠습니다.

158. 비록 이 모든 사악한 사람들이 합심하여 제 목을 자른다고 위협

할지라도, 그것이 당신을 곤경에 빠트리는 일이라면 저는 그것을 하지 않을 것입니다.

159. 저는 이미 이런 잘못을 저질렀고 당신에게 짐을 지웠습니다. 제가 범한 잘못을 떠올릴 때면 감정에 북받쳐 저의 목이 멥니다.

160. 오, 크리슈나시여, 당신은 물 속에 계시면서 당신의 사랑으로 저의 시를 젖지 않게 보존하셨습니다. 성자들은 뛰어난 원조자인 당신의 명성을 칭송합니다. 당신은 저로 하여금 그것이 진실임을 체험하게 하셨습니다.

161. 저는 당신을 곤경에 빠트릴 자격이 없지만, 제 명성을 유지하기 위해서 충분히 생각하지도 않고 당신을 곤경에 빠트렸습니다.

162. 자식이 하찮은 잘못을 저질러도 부모는 그를 벌하려 합니다. 그러므로 저는 당신을 그들과 비교할 수 없습니다. 당신은 연민의 마음을 가지신 점에서 특별한 분입니다.

163. 이 세속적인 삶은 충분하고 충분합니다! 저는 제 카르마를 막을 수 없습니다. 너무 어렵습니다. 제 가슴이 흔들리지 않게 하소서, 오, 룩미니의 남편이시여, 우주의 구루이시여.

164. 제 마음속에서는 무한한 상념의 바다에서 자주 수많은 파도들이 일어나며, 그것과 함께 제 마음도 요동칩니다.

165. 그러므로 이제 제 근심으로부터 저를 구하시고, 제 가슴속에 오셔서 머무소서. 그러면 저는 당신을 평생 사랑의 감정으로 섬기겠습니다. 삶에서 다른 목적은 원치 않습니다."

투카의 시 원고에 관한 일이 널리 알려지다

166. 시의 원고들이 젖지 않은 채 물 밖으로 건져졌을 때, 투카는 신을 찬양하는 7개의 아방가를 지었다. 그것들은 사랑의 감정으로 가득 차 있다. 성자들은 그것을 마시며 만족한다.

167. 13일 동안 그 시들은 물 속에 잠겨 있었지만, 마침내 젖지 않은 채로 건져졌다. 그러자 이제 경건한 사람들은 그 시들을 널리 알리기 위해 가져갔다.

168. 룩미니의 남편은 물 속에서도 시들을 젖지 않게 보존했다. 이 이야기가 지방에서 지방으로 퍼져 나갔고 많은 필사본들이 만들어졌다.

169. 마치 꽃이 한 장소에 머무르지만 그 향기는 창공으로 퍼져 나가듯이, 그때부터 투카의 명성은 세상에 널리 알려졌다.

라메쉬바르 바트의 병이 치료되다

170. 이제 라메쉬바르 바트의 이야기로 돌아가자. 우리는 그가 신성한 도시 알란디로 가서 단식하며 앉아 있었고, 그의 몸이 불에 타는 것 같았다는 내용을 보았다.

171. 그는 아잔 나무에 물이 새는 항아리를 묶어 두고 그 밑에 밤낮으로 앉아 있었다. 이렇게 해서 그는 항상 그의 옷이 젖게끔 하였다.

172. 고통에서 벗어나기를 간절히 바라며 그는 슈리 갸네쉬바라에게 기도했다. "제가 회교 수도승의 저주에서 벗어나도록 즉시 은혜를 베풀

어 주십시오.

173. 이 고통으로 인해 저는 심한 고통을 당하고 있습니다. 당신은 이 칼리 유가에 세상을 구하기 위해 내려온 비슈누의 화신입니다."

174. 이런 식으로 라메쉬바르 바트는 갸네쉬바라를 계속 찬양하였다. 밤에 그에게 비전이 나타났다. 그대 성자들이여, 무슨 일이 일어났는지를 존경하는 마음으로 듣기 바란다.

175. 갸네쉬바라는 그에게 말했다. "모든 박타들 중에서 가장 뛰어나고 가장 고귀한 박타는 신을 사랑하는 고귀한 바이슈나바인 나마이다. 투카는 세상을 구원하기 위해 내려온 그의 화신이다.

176. 너는 증오심으로 그를 욕했기 때문에 너의 좋은 공덕들의 저장고는 비워졌으며, 너의 잘못들만 남아서 영원히 너를 괴롭힐 것이다. 이것이 네가 육체적 고통을 겪고 있는 이유다.

177. 만약 네가 그에게 가서 진심으로 애원한다면, 너의 그 끔찍한 질병은 사라질 것이며 너는 세속적인 존재의 바다에서 구원을 받을 것이다.

178. 누구든지 비슈누의 박타를 증오하는 자는 신성한 강에서 목욕을 하여도 씻을 수 없는 죄를 짓는 것이다. 그러니 투카에게 가서 애원하라. 그렇게 해야만 너의 고통이 경감될 것이다."

179. 갸네쉬바라가 라메쉬바르에게 나타난 꿈은 그러했다. 라메쉬바르는 깨어나자마자 투카에 대한 자신의 태도를 참회하였다.

180. 이 세속적인 삶이라는 열병의 열이 없이는 참회를 할 수 없다. 참회 없이는 죄가 떠나지 않는다. 이 말은 전적으로 옳다.

181. 쉬바가 독을 마셨을 때 그의 온몸은 타는 것 같았다. 그가 슈리람에게 온 정성을 다해 숭배하자 그의 몸이 서늘해졌다.

182. 그러나 너무 많은 얘기를 할 필요는 없다. 너무 많은 사례들을 들게 되면 이 책의 분량만 지나치게 늘어날 것이다. 라메쉬바르는 직접 비전을 보고서 앞에서 본 바와 같이 후회하였다.

183. 그리고 그는 편지를 써서 제자에게 주면서, 데후로 가서 지금까지 일어난 일을 투카에게 알리도록 하였다.

184. 라메쉬바르는 생각했다. "내가 곧바로 그를 만나러 간다면, 신은 다른 재앙들로 나를 고통스럽게 할 것이다. 나의 죄는 너무나도 크다.

185. 투카의 시들이 젖지 않은 상태로 꺼내졌다는 소식을 내가 들은 날, 그날 밤에 바로 갸나데바가 꿈에 나타나서 나에게 말하였다."

186. 그 기적의 중요성을 느끼고 라메쉬바르는 두려워 떨면서 편지를 썼다. 그는 투카를 칭찬하는 말들을 편지에 많이 써서 즉시 데후로 보냈다.

187. 라메쉬바르의 제자는 투카에게 지금까지 일어난 모든 일들을 설명하였다. "회교 수도승 아나가드샤는 라메쉬바르를 저주했고, 라메쉬바르는 그 저주를 치료하는 방법을 알고 싶어 합니다."

188. 투카는 라메쉬바르에게 생긴 일을 듣고서 그에 대한 연민을 느꼈다. 그는 생각했다. "이 브라만 학자는 좋은 인품을 가진 사람이다. 왜 이런 불행이 닥쳤는지 모르겠다."

189. 투카에게는 적과 친구가 똑같았다. 그래서 그는 라메쉬바르가 과거에 보인 적개심을 잊었다. 그는 우주의 모든 것에서 판다르푸르의 신을 보았고, 세속적인 몸을 신성한 몸으로 바꿀 수 있는 힘이 있었다.

190. 라메쉬바르의 호소하는 글을 읽으면서 고귀한 바이슈나바의 가슴은 연민으로 녹아 버렸다. 그러고는 연민으로 가득 차서 아방가를 짓

고 그것을 제자에게 주었다.

191. 제자는 그 편지를 손에 들고 서둘러 알란디로 돌아갔다. 그는 편지를 스승에게 주고, 일어난 일을 얘기했다.

192. 라메쉬바르는 투카가 그에게 쓴 편지를 읽었다. 현명하고 경건한 여러분은 그 가운데 핵심적인 내용을 듣게 될 것이다.

라메쉬바르에게 보내는 투카의 아방가

193. 만약 가슴이 진정으로 순수하다면 적들이 친구가 됩니다.
호랑이나 독사들이 가까이 올지라도 그를 물지 않을 것입니다.

194. 만약 그에게 독물이 주어진다면 그것은 감로로 변할 것이고,
누가 그를 해하려고 한다면 오직 좋은 결과만을 낳게 될 것이며,
누가 그를 욕한다면 그 말들은 그에게 매우 정중한 소리로 들릴 것입니다.

195. 만약 그에게 고통을 주기 위해 엄청난 노력을 들인다면
그것은 그에게 모든 행복의 결실만을 안겨 줄 것입니다.
만약 비천한 이들에게 자비로운 신께서 원하신다면
불길조차 시원하게 느껴질 것입니다.

196. 만약 모든 존재를 향한 하나의 느낌이 있다면,

자기 자신보다 다른 사람에 대한 사랑이 크다면,

신 하리께서는 자비로운 눈으로 바라보실 것이며,

가슴속에서 그것을 경험할 것입니다.

197. 라메쉬바르가 읽은 아방가의 내용은 그러한 것들이었다. 그리고 보라! 대단한 기적이 일어났다. 들어 보라, 경건한 이들이여.

198. 라메쉬바르가 "신을 기쁘게 하면 화산조차도 서늘히 식어 버릴 것입니다."라는 구절을 읽을 때, 회교 수도승 아나가드샤의 저주로 인한 그의 몸의 타는 듯한 고통이 갑자기 줄어들기 시작하였다.

199. 라메쉬바르는 회교 수도승의 저주 때문에 생긴 타는 듯한 고통을 계속 느끼고 있었는데, 이제 그 타는 듯한 느낌들이 모두 갑자기 사라졌다. 그것은 정말로 놀라운 경험이었다.

200. 그 뒤 가슴 깊이 참회하면서 그는 투카를 찾아와서 그 앞에 엎드려 절하였다. 눈물이 가득 고인 눈으로 그는 외쳤다. "복되도다, 성인들의 영광이여.

201. 저는 모든 우파니샤드들과 베단타 철학을 읽었습니다. 그러나 종이를 물 속에서 젖지 않게 하는 힘이 저에게는 없습니다.

202. 이 세속적인 삶의 바다에서 인간을 구원할 수 있는 삿구루이신 투카는 그러한 분입니다." 그리고 이러한 진실한 느낌으로 이제 라메쉬바르는 사랑과 결합된 행복을 즐기게 되었다.

203. 라메쉬바르가 투카를 만나기 위해 오는 동안, 투카는 마음속에서 미리 알아채고 이렇게 생각했다. "그가 오고 있으니 내가 직접 가서 그 훌륭한 브라만을 만나야겠다."

204. 이렇게 생각한 뒤 그는 즉시 출발하였다. 그들은 중간쯤에서 만났다.

205. 라메쉬바르가 투카에게 말했다. "당신은 최고의 박타요, 고귀한 바이슈나바입니다. 죄인인 저는 그것을 깨닫지 못하고 당신의 시들을 물 속에 가라앉게 하였습니다.

206. 저는 세계를 구하기 위해 이 세상으로 내려온 당신의 영광을 알지 못하고 이유 없이 당신을 박해하였습니다."

207. 라메쉬바르가 이렇게 참회하자 투카가 대답했다. "그러나 저는 낮은 카스트에 속하며, 죄인이고, 항상 자비를 구할 뿐입니다."

208. 이러한 투카의 응답에 라메쉬바르가 대답했다. "당신이 직접 써 준 아방가는 저에게 제자가 되는 축복을 주었습니다.

209. 저는 당신과의 교제를 뒤로하고 집으로 돌아가지는 않겠습니다." 이와 같은 굳은 결심으로 그는 투카에게 엎드려 절했다.

210. 매우 흥미로운 다음 장의 화자는 룩미니의 남편 그 자신이다. 그의 손을 마히파티에 얹고서 그는 이 책의 내용을 이야기한다.

211. 스바스티! 이 책 슈리 박타릴람리타는 단지 듣는 것만으로도 갈망들을 이루어 준다. 신을 사랑하는 경건한 박타들이 듣기를. 이것은 흥미로운 제11장이다.

제12장

늘어나는 투카의 추종자들

마히파티가 성인을 찬양하다

슈리 가네샤에게 경배를.

1. 이 세속적인 존재의 바다에서 구원을 찾고자 하는 사람들은 고행을 행하지만, 저는 신의 박타들의 인품과 행적들을 찬양하고자 합니다. 저는 그것들 외에는 아무것도 알지 못합니다.

2. 어떤 사람들은 모든 신체적 욕망들을 다 버리고 히말라야 산으로 떠났지만, 저는 성인들의 시인이 되어 그들의 칭송받을 만한 행적을 맑은 목소리로 노래할 것입니다.

3. 어떤 사람들은 그들의 목적을 달성하기 위해 자리에 앉아서 요가를 합니다. 어떤 사람들은 성스러운 장소들을 찾아다닙니다. 그러나 저는 성인의 행적들 말고는 어떤 것도 좋아하지 않습니다.

4. 어떤 사람들은 특별한 탄원으로 돈을 모금하고 요가 수행을 하고 제물을 바치지만, 저는 가슴속에 박타들을 칭송하는 노래를 부르고 싶은 소망뿐입니다.

5. 선행에서 기쁨을 찾는 사람들은 매일 다섯 가지 값진 희생을 실천합니다. 어떤 사람들은 철학 책을 공부하고 그 내용을 숙고합니다.

6. 어떤 사람들은 호흡을 억제합니다. 어떤 사람들은 모든 창조물에서 같은 본질을 봅니다. 또 어떤 사람들은 순전히 마음으로 신을 숭배하며 그들의 사랑을 바칩니다.

7. 어떤 사람들은 육체를 입고 있으나 육체를 의식하지 않는 경지에 도달합니다. 어떤 사람들은 숲 속에 들어가 앉습니다. 어떤 사람들은 철학 책들을 공부하고 그들의 지식을 세상에 알립니다.

8. 어떤 사람들은 삿구루에 대한 박티를 통해 궁극적인 해방의 넷째 단계에 도달하려 합니다. 그러나 제 가슴속의 유일한 소망은 성인들을 찬송하는 노래를 부르는 것입니다.

9. 만약 제게 이것 말고 또 다른 소망이 있다면, 오, 신이시여, 가슴을 보시는 당신은 그것을 아십니다. 저는 맹세하였습니다. 그것을 완성하게 하소서. 당신은 제 삶의 후원자이십니다.

제11장의 재음미

10. 지난 장에서 우리는 라메쉬바르가 투카를 박해하였고, 신께서 물속에 가라앉은 시 원고들을 보존하였으며,

11. 회교 수도승의 저주에 의해 라메쉬바르가 심한 육체적 고통을 받았고, 그가 갸네쉬바라의 무덤에서 단식할 때 꿈속에서 얘기를 들었으며,

12. 그가 깊이 참회하며 즉시 데후로 떠났고, 길의 중간쯤에서 두 사람이 만났고,

13. 그 뒤에 투카가 알란디로 와서 그의 친구 갸나데바를 만났고, 그의 명성이 세상에 널리 알려져 많은 사람들이 그를 보러 왔다는 아름다운 이야기를 들었다.

14. 그의 시 원고가 물 속에 있으면서도 젖지 않았다는 이야기는 이제 먼 지방까지 퍼져 나갔다. 경건한 사람들이 투카를 보기 위해 멀리서 찾아 왔다.

15. 고귀한 바이슈나바는 마침내 갸네쉬바라를 떠나 데후로 돌아왔다. 여섯 철학파를 연구한 라메쉬바르가 그와 동행했다. 그는 결코 투카의 곁에서 멀리 떨어지려 하지 않았다.

16. 그는 지식, 개인적 체면, 가문의 자부심, 자식, 아내, 재산, 돈, 명예, 명성들을 버리고 삿구루를 따랐다.

라메쉬바르를 저주했던 수도승이 투카를 방문하다

17. 아나가드샤는 자신이 라메쉬바르에게 걸었던 저주를 투카가 풀었다는 소식을 여러 소식통을 통해 들었다.

18. 그는 말했다. "라메쉬바르가 나에게 애원하러 오지 않았는데 투카가 그를 낫게 했다는 말인가. 투카를 보러 가야겠다. 어떤 기적이 일어났는지를 알고 싶다."

19. 그렇게 생각하고 회교 수도승의 장은 가나파티의 박타인 친타만이 살고 있는 곳으로 떠났다.

20. 회교 수도승은 친타만의 집 앞에 가서 외쳤다. "당신의 선물을 주

시오." 그는 손에 큰 동냥 그릇을 들고 있었다. "이것을 즉시 채워 주시오."라고 그가 요구했다.

21. 친타만의 곡식 창고를 담당하는 집사가 많은 양의 곡물을 가지고 와서 동냥 그릇에 부었지만 모두가 놀랍게도 그릇을 전혀 채우지 못했다.

22. 친타만은 신의 방에 앉아 있었다. 어떤 사람이 그에게 와서 말했다. "어떤 회교 수도승이 손에 동냥 그릇을 들고 앞마당에 왔습니다.

23. 저희가 그릇에 많은 양의 식량을 부었지만 전혀 차지 않았습니다." 친타만은 손님을 빈손으로 돌려보내지 말라고 엄히 분부했다.

24. "집에 있는 곡물을 가리지 말고 동냥 그릇에 다 부어 드려라."

25. 이런 명령을 받고서 집사는 집에 있는 모든 곡물을 그 그릇에 부었지만 그릇은 여전히 차지 않았다.

26. 그러자 그는 지하에 있는 곡식 창고까지 열어서 그릇에 곡물을 계속 부었지만 그 모든 곡물이 그릇에 다 들어갔다. 그러자 친타만이 밖으로 나와서 초능력들을 그쯤에서 멈추게 하였다.

27. 그리고 그들은 그들의 손으로 그릇을 채웠다. 그러자 회교 수도승이 길을 떠났다. 그는 즉시 데후로 가서 투카의 집으로 들어갔다.

28. 아발리가 부엌에서 요리하고 있을 때 이 회교 수도승이 밖에서 크게 소리쳤다. "어머니, 밀가루 좀 주십시오. 저의 그릇을 채워 주십시오."

29. 아발리는 혼잣말을 했다. "어떤 빌어먹을 거지가 온 거야! 거지들은 꼭 집에 곡식이 없을 때 와서 우리를 괴롭히지."

30. 어린 막내딸 강가가 그에게 주려고 밀가루를 한 움큼 쥐고 가려

했다. 그러나 아발리가 그녀의 손을 붙잡았고 약간의 밀가루가 바닥에 떨어졌다.

31. 우선 아이의 손은 작았는데도 그녀의 어머니는 거기에서 또 밀가루를 일부 빼앗았다. 회교 수도승은 바깥에 서서 그 광경을 지켜보고 있었다.

32. 그때 어린 딸 강가가 나와서 약간의 밀가루를 그릇에 넣었다. 그런데 그것으로 그릇이 가득 차고도 넘쳤다. 아나가드샤는 깜짝 놀랐다.

33. 그는 자신의 초능력을 보여 주려 했으나 이번에는 통하지 않았다. 너무나 놀라서 그는 소녀에게 물었다.

34. "네가 투코바냐?" 강가는 이 질문을 듣고 말했다. "당신은 바보 같군요.

35. 저희 아버지는 아침 목욕을 끝내고 지금 사원 앞에 앉아 있는 것을 모르나요?" 아나가드샤는 이 말을 듣고서 생각했다. "즉시 그를 보러 가야겠다."

36. 그는 즉시 사원으로 갔고 거기서 투카의 상태를 보았다. 그는 영원한 브라마의 모습이었고, 그의 가슴속에는 욕망과 같은 것들이 전혀 없었다.

37. 아나가드샤는 투카에 대한 사랑으로 가득 차서 그의 앞에 엎드려 절하였다. 그는 며칠간 거기에 머무르며 투카의 크리슈나 키르탄을 들었다.

38. 키르탄은 밤 4경까지 계속되었지만 그는 투카 앞에 계속 서 있었다. 그리고 고귀한 바이슈나바 투카는 아나가드샤에게 경의와 존경을 표했다.

39. 투카에 관한 이야기를 들으며 회교 수도승은 큰 기쁨을 느꼈다. 마침내 그는 투카를 떠나 서둘러 그의 거처로 돌아갔다.

투카와 죄인인 여인

40. 열정적인 키르탄이 데후에서 매일 계속되었다. 많은 사람들이 그것을 듣기 위해 왔다. 그러던 어느 날 매우 아름답고 기품이 있지만 음탕한 마음을 지닌 여인이 찾아왔다.

41. 그녀는 투카가 키르탄을 마친 뒤 혼자 있는 것을 발견하고 그에게 가서 말했다. "저의 소망을 이루고자 하는 욕망이 제 마음에 일어났습니다.

42. 며칠 동안 저는 이런 기회가 오기를 기다려 왔고, 드디어 오늘 당신이 혼자 있는 것을 보게 되었습니다." 바이슈나바 박타는 그녀의 말을 듣고 심하게 흔들리기 시작했다.

43. 요가 수행자들의 우두머리인 수카가 람바를 보았을 때 마음이 흔들렸듯이 투카에게도 그런 일이 일어났다.

44. 그는 일어나서 두 개의 아방가를 지어 그녀를 훈계하였다. "모든 여자는 나에게 어머니와 같습니다. 이 말은 전혀 거짓이 아닙니다.

45. 우리의 몸에 살고 있는 영혼의 6가지 적을 저는 크리슈나의 발에 두었습니다. 저는 위대한 능력들을 버렸습니다. 그런데 육체의 욕망들이 나에게 무슨 쓸모가 있겠습니까?

46. 어머니, 어서 떠나십시오. 당신의 노력은 모두 헛될 것입니다." 그

렇게 그녀에게 권고한 후 바이슈나바는 다른 곳으로 가서 홀로 앉았다.

47. 그는 사랑의 감정으로 숭배에 전념하였으며, 갑자기 태양이 떠올랐다. 멀리 떨어진 마을들에서 온 사람들의 무리가 비슈누 사원에 모여서 "승리! 승리!" 하고 소리치고 신의 이름을 큰 소리로 반복하여 외쳤다.

투카가 로하가브를 두 번째로 방문하다

48. 어느 날 로하가브에서 온 사람들이 찾아와서 투카를 데려가고자 하였다. 그들은 신을 사랑하는 이 박타를 간곡히 설득하였고, 결국 그와 함께 그들의 마을로 돌아가게 되었다.

49. 이때 투카와 동행했던 바이슈나바들 가운데 명성과 영향력이 높은 사람들은 다음과 같다. 먼저 위대한 판디트이자 브라만이며 자신의 집으로 돌아가려 하지 않았던 라메쉬바르가 있었다.

50. 다음에는 투카의 동생인 칸호바가 있었다. 세 번째로는 투카의 키르탄에서 노래를 하는 강가지 마발이라는 브라만이 있었다.

51. 그리고 신을 매우 사랑하는 기름 장수인 산타지 텔리가 있었다. 그는 투카 옆에 앉아서 투카가 아방가를 지을 때 받아 적었다. 그는 언제나 투카와 함께 하였으니, 복되도다, 그의 큰 행운이여.

52. 이 네 사람은 주요 인물들이었지만, 그 밖에도 많은 사람들이 나중에 투카와 합류하여 사랑의 감정으로 그의 키르탄의 합창을 이끌었다.

53. 신을 사랑하는 박타는 로하가브 가까이에 접근했다. 마을 사람들이 나와서 그를 환영했으며 진심으로 그의 앞에 엎드려 절하였다.

54. 투카가 키르탄을 행한 집의 사람들은 지고의 기쁨으로 가득 찼다. 그들은 갖가지 맛있는 음식들을 준비하였고 브라만들을 집에 초대하여 대접했다.

55. 그들은 능력껏 브라만들에게 성찬을 제공하였다. 매우 부유한 사람은 천 명의 브라만들을 대접했고, 투카는 키르탄을 하였다.

구리 세공인의 귀의

56. 로하가브의 모든 마을 사람들이 경건해졌지만, 마음이 악한 구리 세공인은 예외였다. 그는 욕쟁이였고 비뚤어진 사람이었으며 구두쇠에 무뢰한이었다. 그러나 그는 세속적인 물건들에 약하였다.

57. 투카는 그를 키르탄에 초대하려고 사람들을 계속 보냈지만, 그는 결코 오지 않으며 오히려 그들에게 욕을 퍼붓고 조롱했다.

58. 그런데 빚을 갚기 위해 알란디로 가서 갸나데바의 무덤 앞에서 단식을 하며 앉아 있던 어떤 브라만이 있었다. 그는 만 루피의 빚이 있었고 이 때문에 단식을 시작했다.

59. 여섯 달이 지난 뒤 갸네쉬바라가 꿈에 나타나 그에게 말했다. "즉시 투카에게 가라. 그가 너를 빚에서 벗어나게 할 것이다."

60. 브라만은 투카를 찾아다니다가 마침내 로하가브로 왔다. 그는 투카에게 갸네쉬바라가 자신을 보냈다고 말했다.

61. 신을 사랑하는 박타는 그에게 듣지 않고서도 그의 마음속에 무엇이 있는지를 알고는 마을 사람들에게 말했다. "여기저기서 돈을 모아

그에게 주세요.

62. 구리 세공인을 설득하여 그에게서도 어느 정도 얻어 보세요." 사람들은 투카의 요청을 거절하고 싶지 않아 구리 세공인의 집을 찾아갔다.

63. 그들은 최선을 다해 설득하여 결국 구리 세공인으로부터 2개의 구리 동전을 받아 냈다. 투카는 조약돌을 하나 주워 들더니 그것으로 구리 동전을 문질렀다.

64. 그러자 그 구리 동전들은 바로 황금으로 바뀌었고, 투카는 그것들을 단식 중이던 브라만에게 주었다. 그러나 브라만은 "이 정도로는 제 빚을 갚을 수 없습니다."라고 말했다.

65. 바이슈나바 투카가 대답했다. "좋습니다. 구리 그릇들이 있으면 제게 갖다 주세요." 이 말을 듣고서 세속적인 즐거움들의 유혹 아래 있던 마을 사람들은 매우 놀랐다.

66. 그러자 브라만은 예배 의식에 사용하는 그릇들을 가방에서 꺼내 투카에게 주었다. 투카가 조약돌로 그것들을 문지르자 금세 황금으로 바뀌었다.

67. 단식하던 브라만은 매우 기뻐하며 알란디로 돌아갔다. 그리고 투카는 그 조약돌을 우물 속에 던졌다.

68. 이제 박타들의 적이자 무뢰한인 구리 세공인은 이 일에 무척 놀랐다. 그는 생각했다. "투카는 현자의 돌을 가지고 있다." 그리고 즉시 숭배 의식을 행하기 시작했다.

69. 그는 생각했다. "그에게 봉사하면 나는 가난에서 완전히 벗어날 수 있을 것이다." 그래서 그는 투카의 설교를 들으러 왔다. 하지만 그의 마음은 다른 것을 바라고 있었다.

70. 마치 속은 매우 쓰지만 겉은 달콤한 오이처럼 보이는 브린다반(오이처럼 생긴 과일)과 같이, 구리 세공인은 욕망을 이루기 위해 엄격한 금욕 생활을 시작했지만 그의 마음은 물질을 얻기를 바라고 있었다.

71. 그가 일 년 동안 투카의 크리슈나 키르탄을 듣자 룩미니의 남편이 기뻐했다. 그 이유를 들어 보라.

72. 구리 세공인은 주석을 실어 오기 위해 36마리의 소떼를 뭄바이로 보냈다. 대리점에서는 소떼에 주석을 실어 돌려보냈다. 그런데 이게 어찌된 일인가! 그것들은 모두 은으로 바뀌었다.

73. 그러자 구리 세공인은 주석을 판매한 대리점으로 소떼를 다시 돌려보냈다. 그 상인은 장부를 조사하더니 "그것들은 확실히 저의 것이 아닙니다."라고 말했다.

74. 그리고 그는 다시 짐을 소떼들에 실어서 로하가브로 보냈다. 구리 세공인은 깜짝 놀라 투카에게 가서 그 사실을 말했다.

75. 삿구루가 그에게 말했다. "당신의 좋은 운으로 이것이 왔습니다. 크리슈나께서 당신을 도우러 오셨습니다. 이제 이 돈을 좋은 일에 쓰세요."

76. 그는 돌계단이 딸린 큰 우물을 만들었으며, 그 우물에는 '구리 세공인의 우물'이라는 이름이 붙여졌다. 그는 많은 사람들에게 음식을 대접했고, 그로 인해 브라만들이 기뻐했다.

77. 그때 이후로 구리 세공인은 세속적인 것에 무관심한 사람이 되었다. 그는 집과 아내, 모든 세속적인 것을 버리고 항상 투카와 함께 했다.

구리 세공인의 아내가 투카를 비난하다

78. 이것 때문에 구리 세공인의 아내는 투카를 몹시 미워하게 되었다. 그녀는 생각했다. "그는 나의 남편을 미치게 만들었고 혼자 앉아 있게 만들었다.

79. 그들은 밤새도록 키르탄을 하고, 투카는 나의 남편이 심지어 잠을 자러 집에 오지도 못하게 한다." 그녀는 어떻게 하면 투카를 죽일 수 있을까 하고 계획하기 시작했다.

80. 그녀는 네 개의 놋대야에 물을 가득 채워 펄펄 끓인 뒤 집에 놓아 두었다.

81. 그녀는 고귀한 바이슈나바를 초대하여 테라스 벽 밑에 있는 목욕판 위에 앉게 했다. 그리고 나서 끓는 물을 그에게 남김없이 부어 버렸다. 투카는 뱃속까지 뜨거운 물에 데었다.

82. 그러자 투카는 도와 달라고 속으로 소리쳤다. "저를 도우러 달려오소서, 오, 지고의 신이시여. 제 몸이 불길에 휩싸였습니다." 그리고 나서 그는 아방가를 지었다. 그때 갑자기 성자들의 휴식처인 그분이 그를 도우러 왔다.

83. 그에게 화상을 입히고 있던 끓는 물이 이제는 투카를 시원하게 하는 것 같았다. 이 목욕 후에 그녀는 그에게 가벼운 식사를 주었지만, 그 음식에 비소를 섞어 놓았다.

84. 그러나 룩미니의 남편은 박타의 모든 기쁨과 슬픔을 떠맡는다. 투카는 신체를 의식하지 못하는 상태에 있었고, 그 독은 그에게 해를 끼치지 않았다.

85. 신을 사랑하는 박타가 그녀의 집을 떠났을 때 판다르푸르의 신은 그녀에게 노여움을 보였다. 그녀는 즉시 온몸의 피부가 짓무르는 나병환자가 되어 비참한 고통에 빠졌다.

86. 바로 그때 구리 세공인은 집으로 돌아와서는 그의 아내가 기절해 있는 것을 발견했다. 그리고 키르탄이 열리는 천막에서 사용된 화환이 있는 것을 보고 생각했다.

87. "어젯밤 평소처럼 열정적인 키르탄이 열렸고, 투카의 목에 화환이 걸려 있었다. 그녀가 고귀한 바이슈나바를 집에 초대하여 괴롭힌 것이 분명해."

88. 라메쉬바르 바트가 그에게 말했다. "투카가 목욕한 곳에 있는 진흙을 퍼서 부인의 몸에 바르시오. 그러면 부인이 나을 것이오."

89. 구리 세공인은 그의 말을 믿고 그렇게 했다. 신이 즉시 그녀를 도우러 왔다. 그녀의 모든 나병 종기가 사라졌고 그녀의 건강이 회복되었다.

90. 그날 이후 그녀도 투카의 발을 숭배했다. 그녀는 꾸준히 키르탄을 들었고 모든 미움을 버렸다.

투카가 쉬바지 왕을 만나다

91. 투카의 삶에는 이처럼 많은 사건들이 있었다. 많은 사람들이 그를 통하여 신의 현현을 직접 체험했다. 라메쉬바르가 물에 가라앉게 했던 투카의 시 원고들을 룩미니의 남편은 젖지 않게 보존하였다.

92. 이런 좋은 행적들이 쉬바지 왕에게 보고 되자 그는 매우 놀랐다. 그는 "투카를 여기로 불러서 그의 키르탄을 들어야겠다."라고 말했다.

93. 그래서 그는 투카를 초대하기 위하여 담당 관리에게 양산과 말을 딸려 로하가브로 보냈다. 그들은 바이슈나바 박타에게 왕의 전갈을 알렸다.

94. 그들이 말했다. "왕께서 당신을 만나는 즐거움을 무척 바라고 계십니다. 저희와 함께 왕궁으로 가서 왕을 도우십시오."

95. 투카는 이 전갈을 듣고서 극심한 비통에 빠졌다. 그는 울부짖었다. "오, 지고의 신, 판다르푸르의 신이시여, 왜 저를 여기에 휘말리게 하십니까?

96. 위선과 영예의 과시가 제게는 돼지의 오물과 같습니다. 오, 자비의 바다시여, 지성의 구름이시여, 저를 도우러 달려오셔서 저를 자유롭게 하소서."

97. 이런 내용으로 바이슈나바 박타는 4개의 아방가를 지어 관리에게 주었다. 관리가 떠나려 할 때 투카가 그에게 말했다.

98. "나를 태우기 위해 데려온 말에 타세요." 관리가 대답했다. "그 말은 몹시 사나워서 아무도 태우려 하지 않습니다."

99. 이 말을 듣고서 투카가 손으로 말을 가볍게 톡톡 다독이자 말은 곧 순해졌다. 이와 같은 것들은 성자들의 특별한 행동이다.

100. 비서가 왕에게 이 소식을 보고하자 왕은 무척 놀랐다. 그는 투카가 그를 위해 지은 4개의 아방가를 읽었다.

101. 세속적인 것들에 무관심한 투카의 성품을 보고서 왕은 생각했다. "내가 직접 투카가 있는 곳으로 가서 그를 만나야겠다."

102. 고귀한 왕은 의복과 장신구, 장식품, 예배를 위한 물품 그리고 금화들을 준비하여 길을 떠났다.

103. 왕을 수행하여 수상과 고위 관료들까지 함께 로하가브에 도착했다. 왕은 마을 사람 모두가 신을 사랑하는 기쁨을 체험하는 경건한 사람들이라는 것을 곧바로 알아보았다.

104. 비록 크리슈나는 마투라에서 태어났지만, 고쿨 주민들이 그에 대해 느끼는 기쁨은 한계가 없었다. 이와 마찬가지로 로하가브 주민들도 투카에 대한 그들의 극진한 사랑을 드러내었다.

105. 그들은 밤을 새며 슈리 하리의 행적을 들었다. 날이 밝았을 때는 고팔라칼라 의식을 행하였다. 그곳에서 행복은 끝이 없었고, 서로에 대한 교감과 사랑이 있었다.

106. 쉬바지 왕이 투카를 방문하기 위해 도착했을 때, 왕과 수상은 투카 앞에 엎드려 절했다.

107. 왕은 자신의 손으로 향기로운 가루를 뿌리고 투카 주위에 툴시와 화환을 놓았다. 그러고 나서 고귀한 왕은 투카 앞에 금화로 가득 찬 큰 접시를 놓았다.

108. 투카는 이와 같은 왕의 부유함을 보고서 역겨움을 느꼈다. 이때 투카가 한 은혜로운 말들을 존경심을 갖고 듣기 바란다.

109. "부를 쌓는 것이 저에게 무슨 필요가 있겠습니까. 제가 원하는 것은 오로지 크리슈나뿐입니다. 저의 영혼은 그분 말고는 다른 어떤 욕망도 없습니다.

110. 저는 전하의 높은 명성을 많이 들었고, 오늘 전하의 관대함을 이해합니다. 그러나 전하께서는 저희 바이슈나바들이 원하지 않는 것을

어떻게 주실 수 있습니까?

111. 만약 전하께서 태양을 방문하러 가신다면, 왜 작은 등불이 필요하겠습니까? 구름은 바다에 비를 쏟아 붓지만, 바다는 비에 대한 욕망이 없습니다.

112. 오, 고귀한 왕이시여, 히말라야 산맥이 왜 부채의 바람을 필요로 하겠습니까? 설령 사람이 달에 백단향 반죽을 문지를 수 있더라도, 달은 그것에 대한 욕망을 가질 수 없습니다.

113. 우유의 바다가 젖소를 선물로 받으면 기뻐하겠습니까? 어떤 이가 황금 산에 약간의 황금을 바친다면, 그 산이 기뻐하겠습니까?

114. 전하께서 이렇게 비싼 선물들을 가져왔지만 저에게는 소의 살덩이와 같습니다. 그러나 전하의 마음이 편안해지도록 몇 마디 말씀드리겠습니다.

115. 전하의 목에 툴시 화환을 걸고서 2주일의 11번째 날에 속하는 의식들을 행하십시오. 이것 말고는 전하께서 제게 어떤 돈이나 물건들을 주시더라도, 그것은 제게 흙처럼 보일 것입니다.

116. 저의 가슴에는 한 가지 바람만 있을 뿐이며, 그것은 전하께서 자신을 크리슈나의 하인이라고 부르는 것입니다." 투카의 말을 듣고 왕은 기뻤다.

117. 왕은 투카에게 주기 위해 가지고 온 돈을 브라만들에게 나누어 주었다. 밤에 왕은 크리슈나 키르탄과 투카의 은혜로운 말들을 들었다.

118. 먼저 찬양의 시들을 노래했고, 다음에는 크리슈나의 이름들을 큰 소리로 암송했다. 심벌즈, 비나 그리고 북소리가 하늘을 가득 채웠다.

119. 그들은 너무나 기쁘고 행복하여 노래하고 춤을 추었다. 노래에

맞추어 손뼉을 치고 손가락으로 딱딱 소리를 냈으며 열정이 굉장했다.

120. 키르탄의 유일한 주제는 다음과 같았다. "비탈은 우리의 어머니와 아버지다. 비탈은 우리의 형제이고 친구이며 삼촌이다. 그분 말고는 애정의 대상이 없다.

121. 비탈은 나의 가까운 친구이며 친척이다. 비탈은 나의 부이며 재산이다. 비탈은 나의 은밀한 보물이고, 가장 소중한 분이며, 내 삶의 안식처이다.

122. 비탈은 나의 개인적인 생각이나 공적인 삶에서 나의 모든 것이다. 만약 내가 비탈 외에 다른 이를 바라본다면, 나의 눈은 흐려져 못 보게 될 것이다.

123. 만약 내가 비탈 외에 다른 이를 칭송하며 노래한다면, 나의 혀는 즉시 굳어 버릴 것이다.

124. 만약 내가 판다르푸르에 이르는 길로 가지 않는다면, 나의 발은 즉시 절룩거릴 것이다. 나는 나의 몸을 비탈의 발에 바쳤으며 세속적인 것들을 모두 버렸다.

125. 철학자들이 비탈 외의 다른 주제에 대해 말한다면, 그들은 헛되이 말을 낭비한다. 그리고 만약 성인들과 좋은 사람들에 대해 언급한다면, 아무도 그 말을 듣지 않을 것이다."

126. 그 자리에서 투카는 청중에게 계속해서 말하기를, "비토바를 숭배하십시오. 그렇게 해야만 나의 아버지인 여러분들은 세속적인 존재에서 구원을 받을 것입니다."라고 하였다.

127. 이렇게 설교한 뒤 그는 크나큰 열정으로 신의 이름들을 반복했다. 사람들의 눈에는 보이지 않았지만, 하늘에서는 신들이 이 놀라운 광

경을 내려다보고 있었다.

128. 비탈은 말하는 사람이었고 또 듣는 사람이었다. 그러므로 모두가 노래했고 모두가 들었다. 그러한 키르탄을 들으며 왕은 그의 가슴이 감명을 받아 세속적인 것들에 무관심해지는 것을 느꼈다.

129. 왕은 말했다. "이 순간부터 나는 나의 왕국을 포기한다. 나는 슈리 하리를 숭배하면서 숲에 앉아 있고자 한다." 그리고 고귀한 왕은 터번을 벗어 땅바닥에 내려놓았다.

130. 막 태양이 떠오를 때, 사람들은 불을 흔드는 봉헌 의식을 위해 불을 흔들었으며, 왕은 투카에게 나마스카르를 한 후 정글로 들어가서 혼자 조용히 앉았다.

131. 그는 그의 수상과 다른 사람들에게 절대로 가까이 오지 말라고 말했다. 이제 세속적인 것들에 무관심해진 왕은 신을 사랑하는 기쁨을 경험하고 있었다.

132. 왕은 낮에는 정글에 앉아 있었고, 밤에는 마을에 와서 키르탄을 들었다. 수상은 그때까지 일어난 일들의 자초지종을 편지에 써서 왕의 어머니에게 보냈다.

133. 왕의 어머니는 편지를 보고 모든 사람들 앞에서 울음을 터트렸다. 그녀는 외쳤다. "투카는 지금 우리 왕국을 멸망시키고 있다." 그리고 말했다. "이것은 좋은 소식이 아니다."

134. 그녀는 가마를 타고 즉시 로하가브로 왔다. 투카를 보았을 때 그녀는 그의 앞에서 땅바닥에 엎드려 절했다.

135. 그리고 나서 눈물을 흘리며 탄원하는 태도로 말했다. "나의 유일한 아들이 당신의 키르탄에 참석하더니 세속적인 것들에 무관심해져

버렸고, 정글에 앉아서 숭배만 하고 있습니다."

136. "그는 아들이 없습니다. 누가 왕국을 이끌어 가겠습니까?" 왕의 어머니의 호소하는 말을 듣고 투카가 그녀에게 말했다.

137. "쉬바지 왕이 키르탄에 오면 제가 몇 마디 얘기해 보겠습니다. 마음을 편히 하시고 비토바를 숭배하십시오."

138. 투카의 말을 듣고서 왕의 어머니는 그의 앞에 절하고 말했다. "만약 당신이 나의 아들이라는 선물을 나에게 준다면, 내가 어떻게 감사를 표현할 수 있겠습니까?"

139. 그날 밤 하리 키르탄이 행해질 때 왕이 듣기 위해 왔다. 그러자 투카는 적당한 때를 보아 그에게 좋은 행위로 인한 구원의 체계를 설명해 주었다.

140. 그는 말했다. "이 세속적인 존재에서 구원받기 위해서는 좋은 행위들의 길이 최우선입니다. 사람은 그 자신의 종교적인 의무들을 따라야 합니다. 그에게는 다른 길이 없습니다.

141. 바가바드 기타에서 말하듯이 다른 사람들에 속한 의무들은 좋습니다. 그러나 그 때문에 자기 자신의 의무 대신에 그것들을 행한다면, 그것은 구원의 수단이 되지 못할 것입니다. 이것이 인간의 의무들에 관한 샤스트라의 가르침입니다.

142. 만약 물고기가 물을 떠나 녹은 버터 속으로 뛰어든다면, 어떻게 물고기가 살 수 있습니까? 새가 공중을 떠나 땅에 있는 구멍으로 들어가서는 안 됩니다.

143. 큰 쥐와 작은 쥐들은 그들의 구멍으로 달려갈 것입니다. 만약 그것들이 밖으로 나오면 목숨을 잃을 것입니다. 만약 뱀들이 사람의 음식

을 먹으면, 그 자체로 그것들은 죽고야 말 것입니다.

144. 고귀한 나무들은 걸을 수 없습니다. 나무들은 싹이 튼 곳에서 자랍니다. 마음이 변덕스러운 인간이 그렇게 움직이지 않고 있을 수 있습니까?

145. 아라비아 말은 쟁기를 끄는 법을 모릅니다. 만약 병사가 황소를 타고 싸운다면, 그 전투는 그에게 유리하지 않을 것입니다.

146. 이렇게 많은 예를 들어 설명하는 이유는 만약 어떤 사람이 자신의 특별한 의무들을 행하지 않는다면, 그의 앞에서 그를 기다리고 있는 것은 비참한 죽음뿐이기 때문입니다.

147. 신은 우주를 창조할 때 각자에게 나름의 의무들을 맡겼습니다. 브라마데바에게는 창조의 의무를 맡겼습니다. 우주를 보존하는 의무는 신이 직접 맡았습니다.

148. 지구를 떠받치는 의무는 뱀 세샤에게 맡겼으며, 바수키의 의무는 지구가 움직이지 않도록 하는 것입니다. 신은 바다들이 지구를 에워싸며 경계 안에 머물게 하였습니다.

149. 태양에게는 강한 열을 맡겨 피조물들에게 빛을 주게 하였습니다. 달에게는 차가움을 발산하도록 하였으며, 달은 그 의무를 행합니다.

150. 추운 계절과 더운 계절, 비가 내리는 계절은 각각 자신의 특별한 때에 힘을 갖고 나타납니다. 그리고 사람의 생명이 다할 때는 죽음이 육신을 벌합니다.

151. 이는 진실로 신의 명령이며, 모두들 신이 맡긴 대로 의무들을 행합니다. 베다의 가르침을 위반하는 자는 즉시 지옥에 갑니다.

152. 브라만의 임무는 브라마차리야(금욕 생활)를 준수하고 베다를 배

우는 것입니다. 그 다음에 가장이 되었을 때는 가장의 여섯 가지 의무에 전념해야 합니다.

153. 그가 바나프라스트(숲 속 고행자)가 되면, 그는 계속하여 감각적인 욕망들을 정복해야 합니다. 모든 욕망을 버림으로써 그는 가장 높은 형태의 산야스에 이르게 됩니다. 경전에는 그렇게 기록되어 있습니다.

154. 가족과 카스트 의무들을 모두 잊은 사람은 파라마함사(가장 높은 형태의 고행)라고 합니다. 이것들은 브라만들을 위한 베다의 가르침입니다. 그것들은 슈리 하리의 명령입니다.

155. 이제 크샤트리아의 의무들을 말씀드리겠습니다. 들어 보십시오. 적을 공격하고 정복하는 것, 그리고 각자의 특별한 의무들을 행하는 백성들을 보호하는 것이 그것입니다.

156. 이것은 마치 쾌락을 사랑하는 사람이 신체 부위들 각각에 필요한 것들을 제공함으로써 최고의 행복을 얻는 것과 같고, 혹은 가정적인 사람이 집에 돌아가서 가정과 연관된 모든 이들을 즐겁게 돌보는 것과 같습니다.

157. 이와 같이 왕은 백성들이 행복한 것을 볼 때 자신도 행복해집니다. 마음속에 고귀한 생각들을 갖고 있는 이에게는 이보다 더 좋은 행위가 없습니다.

158. 신에 도달하기 위해서는 크샤트리아는 선물들을 바쳐야 하고, 몸이나 말이나 마음으로 속이지 말아야 합니다.

159. 가장 중요한 첫째 카스트는 브라만이며, 다음은 크샤트리아이며, 그 다음은 바이샤이며, 넷째는 수드라입니다. 그 밖에도 다른 카스트들이 많이 있지만, 그들도 카스트들의 특별한 의무들에 충실해야 합

니다.

160. 마음속에서 모든 것을 공평하게 보아야 합니다. 모든 피조물 속에서 신을 보아야 합니다. 다른 이를 해치지 말아야 하고, 신을 숭배할 때 신에 대한 사랑이 있어야 합니다.

161. 일을 행할 때는 거짓을 말해서는 안 됩니다. 거짓보다 큰 죄는 없습니다.

162. 모든 피조물에 동정을 느껴야 합니다. 배고픈 이를 먹여야 합니다. 결코 거짓을 말하지 않아야 하며, 언제나 신의 이름들을 반복해야 합니다.

163. 만약 어떤 사람이 이런 식으로 선하게 살면, 그는 이 세속적인 존재 내에서 행복할 것입니다. 왜 숭배하러 정글로 들어가겠습니까. 신 크리슈나가 그의 집에서 그를 만날 것입니다."

164. 이것이 투카의 설교였고, 듣는 이들이 모두 귀를 기울였다. 왕의 마음은 여기에 깊이 몰입되었고 그의 눈에서는 눈물이 흘러내렸다.

165. 이어서 신의 이름들을 사랑으로 크게 외치는 소리가 이어졌다. 그리고 불을 흔들어 봉헌하기 위해 불이 지펴졌다. 그 불들은 룩미니의 남편 주위에서 흔들어졌고, 모든 사람이 그의 앞에 엎드려 절했다.

166. 달콤한 과자가 모든 청중들에게 제공되었고, 투카의 바람을 알게 된 왕은 바닥에 벗어 놓았던 그의 터번을 집어 들었다.

167. 쉬바지 왕의 어머니는 투카의 발 앞에 엎드려 "어떻게 은혜에 보답해야 할지 모르겠습니다."라고 말했다.

168. 왕은 그곳에 나흘간 더 머물렀다. 그런데 갑자기 매우 이상한 일이 일어났다. 들어 보라, 선하고 경건한 사람들이여.

한 브라만이 벙어리가 되었다가 치유되다

169. 정원사인 나바지는 매우 경건한 사람이었다. 키르탄이 진행되는 동안 그는 투카에게 말했다.

170. "잠시 동안 제가 서서 이끌 테니, 저의 스와미시여, 잠시 쉬세요." 그는 신의 이름들에 대한 사랑으로 충만하여 이름들을 반복하면서 마음이 가는 대로 춤을 추었다.

171. 비탈의 이름들이 있는 시를 암송하면서 그는 기쁨으로 벅차서 춤을 추었다. 그는 기뻐서 손뼉을 쳤으며, 그의 가슴은 신으로 충만했다.

172. 4가티카 동안 그는 쉬지 않고 키르탄을 행했다. 그의 몸에서는 땀이 줄줄 흘러내렸으며, 마침내 그는 녹초가 되어 자리에 앉았다.

173. 그러자 투카람이 일어나서 키르탄을 계속 인도했고 열정은 끝없이 커져 갔다.

그날 이후로 정원사인 나바지는 다음과 같이 했다.

174. 그는 물레로 실을 뽑았고, 그 실을 이용하여 화환을 만들었다. 그리고 브라만들이 키르탄에 앉았을 때 그는 이 화환들을 그들에게 걸어 주었다.

175. 그래서 나바지가 키르탄에 왔을 때, 바이슈나바 박타는 "여기 우리 마음의 안식처가 오신다."라고 외쳤다. 바이슈나바 박타가 그렇게 말하자 거기에 있던 사람들이 놀랐다.

176. 나바지는 그의 옷을 네 겹으로 접어서 한쪽 끝을 투카의 손에 올려놓았다. 그런 다음 옷을 걷어 올리고 바이슈나바들 앞에서 춤을 추

었다.

177. 그는 "드와르카의 물건들이 즐거이 판다르푸르에게 왔다."라는 문장을 사용했다. 정확히 발음하는 것이 그에게는 어려운 일이었다. 그는 '쵸자비트'를 '쵸다비트'라고 발음하였다.

178. 나바지의 실수를 듣고는 모여 있던 사람들이 모두 배꼽을 잡고 웃었다. 그러나 나바지는 기쁨이 충만하여 계속 춤을 추었다.

179. 마을에 한 박식한 브라만이 있었다. 그는 목욕하기 위해서 나바지의 정원에 갔다. 그는 나바지를 놀리며 말했다. "너는 규칙을 따르지 않고 단어를 사용했어.

180. 너는 항상 '드와르카의 물건들이 즐거이 (쵸다비트) 판다르푸르에게 왔다.'라고 말해. 그렇게 발음을 잘못하면 너는 분명히 지옥에 갈 거야."

181. 그의 말을 듣고서 나바지는 공손히 대답했다. 그는 "오늘부터는 그렇게 하지 않겠습니다. 제게 좋은 교훈을 가르쳐 주셨습니다."라고 말했다.

182. 이렇게 나바지의 마음에 혼란을 일으킨 뒤, 그 브라만은 집으로 돌아갔다. 그러나 보라! 그 브라만은 말하는 능력이 사라져 버렸다. 그는 한마디도 말할 수 없었다.

183. 그는 자신에게 일어난 일을 석판에 써서 라메쉬바르에게 보냈고, 그는 이에 놀라 즉시 투카에게 보고했다.

184. 바로 그때 한 농부가 투카가 먹기를 바라는 마음을 품고서 어린 오이를 가지고 왔다.

185. 그의 생각을 알아차린 고귀한 바이슈나바는 그것을 잘랐다. 그

는 오이를 네 조각으로 나누어 그 중 세 조각을 먹었다.

186. 한 조각은 먹지 않은 채 남아 있었다. 라메쉬바르는 그 자리에 있는 모든 사람들에게 은총의 선물로 나누어 주겠다고 제안했다. 이에 비슈누의 종이 대답했다.

187. "그것은 당신에게 줄 만한 가치가 없어서 내가 다 먹었습니다." 그러나 그는 남은 조각의 반을 목소리를 잃은 남자에게 주었다. 그가 이것을 먹었을 때 놀라운 일이 일어났다.

188. 투카가 준 이 은총의 선물을 먹더니 그는 즉시 말하기 시작했다. 그는 아직 남아 있는 조각을 잘게 잘라서 그들 모두에게 나누어 주었다.

189. 오이 조각을 입에 넣은 사람들은 입을 오므리더니 여기저기 숨어서 모두 내뱉었다. 그것은 끔찍하게 썼다.

190. 그날 밤 키르탄이 시작되었을 때 정원사 나바지가 들어왔다. 그는 투카에게 "오늘 밤에는 제가 정말로 키르탄을 하지 않겠습니다."라고 말했다.

191. 투카는 "실수한 사람은 나입니다. 신은 당신의 순수한 사랑의 표현에 기뻐하셨습니다."라고 답했다.

192. 투카의 이 말을 듣고 나바지는 매우 행복했다. 그는 4가티카 동안 일어서서 신에 대한 사랑으로 춤을 추었다.

쉬바지 왕이 떠나다

193. 앞에서 말했듯이 쉬바지 왕은 나흘 동안 더 머물렀다. 그는 계속

해서 열정적인 키르탄을 들었고 신에 대한 사랑의 감정을 느꼈다.

194. 그러고 나서 왕은 작별 인사를 하고 왕궁으로 돌아가기 위해 투카에게 왔다. 그런데 그는 마음속에 한 가지 희망이 있었고, 투카에게 은총의 선물을 받기를 원했다.

195. 그는 마음속으로 생각했다. "만약 나의 왕국이 이슬람의 통치에서 자유로워질 것이라면, 스와미는 나에게 빵을 줄 것이다. 만약 나에게 아들이 태어날 것이라면, 그는 나에게 코코넛을 줄 것이다."

196. 투카는 왕의 마음을 알고서 그에게 빵과 코코넛을 둘 다 주었다. 그러자 왕은 엎드려 절하고는 돌아갔다.

늘어나는 투카의 추종자들

197. 푸라나의 낭독자인 콘다바트는 항상 투카와 함께 하게 되었다. 그리고 처음에는 악한 짓을 했으나 이제는 신을 사랑하는 박타가 된 라메쉬바르가 있었다.

198. 이 두 브라만은 베다의 철학에 대해 토론할 수 있었다. 이들 외에도 세속적인 일을 떠나 투카와 함께 있던 14명의 바이슈나바가 있었다.

199. 그 사람들은 투카의 키르탄을 듣는 것을 너무나 사랑했다. 그래서 만약 투카가 말없이 어느 마을로 가게 되면, 그들은 그를 뒤따라가서 기어이 찾아내고야 말았다.

200. 이 책 슈리 박타릴람리타는 완벽한 우유의 바다이다. 락슈미의

남편이며 뱀에 기대어 계신 분은 항상 여기에 누워 계신다.

201. 신을 사랑하는 자들, 행운의 청취자들, 그들은 지켜보기 위해 찾아온 신들이다. 그들은 성자들의 이야기의 감로를 기쁨으로 마신다.

202. 그들을 통해서 탄생과 죽음으로부터의 구원이 있다. 이 지고의 구원을 경험하는 이들에게는 결코 되돌아오는 일이 없을 것이다.

203. 무력한 자들의 형제, 자비의 창고, 박타를 사랑하는 분, 자비의 바다이신 그분은 마히파티에게 두려워할 필요가 없다는 확신을 주셔서 이 책을 짓게 하셨다.

204. 스바스티! 이 책 슈리 박타릴람리타는 단지 듣기만 하여도 가슴의 모든 욕망들을 채워 준다. 그러므로 들어라, 신을 사랑하는 경건한 박타들이여, 이것은 흥미로운 제12장이다.

제13장
기적으로 많은 사람들을 먹이다

하리의 모습에 대한 묘사

슈리 가네샤에게 경배를.

1. 창공에 푸른 하늘이 나타나듯이, 당신의 아름다운 광채도 그러합니다, 오, 슈리 하리시여. 당신의 왕관에서는 마치 해가 막 떠오른 것처럼 진주와 보석들이 빛을 발합니다.

2. 당신의 아름다운 연꽃 얼굴은 마치 순수한 감로로 만들어진 모습과 같습니다. 커다란 눈은 순수한 연꽃잎처럼 반짝입니다.

3. 두 개의 귀고리는 악어 모양으로 만들어진 황금에 보석들이 박혀 있습니다. 그것들은 당신이 가만히 계실 때는 반짝거리고, 당신이 움직일 때는 흔들립니다.

4. 다이아몬드가 줄지어 박혀 있는 것처럼 당신의 치아는 입 안에서 반짝입니다. 그리고 카우스투바 보석의 빛나는 광채는 떠오르는 달의 그것과 같습니다.

5. 짙은 구름처럼 어두운 빛깔을 한 당신의 몸은 백단향 반죽으로 엷게 문질러져 있습니다. 당신이 입으신 노란 옷은 마치 번개의 섬광과 같습니다.

6. 당신의 손목에는 전사의 팔찌가 있습니다. 당신의 배에 있는 세 개의 주름은 모양이 아름답습니다. 머리카락은 벌떼와 같이 타래를 이루고 있습니다. 당신은 아름다운 슈리바트사(Shrivatsa) 표식이 있습니다.

7. 당신의 몸은 아름답고 우아한 모양을 하고 있습니다. 목에는 부드러운 툴시 잎 화환이 걸려 있습니다.

8. 요가 수행자들의 명상 대상이시며, 쉬바가 숭배한 신이신 당신은 박타들의 명예를 지키기 위하여 눈에 보이는 모습과 알아볼 수 있는 특성들을 취하셨습니다.

9. 제가 상상으로 떠올린 당신의 아름다운 모습을 저는 종이에 글로 묘사하였습니다. 그러니 이제 제게 두려워할 필요가 없다는 확신을 주시고, 저로 하여금 성인들의 행적을 얘기하게 하소서.

투카가 기적으로 많은 사람들을 먹이다

10. 흥미로운 앞 장에서는 어떻게 하여 쉬바지 왕이 투카의 위대한 명성을 듣고 그를 만나러 왔으며, 어떻게 하여 그 일이 그에게 기쁨을 주었는지에 대해 들었다.

11. 투카가 그의 마을인 데후로 돌아간 지 4개월이 지났다. 그리고 여기에서 놀라운 사건이 일어났다. 나는 여러분이 이 일을 듣기를 바란다.

12. 친타만 데바는 비마샹카르로 가기 위하여 순례자 무리와 함께 푸나를 출발하여 데후에 도착했다.

13. 그를 보고 바이슈나바 박타는 진실한 존경심으로 땅에 엎드려 절

했다. 이처럼 만나게 되어 그들의 가슴은 기쁨을 경험했다.

14. 순례자들이 밖에 모여 있는 것을 보고서 상인들이 천막을 쳤다. 그들은 팔 물품들을 펼쳐 놓고 앉았다. 친타만이 그때 투카에게 말했다.

15. "신을 사랑하는 바이슈나바 박타여, 우리가 여기에 왔으니 호의를 베풀어 주십시오. 만약 우리 모두가 먹을 수 있도록 충분한 요리 재료를 주신다면, 우리의 바람이 이루어질 것입니다."

16. 이 제안을 듣고 투카는 기뻐하며 그의 집으로 가서 요리를 위한 재료를 가지고 왔다.

17. 그러나 투카가 가져온 밀가루, 달, 쌀, 기는 한 사람이 먹을 분량에 불과했다. 그러나 순례자 무리가 모두 그에게 모여들어 은총의 음식을 달라고 요청했다.

18. 투카가 그들의 간절한 소망을 보았을 때, 신을 사랑하는 이 박타는 당혹스러웠다. 그래서 그는 기도했다. "오, 지고의 신이시여, 룩미니의 남편이시여, 저희 모두가 먹을 만큼 충분한 재료를 주소서."

19. 바이슈나바 박타가 이렇게 기도하고 있을 때, 판다르푸르의 신이 눈에 보이지 않는 모습으로 찾아왔다. 투카는 한 사람이 먹을 만큼의 재료밖에 없었지만 그것을 나누어 주자 모두에게 충분했다.

20. 친타만 데바는 이 기이한 일을 보고 놀랐다. 그는 생각했다. "시디들이 이곳에 오지 않은 것을 아는데 어떻게 이런 일이 일어났을까?"

21. 이런 생각을 마음에 품고 그는 사랑으로 투카를 껴안았다. 그들은 요리를 마친 뒤에 투카를 그들과 함께 자리에 앉게 하였다.

22. 그들은 그곳에서 하룻밤 머물면서 투카의 키르탄을 들었다. 그리고 날이 밝자마자 순례자 무리는 비마샹카르로 떠났다.

철이 금으로 변한 기적

23. 갸네쉬바라의 무덤 앞에서 단식하며 누워 있던 또 한 명의 브라만이 있었다. 그의 결연한 결심을 보고 삿구루 갸네쉬바라가 꿈에 그에게 나타났다.

24. 그리고 말했다. "투카에게 가라. 그리고 그가 무엇을 주든지 그것을 가지고 오라." 그는 이 꿈을 꾼 뒤 데후로 왔다.

25. 그가 꿈과 연관된 상황을 말하자 투카는 넌더리가 났다. 투카는 속으로 생각했다. "왜 판다르푸르의 신은 나의 일에 이런 번거로운 문제들을 증가시키는가?

26. 나는 무력하며 약한 사람이다. 나는 시디를 발휘하는 법도 모른다. 이렇게 단식하는 사람들이 나에게 너무 자주 온다. 갸네쉬바라만이 자신의 행위들의 목적을 알 뿐이다."

27. 그러나 그는 단식하는 이 브라만에게 말했다. "지금 로하가브로 가십시오. 거기에 구리 세공인이 있습니다. 그가 무엇을 주든지 아무 말도 하지 말고 받으십시오."

28. 그 브라만은 고개를 끄덕이고서 즉시 로하가브로 떠났다. 구리 세공인은 그의 이야기를 듣고서 무슨 일인지 의아해 했다.

29. 그날은 마침 구리 세공인 쉬브지의 집에서 브라만들에게 성찬을 대접하는 날이었다. 식사를 끝낸 뒤 평소처럼 판 수파리와 선물을 나누어 주자 그들은 모두 만족했다.

30. 만찬이 끝난 뒤 구리 세공인은 그 브라만을 집으로 데려갔고, 쇠써레 네 개를 들어 브라만의 머리 위에 얹어 주었다.

31. 그리고 말했다. "지금 곧 데후로 가서 이것들을 투카에게 보여 주십시오." 그 브라만은 몹시 당혹스러워하며 생각했다. "내가 이것들을 가지고 뭘 할 수 있단 말인가?

32. 나는 가난에서 완전히 벗어나기 위해 갸나데바 앞에서 고행을 하였다. 그러나 부자가 되는 것은 나의 운명이 아니다. 그러니 그가 어떻게 할 수 있겠는가?"

33. 그는 칸헤와 레케라는 두 산을 넘어야 했다. 이곳을 넘다가 그는 쇠써레 세 개를 내버렸다.

34. 하지만 그 브라만은 쇠써레 하나는 머리에 이고 데후로 왔다. 고귀한 바이슈나바 투카는 홀로 앉아 있었다. 브라만은 투카 앞에 섰다.

35. 신을 사랑하는 박타가 그에게 물었다. "구리 세공인이 무엇을 주던가요?" 그가 투카에게 써레를 보여 주자 그것이 황금으로 변했다.

36. 투카가 그에게 말했다. "이것은 갸네쉬바라가 준 선물입니다. 이 일을 누구에게도 말하지 말고, 이것으로 세상의 일들을 행하십시오."

37. 고귀한 바이슈나바가 이렇게 말한 뒤, 그 브라만은 황금을 가지고 떠났다. 그는 세 개의 써레를 버렸던 곳으로 서둘러 갔다.

38. 그는 사람들이 다니지 않는 곳에 그것들을 놓아두었었다. 그러나 놀랍게도 그것들은 거기에 있지 않았다.

39. 그는 말했다. "아, 내 운명 안에 있던 것들이 왔다가 지나갔구나." 그는 그렇게 스스로 설득하고는 집으로 돌아갔다.

투카가 사나운 개를 얌전하게 만들다

40. 여기에 또 하나의 굉장히 흥미로운 이야기가 있다. 물라와 비바라 강이 만나는 곳에 성스러운 목욕 장소가 있다. 투카는 데후에서 그 신성한 강으로 목욕하러 갔다.

41. 그가 가는 길에는 사람이 살지 않는 들판이 있었고, 그곳에 양떼들이 있었다. 그런데 거기에는 아무도 통제할 수 없는 사나운 개가 있었다. 그 개는 심지어 사람까지 죽였다.

42. 만약 어떤 사람이 그 길을 따라 걸으면, 그 개는 그를 덮쳐서 목을 물고 피를 마시곤 하였다. 많은 사람들이 불만을 제기했지만 누구도 그 개를 길들일 수가 없었다.

43. 투카는 그 길을 지나야만 했다. 갑자기 그 개가 그에게로 곧바로 달려왔다. 그러나 투카는 어떤 걱정이나 두려움도 느끼지 않았다. 개가 그에게 가까이 왔다.

44. 개가 막 투카의 목을 물려고 할 때, 신을 사랑하는 박타가 개에게 말했다. "나에게는 짖는 소리가 없다. 그런데 왜 너는 네 안에 그것을 간직하느냐?"

45. 투카의 이 말에 개는 즉시 조용해졌다. 개는 땅바닥에 엎드려 조금도 움직이지 않았다. 양치기들이 그가 있는 곳으로 왔다.

46. 그들은 개가 땅바닥에 엎드려 있는 것을 보았는데 마치 애완 고양이처럼 보였다. 개는 누구에게도 짖지 않아서 그들은 정말 신기한 일이라고 생각했다.

47. 그러나 투카는 사랑으로 신의 이름들을 크게 암송하고 숭배하며

계속 길을 갔다. 그리고 비마 강가에서 목욕을 했다.

투카가 벙어리 소년을 치료하다

48. 강에 있는 한 섬에 쉬바의 사원이 있었는데, 고귀한 바이슈나바는 거기에 홀로 앉았다. 그는 룩미니의 남편을 마음속에 떠올려 명상하였고, 사구나 형상으로 행한 그의 행적을 노래하였다.

49. 정오가 되었을 때 그는 란잔가브에게 음식을 요청하러 갔다. 그가 브라만의 집에 도착했을 때, 란잔가브는 불의 신에게 봉헌을 드리고 있었다.

50. 집주인은 그의 눈으로 비슈누의 박타를 보자 매우 기뻤다. 그는 투카에게 음식을 대접하고는 그에게 말했다.

51. "나에게는 8살 난 아들이 있습니다. 그 아이는 벙어리입니다. 지금까지 한마디도 말하지 않았습니다. 성스러운 실을 그 아이에게 둘러주어야 하는데, 아이가 가야트리 만트라를 암송할 수 없기 때문에 그 일이 이제까지 미루어지고 있습니다."

52. 그러자 투카는 그 아이를 가까이 데려와서 말했다. "비탈, 비탈 하고 말해 보렴." 성인들의 이 만트라로 그 브라만의 아들이 말하기 시작했다.

53. 그 브라만은 투카를 그의 집에 머물게 했고, 다음 날 성스러운 실의 의식이 행해졌다. 모두들 "성인의 행위는 대단히 놀랍다. 그는 벙어리도 말하게 만든다."라고 말했다.

사나운 개가 투카를 따라 집으로 오다

54. 투카가 왔던 길을 걸어 다시 집으로 돌아가고 있을 때, 양치기들이 그에게 말했다. "이 개는 이제 우리에게 아무 쓸모가 없습니다. 데려 가십시오."

55. 바이슈나바가 계속 길을 가자 개가 그를 뒤따랐다. 단식하는 날인 2주일의 11번째 날에는 개도 먹으려고 하지 않았다. 그리고 개는 항상 키르탄을 듣고 있었다.

투카의 사위가 바가바드 기타를 읽다

56. 옐바드에 사는 투카의 사위가 어느 날 투카에게 "제가 규칙적으로 할 것을 말해 주십시오."라고 말하고 그의 발밑에 엎드려 절했다.

57. 투카는 그의 진심을 알아채고는 그에게 바가바드 기타를 주며 읽으라고 하였다. 그가 규칙적으로 그 책을 읽자 그것이 판다르푸르의 신을 기쁘게 했다.

58. 어느 날 케드의 점성가가 그의 집에 와서 말했다. "당신은 기타를 올바르게 읽고 있지 않소. 당신은 반드시 지옥에 갈 것이오."

59. 말라지 가데는 점성가의 말을 받아들이고는 "지금부터는 읽지 않겠습니다."라고 말했다. 말라지를 이처럼 당혹스럽게 한 뒤 그 브라만은 집으로 돌아갔다.

60. 그런데 점성가의 꿈에 판다르푸르의 신이 나타나서 그를 꾸짖었

다. 판다르푸르의 신이 그에게 말했다. "내 마음이 그곳에서 기뻐하고 있었는데, 너는 쓸데없이 말라지의 마음에 의심을 불어넣었다.

61. 지금 그의 집으로 가서 기타를 읽게 하라. 그렇게 해야만 너의 선한 행위들이 쓸모가 있을 것이며, 나는 너를 벌하지 않겠다."

62. 이 비전을 보고 브라만은 몹시 놀랐다. 그래서 바로 그날 아침 그는 옐바디로 가서 말라지에게 계속 바가바드 기타를 읽으라고 말했다.

63. 말라지는 그에게 대답했다. "저는 우둔한 사람입니다. 그러니 읽지 않겠습니다." 그래서 점성가는 그의 집에 4개월 동안 머물면서 기타를 적절하게 발음하는 방법을 가르쳐 주고 계속 반복하여 익히게 하였다.

64. 룩미니의 남편은 가슴의 진실성을 갈망한다. 베다들은 그 모든 지혜에도 불구하고 신을 적절히 설명하려고 시도하다가 지쳐 버렸다. 경건한 사람들은 그것을 읽을 때 계속하여 그릇되고 미숙하게 발음한다. 그러나 신은 이런 경건한 박타들을 매우 사랑하신다.

라메쉬바르가 푸라나의 문장을 바꾸다

65. 바가바트 푸라나의 장에서는 크리슈나의 어린 시절 장난에 관하여 보석 같은 말들로 이야기하고 있는데, 더러운 얼굴(mukha-malina)을 한 크리슈나를 그의 어머니 야소다가 들어올려 허리에 안았다고 말한다. 투카는 그러한 말들을 사용했다.

66. 라메쉬바르 바트는 이것을 보고서 산스크리트로 얘기된 것처럼 이야기를 고치기 위하여 자신의 손으로 본문의 단어들을 바꿨다. 이를테

면, 그는 '슬픈 얼굴(mukha-mlana)을 한 우주의 지고한 존재'로 고쳤다.

67. 그러나 판다르푸르의 신이 라메쉬바르 바트의 꿈에 나타나서 그에게 말했다. "너는 투카가 인용한 것을 바꿔서 네 자신의 생각으로 교체했다.

68. 왜 내가 슬픈 얼굴을 했겠느냐? 어린 시절에 내가 진흙탕에서 뛰어놀았다면, 내 얼굴은 자연히 더러워졌을 것이다.

69. 나의 모든 화신에서 투카는 나의 벗이었으며, 그는 나를 본 대로 정확하게 푸라나의 이야기에 묘사하였다."

70. 판다르푸르의 신은 라메쉬바르의 꿈에 나타나 이렇게 말한 뒤 사라졌다. 라메쉬바르는 깨어나서 놀랐다.

71. 그 후 그는 투카의 얘기와 일치하도록 그 자신의 손으로 본문을 다시 바꿨다. 그리고 모든 성인들이 키르탄을 위해 자리에 앉았을 때, 그들에게 사건의 전모를 고백했다.

투카가 코탈레슈바르에 있는 쉬바 신전을 방문하다

72. 한번은 4월에 투카가 순례를 떠났다. 그는 쉬바의 봉우리를 보고 싶다는 바람을 갖고 있었다.

73. 그는 두 명의 바이슈나바 동료들 곧 브라만인 강가지 마발과 산타지 텔리도 함께 데리고 갔다.

74. 그들은 길을 따라 걷는 동안 신에 대한 숭배에 몰두했다. 그들은 하룻밤 묵을 때마다 그곳에서 키르탄을 행했다. 여행의 일곱 번째 단계

에서 산봉우리가 눈에 들어왔다. 그러자 그들은 진실한 마음으로 바닥에 엎드려 절했다.

75. 높은 산 코탈레슈바르의 정상에는 파르바티의 남편인 쉬바가 거주한다. 산기슭에는 신가나푸르라는 성스러운 마을이 있다. 그곳에는 연못이 하나 있다.

76. 산에는 물이 없었기 때문에 그들은 이 연못에서 목욕을 했다. 그러고 나서 투카의 동료들은 그에게 "지금 올라가서 쉬바의 사원을 방문하시지요."라고 말했다.

77. 이에 바이슈나바는 대답했다. "우선 쉬바에게 음식을 바치고 그의 허기가 채워졌을 때 방문하는 게 좋겠습니다."

78. 투카의 바람을 알고서 그들은 네 명분의 식사를 준비했다. 갑자기 카일라사 신이신 쉬바가 디감바르(Digambar)의 형상으로 나타났다.

79. 엉킨 머리카락을 틀어 올린 것이 왕관처럼 그의 머리를 장식했다. 몸 전체는 재로 덮여 있었다. 그의 몸은 그 광채를 담을 수 없었다. 그의 손에는 동냥 그릇이 들려 있었다.

80. 그는 투카에게 말했다. "여기에 음식을 담아 주시오. 나는 당신이 오기를 기다리며 여러 날 굶었다오."

81. 손님의 이 요청에 바이슈나바 박타는 "그렇게 하겠습니다."라고 대답했다. 그리고 자리를 내주고는 그의 앞에 엎드려 절했다.

82. 요리가 끝났을 때 강가지는 네 개의 접시를 준비했다. 그러나 투카는 그에게 말했다. "손님께서 먼저 식사하시게 하고 우리 셋은 나중에 먹읍시다."

83. 투카의 제안을 듣고 강가지는 한 접시에만 음식을 담아 내왔다.

카일라사의 신은 투카의 사랑 깊은 헌신을 보며 식사를 했다.

84. 그들은 네 명분의 식사를 준비했지만 손님이 다 먹어 버렸다. 식사를 마치고 손님은 트림을 하여 만족감을 표시한 뒤 그들을 축복해 주었다.

85. 그는 한 조롱박의 물을 마셨다. 그리고 물로 손을 씻었고 입을 깨끗이 하기 위해 판 수파리를 먹었다. 그는 투카에게 말했다. "이 모든 것이 당신에게 축복이 될 거요."

86. 그 손님은 이렇게 말하고는 코탈레슈바르 산으로 올라갔다.

강가지 마발은 놀라워하며 투카에게 말했다.

87. "좋은 제안을 하셨습니다. 그러지 않았다면 손님이 허기를 채우지 못했을 것 같군요." 그러고 나서 그는 필요한 요리 재료를 가져오도록 산타지를 서둘러 마을로 보냈다.

88. 그는 그릇들 위로 파리 떼가 모이자 보자기로 그릇들을 덮어 놓았다. 그가 필요한 재료를 가지고 잽싸게 돌아왔을 때 놀라운 일이 일어났다.

89. 강가지는 요리를 하기 위해 그릇의 보자기를 치웠다. 그런데 보라! 그 안에 있던 모든 것들이 처음 상태 그대로 있었다.

90. 그러자 두 명의 동료들은 카일라사의 신이 손님의 모습으로 먹었으며, 그들이 성인과 함께 있었기 때문에 직접 신을 보게 되었다는 것을 깨달았다.

91. 접시에는 신이 은총으로 준 음식이 담겼고, 세 사람은 사랑의 감정으로 식사를 했다. 식사를 마친 뒤 그들은 산에 올랐고 쉬바에 대한 숭배의 방문을 했다.

92. 그들은 사랑으로 가득 차서 사원의 정문 옆에서 키르탄을 행했고 카바디 아방가를 여러 형태로 암송했다.

93. 거기에서 5일 밤을 머문 후에 그들은 데후로 돌아왔다. 비록 투카는 육체를 입고 있었지만 육체를 의식하지 않는 자가 되었다. 이것은 지극히 기이한 일이다.

악마에 사로잡힌 남자가 치유되다

94. 어느 날 바이슈나바 박타는 키르탄에서 한 아방가를 암송했는데, 그 아방가는 만약 한 사람이 길을 걷는 동안에 신의 이름들을 반복한다면 모든 걸음마다 신에게 희생 제의가 바쳐질 것이라는 내용이었다.

95. 그런데 그 키르탄에는 로하가브에서 온 경건한 브라만이 있었다. 그는 그 말을 믿었으며 속으로 생각했다. "이것은 거짓이 아니다."

96. 그래서 그는 걸음을 내딛을 때마다 끈에 매듭을 묶었다. 이런 식으로 1년이 지났는데, 그 후에 희한한 일이 일어났다.

97. 훌륭한 브라만이 있었다. 그러나 그는 브라만 악령이 들려 있었다. 그는 하리하레쉬바르에 가서 그곳의 신에게 특별한 예배 의식을 행했다.

98. 그러자 악령이 사람의 모습으로 나타나서 그에게 말했다. "만약 네가 희생 제의를 행한 좋은 행위를 나에게 준다면, 나는 너를 떠날 것이며 나도 자유로워질 것이다."

99. 그 브라만은 이 제안을 듣고는 몹시 걱정이 되었다. 그는 생각했

다. "나는 희생 제의를 행할 능력이 없어."

100. 고귀한 브라만은 여러 지방을 돌아다니며 사람들에게 말했다. "만약 누구라도 희생 제의를 행했다면, 그 좋은 행위를 즉시 저에게 주십시오."

101. 그는 돌아다니면서 큰 도시들도 많이 가 보았지만 어느 곳에서도 그의 목적을 이룰 수 없었다. 그는 그렇게 오랫동안 떠돌아다니다가 로하가브에 오게 되었다.

102. 그는 이곳에서도 호소했다. "만약 누구라도 희생 제의라는 좋은 행위를 행했다면, 자선을 베풀어 즉시 저에게 주십시오."

103. 길을 걸을 때마다 신의 이름을 반복하여 걸음마다 희생 제의가 신에게 바쳐졌고 끈에 매듭을 묶어 그것을 표시한 사람이 이제 악령에 사로잡힌 브라만의 이야기를 들었다.

104. 그는 악령에 사로잡힌 사람을 집으로 불렀다. 그리고 매듭 하나를 잘라서 물에 씻고는 그 물을 마시게 했다.

105. 신의 이름의 힘은 특별나다. 악령이 그 브라만을 떠났다. 그러나 그는 의식을 잃고 땅에 쓰러져서 3시간 동안 시체처럼 누워 있었다.

106. 마을 주민 모두가 이 괴이한 광경을 보기 위해 그의 주위에 모여들었다. 그들은 "투카의 말은 진실이다. 우리의 눈이 그 진실을 목격했다."라고 말했다.

107. 악령에 사로잡혀 고통을 겪었던 그 고귀한 브라만은 이제 행복했고, 많은 사람들이 그 기적을 목격했다. 그의 가슴이 감동으로 녹아내렸다.

투카가 병에 걸려 판다르푸르로 순례를 가지 못하다

108. 투카의 품성과 지식, 세속적인 일에 대한 무관심, 선함, 그리고 신에 대한 사랑에서 우러나온 박티는 그러하였다. 그는 홀로 신을 숭배했다.

109. 그는 7월과 11월에는 반드시 판다르푸르로 순례를 갔다. 그러나 갑자기 어느 날 몸에 병이 생겼다.

110. 그의 몸은 오한과 고열로 극히 쇠약해졌다. 그는 생각했다. "큰 장애물이 나타나서 나로 하여금 순례를 가지 못하게 막고 있다. 어떻게 해야 하는가?"

111. 송아지가 어미 소를 보면 음매 하고 운다. 차코르 새가 달을 보지 못하면 부들부들 몸을 떤다. 차탁 새가 구름을 보지 못하면 힘을 잃듯이, 투카도 그처럼 마음이 슬펐다.

112. 마치 물 밖으로 나온 물고기가 비참한 것처럼, 엄마와 떨어지면 아기가 소리쳐 우는 것처럼, 구두쇠가 돈을 잃으면 마음에 평화가 없는 것처럼,

113. 투카도 판다르푸르로 순례를 가지 못하게 되자 그의 마음이 슬픔에 사로잡혔다. 그러나 그는 한 발자국도 걸을 수 없었고, 그래서 마음이 슬펐다.

114. 이제 신에 대한 사랑으로 부르는 투카의 키르탄을 들었고 열심히 신을 숭배하던 사람들이 14개의 깃발을 들고 판다르푸르로 가고 있었다.

115. 이 순례자들이 투카를 모시고 함께 가려고 데후로 왔다. 그러나 동행할 수 없게 된 투카는 24개의 아방가를 지어 판다르푸르에 계신 신

에게 보내는 편지로 그들에게 주었다.

116. 신을 사랑하는 투카는 길을 떠나는 순례자들을 배웅했다. 그는 편지를 쓸 때 슬픔에 목이 메었다.

판다르푸르의 신에게 보낸 투카의 편지

117. "친애하는 비탈이시여, 저는 당신에게 호소할 힘이 없습니다. 그러나 감히 당신의 발에 우정을 청합니다.

118. 베다들과 샤스트라들은 당신의 전체 범위를 모릅니다. 위대한 리쉬들이 푸라나들을 지었습니다. 그러나 그들조차도 당신의 행위 전체는 모릅니다. 하물며 죄인인 제가 어떻게 당신을 묘사할 수 있겠습니까?

119. 룩미니의 남편이시여, 부디 저의 거칠고 투박한 말들을 받아 주소서. 벽돌 위에 당신의 아름다운 두 발이 있습니다. 그 위에 저는 제 머리를 얹습니다.

120. 오, 판두랑이시여, 당신은 우둔하고 힘없는 수많은 존재들의 생명이십니다. 그런데 어찌하여 저를 잊었습니까?

121. 왜 당신은 초대장을 보내려고 하십니까? 그래서 저는 혼란스럽고 마음이 쇠약해집니다. 오, 비천한 자에게 자비로운 분이시여, 오, 비탈이시여.

122. 만약 당신이 그렇게 마음을 숨긴다면, 왜 아이를 탄생시키셨습니까? 당신의 아이는 혼자 그 짐을 떠안을 것입니다. 다른 이들에게 그는 골칫거리입니다.

123. 만약 어미 사슴이 보이지 않으면, 어린 사슴은 불안하여 여기저기 둘러볼 것입니다. 그것이 저의 상황임을 당신은 알고 계십니다, 오, 판다르푸르의 신이시여.

124. 구름이 지나가면 차탁 새는 목이 말라 마음껏 슬퍼할 수도 없습니다. 제가 느끼는 슬픔이 그와 같습니다. 제가 수많은 이유들을 어떻게 하나하나 열거할 수 있겠습니까?

125. 만약 어머니가 아기를 버린다면, 그것은 사람들에게는 비참한 광경일 것입니다. 그러나 저의 상황이 그러합니다, 오, 룩미니의 남편이시여. 당신은 그것을 잘 아십니다.

126. 구두쇠가 돈을 잃으면 그는 밤낮으로 미쳐 날뜁니다. 당신이 알고 계시듯이, 오, 크리슈나시여, 저도 그처럼 불안합니다.

127. 물에서 나온 물고기는 펄떡거립니다. 죽음이 그 물고기를 움켜쥡니다. 그것이 또한 저의 상황입니다. 성인들과 다른 좋은 사람들이 당신에게 말할 것입니다.

128. 디딤판은 사람에게 밟혀도 살아서 일어서는 법을 모릅니다. 그러니 지금 슈리 하리시여, 제가 당신과 관계되도록 하소서, 당신의 발에 엎드립니다.

129. 지팡이는 땅에 떨어질 때 생기 없이 떨어집니다. 오, 크리슈나시여, 그와 같이 저도 당신의 발에 엎드려 절합니다.

130. 어머니가 아이의 응석을 받아 주지 않으면, 아이는 소리를 지르며 바닥에서 구릅니다. 제가 당신 앞에 엎드려 절하는 것도 그와 같습니다. 모든 순례자들이 당신에게 이것을 말할 것입니다.

131. 저는 투카가 무슨 잘못을 했기에 당신의 발에서 분리되는 고통

을 받아야 하는지를 판다르푸르의 신께 여쭈어 보라고 성인들에게 요청했습니다.

132. 만약 당신이 제게 자비를 베푸신다면, 오, 룩미니의 남편이시여, 저는 달려갈 것이며, 성인들과 선한 사람들을 만나서 당신을 찬양하는 키르탄을 올리며 기뻐 춤추겠습니다."

133. 이것이 투카의 슬픈 편지였다. 그는 성인들의 발 앞에 엎드려 절했다. 그는 감정에 북받쳐 목이 메었고 눈에서는 눈물이 줄줄 흘러내렸다.

134. 고귀한 바이슈나바들은 서로 나마스카르를 주고받았으며, 비탈의 이름들을 크게 외치며 순례자의 무리는 길을 떠났다.

135. 순례자들은 14개의 깃발을 손에 들고 판다르푸르로 길을 떠났다. 그러나 투카를 남겨 놓고 떠나기 때문에 그들은 서둘러 출발하지 않았다.

136. 그래서 신을 사랑하는 마음을 지닌 투카는 그들을 따라 천천히, 천천히 걸었다. 그는 말했다. "오, 판두랑이시여, 왜 당신은 저를 쇠약하게 하셨습니까?"

137. 투카가 이렇게 말했을 때 순례자들은 슬픔으로 북받쳤다. 순례자들은 투카에게 마지막 작별을 고하고 성스러운 도시 판다르푸르에 도착했다.

투카의 편지가 신에게 전달되다

138. 비슈누의 종들이 신에 대한 사랑의 열정으로 키르탄을 행하면서 심벌즈와 비나, 북을 큰 소리로 연주하며 춤을 출 때, 그것은 마치 모든 신성한 소리가 거기에 모인 것 같았다.

139. 그들이 판다르푸르를 봤을 때 그들은 기쁨으로 충만했다. 그리고 이 고귀한 바이슈나바들은 서로에게 나마스카르를 했다.

140. 그들은 서로를 껴안았고 룩미니의 남편 앞에서 불을 흔드는 봉헌 의식을 행하였다. 그들은 찬드라바가 강에서 목욕을 했다. 그리고 나서 푼달릭의 무덤에서 존경을 표했다.

141. 그들은 기뻐서 춤을 추었고 성스러운 마을을 돌았다. 그리고 사원의 거대한 정문으로 가서는 진실한 마음으로 엎드려 절하였다.

142. 순례자들은 독수리 고대(高臺)에서 신을 찬미하는 노래를 부르면서, 투카가 지어 편지로 쓴 24개의 아방가를 낭송했다.

143. 무엇보다도 투카의 말들은 신에 대한 사랑으로 가득 차 있었고, 고귀한 바이슈나바들은 존경심으로 이것을 노래했다. 신앙심이 깊은 사람들이 이를 들을 때, 그들의 눈에서는 눈물이 흘러내렸다.

144. 이렇게 찬양을 드린 후 그들은 룩미니의 남편에게 불을 흔드는 봉헌 의식을 행하였다. 그들은 사랑으로 엎드려 절하고는 크리슈나에게 숭배를 드렸다.

145. 투카의 편지를 가져 온 사람들의 이름을 들어 보라. 거기에는 박식한 브라만이며 투카에게 완전히 헌신한 라메쉬바르 바트가 있었다.

146. 그리고 강가다르 마발 카두스카르와 고귀한 바이슈나바 기름

장수 산타지가 있었다. 이들 외에도 수많은 순례자들이 있었다. 그러나 왜 이 책을 그들의 이름으로 채우겠는가?

147. 그들은 그 편지를 손에 들고 사원의 지성소로 들어갔다. 거기에서 그들은 벽돌 위에 서 있는 룩미니의 남편을 보았다. 허리에 얹고 있는 그의 연꽃 같은 두 손은 매혹적인 모습이었다.

148. 그들이 눈에 보이는 사구나 형상으로 있는 지고의 브라마를 보았을 때, 그들은 즉시 그를 껴안았다. 그들은 그의 발에 머리를 대고 그의 얼굴을 올려다보았다.

149. 그들은 투카의 편지를 그의 앞에 내려놓고 그 내용을 얘기했다. 그들은 말했다. "투카는 몸이 좋지 않아서 이곳까지 걸어올 수가 없습니다.

150. 그러나 그는 당신에게 편지를 썼습니다. 오, 박타들을 사랑하는 분이시여, 오, 자비의 상이시여. 하지만 지성의 상이신 당신은 가슴을 보는 분이므로 이것을 말씀드릴 필요가 없습니다."

151. 크리슈나는 투카의 이런 전갈을 듣고는 감정이 북받쳐 목이 메었다. 그리고 룩미니를 곁으로 불러, 영원한 생명을 주는 분이 말했다.

152. "투카는 나의 특별한 박타요. 그는 건강이 좋지 않아서 이곳 판다르푸르로 올 수가 없소. 그래서 그는 대신에 편지를 보냈소.

153. 그러므로 우리가 개인적으로 찾아가서 그에 대한 우리의 관심을 표현합시다." 크리슈나의 이런 제안에 룩미니가 대답했다.

154. "경건한 사람들이 우주의 지고한 존재인 당신을 만나러 이곳에 옵니다. 만약 당신의 사랑하는 박타들이 눈에 보이는 당신의 모습을 보지 못한다면, 그들은 괴로워할 것입니다.

155. 그러니 당신의 탈것인 독수리를 보내어 투카를 이곳으로 데려오는 것이 좋겠습니다." 슈리 하리는 아내의 말을 듣고서 독수리에게 명령했다.

156. 크리슈나는 비나타의 아들인 독수리에게 분부했다. "어서 데후로 가라. 투카를 네 등에 태우고 이곳에 데려와서 우리를 보게 하라."

157. 슈리 하리의 이 명령에 독수리는 머리를 숙여 명령을 받고 나마스카르를 한 뒤, 날개를 퍼덕여 출발했다.

158. 눈 깜짝할 사이에 독수리는 데후에 도착했으며, 그곳에서는 신을 사랑하는 고귀한 바이슈나바 투카가 아직도 마을 밖에 서 있었다.

159. 바이슈나바 박타는 순례자들을 배웅했던 바로 그 자리에 서 있었다. 그는 몸을 조금도 의식하지 못한 채 순례자들이 판다르푸르에서 돌아오기를 기다리고 있었다.

160. 사랑으로 판다르푸르의 신을 생각하면서, 비록 아드바이타 비이원론 철학을 좋아하지는 않았지만, 신을 사랑하는 이 고귀한 박타 투카의 몸은 신성한 형태로 변해 있었다.

161. 길 위에 서 있는 투카의 몸은 마치 걷지도 움직이지도 않는 통나무처럼 보였다.

162. 독수리는 그를 보고 놀랐다. 그러나 천천히 지상으로 내려가서 투카에게 정중히 말했다.

163. "당신이 오지 않아서 룩미니의 남편이 매우 슬퍼하고 계십니다.

164. 당신의 몸이 약하여 판다르푸르까지 걸어올 수 없어서 룩미니의 남편께서 저에게 당신을 모시고 오라고 분부하셨습니다."

165. 독수리의 이 말에 투카는 감동을 받았다. 그는 신이 보낸 편지를

읽었다. 경건한 박타들이여, 그것을 들어 보라.

166. "바이쿤타(비슈누의 천국)와 카일라사(쉬바의 거주처)가 지속하는 한, 투카 너는 살 것이다. 너만이 생물과 무생물에 나타나는 나의 영광에 대한 권한을 갖고 있다.

167. 너는 나와 떨어지는 것을 견딜 수 없으며, 나 또한 그러하다. 그래서 오늘 나는 너를 이곳으로 데려오기 위해 독수리를 보냈다.

168. 그러니 독수리의 등에 타고서 성스러운 도시 판다르푸르를 다시 보거라. 그러면 나는 행복할 것이다. 절대로 거절하지 말라."

169. 바이슈나바가 신의 편지를 읽을 때 그의 눈에서는 눈물을 흘러내렸다. 그는 독수리에게 말했다. "내가 어떻게 이런 부적절한 일을 할 수 있겠습니까?

170. 당신은 나의 신의 고귀한 탈것이며, 나는 그저 신의 신발을 나르는 자에 불과합니다. 발가락 장신구는 비록 황금으로 만들어졌다 해도 머리에 쓸 수는 없는 법입니다.

171. 신에게 나의 상황을 말씀드리고 판다르푸르의 신을 이곳으로 모셔 오십시오." 신을 사랑하는 투카는 독수리의 발에 엎드려 절했다.

172. 그의 박타의 소망을 알고서 새들의 왕은 다시 출발했고, 금세 판다르푸르에 도착하여 신에게 절하였다.

173. 그는 이번 비행에서 일어난 일을 모두 신에게 고했다. "투카는 저의 등에 타려고 하지 않았고, 당신을 기다리며 마을 바깥에 서 있습니다."

174. 우주의 지고한 존재는 이를 듣고 감동받아 룩미니에게 말했다. "지금 가서 투카를 봅시다."

175. 바이슈나바들이 고팔푸라에 간 지 며칠이 지났다. 칼라(kala) 의식을 행하면서 그들은 기뻐하며 머리를 흔들었다.

176. 이런 성대한 축제 후에 순례자들은 흩어졌다. 그들은 작별 인사를 드리며 신에게 말했다.

177. "오, 지고의 신이시여, 룩미니의 남편이시여, 부디 투카를 찾아가서 만나소서." 그렇게 투카를 위해 탄원하고는 그들의 집으로 출발했다.

178. 모든 순례자들은 계속 길을 가서 마침내 데후에 도착했다. 그런데 보라! 투카는 그들이 판다르푸르로 출발할 때 잠시 동행하여 서 있었던 바로 그 장소에 서 있었다.

179. 투카는 손을 이마에 얹고서 그들이 돌아오는지 계속 바라보고 있었다. 고귀한 바이슈나바들은 놀라서 외쳤다. "저렇게 확고한 결의를 가진 사람은 아무도 없다.

180. 슈리 하리 키르탄을 행하면서 그의 온몸은 브라마 자체가 되었으나, 그는 여전히 신에 대한 사랑의 감정을 떠나보내지 않고 있다.

181. 왕 쉬바지가 그의 발에 엎드려 '마을을 선물로 받으소서.'라고 말했지만, 투카는 마음에 늘 욕심이 없어서 그것을 받으려고 하지 않았다.

182. 그가 쇠써레를 바라보자 그것이 황금으로 변했다. 그러나 그의 아내는 부서진 보석조차도 몸에 걸치지 않는다. 그는 황금을 더럽히는 것으로 여긴다.

183. 그의 발걸음이 닿는 곳마다 여덟 시디들이 그에게 봉사하기 위해 준비하고 있다. 그러나 그는 하루 분량의 곡물조차 집에 쌓아 두지 않는다."

184. 이제 순례자들로 돌아가 보자. 그들은 판다르푸르에서 돌아오

다가 투카를 보자 그의 앞에 엎드려 절했다.

185. 그들 중에는 스스로 투카의 제자라고 부르는 브라만 라메쉬바르도 있었다. 몸을 의식하지 않는 투카는 그의 앞에 엎드려 절했다. 그에게는 눈곱만큼의 오만도 없었기 때문이다.

186. 자신의 제자를 보고 신이라고 여기는 사람만이 세상의 구루라고 불릴 만한 자격이 있고, 완벽한 지식을 얻었으며, 그의 마음은 비이원성을 명상하며 고요해진다.

187. 바다는 더러운 시냇물을 받을 때 그것을 자신의 일부로 여긴다. 고약한 냄새가 나는 힌간 나무와 향기로운 백단향이 불 속에 들어갈 때, 불에게는 둘이 똑같다.

188. 투카의 사랑의 감정도 이와 같았다. 그는 존경받을 만한 것과 그렇지 않은 것을 구분하지 않았다. 그래서 비록 라메쉬바르가 자기 자신을 가슴과 영혼으로 투카의 종으로 여겼더라도 투카는 여전히 그를 신으로 존중했다.

189. 투카의 사랑의 헌신은 그러했다. 내가 비길 데 없는 투카를 무엇으로 비교할 수 있겠는가. 그는 박티의 영광을 드높였으며, 완벽한 존재인 그분은 그에게 이바지한다.

190. 다시 순례자들로 돌아가 보자. 그들은 돌아와서 투카 앞에 엎드려 절했다. 그들은 서로에 대한 사랑으로 서로를 포옹했다.

191. 순례자들은 판다르푸르에서 가져온 은총의 선물을 투카에 주었고, 그는 기뻐하며 받았다. 그리고 그는 말했다. "슈리 하리는 잘 계십니까? 그분은 저를 멀리 이곳에 내버리셨습니다."

192. 그들은 투카에게 판다르푸르에서 열린 축제에 관한 모든 일들

을 말하고는 "룩미니의 남편께서 오늘 당신을 만나러 오실 것입니다."라고 덧붙였다.

193. 이 소식을 들은 투카는 즉시 그의 의복에 있는 상서로운 매듭을 매었다. 그곳에서 신을 만나려는 그의 열망은 굉장히 컸다. 그는 외쳤다. "오, 우주의 지고의 존재시여, 어서 오소서."

194. 그렇게 외치면서 고귀한 바이슈나바는 손을 이마에 얹고, 애처로운 어조로 탄원하면서 용기를 갖고 기다렸다.

크리슈나가 투카를 만나러 오다

195. 투카의 결의를 보며 순례자들은 마을에 들어섰다. 그들은 각자 자신의 집으로 돌아가서 일상적인 생활을 하기 시작했다.

196. 하지만 투카는 그가 판다르푸르에 편지를 보냈던 장소에 그대로 서 있었다. 나중에 비슈누의 종은 19개의 아방가를 지었다.

197. 성자들인 여러분 모두는 노력하여 그것을 마음에 새겨야 할 것이다. 투카는 계속해서 기다리며 말했다. "룩미니의 남편이시여, 왜 오지 않으십니까?

198. 오, 독수리 깃발을 들고 계신 분이시여, 당신은 박타들의 어떤 숭배를 받아들이십니까? 당신의 사랑이 얽히게 된 곳은 바로 그곳이며, 당신은 저를 잊으셨습니다.

199. 그것이 아니라면 아마도 어떤 사람이 당신을 곤경에 빠뜨려, 당신이 그곳에서 바쁘시기 때문일 것입니다, 오, 크리슈나시여. 그래서 당

신의 마음은 저를 잊으셨습니다. 당신은 저를 정글에 버리셨습니다."

200. 이렇게 말하며 신을 사랑하는 투카는 천상의 신을 생각하였다.

갑자기 하늘에서 독수리의 날개가 나타나더니, 박타들의 친구이신 분이 다가오셨다.

201. 독수리를 탄 천상의 신께서 돌연히 땅으로 내려오셨다. 그의 황금색 옷은 찬란하게 빛났고, 태양마저도 그 앞에서는 희미해 보였다.

202. 그의 우아한 자태는 아름다웠다. 허리에 얹은 두 손은 기분을 좋게 하는 모습이었다. 악어 모양의 귀고리가 그의 귀를 장식하고 있었다. 하리의 빛나는 얼굴은 보는 사람을 황홀하게 하였다.

203. 그의 목에는 신성한 카우스투바 보석과 바이자얀티 화환이 걸려 있었다. 그의 왕관은 공작의 깃털로 꾸며져 있었다. 목에 걸린 툴시 화환은 기분을 유쾌하게 하는 모습이었고, 그것을 보면 마음이 편안해졌다.

204. 크리슈나는 이제 룩미니와 함께 투카 앞에 서 있었다. 네 개의 팔을 가진 자비의 보고인 분은 즉시 투카를 껴안았다.

205. 그때 불현듯 투카는 의식을 회복하고 눈을 떴다. 보라! 그의 앞에는 우주의 지고의 존재가 눈에 보이는 사구나 형상으로 서 있었다. 투카는 그분의 발을 끌어안았다.

206. 엄마가 아이를 가슴에 끌어안듯이, 신도 투카를 사랑으로 끌어안았다. 그리고 엄마가 그렇게 하듯이 우주의 생명인 분은 투카를 어루만지고 그의 이름을 불렀다.

207. 흥미로운 다음 장은 룩미니의 남편이 이야기하며, 마히파티는 청중들에게 성실히 들어 주기를 부탁한다.

208. 스바스티! 이 책 슈리 박타릴람리타는 단지 듣는 것만으로도 마음의 모든 욕망이 충족된다. 경건하며 신을 사랑하는 박타들이여, 들으라. 이것은 유쾌한 제13장이다.

제14장
신이 투카의 집에서 식사를 하다

진정한 저자는 신이며, 마히파티는 그의 도구이다

슈리 가네샤에게 경배를.

1. 룩미니의 남편이시며, 비마 강변에 거주하는 분이시며, 실재-지성-희열인 분이시며, 보이는 형상으로 있는 자비이신 당신에게 승리를! 온 우주에서 당신을 찬양합니다. 푸라나들이 당신의 위대한 행적을 크게 노래합니다.

2. 베다들과 샤스트라들은 당신의 성품을 묘사하지만, 그것들조차 당신의 영광을 측량할 수가 없습니다. 그러할진대, 우둔하고 무지한 제가 어찌 당신을 묘사할 수 있겠습니까?

3. 저는 솜씨도 없고 재주도 없습니다. 많이 읽지도 못했습니다. 글을 짓는 능력도 부족합니다. 저는 아마도 공연히 두려움에 사로잡혔으나, 당신은 이 책을 완성하게 하십니다.

4. 오, 크리슈나시여, 당신에게 의지하여 저는 손에 펜을 들었습니다. 그러하오니 늘 저의 마음속에 거하시며 써야 할 생각들을 알리소서.

5. 제가 성자들의 행적을 이야기하고 있으나, 그 책임은 당신의 머리에 있습니다. 만약 실수로 어떤 잘못된 단어가 사용된다면, 오, 무한한

분이시여, 당신이 그것을 고쳐 주소서.

6. 세 가지 열병이라는 회오리바람의 노호 속에서 수많은 장애들이 올 수 있습니다. 그러나 만약 그러하다면 그것들을 부수기 위하여 당신의 원반을 보내 주시고, 이 책이 장애 없이 완성되게 하소서.

7. 저는 불가능해 보이는 이 소망을 받아들였습니다. 그러나 오, 룩미니의 남편이시여, 이 책의 완성은 당신의 손에 있으며, 그러므로 저 마히파티는 당신에게 간청하나이다.

신이 투카의 집에서 식사를 하다

8. 흥미로운 앞 장에서는 투카가 판다르푸르로 가는 기회를 얻지 못했으며, 그래서 신에게 편지를 보냈고, 판다르푸르의 거주자가 그를 보러 오게 된 경위를 이야기하였다.

9. 그는 사구나 형태로 투카를 만났으며, 투카를 그의 가슴에 꼭 끌어안았다. 그리고 투카는 그의 발을 껴안았다. 그들의 기쁨은 우주조차 담을 수 없는 것이었다.

10. 그리고 크리슈나는 투카의 손을 잡고 투카의 집으로 갔다. 그것은 오래되고 낡은 오두막이었다. 세찬 바람이 사방에서 집 안으로 들이치고 있었다.

11. 천상의 거주자인 분이 투카에게 말하였다. "시장하구나. 식사를 해야겠으니 어서 준비하여 내오너라."

12. 투카는 아내 아발리와 의논하였다. "지고의 신께서 우리 집에 오

셨소. 먼저 당신의 마음을 정결케 하고, 그분께서 드실 것을 내오시오."

13. 그녀는 약간의 곡물과 채소, 빵을 요리하였고, 음식이 차려지자 슈리 크리슈나는 먹기 위해 자리에 앉았다.

14. 위대한 리쉬들이 봉헌하는 제물도 들지 않을 그분이 그의 박타의 집에서 최상의 예의를 갖추어 그 소박한 음식으로 식사를 하였다.

15. 그분은 빌 여인이 이미 맛본 보르 과일을, 그 제물의 흠을 알았으나 여인의 사랑을 보고서, 게걸스러워 보일 정도로 맛있게 드셨다.

16. 두료다나가 풍성한 진수성찬을 준비하였으나, 크리슈나는 그곳에 가지 않았다. 대신에 비두라의 집을 찾아가서 그곳에서 곡물 음식을 드셨다.

17. 이와 같이 신은 박티에 꼭 매여 있다. 전지한 그분은 그의 바이슈나바 박타들을 알아보신다. 그러니 투카의 진실함을 보고, 얻으려는 욕망 없이, 투카의 집에서 소박한 음식을 드시는 그분을 보라!

18. 우주의 생명께서는 진실함으로 바쳐지는 음식으로 식욕을 채우셨다. 투카는 그분이 입을 깨끗이 하도록 사랑으로 툴시 잎을 드렸다.

19. 이렇게 하여 투카의 열망을 충족시킨 후, 신은 사라졌다. 혹은, 그분이 벌이 되어 그의 박타의 연꽃 가슴에 앉았다고 말할 수도 있을 것이다.

투카와 철학자

20. 여기에 또 하나의 흥미로운 이야기가 있다. 브라만 철학자가 한

명 있었다. 그는 무쿤다라즈가 쓴 비베크신두라는 책의 필사본을 만들었으며 기쁨으로 그 책을 읽어 왔다.

21. 그는 투카의 명성을 들었지만 마음속으로는 투카를 얕보고 있었다. 그는 생각했다. "만약 신께서 가슴속에 거하신다면, 왜 신을 찾아서 밖을 헤매야 하는가?"

22. 그러면서 그 고귀한 브라만은 또 생각하였다. "투카가 비베크신두의 내용을 듣고 나면, 나는 그의 내면의 생각을 이해할 수 있을 것이다."

23. 그리하여 그 브라만은 데후로 와서 투카를 찾았다. 마침내 그는 인드라야니 강변에서 신의 이름을 암송하고 있는 바이슈나바를 발견했다.

24. 그가 투카를 보자, 그들은 서로에게 절하였다. 브라만은 매우 정중하게 질문을 했다.

25. "저는 여기에서 당신에게 슈리 무쿤다라즈가 쓴 철학 서적인 비베크신두를 읽어 드리고자 합니다. 부디 들어 주십시오."

26. 브라만에게 존경심을 보이기 위해 신을 사랑하는 박타는 대답했다, "그렇게 하겠습니다." 그러고는 담요를 끌어다가 자신의 몸을 완전히 덮었다.

27. 그리고 브라만에게 말했다. "만약 제가 주위의 것들을 본다면, 제 생각들은 그곳들로 갑니다. 그래서 제 눈을 가릴 테니, 계속 읽으시기 바랍니다."

28. 투카의 대답을 들은 후, 브라만 철학자는 그 책을 읽기 시작했다. 그는 읽으면서 설명을 곁들였다. 하지만 투카는 한마디도 대꾸하지 않았다.

29. 그 브라만이 책을 읽은 지 세 시간쯤 되었을 때 책읽기는 끝이 났

다. 하지만 그 동안 투카는 한마디도 입 밖에 내지 않았다. 그러자 그 브라만이 어떻게 했겠는가?

30. 담요의 한쪽 귀퉁이를 들어 올리자, 투카는 뜻밖의 행동을 하고 있었다. 그는 손가락으로 귀를 막고는 머리를 흔들면서 신의 이름을 반복하고 있었다.

31. 브라만이 이를 보고 화가 나서 투카에게 말했다. "저는 이곳까지 먼 거리를 걸어왔습니다. 이 책을 세 시간 동안이나 읽었고요. 제가 쓸데없는 노력을 했군요.

32. 당신과 이렇게 만나서 당신의 의견을 듣고 싶었습니다. 그런데 당신은 몸에 대한 의식도 없이 귀를 막고 있습니다. 당신은 듣고자 하는 바람이 전혀 없군요."

33. 고귀한 바이슈나바는 그의 말을 듣고서 아방가로 대답하였다. "신의 이름과 신의 형상에 제 마음을 고정시키기 위하여 저는 가정을 버리고 밀림에 있었습니다.

34. 저는 신의 이름과 형상에 생각을 집중하는 방법을 택하였으나, 악한 눈이 저의 사랑에 영향을 미칠까 걱정됩니다. 그렇게 하면 제 가슴은 욕망에서 자유로워질 것입니다. 이것은 철학의 '나는 브라마이다.'와 같은 것입니다.

35. 이러한 이유로 저는 아드바이타 비이원론 교리를 듣지 않을 생각입니다. 그것은 신과 박타 사이의 분리를 의미할 것입니다. 그런 헛된 노력을 하면 안 됩니다.

36. 그들은 입으로는 이 철학을 주장하며 모든 사람은 형상을 입은 브라마라고 하지만, 정작 그들은 카바디(kavadi)를 위해 자신의 삶을 팔

아 버리며 시장 바닥에서 다툴 것입니다.

37. 만약 모든 것이 브라마라면, 왜 얻고 잃음에 슬퍼합니까? 속성이 없는 브라마를 따른다고 말하면서 그렇게 행한다면, 그 사람에게 그런 말들은 아무런 의미도 갖지 못합니다.

38. 그러므로 만약 어떤 사람이 신과 박타에 대한 교리를 논박한다면, 그는 지옥에 떨어질 것입니다. 신은 한계들을 두셨고, 우리는 반드시 그것들을 따라야 합니다.

39. 어떤 사람이 아드바이타 철학의 신봉자가 된다고 하여도, 여전히 신의 능력은 한계가 없습니다. 브라마를 알고 있는 사람도 우주를 창조하고 유지하며 파괴할 능력은 갖고 있지 않습니다.

40. 세 신이 속성들을 통해 인식할 수 있는 사구나일 때, 우리는 그 신들을 인식할 수 있습니다. 그것이 우리에게 주어진 한계입니다. 아드바이타 교리에 대해 설교하지 말아야 합니다."

41. 바이슈나바 박타가 이렇게 얘기하는 동안, 그 브라만은 자신의 경험으로 그것이 진실함을 느꼈고, 바로 그 순간 그의 마음은 눈에 보이는 사구나 형태의 신에 대한 숭배로 향했다.

42. 크나큰 기쁨으로 그는 노래하였고, 연로한 성자가 탄원의 말들로 하는 말을 들었다. 그는 철저하게 변화되었다.

투카가 센물이 솟는 우물을 단물이 솟는 우물로 바꾸다

43. 하루는 로하가브 마을의 주요 인물들이 찾아와서, 투카의 영감

넘치는 키르탄을 듣기 위해 그를 데리고 갔다.

44. 그들은 다양한 진미를 마련하였고 브라만들을 접대하기 위해 준비했다. 밤이 되자 키르탄이 시작되었는데, 키르탄은 이 세속적인 존재의 바다로부터의 구원을 주제로 하였다.

45. 홀리 축제의 밤이 끝나자 태양이 솟았다. 그곳에는 샌물이 솟는 우물이 하나 있었다. 어느 누구도 그 물은 마실 수 없었다.

46. 갑자기 투카는 옷을 입은 채로 그 물에 들어가 목욕을 하였다. 즉시 그 물은 단물이 되었다. 그 경이로운 기적은 아직도 계속되고 있다.

47. 그것은 로하가브에 있는 구리 세공인의 우물이라 불리며 지금도 그곳에 있다. 판다르푸르에 거주하시는 분은 이런 식으로 그의 박타들의 명성을 드높인다.

어떤 여인이 투카에게 쓴 호박을 대접하다

48. 한 브라만이 있었는데, 그는 바이슈나바 박타였으며 가슴으로 투카에게 헌신하였다. 투카의 영감 어린 키르탄을 듣고서, 그는 세속적인 일을 모두 포기하려고 하였다.

49. 매우 우아하고 아름다운 여인인 그의 아내는 투카를 싫어하게 되었다. 그녀는 "그는 내 남편을 미치게 만들었어. 그를 시험해 볼 테야."라고 말하였다.

50. 그녀의 남편이 이웃 마을로 떠나자, 그녀는 쓴 호박으로 요리를 했다. 그리고는 투카를 자신의 집으로 초대하면서 말했다. "오늘 저희

집에 오셔서 식사하세요."

51. 바이슈나바 박타는 혀를 정복하였다. 그는 단맛과 쓴맛을 알지 못하는 것을 자신의 고정된 원칙으로 삼고 있었다. 그는 육체를 의식하지 않기 때문에 그럴 수 있었다.

52. "이 채소는 무척 맛있군요." 하고 그가 말하자, 그녀는 그에게 요리를 좀 더 갖다 주었다. 하지만 식사를 마친 뒤 투카가 떠나자, 천상의 신은 격노하였다.

53. 그녀의 온몸 여기저기에 종기들이 생겼다. 그녀가 치료를 받았으나, 그것들은 사라지지 않았다. 그녀는 뿌린 대로 거두고 있었다.

54. 지속적으로 신을 미워하는 자는 그렇게 신과 접촉함으로써 마지막 구원에 이를 수 있다. 그러나 박타를 미워하는 자에게는 영원한 지옥이 있을 뿐이며, 그들은 그 고통을 결코 피할 수 없다.

기름이 떨어지지 않게 한 투카의 기적

55. 로하가브에 한 브라만이 있었는데, 그는 지극히 경건한 사람이었다. 그는 한번은 월요일 밤마다 행하는 의식에 참석해 달라며 투카를 자신의 집으로 초청하였다.

56. 집에는 브라만과 그의 아내만 있었다. 그날 밤의 의식을 돕는 다른 사람은 아무도 없었다. 그런데 램프의 기름이 갑자기 다 닳아서 부부는 몹시 고민하였다.

57. 심지는 바짝 말라 있었다. 누가 시장에 갈 것인가? 신을 사랑하는

박타는 그들이 걱정하는 것을 보고 말했다.

58. "집에 빈 기름병이 있겠지요. 혹시 그 안에 기름이 조금 남아 있지 않은지 자세히 살펴보세요." 부인은 빈 기름병을 보았다. 그런데 이게 어찌된 일인가! 그 병에는 많은 기름이 들어 있었다.

59. 그녀는 즉시 그 병을 가져와 램프에 기름을 부었으며, 부부는 기뻐했다. 신과 박타가 하나인 상태로 있는 곳에서는 시디들이 봉사할 준비가 되어 있다.

60. 그 부부가 살아 있는 동안에는 기름이 떨어지지 않았다.

투카가 쇠를 금으로 바꾸다

여기에 또 다른 기적이 있다. 경건한 여러분이여, 경외하는 마음으로 들어 보라.

61. 파틸의 현관 앞에는 평평한 돌이 하나 있었다. 투카람은 그 위에 앉곤 했다. 그러던 어느 날 거지가 동냥 그릇을 들고 마을을 돌다가 그곳으로 오더니, 투카 앞에서 춤을 추었다.

62. 한 달 내내 그는 마을을 돌아다녔다. 동냥 그릇을 든 그 사람은 마을의 집들을 돌아다닌 뒤 몇 개의 쇳조각을 얻었다.

63. 그는 이것들을 가지고 투카 앞에 서서 말했다. "내 그릇을 채워 주세요." 고귀한 바이슈나바가 그에게 물었다. "오늘은 무엇을 얻었습니까?"

64. 그러자 그는 가지고 있던 쇳조각들을 투카가 앉은 돌 위에 올려

놓았다. 갑자기 그것들이 황금으로 바뀌었다. "당신의 그릇을 그것으로 채우고, 이제 가십시오." 투카가 그 사내에게 말했다.

65. 거지는 뛸 듯이 기뻐하며 얼른 황금을 챙겨 떠났다. 그곳에는 욕심 많은 사람들이 있었다. 그들은 깜짝 놀랐고, 쇠를 가져다가 그 돌에 비벼 댔다.

66. 하지만 그것은 황금으로 바뀌지 않았다. "이것은 현자의 돌이 아니군." 하고 그들은 말했다. "동냥 그릇을 들고 있던 사내는 행운이 있어서 그런 부를 얻었어."

67. 투카의 발이 닿았던 그 평평한 돌은 오늘날에도 여전히 그곳에 있다.

투카가 죽은 아들을 살리다

성자들이나 사두들이 듣는다면 마음을 빼앗기게 될 사건이 또 하나 일어났다.

68. 하루는 바이슈나바 박타가 로하가브에서 키르탄을 행하고 있었다. 큰 천막이 세워졌고, 수많은 깃발들이 사방에서 펄럭이고 있었다.

69. 사람들은 투카의 명성을 익히 들어 왔던 터라, 이천 명이나 되는 군중들이 여러 마을에서 모여들었다. 온 마을 사람들이 젊은이든지 늙은이든지 존경하는 마음으로 키르탄을 들으며 앉아 있었다.

70. 그 마을의 점성가는 매우 경건한 사람이었고 정기적으로 키르탄을 들었다. 그의 아들은 매우 심각한 질병으로 고통 받고 있었다. 때로

기절할 정도였다.

71. 그 브라만은 아들을 집에 두고 키르탄을 듣기 위해 나오려 했다. 그는 "일어나기로 되어 있는 일은 피할 수 없을 것이다."라고 생각했기 때문이다. 자신의 상황에 개의치 않고 그는 키르탄을 들으며 앉아 있었다.

72. 그날 밤 세 시간이 지난 후, 죽음의 신 야마의 사자가 그 아들을 데려갔다. 브라만의 부인은 그 시체를 들고 하리 키르탄으로 가져왔다.

73. 그녀가 투카에게 말했다. "만약 당신이 내 아들을 살린다면, 당신은 정말 비슈누의 박타입니다. 하지만 내 아들을 살리지 못한다면 당신은 위선자일 뿐입니다.

74. 내 남편은 오직 당신만을 생각하고, 그렇게 하기 시작한 날부터 우리는 상실감과 불행으로 고통 받았습니다. 당신은 당신 자신의 세속적인 일을 파괴하였고, 우리의 상황도 그와 똑같이 만들었습니다."

75. 키르탄을 하던 도중에 벌어진 이런 방해 때문에 모든 사람들은 당황하였다. 그것은 마치 맛있는 음식을 먹고 있을 때 어떤 사람이 그 음식에 독을 섞는 것과 같았다.

76. 자신이 처해 있는 곤경을 보고서 투카는 눈을 감았다. 그리고 크리슈나에게 마음을 집중하여 그의 형상을 떠올렸다.

77. 그리고 기도하였다. "오, 신이시여, 당신의 박타들을 사랑하는 분이시며, 천상의 최고신이시며, 우주에 퍼져 있는 분이시며, 전지하신 분이시며, 판다르푸르에 거하시는 분이시며, 슈리 비탈이신 당신에게 승리, 승리를.

78. 과거에 당신은 경이로운 일들을 수없이 행하셨으며, 그 영광을 바이슈나바 박타들이 노래합니다. 이제 이 자리에서 그것들이 진실함을

증명하셔서 저희의 경험으로 그것을 확실히 알게 하소서.

79. 저희가 경배하는 가운데 혼란이 생겼습니다. 이보다 더 나쁜 죽음이 어디에 있겠습니까? 오, 비토바시여, 당신의 손에 원반을 쥐시어 이 방해를 끝내소서.

80. 만약 당신이 이곳에 오시지 않으시면, 그때는 저도 더 이상 제 목숨을 지키지 않겠습니다." 신의 사랑을 받는 박타가 이것을 말하는 동안, 그의 눈에서는 눈물이 넘쳐흘렀다.

81. 투카가 도움을 애원하고 있을 때, 판다르푸르의 신이 즉시 나타났다. 그는 투카를 깨우며 말했다. "왜 괴로워하느냐?

82. 박타들 가운데 가장 빛나는 보석 같은 너는 생명을 주는 감로를 가지고 있다. 키르탄 중에 그것을 반복하면 아이의 생명이 돌아올 것이다."

83. 슈리 비탈이 이런 확신을 주자 투카는 매우 기뻤다. 그는 눈을 뜨고서 청중들을 일깨웠다.

84. 그가 말했다. "손뼉을 치고, 손가락으로 딱딱 소리를 내며, 모두들 비탈의 이름을 외치십시오. 그리하면 큰 장애들이 없어집니다. 이것을 의심하지 마십시오."

85. 바이슈나바 박타의 요청을 받고서 모든 청중들이 숭배하기 시작했다. 마치 커다란 소리가 눈에 보이는 모습으로 지상에 내려온 것 같았다.

86. 크리슈나의 이름을 외치는 소리에 맞추어 심벌즈, 비나 그리고 북들이 연주되었다. 손뼉을 치고 손가락을 튕기는 소리가 크게 울려 퍼졌다. 열정은 끝이 없었다.

87. 이런 식으로 청중들은 세 시간 동안 숭배를 계속하고 있었다. 그리고 육체에 대한 환영을 벗어 버린 투카는 육체를 의식하지 않는 존재

가 되었다.

88. 그때 신이 기적을 행하였다. 운이 좋은 청중들이여, 들어 보라. 키르탄의 가운데에 놓여 있던 시체에 생기가 돌아왔다.

89. 하리 키르탄을 하는 가운데 그 아이가 일어나 앉았고, 사랑이 충만하여 경배하기 시작했다. 아들 곁에 있던 어머니는 투카의 발 앞에 엎드려 절했다.

90. 모든 청중들은 기쁨으로 가득하여 "승리, 승리."라고 외치며 손뼉을 쳤다. 하리의 이름들을 반복하는 관습은 점점 더 확립되어 갔다.

두 명의 산야시가 투카에게 괴로움을 주다

91. 위의 일들이 벌어진 후, 여섯 시간이 흘러 밤이 깊어졌다. 그때 이름 있는 산야시인 슈리파드가 키르탄에 들어와서 투카 앞에 앉았다.

92. 이때 고귀한 바이슈나바는 경건한 마음으로 신의 이름들을 되풀이하는 원칙을 세우고 있었다. "신의 이름은 구원의 여러 방법들 가운데 정수입니다. 그 이름은 지고의 브라마입니다.

93. 어떤 일이든지 시작하기 전에는 케샤브, 나라야나의 이름을 반복해야 합니다. 만약 어떤 큰 일에서든 어떤 실패가 있다면, 그 실패는 비슈누의 이름들을 되풀이함으로써 고쳐질 것입니다.

94. 신랑과 신부가 결혼을 할 때 그들은 천궁도에서 36개의 점을 찾지만, 락슈미의 남편이신 분의 이름을 되풀이하지 않는다면 결국 결혼이 제대로 이행되지 않을 것입니다.

95. 조상에게 제사를 지낼 때는 모든 것을 잘 행한 뒤에 마칠 때는 반드시 신에게 봉헌해야 합니다. 실상 하리의 이름을 사용하지 않고는 좋은 행위를 할 길이 없습니다."

96. 이렇게 이야기한 후, 신을 사랑하는 박타는 크리슈나의 이름을 크게 외쳤다. 그곳에는 두 명의 사악한 산야시들이 있었는데, 그들은 투카를 얕보며 서로 얘기했다.

97. "우리는 수드라의 입에서 나온 신의 이름을 결코 듣지 말아야 한다." 이렇게 말하고 나서 악한 마음을 가진 이 산야시들은 곧바로 일어나서 나가 버렸다.

98. 그들이 비록 머리털을 깎았지만, 그들의 오만은 열 배나 자라 있었던 것이다. 그리고 박타들을 싫어하는 자들은 지옥으로 가는 길에 서 있다.

푸나의 다두 콘다데브가 그들의 고발에 응하다

99. 그때 다두 콘다데브는 푸나에 있었는데, 두 산야시가 그의 앞에 나아와서 고발을 하였다.

100. 그들은 격분하며 지팡이와 동냥 그릇을 땅바닥에 내팽개쳤다. 그들은 이마를 두드리며 고발을 하였다. 그것을 들어 보라.

101. "투카는 수드라 계급의 장사꾼에 불과합니다. 그런데 그는 부당한 짓을 계속하고 있습니다. 경건한 사람들을 꾀어 신의 이름을 되풀이하게 했습니다.

102. 그가 박타의 영예를 높이긴 했지만, 아무 가치도 없는 좋은 행위의 길을 선포하였습니다. 그리고 그는 수드라임에도 불구하고 브라만들이 그에게 절을 합니다.

103. 당신은 이 지방을 다스리는 분이므로 저희는 당신께 말씀드리기 위해 즉시 왔습니다. 당신이 아니면 누가 우리의 편을 들겠습니까?

104. 그러므로 투카를 이리로 부르시어 신속하게 벌하십시오. 만약 당신께서 저희의 말을 거절하신다면, 저희는 당장 여기에서 목숨을 끊어 버리겠습니다."

105. 그들의 굳은 결심을 보고 다두 콘다데브가 그들에게 대답했다. "마음을 편안히 하시오. 내가 투카를 이곳으로 부를 것이오.

106. 당신들은 투카와 그 문제에 대해 토론을 하시오. 누구든지 지는 자는 내가 벌하겠소." 이렇게 산야시 슈리파드에게 이른 뒤, 그는 투카를 부르기 위해 즉시 전령들을 보냈다.

107. 그는 로하가브의 브라만들을 오십 루피의 벌금형에 처한다는 명령문을 작성했다. 그리고 산야시들이 보고한 내용과 상황을 편지에 설명했다.

108. 다두 콘다데브의 전령들은 속히 로하가브에 도착했다. 그는 모든 브라만들을 불러 모은 뒤 그들에게 편지를 전해 주었다.

109. 이 재난을 보고 심약한 사람들은 두려움을 느꼈다. 그들은 "결과가 어떻게 될 것인가?" 하고 말하며 부들부들 몸을 떨었다.

110. 투카는 이 소식을 듣고 나서 모든 브라만들에게 용기와 확신을 주었다. "판다르푸르의 신께서 우리 일의 꼭대기에 계신데, 우리가 왜 걱정해야 합니까?"

111. 정부 관리들이 브라만들에게 말했다. "즉시 오십 루피 지불 증서를 제출하시오." 그러자 모든 브라만들이 말하였다. "지금 당장 우리와 그곳으로 갑시다."

112. 관리들이 강하게 독촉하였으나, 사람들 사이에서 투카의 명성은 여전히 대단했다. 심지어 쉬바지 왕까지 찾아와서 투카 앞에 엎드려 절했으며, 그 모습을 모든 사람들이 보았기 때문이다.

113. 그 뒤에 그들은 심벌즈와 비나, 두 개의 북을 연주하고, 네 사람이 합창을 인도하며, 깃발들을 들고서 행렬을 지어 걸어갔다. 행진하는 동안 그들은 계속하여 키르탄을 행하였다.

114. 그들이 지나가는 마을들의 브라만들과 모든 주민들은 이 신기한 모습을 보기 위해 밖으로 나와 구경하였다. 그들은 계획된 시간에 푸나에 도착하였고, 강들이 합류하는 곳에 천막을 쳤다.

115. 그들은 모두 목욕을 했다. 어떤 사람들은 자신이 규칙적으로 드리는 종교 의식을 마친 뒤에 자리에 앉았고, 그들은 모두 투카의 키르탄을 공경하는 마음으로 들었다.

116. 투카에 대한 존경을 표시하기 위하여, 멀리 떨어진 마을들에서도 군중들이 왔다. 모든 군중들이 다 모이자 마치 군대가 주둔하는 것 같았다.

117. 그들은 키르탄 연주를 기쁜 마음으로 들었으며, 푸나의 주민들도 존경을 표하기 위해 찾아오기 시작했다. 경건한 사람들은 경배하기 위해 다양한 물건들을 접시에 담아 가져왔다.

118. 그들은 바나나, 코코넛, 대추야자 열매, 향기로운 가루, 툴시 그리고 꽃 화환들을 가지고 왔다. 그들은 이것들을 투카 앞에 놓고서 진심

으로 그에게 절했다.

119. 다두 콘다지 모카시는 그의 집 테라스에 나와 여기저기 둘러보다가 하인에게 물었다. "저 멀리 보이는 것은 누구의 군대냐?"

120. "로하가브의 주민들이 강이 합류하는 곳에 왔고, 비슈누 박타인 투카가 키르탄을 행하고 있습니다. 이 도시에 사는 사람들도 투카에 대한 존경을 표하기 위해 찾아가고 있습니다."

121. 이 보고를 듣고서 다두 콘다데브는 깊은 감동을 받았다. 그가 말했다. "나 또한 즉시 예물을 들고 가서 투카에게 존경심을 표해야겠다."

122. 이렇게 말하고서 그 도시의 행정관은 그곳으로 출발하였다. 바로 그때 그는 두 명의 산야시를 만났다. 그들은 말했다. "통치자시여, 지금 무엇을 하시는 것입니까?

123. 당신께서는 모든 면에서 저희의 지지자셨고, 저희는 이것을 믿었습니다. 그런데 지금 당신께서는 투카에게 존경을 표하기 위해 가십니다. 이제 저희의 소망은 헛된 것이 되었습니다."

124. 산야시들의 항의를 듣고서 행정관이 대답하였다. "내가 투카에게 존경을 표하기 위하여 사람들과 함께 가는 것은 꼭 필요하오.

125. 이번에 그를 만난 후, 나는 그를 시내로 데려갈 것이오. 그리고 만약 그때 당신들이 논쟁에서 이긴다면, 나는 그를 벌할 것이오.

126. 하지만 만약 그가 당신들을 이긴다면, 당신들을 벌함에 있어서도 제한이 없을 것이오. 마음을 편히 하시오. 그리고 당신들이 하는 일을 잘 생각해 보시오."

127. 산야시들에게 이 말을 남기고, 그는 예물로 드릴 물건들을 싣고 많은 사람들을 대동하여 투카를 만나기 위하여 갔다.

128. 심벌즈와 비나, 북과 함께 하는 키르탄은 신에 대한 사랑의 열정으로 가득 차 있었다. 비슈누의 하인은 춤을 추었고, 모든 사람들이 느끼는 기쁨은 한이 없었다.

129. 그가 슈리 크리슈나의 수많은 행적들을 찬양할 때, 그는 감정에 북받쳐 목이 메었다. 그의 눈에서는 기쁨의 눈물이 흘러내렸으며, 악한 자들조차 그 눈물을 보고 감동을 받았다.

130. 존경심으로 경청하라, 그대 현명한 박타들이여. 머리카락을 제외하고는 아무것도 걸치지 않은 요기가 키르탄에 참석하였다.

131. 찬란하고 성스러운 빛이 그의 몸을 빛나게 하였고, 더욱이 그의 몸에는 성스러운 재가 발라져 있었다. 그는 사랑으로 투카를 껴안았고, 바닥에 엎드려 그에게 절하였다.

132. 그는 투카에게 말했다. "나에게는 당신을 보고자 하는 큰 바람이 있었습니다. 이제 내 소망이 이루어졌습니다." 이것이 그가 말한 전부였다.

133. 투카에게 이 말을 남기고 그 요기는 하늘로 난 길을 따라 떠났다. 키르탄에 참석했던 사람들은 이 경이로운 장면을 목격했다.

134. 그들은 서로 얘기했다. "그는 틀림없이 카일라사의 거주자이신 쉬바일 거야." 어떤 사람들은 "그는 분명히 다타트레야일 거야."라고 이야기했다. 하지만 누구도 정확하게 알지는 못했다.

135. 그 자리에 참석했던 산야시들도 뭐라고 말하고 싶었지만, 그들조차도 이 광경을 보고 어리둥절해졌다.

136. 신성한 풍요로움이 그들에게 부어졌으며, 그들의 어지럽던 마음도 평안해졌다. 그들은 말했다. "신을 사랑하는 바이슈나바 투카는

신에게 축복을 받았다. 천상의 수호자가 그를 돕는다."

137. 그들은 비탈에 대한 사랑으로 그의 이름들을 큰 소리로 노래하기를 계속했다. 그리고 불을 흔드는 봉헌을 위해 등잔에 불을 밝혔다. 그들은 등불들을 룩미니의 남편 주위로 흔들었다.

138. 그리고 은총의 음식들과 대추야자 열매, 바나나, 설탕과 다른 물건들을 사람들에게 나누어 주었다. 그들은 말했다. "오늘은 신의 축복을 받은 특별한 날이며, 모두가 구원 받은 날이다."

다두 콘다데브가 투카를 정중하게 맞아들이다

139. 다두 콘다데브가 이제 투카 가까이 다가와서 겸손한 태도로 말했다. "도시로 들어오셔서 저의 보호자가 되어 주십시오."

140. 그의 소망이 진실함을 보고서 바이슈나바 박타는 그 요청에 따랐다. 산야시들은 걱정이 되었다. 그들은 서로 얘기했다. "전망이 좋지 않소.

141. 우리는 투카에게 창피를 주기 위해 그에게 모든 말을 했지만, 그의 명성은 이번 일로 오히려 더욱 높아졌소. 이제 어떤 계획을 세워야 좋겠소?"

142. 다두 콘다데브는 투카를 도시로 데리고 와서, 아름다운 대저택을 그에게 주어 머물게 했다.

143. 그는 지불 증서를 가져온 로하가브의 브라만들을 높이 존중하였고 그들이 식사를 준비하는 데 필요한 모든 물품을 제공하였다.

144. 도시의 한 상인도 그들에게 필요한 것들을 제공해 주었다. 그날 그는 투카와 이천 명의 브라만들에게 식사를 대접하였다.

145. 정오에 키르탄이 시작되었다. 다두 콘다데브가 산야시들에게 말했다. "자, 이제 투카와 함께 당신들의 토론을 시작하시오.

146. 누구든지 이 논쟁에서 지면, 나는 그를 당나귀의 등에 태우겠소." 산야시들이 대답했다. "저희는 그를 순식간에 이길 것입니다."

147. 산야시들은 악당들과 무뢰한들을 최대한 많이 데려왔다. 마치 한 마리 까마귀의 소리를 듣고서 모든 까마귀들이 함께 모여드는 것처럼.

148. 마치 개 한 마리가 짖는 소리를 듣고서 마을의 모든 개들이 짖어 대기 시작하는 것처럼. 마치 비슈누를 증오하는 라반을 돕기 위해 쿰바카르나가 행동한 것처럼.

149. 두료다나의 가장 친한 친구 샤쿠니와 쉬슈팔이 그를 보호한 것처럼. 그와 같이 논쟁에 뛰어난 학자들이 산야시들을 돕기 위해 모여들었다.

150. 그들은 마음속에 그런 하나의 목적을 품고서 키르탄에 앉았다. 하지만 투카에게는 미움과 같은 것이 없었으며, 그는 모든 사람에게 절하였다.

151. 산야시들은 허세를 부리며 투카의 바로 앞에 앉았다. 그들은 비슈누 박타에 대한 증오로 그렇게 했지만, 그로 인해 자신들이 쌓은 선한 공덕을 허비하였다.

152. 크리슈나의 이름을 큰 소리로 외치며 투카는 키르탄을 시작했고, 천상의 신을 숭배하는 의무를 행하도록 모든 사람을 일깨웠다.

153. "강력한 힘을 지닌 죽음은 몇 시간, 몇 분, 몇 초가 지나는 동안

우리의 삶을 먹어 치웁니다. 그것은 마치 쥐가 쥐구멍을 떠나자마자 고양이가 달려들어 먹어 버리는 것과 같습니다.

154. 그리고 마치 매달 11일째 날에 금식 의례를 행한 뒤, 고구마를 요리하기 시작하는 것과 같습니다. 고구마가 요리되자마자, 굶주린 사람은 그것을 움켜쥡니다. 그와 같이 죽음은 육신을 기다리고 있습니다.

155. 마치 물 속의 물고기가 명상하는 모습으로 서 있는 두루미를 알아차리지 못할 때, 우리는 그 두루미가 언제 물고기를 삼킬지 모르는 것과 같습니다. 그와 같이 우리는 죽음의 신비들을 알지 못합니다.

156. 우리가 보는 모든 것은 결국 파괴되고 맙니다. 이것을 방지하려면 슈리 하리에게 탄원하는 자로 나아가야 합니다.

157. 만약 어떤 사람이 슈리 크리슈나를 숭배하지 않는다면, 그는 탄생과 죽음의 윤회를 피하지 못할 것입니다. 많은 방법들을 사용해 보아도 이 세속적인 존재에 돌아오는 것은 피할 수 없습니다.

158. 만약 어떤 사람이 마음속에 어떤 소망을 가지고, 아니면 어떤 특별한 소망이 없이도 신 슈리 크리슈나의 이름을 되풀이해서 부른다면, 죽음의 신 야마도 그를 괴롭힐 수 없을 것입니다. 지고의 선한 존재가 그의 보호자이기 때문입니다.

159. 브라만의 아들인 아자밀은 낮은 신분의 여자와 사랑에 빠졌습니다. 그 때문에 그는 여기의 삶에서 산더미 같은 죄를 쌓았습니다.

160. 심지어 가장 성스러운 목욕 터들조차 그와 같은 자의 손이 닿을까 염려하여 두려움에 떨었습니다. 일곱 지옥들도 그를 받아들이는 것을 두려워했습니다. 그는 속죄의 한계 너머에 있었습니다.

161. 그러나 우연히 그는 위대한 리쉬를 만나게 되었습니다. 그는 후

회하면서 리쉬에게 그의 이야기를 털어놓았습니다.

162. 그의 이야기를 듣고서 그 자애로운 리쉬는 그에게 말했습니다. '너는 너의 아들을 더없이 사랑한다. 그의 이름은 나라야나(크리슈나의 다른 이름)이다. 아들을 사랑으로 달랠 때마다 그 이름을 사용하라.'

163. 그에게 이렇게 권유한 뒤, 그 자애로운 리쉬는 성스러운 목욕 터로 들어가 사라졌습니다. 아자밀은 임종을 앞두고 그의 아들을 불렀습니다.

164. '가까이 오너라, 나라야나.' 그러자 천상의 신은 그에게 자비를 베풀었습니다. 그는 아자밀에게 천상의 빛의 마차를 보냈고, 그로 하여금 궁극의 구원을 즐기게 하였습니다.

165. 매춘부 핑갈라는 그녀의 앵무새를 라고(람)라는 이름으로 부르는 동안 천국으로 인도되었습니다. 코끼리 가젠드라가 악어를 만나 곤경에 빠졌을 때, 우주의 지고한 존재이신 그분께서 코끼리를 구해 주셨습니다.

166. 어린 개구리가 냄비에 넣어졌고, 냄비 아래에서는 불이 타오르고 있었습니다. 개구리는 전생에 행한 공덕들로 인해 크리슈나를 불렀습니다. 그러자 물은 더 이상 뜨거워지지 않았습니다.

167. 하늘에서 목소리가 들려왔습니다. '어린 개구리를 끓는 냄비에서 꺼내어라. 그러면 물이 곧 뜨거워질 것이다.' 모든 사람들이 그 말을 들었습니다.

168. 비슈누의 빛의 마차가 즉시 도착했고, 개구리의 몸을 신성한 몸으로 바꾸어 주었습니다. 개구리는 세상의 구세주에 의해 천국에 영원히 머무르게 되었습니다.

169. 칼리 유가와 죽음은 극복하기 힘들지만, 슈리 하리의 이름은 구세주입니다. 만약 누군가가 '더 나은 구원의 방법이 있다.'고 이야기한다면, 그 어리석은 자는 현혹된 것입니다."

170. 이렇게 설교를 하는 동안, 신을 사랑하는 박타는 미소를 지으며 때때로 신의 이름들을 외쳤다. 그리고 모든 청중들이 합세하여 비탈의 이름을 크게 외쳤다.

171. 손뼉을 치거나 손가락을 튕기는 소리, 기쁨에 넘쳐 외치는 소리로 그곳이 가득 찼다. 사람들은 차이와 이원성을 잊어버렸고 어디에서나 신을 보았다.

172. 이런 기쁨 속에서 키르탄이 계속되는 동안 대단히 놀라운 일이 일어났다. 서 있던 두 산야시가 투카에게 엎드려 절을 한 것이다.

173. 다두 콘다데브가 그들에게 말했다. "스와미, 당신들은 어찌하여 이렇게 부당한 행동을 하는 것이오? 당신들은 투카에게 나마스카르를 하였소. 그럼에도 당신들은 브라만들을 비난하오.

174. 그런데 어찌하여 지금은 그의 발아래 엎드리는 것이오? 이제 나는 당신들에게 벌을 내리겠소. 거짓을 말한 죄가 당신들의 머리 위로 떨어졌으나, 당신들은 정의를 위하여 나를 찾아왔소."

175. 산야시들이 대답했다. "투카에게서 빛나는 빛은 신의 형상과 같습니다. 저희는 그에게서 네 개의 팔을 가진 자이신 크리슈나를 보았습니다. 그래서 저희는 사랑으로 그에게 절을 한 것입니다."

176. 행정관은 마음 속 깊이 분노하여 말했다. "당신들은 사악한 마음을 가진 위선자들이며, 나로 하여금 로하가브의 브라만들에게 지불 증서를 받게 만들었소. 왜 그런 짓을 한 것이오? 말해 보시오."

177. 그는 자신의 결정을 고수하여 실행에 옮겼다. 그는 두 마리의 당나귀를 데려오게 했다. 그리고 말했다. "그들의 머리털을 깎되 머리에 다섯 개의 줄을 남겨라. 그리고 그들을 당나귀에 태워 마을들로 끌고 다녀라."

178. 무슨 일이 일어나고 있는지를 알게 된 투카람은 그를 만류했다. 그는 말했다. "탁발승의 옷을 입고 있는 사람들에게 치욕을 주면 안 됩니다. 판다르푸르의 신께서 그것을 승낙하지 않으실 것입니다."

179. 투카가 행정관에게 이렇게 말하자, 그는 마음을 가라앉혔다. 그렇지 않았다면 그 누구도 그의 결정을 막지 못했을 것이다.

다두 콘다데브는 공정하다

180. 이제부터 얘기하는 예화를 들어 보라. 어느 날 다두 콘다데브가 점심을 먹고 있는 동안, 그의 아내가 잠시 밖에 나갔다.

181. 소금과 야채들이 가까이 있어서 그는 자신의 손으로 직접 집어 왔다. 그의 아내는 농담 삼아 그에게 말했다. "당신은 매우 부당한 일을 했군요.

182. 이곳(식당)을 다스리는 것은 저의 권한이에요. 그런데 어떻게 당신 손으로 이 음식들을 가져올 수가 있죠? 당신은 다른 사람들에게 법을 지키라고 설교하는데, 어째서 당신이 이런 부당한 행동을 할 수가 있죠?"

183. 부인에게 비난을 듣고서 그는 즉시 병사를 불렀다. 그리고 말했다. "지금 즉시 내 손을 잘라라. 내 손이 큰 잘못을 저질렀다."

184. 마침 그때 고귀한 브라만이 들어와서 경전의 권위를 바탕으로 말하기를, 그의 옷의 소매를 자르면 그의 손을 잘라 내는 것과 마찬가지라고 하였다.

185. 이 설명을 받아들인 그는 평생 그 원칙을 따랐다.

　남에게 고용되어 일하던 여자가 밀가루를 훔쳤다는 죄목으로 그의 앞에 끌려왔다.

186. 그녀는 그것을 훔쳤다는 사실을 부인했다. 그들은 맷돌을 들어 올려 곡물의 4분의 1을 그 아래에서 찾아내었다. 그들은 그녀를 말뚝에 꿰찌르는 형벌을 주기 위해 서둘렀다.

187. 그러나 그는 맷돌의 아랫돌을 가져와 말했다. "나는 부정한 도둑을 찾았다." 그렇게 말한 후 그는 그 맷돌을 말뚝에 꿰찔렀고, 모든 사람들이 그 광경을 보았다.

188. 그는 그처럼 엄격히 공정했다. 그는 어떠한 거짓도 좋아하지 않았다. 그러나 산야시들의 경우, 그는 투카의 말을 거절할 수 없어서 처벌을 실행에 옮기지 않았다.

189. 성자의 이야기를 하는 중간에 나는 이런 여담들을 하였다. 부디 청중들이 그런 이야기들로 인해 지루해 하지 않기를. 나는 실례를 들기 위해 이야기하였다.

190. 바이슈나바 박타는 "승리! 승리!"를 외치며 그의 키르탄을 계속하였다. 그들은 불을 흔드는 봉헌을 하기 위해 등잔에 불을 밝혔고, 룩미니의 남편 주위에 등불들을 흔들었다.

191. 투카는 춤을 추었고, 크리슈나의 이름을 외치는 큰 목소리가 뚜렷하게 들려왔다. 그 외침 소리가 허공을 가득 채우는 동안, 그의 발에

서 작은 종들이 감미롭게 울렸다.

192. 그리고 투카가 청중들을 응시하자, 그들은 크리슈나의 모습으로 있는 것 같았다. 모든 차이들이 사라졌고, 온 우주에 슈리 크리슈나가 나타났다.

193. 투카가 신체에 대한 자각이 없는 이런 상태에 있는 동안, 눈에 보이는 신의 모습을 떠올렸다. 그는 그 모습 앞에 사랑으로 엎드려 절하였고, 그 뒤에 은총의 음식들이 분배되었다.

194. 성자들의 발에 묻은 먼지는 땅에 닿는다. 나 마히파티는 그 먼지를 숭배한다. 은총의 음식들은 분배되면서 땅에 조금 떨어졌다. 그것들을 주워서 나는 즐거이 먹는다.

195. 스바스티! 이 책 슈리 박타릴람리타는 단지 듣는 것만으로도 마음속의 모든 욕망들을 충족시킨다. 부디 신을 사랑하는 박타들이 언제나 그것을 듣기를. 이것은 흥미로운 제14장이다.

제15장

투카와 새들

마히파티의 개인적인 고백

슈리 가네샤에게 경배를.

1. 오, 판두랑이시여, 당신은 무수히 많은 우둔한 사람들을 이 세속적인 바다의 건너편으로 친히 건네주셨습니다. 저는 뒤에 남겨진 사람입니다. 그러니 당신께서 저의 나룻배가 되어 주십시오.

2. 저는 목욕, 헌신, 전통적인 예배 의식, 만트라의 암송, 고행, 또는 당신에 대한 숭배 등을 정해진 규칙에 따라 행하지 못합니다.

3. 요가 수행과 희생 의식들도 저는 행하지 못합니다. 제 몸은 약합니다. 저는 성지들도 방문한 적이 없습니다. 당신은 이것을 아십니다, 오 비타바이시여.

4. 만약 제가 받을 만한 사람들에게 선물을 주어야 한다면, 저는 돈도 많지 않고 그들에게 줄 곡식도 많지 않습니다. 제게는 조금도 선함이 없습니다. 제 마음은 지독히도 사악합니다.

5. 오, 신이시여, 저는 삿구루의 제자가 된 적도 없으며, 성자들을 섬긴 적도 없습니다. 모든 면에서 저는 불구자나 다름없습니다. 이것을 당신은 알고 계십니다, 오, 신이시여.

6. 만약 모든 죄들을 함께 모을 수 있다면, 저는 그 죄들로 만들어진 동상에 지나지 않을 것입니다. 저는 금지된 행위들을 많이 저질렀습니다. 저는 이 모든 것들을 당신에게 고백합니다.

7. 저는 모든 면에서 명백한 죄인입니다. 저의 가슴이 이것의 증인입니다. 하지만 오, 슈리 하리시여, 이제 부디 구원자로서 당신의 명성을 보시고, 저를 배에 태워 이 생의 바다를 건너게 하여 주소서.

쉬바지 왕이 투카를 두 번째로 방문하다

8. 앞 장에서는 어떻게 하여 두 명의 산야신이 신의 모습으로 있는 투카를 보았으며 진심으로 그의 앞에 엎드려 절하게 되었는지를 이야기하였다.

9. 행정관은 그 사건의 전말을 상세히 기록하여 쉬바지 왕에게 보고하였다. 그러자 왕은 푸나로 와서 투카에게 경건한 존경을 표하였다.

10. 왕 쉬바지는 여러 가지 관습적인 방식으로 투카를 숭배하였으며, 그의 발아래 엎드려 절하였다. 신체를 자각하지 못하는 박타는 그의 키르탄을 시작했다.

11. 심벌즈와 비나와 북들이 연주되었고, 50명의 목소리들이 합창을 이끌었다. 그들이 크리슈나의 감미로운 이름을 외쳤을 때, 하늘은 그 소리로 가득 차고 넘쳤다.

12. 무엇보다도 그날은 하리의 날이었고, 축제의 날이었으며, 경사스러운 날이었다. 그리고 왕은 키르탄을 듣기를 간절히 바라고 있었다. 그

리고 신을 사랑하는 박타의 감동적인 웅변이 있었다. 이처럼 열정적인 키르탄에 무엇이 부족할 수 있겠는가?

13. 한편 차칸의 이슬람교 통치자는 당시 일어나고 있는 일을 보고받았다. 그는 쉬바지 왕을 붙잡기 위해 이천 명의 병사들을 파견했다.

14. 하리 키르탄은 푸나 시의 웅장한 건물에서 이루어지고 있었다. 왕은 자리에 앉아서 키르탄을 듣고 있었다. 갑자기 무자비한 군대가 쳐들어왔다.

15. 왕은 상황을 보고받았고, 투카에게 떠나는 것을 허락해 달라고 요청했다. 모든 청중들이 혼란에 빠졌고, 모든 열정이 사라졌다.

16. 그들이 처한 곤경을 알아차리게 된 투카는 비토바에게 도움을 간청했다. 그는 4개의 아방가를 지어 암송했는데, 이것은 모든 선한 사람들이 공부해야 할 아방가들이다.

17. 그는 신에게 다른 사람들에 대한 자비를 간청했다. "저 자신은 죽음을 두려워하지 않습니다. 만약 다른 사람들이 고통을 겪는다면, 제 눈은 차마 그 광경을 감당할 수 없습니다.

18. 그리고 만약 이러한 훼방이 저희의 숭배 중에 일어난다면, 이보다 더 나쁜 죽음이 어디에 있을 수 있겠습니까? 그러니 오, 비토바시여, 당신의 그 신비한 힘으로 저희를 이 재난에서 구하옵소서."

19. 이 기도를 듣고서 자비의 구름이신 분은 투카에게 확신을 주었다. "기쁜 마음으로 너의 키르탄을 계속하라. 우주의 생명인 내가 왕을 보호할 것이다."

20. 사나운 이슬람 군대는 건물 바깥에 도착했다. 그들은 서로 얘기했다. "우리는 저 안에 있는 많은 사람들 속에서 쉬바지 왕을 구별해 낼

수 없다. 그러니 모든 청중과 연사를 다 죽여 버리자. 그러면 왕도 자연히 그들과 함께 죽을 것이다."

21. 사악한 마음을 가진 자들이 그렇게 상의하는 동안, 룩미니의 남편은 교묘한 속임수를 썼다. 그는 쉬바지 왕의 모습을 하고 재빨리 달리기 시작했다.

22. 이슬람 군대에는 첩자들이 있었는데, 그들은 왕을 알아보았다. 군사들은 "저기 우리의 적이 있다. 어서 그를 붙잡아라."라고 외치며 우르르 그를 뒤쫓았다.

23. 우주의 지고한 존재는 환영의 모습으로 잠시 보였다.

24. 그리고 병사들이 왕을 따라잡아 막 붙잡으려 하는 순간, 그들은 말했다. "우리의 눈이 우리를 속였다." 그러면 다시 그들 앞에 뱀에 기대에 누워 있는 분이신 크리슈나가 보였다.

25. 그들이 "왕은 여기에 없다."라고 말하는 순간, 왕은 다시 그들 가까이에 모습을 나타냈다. 하지만 그들이 막 왕을 붙잡으려는 순간에는 그들 앞에 아무것도 없었다. 3시간이 지났을 때 그들은 그를 따라 가시덤불들이 많은 정글 속으로 40마일이나 들어왔다.

26. 마치 우주의 생명이신 분이 크리슈나 화신이 되었을 때 칼라야반을 두려워하여 도망을 쳤고 무추쿤드의 동굴에 몸을 숨긴 것처럼.

27. 그와 마찬가지로 이제 크리슈나는 그 정글에서 보이지 않게 되었다. 이제는 달도 져서 하늘은 어둠으로 가득 찼다.

28. 이슬람 군인들은 길을 찾을 수 없었고, 그들의 옷은 가시들 때문에 마구 찢어졌다. 그들의 아름다운 말들도 달아나 버렸고, 그 가엾은 무리들은 참으로 비참하게 되었다.

29. 그 사이에 신을 사랑하는 박타들은 그의 영광스러운 키르탄에서 노래하며 춤추고 있었다. 청중들은 몰입되었고 열정은 놀라울 정도로 커졌다.

30. "크리슈나, 비슈누, 하리, 고빈다, 아츄타, 아난타, 행복의 근원, 지고의 존재, 삿칫아난다, 슈리 무쿤다, 우주의 스승."

31. 그가 부르는 노래에는 이런 이름들이 등장하였고, 사랑의 감정으로 그는 신에게 탄원하였다. 그는 사랑의 감정으로 목이 메었고 그의 눈에서는 눈물이 흘러내렸다.

32. 그들이 사랑으로 숭배하며 크게 외치는 소리들은 밤새 계속되었으며, 태양이 떠오르자 그들은 룩미니의 남편 주위에 불을 흔드는 봉헌 의식을 행하였다.

33. 적군이 자진하여 떠난 것은 왕에게 놀라운 일이었다. 그는 말했다. "지난 밤 나는 죽음으로부터 벗어났습니다. 그것은 제가 성자들과 함께 앉아 있었기 때문입니다."

34. 왕은 투카에게 작별을 고하고 그의 성이 있는 신하가드로 갔다. 왕은 길을 떠나면서 은총의 선물을 요청했다. 투카는 자신의 손으로 말의 똥을 한 움큼 집어 왕에게 주었다.

35. 왕은 그것을 자신의 옷에 넣어 가지고 가서 집무실에 놓아두었다. 그의 가슴은 기쁨으로 가득 찼다. 그는 말했다. "나의 행운이 일어나기 시작했다."

금화와 탐욕스러운 브라만

36. 그런 일들이 그 당시 푸나에서 일어났던 사건들이다. 그런 후 모든 사람들은 투카와 함께 로하가브로 돌아왔다.

37. 성은 로하카르이며 콘도바라는 이름을 가진 한 남자는 투카를 성실하게 따르는 사람이었다. 그는 특별한 방식으로 합창을 이끌어 바이슈나바들에게 기쁨을 주었다.

38. 그는 투카에게 계속하여 얘기하곤 했다. "저는 순례의 길을 떠나고 싶습니다. 모든 가장들이 당신의 말을 존중합니다. 그러니 제가 사람들에게 여행 경비를 도움 받을 수 있도록 도와주십시오.

39. 저는 여행 경비가 한 푼도 없지만, 당신이 한마디만 해 주면 그 일을 이룰 것입니다." 그 브라만은 이런 말로 투카에게 끊임없이 간청했다. 자, 바이슈나바는 어떻게 하였겠는가?

40. 바이슈나바는 앉아 있던 자리 밑으로 손을 집어넣더니 금화 한 닢을 꺼냈고, 그것을 그 남자에게 주었다. 콘도바는 뭐라고 말해야 할지 몰라 난감했지만, 그의 목적을 위해서는 충분하지 않을 것이라는 암시를 주었다.

41. 하지만 투카는 그에게 말했다. "꾸준히 금화를 바꾸되, 구리 동전 한 닢은 지갑 속에 간직하시오.

42. 다음 날이면 그 동전이 금화로 바뀔 것이오. 그러나 얼마나 자주 금화를 바꾸건 간에 하나의 구리 동전은 간직해야 한다는 것을 늘 명심하시오.

43. 그 돈을 가치 있는 데 쓰도록 하시오. 그리고 순례 여행을 완전히

끝마치시오. 여행을 마치고 돌아오면 내 동전을 돌려주어야 하오."

44. 브라만 콘도바는 깜짝 놀랐지만 속으로 생각했다. "오늘 당장 이 기적을 시험해 보아야겠다." 그는 금화를 바꾸었고, 하나의 구리 동전을 지갑에 넣었다.

45. 그는 필요한 물건들을 열심히 사들였고, 옥수수를 튀기고 케이크와 단과자들을 만들었다. 그는 달콤한 것들을 맛보기 위해 기와 설탕을 구입했다.

46. 충분한 음식과 물품을 준비한 다음, 브라만은 투카를 찾아와서 말했다. "저는 금화를 바꾸었고, 그 기적을 제 눈으로 보았습니다, 스와미."

47. 그의 말을 듣고서 바이슈나바 박타가 말했다. "이 사실은 아무도 모르게 하시오. 당신이 목표한 바를 꼭 이루시오. 그리고 돌아오면 내 동전을 돌려주시오."

48. 그런 다음 고귀한 바이슈나바는 세 개의 아방가를 지어 브라만에게 그 편지를 전해 주었다. 현명하고 경건한 이들이여, 그 편지들의 내용을 들어 보라.

49. 그는 카일라사의 신이신 쉬바에게 간청의 편지 하나를 썼다. 또 하나는 바기라티 강에게, 그리고 마지막 하나는 비슈누파다에게 썼다.

50. "우주의 배치는 매우 훌륭한 것 같습니다. 그리고 당신 마하데바는 영혼의 형태로 그 안에 널리 퍼져 있습니다. 그러므로 박타들은 비슈바나트(우주의 수호자)라는 당신의 이름으로 당신을 찬미합니다.

51. 이번에 비천하고 불쌍하며 무력한 자에게 자비를 베푸소서. 몇 번이고 되풀이하여 저는 당신의 발아래 제 머리를 조아립니다.

52. 제 가슴은 쉽게 만족하며, 당신은 부족한 것이 없습니다. 투카가

당신께 은총을 구합니다. 부디 보내 주소서, 오, 쉬바시여."

53. 바기라티 강에게 쓴 편지에서는 이렇게 말했다. "제 청을 들어 주소서, 오, 어머니. 당신은 모든 신성한 물들을 다스리는 지고의 여왕이십니다, 오 어머니시여.

54. 당신이 바라보기만 하여도 가장 큰 죄들이 씻깁니다. 그래서 저는 당신의 발아래 사랑으로 절합니다.

55. 진실한 마음으로 당신의 물에서 목욕하는 사람들은 천국의 기쁨을 받고 완전한 해방을 경험합니다. 사람들은 투카가 성인들의 보호를 받는다고 말합니다. 그리고 그가 당신에게 이 말의 꽃들을 보냅니다."

56. 고귀한 바이슈나바는 가야에 있는 비슈누파다의 위대한 성지에 탄원하는 편지를 보냈다. "제 손으로 저는 당신의 발아래 제 몸을 바칩니다.

57. 저는 가야 의식들을 모두 끝마쳤습니다. 저는 제가 조상들에게 빚진 것을 갚았습니다. 제 행위들은 잘 행해졌고, 저의 자아의식의 무거운 짐은 저에게서 제거되었습니다.

58. 오로지 당신의 이름만을 저 투카는 세상에 큰 소리로 찬양합니다. 세상에는 오직 하나의 이름, 크리슈나만 있을 뿐입니다. 그리고 세 개의 아방가 중 이 편지는 제가 경험한 기쁨의 결과로 쓴 것입니다."

59. 콘도바 로하카르는 이 편지들을 받아 들고 사랑으로 투카에게 절하였다. 그러고는 즉시 바라나시로 거룩한 순례 여행을 떠났다.

60. 그는 금화를 바꾸면서 길을 계속 갔고, 그의 윗옷 안쪽에 구리 동전 하나를 꼭꼭 동여맸다. 그가 계속해서 점점 더 많은 돈을 소비하였으므로 사람들은 의아해 하기 시작했다.

61. 그들은 말했다. "그는 돈이 없어. 그런데 어디에서 돈이 나서 이렇게 쓰는 거지?" 그것은 마치 모래밭에 파 놓은 구덩이 속에서 물이 고갈되지 않는 것과 같다.

62. 물의 양은 적어 보이지만 그 물을 길어 내도 그만큼의 물이 고인다. 투카에 대한 콘도바의 확신은 그러했으며, 그는 누구에게도 그 비밀을 얘기하지 않았다.

63. 그렇게 여행을 계속하여 그는 바라나시에 도착했다. 그는 바기라티 강에서 목욕을 했고, 그녀에게 투카의 전언을 전해 주었다.

64. "오, 어머니시여, 모든 신성한 물들을 다스리는 여왕이시여, 투카가 당신에게 편지를 보냈습니다." 그가 이렇게 말하는 동안 경이로운 일이 벌어졌다.

65. 그 넓은 강물에서 바기라티가 그녀의 다정한 손을 내민 것이다. 그녀의 팔에는 보석으로 장식된 팔찌가 있었고, 마치 태양이 막 떠오르는 것처럼 빛났다.

66. 강가에는 수많은 군중들이 있었는데, 이 기적을 보고서 모두 경탄을 금치 못했다. 그들은 말했다. "바기라티가 사람의 모습으로 나타났다." 그러자 모두들 목욕을 하기 위해 강물 속으로 뛰어들었다.

67. 어떤 사람들은 금화들을 봉헌물로 가져와서 사랑하는 마음으로 그녀의 손에 올려놓았다. 어떤 사람들은 발 장신구들, 보석 화환들, 웃옷, 여성의 옷들을 그녀에게 바쳤다.

68. 그들은 이렇게 그녀를 숭배했지만, 우주의 어머니는 그들을 받아들이지 않았다. 갑자기 콘드바트에게 어떤 생각이 떠올랐다.

69. 그는 투카의 편지를 쥐고 물속으로 들어갔다. 그가 편지를 바기

라티의 손에 올려놓는 순간, 그녀는 손을 오므려 편지를 쥐었다.

70. 그리고 사람들이 이 놀라운 광경을 지켜보는 사이에 그녀의 손은 강물 속으로 들어갔다. 그들이 이것을 보았을 때, 이 성스러운 도시의 모든 주민들은 깜짝 놀랐다.

71. 그들은 말했다. "바기라티는 투카의 말의 화환을 좋아했다. 전에 룩미니의 남편은 물 속에 잠긴 투카의 원고들을 지켜 주었다."

72. 콘드바트는 바라나시에 넉 달 동안 행복하게 머물렀다. 그는 투카의 아방가를 익혀 암송하게 되었고, 쉬바에게 암송해 주었다.

73. 쉬바는 보석 같은 말들로 된 투카의 간청을 듣고서 고개를 끄덕였다. 벨 잎들과 꽃들이 하늘에서 떨어졌으며, 사람들이 그것들을 보았다.

74. 이렇게 바기라티와 쉬바는 엄청난 기적을 보여 주었다. 모든 순례자들은 그들이 본 광경에 놀랐다.

75. 콘드바트는 가야로 가서 선조들에게 빚을 갚았고, 투카의 은총으로 가치 있는 일에 돈을 썼다.

76. 그렇게 하여 순례 여행이 끝나자 그는 집으로 돌아가기 위해 출발했다. 그의 가슴은 기쁨으로 가득했으나 그는 속으로 생각했다.

77. "나는 투카에게 여행 경비를 마련할 수 있도록 도와 달라고 요청하였으나, 대신 나는 이렇게 커다란 성취를 받았다. 그것은 마치 약초를 찾고 있던 사람이 놀랍게도 감로를 찾는 것과 같다.

78. 물웅덩이를 바라던 사람이 눈앞에서 바다를 보는 것과 같다. 마치 젖을 내는 염소를 바라던 사람이 그의 집에서 소원을 이루어 주는 소를 발견하는 것과 같다.

79. 시들을 암기하려 노력하던 사람이 자신의 혀가 훌륭한 시적 재능

으로 축복받은 것을 발견하는 것과 같다. 찌는 듯한 여름 더위로 고생하던 사람이 갑자기 히말라야 설산을 발견하는 것과 같다.

80. 어떤 사람이 등불을 간절히 원할 때, 어둠 가운데서 태양이 떠오르는 것과 같다. 꿈속에서 신을 보기를 소망하던 사람이 그를 실제 모습으로 만나는 것과 같다.

81. 그와 같이 나는 사람들에게 여행 경비를 적선해 달라고 요청할 기회를 바랐으나, 대신 투카는 은총으로 내게 이렇게 커다란 성취를 주었다.

82. 그렇지만 만약 그가 금화를 돌려 달라고 하면, 나는 그것을 돌려주지 않을 것이다." 이런 탐욕스런 생각을 품고서 그는 투카를 만나러 갔다.

83. 투카는 로하가브 마을의 변두리에 혼자 앉아 있었고 몸을 의식하지 않는 상태에 있었다. 콘도바 로하카르가 와서 투카의 발 앞에 엎드려 절했다.

84. "당신의 은총으로 제가 순례 여행을 잘 마쳤습니다."라고 그는 말했다. 고귀한 바이슈나바는 예전의 일을 떠올리고는 그의 동전을 돌려 달라고 말했다.

85. 콘드바트는 "저는 정말 그 금화를 잃어버렸습니다."라고 대답했다. 투카는 "알았소."라고만 대답했다.

86. 콘드바트는 서둘러 집에 가서 동전을 찾아보았다. 옷 안쪽에 묶여 있어야 할 동전이 보이지 않았다. 그는 깜짝 놀랐다.

87. 콘드바트는 말했다. "내가 정오에 목욕했을 때만 해도 동전이 옷에 달려 있었다. 동전을 매어 놓았던 매듭도 그대로 있다. 그 동전이 어

떻게 빠져서 없어졌을까?

88. 나는 이미 투카에게 잃어버렸다고 얘기했기 때문에 그에게 가서 말할 수도 없다. 내 거짓말이 결실을 맺은 것이다." 그렇게 말하면서 그는 몹시 괴로워했다.

89. 하나의 물건으로 인해 그는 삿구루의 화를 초래했고, 그래서 생계를 위한 이기적인 계획들을 이루지 못했다. 실패는 양쪽에서 왔고, 그의 마음은 동요했다.

투카의 진실하고 단순한 생활

90. 이런 생각들은 충분하다. 많은 사람들이 탐욕의 올가미에 걸려 길을 잃었다. 어떤 사람들은 손이 말라비틀어질 때까지 손을 쳐들고 있다. 어떤 사람들은 다섯 가지 불의 연기를 들이마신다.

91. 어떤 사람들은 오로지 우유만 마신다. 어떤 사람들은 큰 숲에서 산다. 어떤 사람들은 머리카락을 길게 기르고 온몸에 재를 바른다.

92. 어떤 사람들은 나무에 그네를 매달고 그 위에 앉아서 84가지 앉는 자세를 취한다. 어떤 사람들은 벙어리처럼 한마디도 말하지 않고, 자신이 바라는 바를 석판에 글로 쓴다.

93. 어떤 사람들은 베다를 공부하고 재가자들을 위해 의식들을 행해 준다. 어떤 사람들은 판디트가 되어 상대방과의 논쟁에 몰두한다.

94. 어떤 사람들은 하리의 다스(종)가 되어 많은 사람들에게 깊은 지혜를 전한다. 어떤 사람들은 산야시가 되고, 다른 사람들은 그들이 비슈

누의 종이라고 말한다.

95. 그리고 잔감(Jangam)들이 있고, 자이나교 산야시들, 회교 수도승들, 칸파드(kanphade)들, 나체 탁발승들이 있다. 어떤 사람들은 자신을 끔찍한 고행의 길을 따르는 사람 아고라판타라고 부른다. 이 모든 분파들을 내가 어떻게 일일이 언급할 수 있겠는가?

96. 나는 이 모든 사람들을 보아 왔으나 그들 중 욕망 없는 자를 보지 못했다. 그러나 투카는 그들과 달랐다. 그는 전적으로 모든 것에 무관심했다.

97. 그는 어떤 것이라도 이룰 수 있었으나 그 모든 것을 차 버렸으며, 영혼의 여섯 가지 적을 정복하고 룩미니의 남편을 숭배했다.

98. 쉬바지 왕이 그에게 강권하였으나 투카는 어떤 토지 선물도 받지 않았고 집이나 의복들, 보석들도 받지 않았다.

99. 그는 필요한 만큼만 먹었고, 한 입 먹을 때마다 신의 이름을 되풀이하였다. 밤낮으로 그는 키르탄을 행했으며, 어떤 장애가 발생하더라도 이 규칙을 꼭 지켰다.

100. 14명의 다른 바이슈나바 박타들은 이 세속적인 존재의 올가미들을 내던지고 늘 투카와 함께 하며 그의 키르탄에서 합창을 이끌었다.

101. 투카는 그들에게 말하지 않고 몰래 빠져나가서 여러 마을들을 방문했다. 그러면 그들은 투카를 찾아 나섰고, 마침내 모든 사람들이 그를 찾아오곤 하였다.

102. 만약 누군가가 고귀한 바이슈나바에게 이번에는 어디로 가는 길이냐고 물으면, 그는 대답하곤 했다. "저는 천상의 도시로 가고 있습니다." 그것은 그가 늘 하는 대답이다.

103. 만약 누군가가 그에게 질문하면, 그는 언제나 아방가의 형식으로만 대답했다. 그의 혀는 신의 이름을 반복하는 것을 기뻐했고, 그의 몸은 완전히 브라마가 되었다.

투카의 몸이 태양처럼 빛나다

104. 한번은 바이슈나바 박타들이 로하가브에서 키르탄을 행하고 있었다. 그의 모든 생각은 신의 이름과 형상에 고정되어 있었으며, 그는 모든 육체적 의식을 잃었다.

105. 심벌즈와 비나, 북들이 연주하는 큰 음악 소리는 마치 모든 신성한 소리가 거대한 파도로 밀려오는 것 같았다. 사람들이 비탈의 이름들을 외치는 소리는 하늘을 가득 채웠다.

106. 청중들은 투카가 육체 의식을 잃은 것을 보고서 그들 또한 육체 의식을 잃어버렸다. 등잔에 기름을 부을 책임을 맡은 사람도 역시 육체 의식을 잃었다.

107. 모든 사람이 숭배에 완전히 몰입되었다. 그가 등잔들에 기름을 채우지 않아서 모든 등불이 꺼져 버렸다. 그러나 이제 대단히 경이로운 일이 일어났다. 선하고 경건한 사람들이여, 귀를 기울여 보라.

108. 투카의 몸에서 밝은 빛이 비쳤다. 이런 현상을 설명하는 것으로 보이는 몇몇 흥미로운 사례들을 들어 보라.

109. 태아가 엄마의 자궁 속에 있는 동안, 그의 빛이 그녀의 몸에 나타난다. 시인은 무엇이나 마음속에서 경험하는 것을 말로써 마음 밖으

로 표현한다.

110. 유리창이 있는 집에 등불이 켜졌을 때, 비록 그 집의 문들이 닫혀 있어도, 그 빛은 밖으로 내비친다.

111. 그와 마찬가지로 독수리 깃발을 들고 있는 존재가 투카의 가슴속에 기쁘게 자리 잡았고, 그의 빛이 사방으로 퍼진 것이다. 적어도 나는 그렇게 생각한다.

112. 가장 위대한 시인들이 지은 시들의 주제인 비슈누, 그의 왕관에는 천만 개의 태양이 있고, 그는 박타들의 연인이며 우주의 왕이다. 그런 그분이 투카의 가슴속에 자리 잡았다.

113. 그리고 그의 사람에게서 나온 빛이 키르탄에서 강하게 빛난 것은 그 때문이다. 그들은 실제로는 이 빛을 보았다. 그리고 이것은 그들의 굉장한 행운 덕분이다.

114. 이런 박타들은 세상을 구원하기 위한 화신들이다. 키르탄은 3경에 끝났다. 그 뒤에 룩미니의 남편 주위에 불을 흔드는 봉헌 의식이 행해졌다.

115. 그 후 고귀한 바이슈나바가 자리에 앉자 갑자기 어두워졌다. 청중들은 육체 의식을 회복했고, 모든 등불들이 밝혀졌다.

116. 그러나 등불을 밝히려고 가져온 기름은 한 방울도 쓰이지 않았다. 기름 항아리는 그대로 가득 차 있었다. 모두들 무척 놀랐다.

신과 투카가 대화하다

117. 로하가브의 경건한 사람들은 투카를 섬기는 대단한 행운을 가졌다. 그의 열정적인 키르탄을 들으면서 그들도, 말하자면, 그에게서 사랑을 훔쳤다.

118. 그것은 마치 크리슈나가 마투라에서 화신으로 태어났지만, 검은 피부를 한 그 존재는 고쿨의 소치는 목동들 사이에서 활동적인 삶을 보낸 것과 같았다. 브라자(Vraja)에 살면서 그는 축제들에서 자신의 역할을 수행했다. 나는 이와 같은 일이 투카에게 일어난 것이라고 생각한다.

119. 세상에 널리 알려진 이 고귀한 바이슈나바는 이제 높은 존경을 받았고 그 존경은 점점 더 커져 갔다.

누구에게도 한마디도 말하지 않고 투카는 데후로 서둘러 돌아갔다.

120. 그는 즉시 사원으로 가서 판두랑의 상을 바라보았다. 북받쳐 오르는 감정으로 목이 메어 그는 마치 지팡이가 땅바닥에 떨어지듯이 그 앞에 엎드려 절하였다.

121. 그 형상의 인상은 그의 마음에 각인되었고, 그래서 사원을 나왔을 때 그는 신의 형상을 볼 수 있었다. 그의 가슴은 그가 느낀 사랑을 다 담을 수 없었다. 그 사랑이 그에게서 넘쳐흘렀다.

122. 투카는 탄원하는 말로 신에게 말했다. "당신은 저를 받아들여야만 합니다. 이것이 저의 주된 관심사입니다. 진실로 저에게는 그 밖의 다른 생각이 없습니다, 오, 비타바이시여.

123. 저는 신을, 그리고 신과 박타의 관계를 모두 더럽히고 불명예스럽게 하였습니다. 제 가슴이 이것을 증언합니다.

124. 저는 억센 사슬에 묶여 있습니다, 오, 비타바이시여. 이 세상의 것들에 대한 집착이 제 안에서 자라났습니다. 저를 이것으로부터 구해 주소서, 오, 자비로운 신이시여.

125. 사람들이 저에게 먹을 것을 줄 때에 그들은 저를 위해 갖가지 맛 좋은 음식들을 요리합니다. 그리고 저는 그런 음식으로부터 육체적인 즐거움을 발견합니다. 지성의 신이신 당신은 이것의 증인이십니다.

126. 많은 잘못들이 제 안에서 발견됩니다. 졸음과 게으름이 제 안에서 커져 갑니다. 성자들의 이름으로 간청하오니, 저를 당신의 천국 바이쿤타로 데려가소서."

127. 투카가 이렇게 자비를 간청하는 동안 판두랑의 상은 미소를 지었다. 그리고 말했다. "네 가슴의 소원은 이루어질 것이다. 나 크리슈나는 너의 보호자이다.

128. 너의 육체가 다한다 해도 나는 죽음이 너를 바라보지도 못하게 할 것이다." 우주의 지고의 존재가 투카에게 이렇게 말하자, 투카는 감정으로 목이 메었다.

투카와 새들

129. 어느 날 투카는 알란디에 갔다. 회당에서 그는 가슴 깊이 공경하며 신 앞에 엎드려 절하였다.

130. 아잔 나무 아래에서 새들이 씨앗을 주워 먹고 있었다. 투카가 나타나자 새들은 날아가 버렸다.

131. 신을 사랑하는 박타가 이 모습을 보았을 때, 그의 머리카락은 근심으로 곤두섰다. 그는 생각했다. "만약 내 마음이 어떤 차이도 인식하지 않았다면, 왜 새들이 날아가 버렸겠는가?

132. 내가 영혼의 여섯 가지 적들을 정복했고, 용기 있는 노력으로 고귀한 바이슈나바가 되었으며, 세 가지 세상이 나 자신인 것처럼 보인다고 여겼으나 모두 헛될 뿐이다.

133. 내 몸은 송장처럼 되었고 나는 육체적 의식이 조금도 없다. 비록 그것이 나의 상태이나 모든 것이 헛되어 보인다.

134. 나는 세속적인 것들에 대한 무관심이라는 소똥들을 내 몸 주변에 놓아두었고, 브라마의 불로 그것들에 불을 붙였다. 이제 이 모든 것이 내 마음에 헛된 것으로 보인다.

135. 내 몸은 비토바의 발밑에서 부서진 항아리다. 나는 마음의 모든 욕망들을 없애 버렸으나 오늘 그 모든 것이 헛되어 보인다.

136. 나는 가족과 이름과 형상에게 작별을 고하는 장례식을 치렀다. 나는 이 몸을 몸의 소유자에게 바쳤다. 나의 상태는 그러하다. 그러나 이 모든 것이 나에게는 헛되어 보인다.

137. 비록 내 삶의 측량은 아직 다 마쳐지지 않았지만, 그것은 저절로 재로 변해 버렸다. 우주의 아버지인 판두랑에 의해서 내 안에서 빛이 밝혀져 왔다.

138. 나는 그간 경험한 나의 상태를 이렇게 묘사하였다. 그러나 새들은 나를 두려워하며 나를 피해 날아가 버렸다. 그러니 나는 내 말들을 헛되이 낭비한 것이다." 이렇게 생각하며 그는 가슴에 큰 슬픔을 느꼈다.

139. 그 뒤 그는 마음을 모아 판다르푸르의 신을 명상하며 말했다.

"오, 비천한 자에게 자비로운 분이시며, 불쌍히 여기시는 분이시며, 무력한 자의 보호자시여, 오, 비타바이시여!

140. 장님은 눈 밝은 사람의 손을 잡고 길을 걷지만 그는 아무것도 보지 못합니다. 그는 신에게 의지하여 길을 걸어갑니다.

141. 지고의 영적인 부에 이르는 그 좋은 길을 걷는 동안, 저는 옆길로 들어섰습니다. 오, 비천한 자에게 자비로운 분이시여, 오, 판두랑이시여, 친히 저를 지켜 주십시오."

142. 이렇게 말하면서 신을 사랑하는 박타는 꼼짝하지 않고 가만히 서 있었다. 그는 조금도 몸을 움직이지 않았다. 심지어 눈조차 깜박이지 않았다.

143. 그는 생각했다. "새들이 와서 두려움 없이 내 위에 앉는다면, 비로소 나는 마음이 편안해질 것이다. 그렇지 않다면 나의 삶은 헛될 뿐이다."

144. 이런 강한 결심으로 그는 한 시간 반 동안 꼼짝도 하지 않고 가만히 서 있었다. 그는 숨조차 쉬지 않았다. 우주의 영혼이신 분이 이 일을 알게 되었다.

145. 그러나 이제 판다르푸르의 신은 투카의 결심을 알고서 자신이 곤경에 처했음을 알게 되었다. "나는 방법을 궁리하여 새들이 와서 두려움 없이 그에게 앉도록 해야 한다. 그럴 때에만 '나는 헌신자들의 소망을 들어준다.'라는 말이 진실이라고 증명될 것이다. 만약 내가 투카의 소망을 들어주지 않는다면, 나의 말이 거짓이라고 증명될 것이다."

147. 영혼은 모든 피조물에 스며들어 있으며, 그래서 보이는 형상으로 있는 자비이신 분이 투카의 가슴으로 들어갔다. 그러자 새들은 아무

런 두려움 없이 날아와서 투카에게 앉았다.

148. 신을 사랑하는 헌신자가 몸을 움직였으나 새들은 날아가지 않았다. 마치 세찬 바람이 나무를 흔들 때에도 새들은 나무를 두려워하지 않는 것처럼.

149. 투카는 더없는 기쁨을 느꼈으며 사랑 가득한 생각으로 아방가를 지었다. 그 첫 줄을 인용할 테니 들어 보라.

150. "저는 모든 창조물들이 하나인 것처럼 함께 하는 것을 본 적이 없습니다. 그러나 당신은 저의 이 큰 소망을 들어주셨습니다. 엄마가 아기의 소망을 들어주는 것처럼 당신은 그렇게 해 주셨습니다."

151. 그렇게 아방가를 읊으면서 그는 사랑의 감정으로 갸네쉬바라의 무덤 앞에 엎드려 절했다. 투카는 행복했다.

152. 이제 듣는 이가 돌이켜보고 과거의 일을 기억한다면, 투카가 어느 누구에게도 말하지 않고 알란디로 왔다는 것을 떠올리게 될 것이다.

153. 합창을 이끌던 14명의 바이슈나바 박타들은 여기저기 투카를 찾아다니다가 알란디에 도착했다.

154. 고귀한 바이슈나바인 투카는 아잔 나무 아래에 앉아 있었고 새들이 그의 몸에 앉아 있곤 하였다.

155. 그들은 이 놀라운 광경을 보면서 투카에게 다가왔다. 그러자 새들이 모두 날아가 버렸다. 그 상서로운 날에 있었던 그 일은 축복받은 사건이었다.

투카가 갸네쉬바라의 무덤에서 키르탄을 행하다

156. 성스러운 도시 알란디에서 있었던 이 경사스러운 때에 투카는 갸네쉬바라의 무덤에서 키르탄을 행하였다.

157. 심벌즈, 비나, 그리고 다른 악기들이 서서히 거기에 모여 이윽고 듣는 이들의 귀에 큰 소리의 음악으로 연주되었다.

158. "크리슈나, 비슈누, 구름처럼 검은 분, 아츄타, 나라하리, 최고의 존재, 박타들의 옹호자, 선함의 거처시여, 제가 경배할 때 저에게 당신의 사랑을 주소서.

159. 삶이 이어지는 한, 저는 크리슈나 키르탄을 연주하겠습니다. 제 삶의 길이는 마음대로 줄이셔도 좋으나, 키르탄을 행하는 제 몸의 원소들은 지치지 않게 하소서.

160. 저는 당신의 이름을 잊는 것보다 더 큰 죄를 생각할 수가 없습니다. 쉬바는 독으로 타오르고 있었으나 당신의 이름을 되풀이하자 즉시 서늘해졌습니다.

161. 무니 나라다는 당신의 이름을 노래하며 세 가지 세상들을 돌아다녔습니다. 그는 어깨에 브라마 비나를 메고 있으며, 그의 가슴속에는 언제나 당신에 대한 사랑이 있습니다.

162. 갸네쉬바라는 하리파트라 불리는 고귀한 아방가들을 지었습니다." 그리고 고귀한 바이슈나바 투카는 사랑과 존경으로 노래하였다.

163. 박수 소리, 손가락으로 딱딱 튕기는 소리, 종소리, 발목 장신구들의 소리들이 음악을 이루었다. 거기에는 북과 비나의 화음과 조금의 차이도 없었다.

164. 그래서 온 하늘이 그들의 기쁨의 현시로 가득 찼다. 심지어 신들까지 와서 그 황홀한 광경을 보며 기뻐했다.

165. 신들은 보이지 않는 모습으로 꽃을 뿌렸다. 모든 것이 청중들에게 기쁨과 사랑을 주는 우주의 충만한 신처럼 보였다.

166. 투카의 상태에 대한 이야기는 충분하다. 시인의 재능으로도 한계가 있다. 키르탄은 밤 4경까지 계속되었고, 룩미니의 남편을 향해 불을 흔드는 봉헌 의식을 행하였다.

167. 2주일의 12번째 날이 되어 그들은 금식을 그치고 데후로 돌아갈 준비를 했다. 그들은 갸나데바를 떠나 데후에 도착했다.

168. 투카의 마음은 어떤 창조물에 대해서도 미움이 없는 상태였다. 새들이 두려움 없이 그의 몸에 앉았던 것은 이 때문이다.

투카가 친츠와드로 친타만을 방문하다

169. 많은 사람들의 말을 통해 친츠와드의 친타만은 투카에 대해서 들었다. 그래서 그는 투카를 초대하여 자신의 눈으로 직접 투카의 기적들을 보고자 했다.

170. 그래서 그는 데후에 사람을 보내면서, 매우 공손한 태도로 투카를 초대하여 함께 모시고 오라고 말했다.

171. 그리하여 심부름꾼이 투카를 만나러 왔다. 바이슈나바 헌신자는 키르탄을 행하고 있었다. 심부름꾼은 키르탄을 들으면서 영혼이 편안해지는 것을 느꼈다.

172. 그는 투카에게 친타만의 메시지를 전하고자 했으나 투카는 육체를 의식하지 못하는 상태에 있었기에, 그는 밤낮으로 계속 투카의 키르탄을 들었으며 그의 마음은 기쁨으로 가득 차 있었다.

173. 친타만은 3일을 기다렸으나 그가 보낸 심부름꾼은 돌아오지 않았다. 그래서 그는 생각했다. "내가 직접 가서 투카를 만나야겠다."

174. 그렇게 생각하며 친타만은 곧바로 출발했다. 내면의 눈으로 이 사실을 알게 된 투카는 즉시 "내가 가서 그를 만나야 한다."라고 생각했다.

175. 누구에게도 말하지 않고 고귀한 바이슈나바는 길을 떠났다. 그는 중간쯤 길을 갔을 때 고귀한 브라만을 만났다.

176. 친타만은 투카를 끌어안으며 너무 기뻐서 말했다. "내가 바이슈나바 헌신자를 만나다니, 이 상서로운 날은 복된 날이다, 참으로 복된 날이다!"

177. 그들은 그 자리에 앉았고 친타만은 말했다. "이 자리에 우리만 있어 기쁩니다. 당신의 마음속에서는 모든 창조물이 하나이지요. 그래서 새들이 날아와 당신의 몸에 앉은 것입니다.

178. 짚으로 만든 허수아비라도 그것이 움직이면 새들이 보고 날아갑니다. 그러나 그것들은 두려움 없이 당신의 몸에 앉았습니다. 나는 이런 놀라운 상태에 감동을 받았습니다.

179. 당신은 사람의 모습을 하고 있는 듯이 보이지만, 그것 말고는 당신과 비교할 만한 것이 아무것도 없습니다. 당신의 사랑 깊은 박티 안에서, 당신은 지고의 존재가 당신을 돕게 되었다고 너무나 놀랍게 얘기했습니다.

180. 그럼에도 불구하고 투카여, 당신은 진정 누구입니까? 나에게 진실을 말해 주십시오. 실제 경험의 증거를 나에게 주어 내 의심을 없애 주십시오."

181. 숭배자의 요청에 응하여 투카는 기적을 보여 주었다. 그는 허벅지의 피부를 쨌다. 그런데 그 속에는 순수한 솜만 있었다.

182. 뼈도 살도 피도 없었다. 그것은 잘 정제된 솜 같았다. 친타만은 이것을 보고 놀라워하면서 생각했다. "투카는 사람이 아니다.

183. 세상을 구하기 위해 그는 인간 세상에 화신으로 내려 왔다. 겉모습은 사람처럼 보이지만 우리는 그를 신이라고 불러야 한다."

184. 그렇게 그를 찬양하면서 친타만은 그의 앞에 엎드려 절했다. 그러나 투카는 그의 발을 붙잡고 외쳤다. "오, 스와미여, 당신이 내게 엎드려 절하는 것은 옳지 않습니다.

185. 나는 수드라이며, 모든 성자의 하인일 뿐입니다." 그렇게 말하면서 그는 사랑으로 친타만의 발을 붙잡았다.

186. 그것은 마치 꼬마 크리슈나가 오물을 먹고서 입 안에 있는 우주를 그의 어머니에게 보여 주었을 때 선한 야소다가 그의 앞에 엎드려 절하자, 크리슈나가 어린애 같은 태도로 울면서 다음과 같이 말한 것과 같았다.

187. "저는 당신의 자식입니다. 그런데 선한 어머니시여, 왜 당신께서 제 발 앞에 엎드리십니까?" 투카의 경우도 그와 같았다. 그는 결코 자신의 영광을 생각하지 않았다.

188. 그 자신의 손으로 피부를 째서 친타만 데바에게 솜을 보여 주었으나, 친타만이 그에게 엎드려 절하자 그는 말했다. "그렇게 하는 것은

잘못입니다."

189. 비슈누의 특이한 행동들처럼 성자들도 그런 행동들을 보여 준다. 신과 그의 박타 사이에는 조금의 차이도 없다.

190. 공기와 움직임, 태양과 그 광선, 바다와 그 파도들, 이것들은 서로 다른 두 개의 것이 아니다.

191. 그렇게 투카를 찬양하면서 친타만은 투카의 손을 잡고서 그날 밤 친츠와드로 데려갔고, 그의 키르탄을 사랑으로 들었다.

192. 키르탄 음악은 밤 4경 동안 계속되어 고귀한 브라만을 기쁘게 했다. 그 뒤 해가 떠오르자 룩미니의 남편을 향해 불을 흔드는 봉헌 의식을 행하였다.

투카의 신성한 성품

193. 이와 같이 투카를 향한 사랑으로 가나파티 숭배자인 친타만 데바는 그를 3일 동안 머물게 하였으며, 크리슈나의 행적들에 대한 그의 낭송을 들었다.

194. 친타만은 갖가지 맛있는 음식을 준비하였고, 브라만들을 초대하여 사랑으로 대접하였다. 그는 투카와 같은 줄에 앉아서 그와 함께 식사를 하였다.

195. 식사를 마친 뒤에는 판 수파리와 향기로운 연고와 꽃들이 배분되었다. 투카의 목에는 화환이 걸렸고, 모두들 비슈누의 박타에게 사랑으로 절했다.

196. 바이슈나바 투카는 친타만을 떠나 데후로 돌아왔다. 그는 인간의 모습을 한 화신이었고, 천상의 신이 사랑하는 자였다.

197. 열정적인 사랑으로 신 크리슈나를 경배하면서 투카 자신이 크리슈나가 되어 버렸다. 그래서 그들은 숭배의 기쁨을 즐기기 위해 둘이 되었다.

198. 만약 신이 혼자 존재한다면, 누가 누구를 갈망할 수 있겠는가? 과일이 바닥에 떨어져 산더미처럼 쌓여 있어도 그것을 먹을 사람이 필요하다.

199. 거울이 밝을지라도 그것은 비춰 보는 사람이 필요하다. 꽃들이 다양한 향기를 내뿜어도 코를 가진 사람이 없다면 그것들은 쓸모가 없다.

200. 이와 같이 만약 박타들이 없다면, 누가 신의 영광을 알겠는가? 그래서 비록 신은 그 자신을 숭배하지만, 그는 연극에서 신과 박타라는 두 배역을 만든다.

201. 넷째 묵티는 다른 세 가지보다 중요하며, 바가바탐에도 그렇게 기록되어 있다. 이것이 진실임을 증명하기 위하여 투카는 이 땅에 화신으로 내려온 것이다.

202. 음악적 키르탄들을 행한 그는 어려운 칼리 유가를 극복했다. 그리하여 그의 몸은 죽지 않게 되었다. 그의 온몸은 형상을 입은 브라마였다.

203. 이 땅에는 대단히 훌륭한 사람들이 있었지만 그들은 여기에서 몸을 떠났다. 그러나 형상을 입고 있는 브라마인 투카는 아직 인간의 몸을 가지고 있었다. 이것은 참으로 희한한 일이다.

204. 다음의 흥미로운 장에서 우리는 비천한 자에게 자비로운 분이

며 우주의 지고한 분이 갑자기 사랑으로 투카를 천국에 데려가는 것을 보게 될 것이다.

205. 변할 수 없는 아츄타이며, 기쁨 그 자체이며, 기쁨의 근원이며, 자진하여 형상을 취하는 분이며, 삿칫아난다인 분이 나 마히파티에게 확신의 축복을 주셨으며, 즐거이 자신의 박타들의 이야기를 말하실 것이다.

206. 스바스티! 이 책 슈리 박타릴람리타는 그저 듣기만 해도 마음의 소망이 채워진다. 신을 사랑하는 경건한 박타들이 이것을 듣기를. 이것은 흥미로운 제15장이다.

제16장

투카, 세상을 떠나다

마히파티의 기도

슈리 가네샤에게 경배를.

1. 모든 강들은 마를 수 있고, 그 뒤에 감로로 채워질 수 있으나, 신과 박타들의 행적에는 어떤 한계도 없습니다.

2. 이 땅 위에 있는 모든 풀들의 싹들은 그 수효가 다 헤아려질 수 있을지 모르나, 천상의 신의 헤아릴 수 없는 속성들을 묘사하려고 노력하다가 마음은 그 이유를 잃습니다.

3. 헤엄치는 사람이 호박 뗏목 없이도 바다를 건널 수 있을지 모르나, 우유의 바다의 신의 숭고하며 찬양 받을 만한 행적들은 어느 누구도 열거할 수 없습니다.

4. 세찬 회오리바람은 묶어서 집에 보관할 수 있을지 모르나, 오, 크리슈나시여, 당신의 영웅적인 행적들을 노래하노라면 저의 목소리는 지쳐서 더 계속하지 못합니다.

5. 18대의 수레에 실린 초목의 나뭇잎들의 수효는 셀 수 있을지 모르나, 마음은 당신의 영웅적인 행적들을 묘사하는 데 충분하지 않습니다, 오, 천상의 신이시여.

6. 위대한 시인들이 큰 야망을 품고서 당신의 찬미가들을 노래하지만, 오, 뱀에 기대어 계시는 분이시여, 그들은 당신의 모든 영광을 알지 못합니다.

7. 베다, 샤스트라, 푸라나들은 당신의 속성들을 끊임없이 말하지만, 어느 것도 당신이 묘사된 것과 같다는 것을 증명하지 못했습니다.

8. 사람들마다 자신이 이해한 대로 당신의 찬미가를 그치지 않고 노래하며, 그들 가운데 이 우둔한 마음을 지닌 저 마히파티가 있기를. 이것을 기억하소서, 오, 크리슈나시여.

9. 소치는 사람들은 야생화로 화환들을 만들어 당신의 목에 걸어 드립니다. 그들의 사랑스런 노력을 보면서, 오, 검은 피부를 하신 분이시여, 당신은 즐거이 그것들을 목에 겁니다.

10. 마찬가지로, 오, 슈리 하리시여, 저의 투박한 말을 받아 주셔서 청중들의 가슴이 사랑의 물결들로 가득 차게 하소서.

11. 투카에게 사랑의 감정을 줌으로써, 오, 판다르푸르의 신이시여, 당신은 특별한 일을 행하셨습니다. 당신은 칼리 유가에 속하는 조건들과 죽음을 없애셨으며 그의 몸을 영적인 몸, 브라마의 몸으로 만드셨습니다.

12. 당신은 세상을 구하기 위하여 인간 세상으로 박타들의 친구를 보냈습니다. 당신은 그를 당신과 동등하게 이끄셨으며, 그리하여 당신은 신과 헌신자의 관계의 기쁨을 경험하십니다.

친타만 방문을 다시 서술하다

13. 앞 장에서 얘기한 흥미로운 이야기는 다음과 같다. 투카가 알란디로 갔으며, 불가능한 일로 보이지만 새들이 그의 몸에 앉았다.

14. 그 뒤 친츠와드에 사는 친타만은 그 사건을 듣게 되었고, 즉시 투카를 친츠와드로 초대하였다. 투카는 허벅지를 베고서 그 안에 숨만 있음을 보여 주었다.

15. 친타만은 뼈나 살, 피를 볼 수 없었고, 그리하여 외쳤다. "우리는 그를 사람이라고 부르지 말아야 한다. 그는 사구나 형상을 한 지고의 브라마처럼 보인다."

16. 그러고 나서 그는 너무 놀라 투카에게 물었다. "다섯 가지 요소가 당신 안에서 존재하기를 그쳤습니다. 그렇다면 제가 보는 것은 무엇입니까?

17. 저는 혼란스럽습니다. 진정 당신이 누구인지 말해 주십시오." 투카는 아방가로 대답하였는데, 나는 그것을 이 책에 인용하겠다.

아방가 1. 투카는 원자보다 작지만 우주만큼 크다.

2. 나는 눈을 속이는 세속적인 존재의 형상을 지닌 몸을 삼켜서 없애 버렸다.

3. 나는 아는 자, 아는 대상, 지식, 이 세 집단을 삼켜서 없애 버렸다. 그러자 내 몸 안에서 빛이 비쳤다.

4. 투카가 말한다. "이제 자비를 베푸는 데 충분한 정도만 제외하고는 나에게 아무것도 남아 있지 않다."

18. 바이슈나바 헌신자의 이러한 대답을 듣고서 친타만은 그 의미를 깨달았다. 그리고 말했다. "우리는 그를 사람이라고 부르지 말아야 한다. 그는 보이는 형상으로 있는 지고의 브라마인 것 같다.

19. 나는 분명히 무수한 탄생에서 선한 공덕을 쌓은 것 같다. 그 때문에 나는 그를 숭배하는 특권을 가진 것이다."

20. 이렇게 바이슈나바 박타를 찬양하며 친타만은 그의 앞에 엎드려 절했다. 투카는 하룻밤 그곳에 머물고 데후로 돌아왔다.

천상에서 의논이 이루어지다

21. 천상의 거주자인 슈리 하리는 천상에서 그의 헌신자들과 의논을 했다. 그는 말했다. "나는 투카가 없는 여기에서의 삶을 견딜 수가 없다.

22. 나는 세상을 구하기 위해 인간 세상 속으로 그를 보냈다. 그것은 사실이다. 그는 내 사구나 형상에 그의 사랑을 고정시키기 위해 밤낮으로 키르탄을 행한다.

23. 내 이름의 힘으로 칼리(Kali)와 칼라(Kala)는 그의 하인이 되었다. 이제 누가 그를 여기로 데려올 것인가?" 세상의 생명이신 신은 그렇게 물었다.

24. "죽음은 그에게 아무런 힘도 미치지 못한다. 투카는 마음속으로 언제나 인간 세상에 남아 있으려 한다.

25. 그는 궁극의 집으로 돌아오려는 마음이 없다. 죽음은 그에게 아

무런 힘도 미치지 못한다. 우리가 어떤 계획을 세워야 하겠는가?"

26. 락슈미의 남편이 이렇게 질문하자 모든 박타들이 그의 발 앞에 엎드렸다. 그리고 합장을 하고서 슈리 크리슈나에게 그들의 의견을 얘기했다.

27. "몇 가지 큰 재앙을 내려서 투카로 하여금 세상에 염증을 느끼게 하는 편이 좋겠습니다. 그러면 그를 인간 세상으로부터 여기로 데려올 수 있을 것입니다."

28. 공경하는 마음으로 바쳐진 이 의견에 천상의 신은 동의했다. 그리고 말했다. "투카가 특별히 사랑하는 곳에 몇 가지 재앙을 일으켜라.

29. 로하가브에서는 고귀한 브라만들뿐 아니라 여자들, 수드라들, 아이들 그리고 어른들까지 투카의 키르탄을 들으며, 밤낮으로 그들의 마음을 신에 대한 사랑으로 향하게 한다.

30. 얼마 후에 나는 그들의 마음이 세속적인 삶에 싫증을 내도록 해야 하고, 그들이 나와 결합할 수 있도록 바이쿤타에 머물게 해야 한다.

31. 그들은 투카에게 헌신함으로써 모두들 세속의 재산이 늘어 부자가 되었다. 이제 그들로 하여금 세속적인 삶에 염증을 느끼게 하라." 이것이 세상의 생명인 신의 생각이었다.

투카의 마음에 미친 재앙의 영향

32. 이제 투카의 얘기로 돌아가면, 로하가브 사람들은 데후에서 투카를 데리고 왔다. 그는 그곳에서 한 달 내내 키르탄을 행하였다.

33. 슈리 하리의 소원에 따라, 갑자기 적군이 쳐들어와서 그들의 재산을 약탈해 갔다. 그러나 투카의 가르침을 마음에 잘 새긴 그들은 어떤 불평도 하지 않았다.

34. 세속적인 부와 영적인 부, 둘 다에 마음이 집착되어 있는 사람들은 그들의 손실에 대해 밤낮으로 슬퍼했다. 그들은 말했다. "적군은 우리의 재산을 훔쳤다. 우리는 어떻게 해야 하나?"

35. 그러자 바이슈나바 박타는 그들에게 설교했다. 그는 말했다 "세 가지 고통의 소용돌이가 당신의 재산을 가져가 버렸다면, 당신은 그것을 슬퍼해서는 안 됩니다.

36. 일어나게 되어 있던 일이 일어난 것입니다. 왜 이것에 대해 쓸데없이 자신을 괴롭힙니까? 우리의 몸조차 우리의 것이 아닙니다. 그렇다면 우리의 돈과 재산이 누구에게 속하겠습니까?"

    아방가 1. 잃어버린 것에 대해 그 어떤 어수선한 생각도 하지 마십시오.

    2. 대신, 그것이 신에게 바쳐졌다고 말하십시오. 이것은 노력 없이 이루어지는 봉사입니다.

    3. 어떤 것이 불에 타거나 도둑맞았다면, 그것들의 행위자는 신 나라야나라고 말하십시오.

    4. 투카는 말합니다. "이것은 배상받을 필요가 없습니다. 신은 진실한 말을 칭찬합니다."

37. 이것은 바이슈나바 박타가 그때 작곡한 아방가였다. 동시에 그는

판두랑에게 말했다. "저를 지금 천국으로 데려가십시오.

38. 이 인간 세상에 저를 남겨 두지 마십시오. 저는 당신의 박타들의 이름으로 당신을 포기합니다." 이렇게 무심한 말을 하고서 그는 데후로 돌아왔다.

사람들의 마음에 미친 재앙의 영향

39. 우선 로하가브 사람들은 이미 투카를 의지하고 있었으므로 적군이 그들의 돈과 재산을 약탈했을 때, 그들은 세속적인 것들에 더욱 무관심해졌다.

40. 그래서 그들은 말했다. "우리의 재산은 가 버렸다. 그것을 가게 하라. 이 세상의 모든 없어질 것들은 헛될 뿐이다." 그리고 투카의 키르탄을 듣기 위하여 데후로 왔다.

41. 더욱이 멀리 떨어진 모든 마을들에서도 사람들이 투카를 보기 위해 왔다. 그들은 투카의 키르탄을 듣자 흥미를 느끼며 몰입되었다.

42. 그곳에는 다양한 악기와 깃발들이 있었다. 심벌즈, 비나, 드럼이 소리를 냈다. 14명의 인도자들이 사랑으로 노래하며 합창을 이끌었다.

43. 매번 영감을 받아 즉흥적으로 지어진 아방가들이 키르탄에 쓰였다. 모두들 투카의 입에서 나오는 말을 듣기 위해 열심히 귀를 기울였다.

천상에서 계속되는 투카에 대한 토의

44. 천상의 신이며 락슈미의 남편인 슈리 크리슈나는 속으로 생각했다. "내가 인간 세상으로 가서 투카를 데려와야겠다."

45. 인디라가 대답했다. "오, 지고의 신이시여, 파르샤드의 손으로 빛의 마차인 비만을 보내십시오. 그리고 투카에게 천상의 몸을 주어 그를 이곳으로 데리고 오십시오."

46. 바다의 딸의 제안에 지고의 존재가 대답했다. "나는 투카를 그의 몸과 함께 이곳으로 데려와야 한다고 생각한다.

47. 이와 관련하여 옛날에 있었던 이야기를 해 주겠다. 크리슈나 화신으로 있던 나는 집에 돌아왔으나, 우다바는 돌아오지 않으려 했다.

48. 그는 사구나 신을 향한 커다란 애착을 품고 있었고 그런 이유로 매우 슬퍼하고 있었다. 그래서 나는 바가바탐으로 그에게 설교하여 그를 바드리카슈람(Badrikashram)에 보냈다.

49. 내 집으로 돌아와서 나는 칼리가 사람들을 크게 어지럽히고 있다는 것을 알게 되었다. 모든 사람들이 죄를 범하고 있었고, 박티의 길은 사라졌다.

50. 선한 행위도 더 이상 행해지지 않았고, 더 이상 희생도 없었다. 신의 법칙인 바가바트 다르마 전체가 사라졌다. 이제 어느 누구도 다가올 세상을 찾지 않고 있었다.

51. 그래서 나는 우다바에게 화신으로 지상에 내려가서, 그곳에서 나의 선한 행적을 찬양하는 노래를 불러 세상을 구하라고 명령했다.

52. 그러자 그는 나에게 말했다. '저는 자궁 속의 삶이 싫어졌습니다.

인간 세상에 가지 않고 천국에 남겠습니다.'

53. 그의 이런 결정 때문에 나는 다른 방법을 제안했다. 나는 그를 태어나지 않게 하고 조가비 안에 두어 비마라티 강을 떠다니게 했다.

54. 재봉사인 다마쉐트와 그의 아내 고나이는 그때 판다르푸르에 있었다. 그들은 거기서 나를 경배했고 나는 그들을 기뻐했다.

55. 그는 나에게 아들을 달라고 요청했다. 나는 그의 꿈속에 나타나서, 사구나 형상으로 있는 우다바를 그의 아들로 주었다고 말했다.

56. '네가 찬드라바가에 목욕하러 갈 때 조가비가 강 위로 떠오를 것이다. 그 아기를 데려가서 사랑으로 돌보아라.'

57. 다마쉐트는 꿈을 꾼 뒤 무척 기뻐하였고, 그 꿈을 기억하며 찬드라바가 강변에 앉았다.

58. 갑자기 화신 우다바가 조가비를 타고 강 위로 떠올랐다. 다마쉐트는 즉시 아기를 꺼내 품에 안고서 집으로 데려왔다.

59. 그는 아내에게 말했다. '뱀에 기대어 계시는 분께서 우리를 기뻐하셔서, 우리에게 사구나 형상으로 있는 아들을 주셨소. 당신이 품에 안으시오.'

60. 고나이가 다마쉐트의 말을 듣자마자 그의 젖가슴은 모유로 가득 찼다.

61. 12일이 지나자 그는 아이를 나마라고 불렀다. 아이는 일곱 살이 되었을 때 봉헌물을 들고 사원으로 왔다.

62. 나는 부모에 대한 푼달릭의 사랑을 보아 왔으며, 판두랑으로서 이 땅에 화신이 되었다. 나는 사람들에게 석상으로 보였지만, 나의 사랑은 나마에게 향하였다.

63. '이것이 제 봉헌물입니다. 드십시오.'라고 그가 내게 말했을 때, 내 눈에는 눈물이 가득 고였다. 나는 그가 봉헌물로 가져온 음식을 사랑으로 먹었다.

64. 일곱 살 때 나마는 석상으로 하여금 말을 하게 만들었다. 또한 다른 많은 이야기들을 간단히 말해 주겠다.

65. 갸네쉬바라는 내 허락을 얻어 나마와 함께 순례 여행을 갔다. 나마는 나와 떨어진다는 생각을 참을 수 없어서 슬프게 흐느꼈다.

66. 무함마단들은 큰 괴로움을 안겼고 나마 앞에서 소를 죽였다. 그는 나에게 애정을 기울여 도와 달라고 요청했다.

67. 순식간에 나는 소를 다시 살렸고, 나의 손으로 나마에게 내가 돕는다는 확신을 주었다. 고귀한 바이슈나바가 돌아오고 있을 때, 마르바드에서 어떤 사건이 일어났다.

68. 나마와 갸네쉬바라는 갈증으로 고통 받고 있었다. 요기들의 왕인 갸네쉬바라는 모기로 변신하여 샘물을 마셨다.

69. 나마는 그런 재주를 알지 못했기에 사랑의 감정으로 나에게 도움을 요청했다. 나는 내가 행한 멋진 일을 너에게 말하겠다.

70. 우물의 물은 아주 깊은 바닥에 있었다. 그러나 그 물이 부글부글 끓어올라 우물의 꼭대기까지 올라왔다. 갸네쉬바라는 이 광경을 보고서 나마의 발 앞에 엎드려 절했다.

71. 쉬바에게 바쳐진 날에 아반디야 나그나트 사원 앞에서 나마는 키르탄을 행하였다. 많은 이들이 듣기 위해 왔고, 그것이 브라만들을 화나게 만들었다.

72. 그들은 나마에게 사원 뒤로 가서 키르탄을 하라고 말하였다. 브

라만들의 이 명령을 듣고 그는 곤혹스러웠다.

73. 비슈누의 하인은 슬픔을 느꼈으나 사원 뒤로 갔고, 선 채로 키르탄을 행하였다. 나는 돌로 된 그 사원을 뒤로 돌려놓았다. 그것은 이날까지 그 상태로 있다.

74. 나마의 아내인 라자이는 음식과 옷이 부족하여 몹시 괴로웠다. 그래서 나는 금화가 가득한 가방을 그녀에게 주었으나, 나마는 그것들을 당장 브라만들에게 주어 버렸다.

75. 어느 날 나마는 키르탄을 행하다가 마라티어로 백만 편의 시를 짓겠노라고 성자들 앞에서 맹세하였다. 그리고 그 성스러운 작업을 시작했다.

76. 어느 지방으로 순례를 가던 간에 그는 그들의 언어로 시들을 지었다. 나 말고는 어느 누구도 그가 지은 시의 수효를 셀 수 없다.

77. 마침내 많은 시들을 지었으나, 그는 죽음에 직면할 때까지 바이쿤타로 오지 않았다.

78. 백만 편의 시를 짓겠노라는 맹세는 완료되지 않았다. 그러므로 투카는 나마의 화신이다. 그는 자신의 몸을 영적인 몸으로 바꾸어서 내 이름을 노래하는 기쁨을 경험하고 있다.

79. 나는 이미 우다바에게 말했다. '인간 세상에 화신이 되어라. 그러면 너는 태어나지도 죽지도 않을 것이다.' 이것은 실현되어야 한다.

80. 첫 번째 화신에서 그는 인간으로 태어남 없이 조가비를 타고 떠올라 나마가 되었다. 이제 나는 죽음의 재난을 피하기 위해 투카를 그의 몸과 함께 데려와야 한다."

81. 천상의 신이 락슈미에게 이렇게 설명할 때 모든 성자들이 가까이

서 있었다. 그러자 바이슈나바들이 "승리! 승리!" 하고 외쳤으며 그들의 가슴은 그 기쁨을 담을 수 없었다.

82. 그들은 천상의 빛의 마차에 앉아서 이 둥근 지상으로 내려왔다. 크리슈나는 성자들과 함께 데후 마을 가까이에 도착했다.

83. 세상의 생명인 신은 투카를 만났고 사랑으로 포옹하며 그에게 말했다. "네가 없으면 천국이 메말라 보인다.

84. 너는 훌륭한 방식으로 키르탄을 행했고, 바이슈나바 박타들의 이름을 영예롭게 하였다. 이것은 모든 존재들을 위한 구원의 길이며, 다른 방법으로 시작할 필요가 없다."

85. 3월(Phalgun)의 밝은 2주일의 11번째 날에 천상의 신이 투카를 자신의 천국인 바이쿤타로 데려가기 위해 왔다.

바로 그때 룩미니가 그의 발 앞에 엎드리며 말했다. "당신의 발 앞에 드릴 청이 하나 있습니다.

86. 인드라야니 강의 강변에 바이쿤타의 모습을 나타내 보이십시오. 투카는 그의 모든 헌신자들과 함께 그곳에서 성찬을 받아야만 합니다.

87. 갸네쉬바라가 스스로 죽음을 맞을 때 나는 불가능해 보이는 소원을 품었습니다. 그러자 당신은 전에는 보인 적이 없는 사건들을 일으키셨습니다. 그러니 이제 그렇게 하십시오."

88. 인디라의 소망을 이해하고서 세상의 생명인 신은 찬성했다. 그리고 그의 신비스러운 힘으로 놀라운 기적을 보여 주었다.

89. 우주의 건축가가 재빨리 와서 환영적인 천국의 도시를 세웠고, 그곳에서 여덟 시디들이 합장을 하고서 도울 태세를 갖추고 서 있었다.

90. 그곳에는 네 겹의 진주 목걸이들이 있었고 놀랄 만한 향연이 제

공되었다. 이 황홀한 광경을 보기 위해 신들이 모여들었다.

91. 소치는 사람들은 즐겁게 춤추었고 기쁨으로 들떠 있었다. 사랑과 함께 하는 그 행복의 기쁨은 뒷날 개인적인 경험을 통해 알게 될 것이다.

92. 이런 기쁨을 보기 위해 요기들은 명상을 멈추어야만 했다. 그들은 신의 사구나 형상을 보기 위해 앉은 자세를 바꿔야 했다.

93. 그들은 말했다. "투카의 사랑이 축복받았다. 투카는 최고의 존재가 자신에게 봉사하도록 했다. 그는 베다들조차 그 한계를 알지 못하는 분을 매혹시켰다.

94. 우다바, 아크루라, 암바리쉬, 천상의 몸을 입은 천국의 거주자들이 투카와 함께 앉아서 성찬을 맛보기 위해 여기로 왔다."

95. 위대한 요기들인 사나크와 다른 이들, 나라다, 툼바라, 그리고 요기들의 우두머리인 수카가 모두 크리슈나와 한 줄에 앉았다.

96. 독수리 깃발을 든 분은 그의 박타를 영예롭게 하며 기쁨을 느꼈다. 그의 성자들에게 필요한 모든 것이 공경의 태도로 충분히 제공되었다.

97. 세상의 생명인 분이 그의 박타를 영예롭게 하는 데 향기로운 가루들과 천상의 꽃들이 사용되었다. 락슈미는 심지어 브라마데바와 다른 신들조차 소원하는 천상의 음식을 대접하였다.

98. 세상의 주인인 신은 상칼파(Sankalp) 의식을 행하였다. 성자들은 신성한 음식을 배불리 먹었다. 그들이 손을 씻자마자 신은 자신의 손으로 판 수파리를 나누어 주었다.

99. 신들이 와서 꽃이 비 오듯 흩뿌리는 광경을 보고 놀라워하며 말했다. "천상의 신이 하강한 이 인간 세상은 축복을 받았다."

100. 2주일의 11번째 날부터 닷새 동안 축제가 계속되었다. 그러나

투카를 제외하고는 어떤 사람도 그것을 듣지 못했다.

101. 모든 이들이 날마다 투카의 키르탄에 와서 몰입되었으나, 그들은 신들의 특별한 행적이 계속되고 있는 것을 알지 못했다.

102. 때마침 쉼가(Shimga)라고 하는 큰 축제가 열렸으나 어느 누구도 오물을 던지며 노는 데 시간을 보내지 않았다. 그들은 공연이나 춤, 광대놀음 등에 참여하지 않았다. 왜냐하면 그런 세속적인 것들에 대한 무관심이 그들의 마음에 각인되었기 때문이다.

103. 그들은 진실만을 가치 있는 것으로 보았기에 진실이 아닌 것을 좋아하지 않았다. 그들은 모두 경건하고 신을 사랑하는 사람들이었으며, 투카의 키르탄을 즐거이 들었다.

104. 세속적인 것들에 대한 무관심과 평화, 모든 창조물에 대한 연민이 그들 안에서 뚜렷해졌다. 그들은 세상의 구루인 투카의 감화를 통해 사랑으로 판다르푸르의 신을 경배했다.

105. 나마의 화신인 투카는 이제 온 세상에 널리 알려지게 되었다. 남자들과 여자들이 그를 보기 위해 찾아왔으며 그곳에 수많은 군중들이 모였다.

106. 박타들의 최고 보석인 투카는 세상의 구원을 위해 내려왔다. 데후 근교에 있는 이 인드라야니 강변, 그 성스러운 장소는 축복받은 곳이다.

107. 신은 그의 박타들과 함께 거주한다. 신의 발에는 모든 성스러운 물들이 있으며, 바이슈나바 박타들은 언제나 성스러운 물가에 산다.

108. 나는 이곳보다 더 위대한 장소는 없다고 생각한다. 왜냐하면 뱀에 기대어 계시는 분인 비슈누가 투카의 헌신에 경의를 표하기 위해 왔던 곳이 바로 이곳이었기 때문이다.

투카와 신의 대화

109. 홀리 축제가 끝난 뒤, 3월의 어두운 후반 2주일의 첫째 날 밤에 천상의 신이 투카에게 말했다. "내가 너에게 하는 말을 들어라.

110. 오늘 밤 4경 동안 기쁨으로 키르탄을 행하라. 그런 다음 나와 함께 천상의 도시를 보러 가자."

111. 사랑하는 박타에게 이렇게 말하면서 그는 투카를 사랑으로 품에 꼭 껴안으며 말했다. "찬미를 불러일으키는 너의 선한 행적들을 듣고서 세상은 구원받을 것이다.

112. 세 가지 세상에는 한없이 많은 위대한 화신들이 있고 무수히 많은 위대한 사람들이 있으나, 나는 나와 같음에 도달할 수 있는 사람을 지상에서 너 말고는 아무도 보지 못한다.

113. 너는 몸과 마음으로 나에게 헌신하였고, 욕망과 화를 가두었으며, 변덕스러운 마음을 억제하였다.

114. 너는 영적인 위치에 도달하고 난 뒤에도 그것들을 멀리하였고, 신과 박타의 관계를 유지했으며, 사랑을 잘 표현하면서 숭배하였다.

115. 너는 화신으로서, 나의 모든 화신 가운데 나의 절친한 친구이자 동료로서 나를 따랐다. 나는 무엇으로도 너에게 보답할 수가 없다.

116. 내가 네 앞에 위대한 성취들을 놓아두면, 너는 그것들을 옆으로 차 버렸다. 너는 해방도 갖지 않고 최고의 해방도 갖지 않을 것이다. 이제 내가 어떻게 해야 하겠느냐?

117. 과거에 많은 박타들이 있었고 미래에도 많은 박타들이 있을 것이다. 그러나 나는 너처럼 욕망이 없는 자는 누구도 본 적이 없다.

118. 나는 내일 너를 육체와 함께 천국의 집으로 데려가겠다." 크리슈나가 이렇게 말하자 투카는 그의 발 앞에서 데굴데굴 굴렀다.

119. 그리고 말했다. "오, 신이시여. 한 번만 들어 보소서. 당신께서는 천국의 어딘가에 저를 두시겠지만, 저의 소원은 밤낮으로 키르탄을 행하는 것입니다.

120. 그러나 바로 이 땅, 유명한 판다르푸르에 지상 천국이 있습니다. 왜 저를 그리 멀리 데려가려 하십니까? 저는 천국에 가지 않을 것입니다."

121. 자비의 보고인 신이 투카의 마음을 이해하여 말했다. "적어도 한 번은 천국으로 오라. 그러면 그곳이 찬양받는 위대한 영광을 알게 될 것이다.

122. 나는 그때 우유의 바다 위의 나의 영광을 너에게 보여 줄 것이다. 내가 생물과 무생물에 충만한 자이듯이 너 또한 그렇다.

123. 네가 만약 이 세상에서 영원히 계속 있다면, 너에 대한 그들의 헌신은 완벽하지 않을 것이다. 그러므로 너의 결정은 제쳐 두고서 오너라, 오, 최고의 헌신자여."

124. 판두랑이 이렇게 간청하자 마침내 투카는 그의 요청을 받아들였다.

몸을 입고 하늘로 승천하기를 기대하는 투카

그는 심벌즈와 북의 연주에 맞추어 키르탄을 행하기 시작했다. 크리슈나의 이름이 외쳐졌고, 승리, 승리! 하고 외치는 함성 소리와 박수 소리가 시작되었다.

125. 키르탄은 마치 바다의 파도들이 노호하는 것 같아서 하늘조차 그 소리를 담을 수 없었다.

126. 그들은 열정적으로 사랑의 숭배를 드렸기에 누구에게도 육체 의식이 없었다. 그 압도적인 소리는 계속 이어졌으며 마치 신의 음악 같았다.

127. 그리고 투카는 아방가를 지어 노래하였다. 나는 독자를 돕기 위해 이 책에 그것을 인용한다. 이것에 대해 의심을 갖지 말라.

아방가 1. (1) 저는 철학자를 간절한 갈망으로 채울 것입니다. 그래서 그의 자만심을 버리게 하여 그를 환생으로부터 해방시킬 것입니다.

(2) 키르탄에서 사람들은 영적인 몸을 얻습니다. 행운의 사람은 신을 그에게 빚지게 만듭니다.

(3) 저는 고행에 의지하는 사람으로 하여금 그의 자만을 버리게 만들 것입니다. 저는 희생들과 선물들에 의지하는 사람들을 부끄럽게 만들 것입니다.

(4) 저는 성스러운 장소들을 돌아다니는 사람들에게 게으름을 줄 것이며, 천국을 쓰라린 경험을 하는 장소로 만들 것입니다.

(5) 저는 이 세상을 축복받은 장소로 만들 것입니다. 그러면 사람들은 말할 것입니다. "우리는 투카를 볼 수

있어 행운이다."라고.

2. (1) 사람은 죽음을 통해 육체를 잃습니다. 이점을 진지하게 생각해 보십시오.
   (2) 우리 경험의 자연스러운 상태에 있으면, 모든 슬픔은 사라집니다.
   (3) 사람은 무엇인가를 보는 데도 몹시 힘이 들지만, 그 무엇의 본질은 자신의 손안에 있습니다.
   (4) 투카는 말합니다. "동정할 필요가 어디에 있겠습니까? 삶이 어디에 무심합니까?"

3. (1) 육체는 송장처럼 되었습니다. 육체는 자신의 무덤 자리를 알았습니다.
   (2) 욕망, 분노 그리고 환영은 밤낮으로 소리칩니다. "아아, 아아, 법과 질서를 위해."라고.
   (3) 세속적인 삶에 대한 무관심이라는 연료를 몸의 곳곳에 놓았습니다. 그러자 브라마의 삶에 이르게 하는 거대한 불길이 붙었습니다.
   (4) 항아리는 발밑에서 엎어져 부서졌습니다. "나는 브라마이다."라는 위대한 문장이 귀에 들렸습니다.
   (5) 저는 장례식을 열어 가족, 이름 및 형상에게 작별을 고했습니다. 저는 저의 몸을 그것의 소유자에게 바쳤습니다.

(6) 투카는 말합니다. "저는 구원을 받았습니다. 빛이 비칩니다, 오, 크리슈나이시여."

4. (1) 저는 저의 죽음을 제 눈으로 보았습니다. 그것은 비길 데 없이 거룩했습니다.
(2) 완전한 영성을 경험함으로, 세 가지 세상들은 기쁨으로 가득 차 있었습니다.
(3) 한동안 제 안에 자만이 자리하고 있었지만, 저는 곧 자만을 버렸습니다.
(4) 출생과 죽음의 괴로움은 사라졌습니다. 두려움을 통과하여 저는 그것에서 멀어졌습니다.
(5) 신은 저에게 살 곳을 주셨습니다. 그분을 확고히 믿으며 저는 그분의 발아래 머무릅니다.
(6) 투카는 말합니다. "이 세상에서 그분께서 주신 것을 분명히 압니다. 가져가시는 것은 그분께서 직접 가져가시는 것입니다."

128. 청중들은 투카의 가르침에 놀라워했으나, 신들은 각자 빛의 마차에 앉아 기쁨으로 그의 키르탄을 들었다.

129. 철학적 지식의 표상이라 불릴 만한 카필 무니(Kapil Muni) 또한 투카의 키르탄을 기쁨으로 들었으며, 모두들 입맛을 다셨다.

130. 그들은 말했다. "내가 말의 함정에 빠지지 않고 신에게만 변함없이 마음을 고정하기를."

131. 세 신들의 화신이며 자유롭지만 여전히 살아 있고 세상의 구루인 다타트레야도 그의 영적인 상태를 잊고서 존경하는 마음으로 키르탄을 듣고 있었다.

132. 고행에 헌신한 자로서 쉬바보다 뛰어난 자는 없다. 그도 역시 자신이 쉬바임을 잊어버리고 키르탄을 열심히 들었다.

133. 희생과 선물을 통하여 지금 천국의 행복을 즐기며 앉아 있는 이들도 키르탄을 들었고 그 가르침을 이해했으며, 그들은 자신의 희생들과 선물들에 부끄러움을 느꼈다.

134. 그들은 구루 푸란다르(Purandhar)를 부르기 시작했다. 그들은 천국의 기쁨들에 싫증나게 되었다. 그들은 꿀처럼 달콤한 키르탄의 감미로움을 마시며 이 인간 세상에 오래 머물기를 바랐다.

135. 바람처럼 빠르게 돌아다니며 세 가지 세상의 성스러운 장소들을 보아 온 이들도 투카의 키르탄의 달콤함을 사랑으로 즐겼다.

136. 그들은 말했다. "투카는 신의 이름들을 노래함으로써 그의 몸을 영적인 몸으로 만들었다. 복되도다, 복되도다, 이 바이슈나바 투카여! 그는 판다르푸르의 신으로 하여금 자신을 섬기게 만들었다."

137. 천국에 사는 사나크와 다른 이들도 투카를 마찬가지로 찬미하였다. 청중들은 모두들 키르탄을 듣고 감동을 받았으며, 자신들에게 축복과 행운이라고 말했다.

138. 그리고 인간 세상의 선한 사람들은 말했다. "우리는 수많은 전생에서 선한 공덕들을 쌓아 이렇게 투카를 보게 되었다.

139. 우리는 축복을 받아서 좋은 행운을 누린다. 그 때문에 바이슈나바 박타를 보았다." 베다와 샤스트라들의 주제이신 분께서 투카의 심오

한 가르침에 공공연히 귀를 기울였다.

140. 청중들의 마음은 집중되었고, 그들의 온몸은 귀로 변했으며, 그들의 마음은 투카의 입에서 나오는 말들에 촉각을 곤두세웠다.

141. 그때 투카는 사랑으로 키르탄을 행하며 아방가를 지었다. 현명한 그대들이여, 존경하는 마음으로 그것을 들으라.

142. 키르탄은 밤 4경까지 계속되었다. 태양이 떠오르자 룩미니의 남편 주위에 불을 흔드는 봉헌 의식을 행하였다.

143. 그리고 투카는 비탈의 이름들을 되풀이하면서 사랑의 감정으로 춤을 추었다. 어느 누구도 육체 의식이 없었으며 춤을 출 때 기쁨을 경험하였다.

144. 그리고 세상을 구원할 수 있는 투카의 마지막 말들, 그 은혜로운 말들을 나는 인용하려 한다. 이 말들은 기억되어야 한다.

1. 들으십시오, 오, 경건한 사람들이여, 그대가 누구이든지
2. 철학자와 어울리지 말고 크리슈나를 경배하십시오.
3. 사람들의 수많은 견해들을 구하지 마십시오. 그것들은 그대를 틀림없이 물에 빠뜨릴 것입니다.
4. 이 칼리 유가에서 하인 투카는 사람들에게 작별을 고하고 떠날 것입니다.

145. 이 말들을 반복한 뒤 그는 크리슈나의 이름을 크게 외쳤다. 그러자 천상의 신이 투카에게 말했다. "이제 천국으로 오너라.

146. 너는 화신이 되었고 세상을 구했다. 이제 오라, 그리고 천국의

도시를 보라. 나는 찬란한 빛의 마차 푸슈파크를 가져왔다."

147. 세상의 지고한 존재가 이렇게 말하자, 투카는 그의 발을 껴안았다. 그들은 세상에 그의 선한 행적을 남기고 순식간에 그곳에서 떠나갔다.

148. 투카는 집에 있는 아내에게 전갈을 전했다. "나는 천국의 도시로 가려고 하오. 나와 함께 갑시다."

149. 투카는 진실이라는 것을 알리기 위해 11개의 아방가를 지어 아내에게 전해 주었다.

150. 그렇게 그는 천국으로 가면서 아발리를 불렀다. 성자들이여, 아발리가 대답한 말을 존경심을 갖고 들어 보라.

151. "나는 5개월 된 아기를 배고 있고, 집의 젖소는 이제 많은 젖을 내고 있어요. 집에 어린 자식들이 있는데, 우리가 가고 나면 누가 우리의 일들을 돌보아 주겠어요?"

152. 이 대답을 듣고 바이슈나바 박타는 놀라움을 느꼈다. 그는 말했다. "그녀는 가정에 대한 애착을 아직도 잃지 않았다. 마야는 지속되는 힘이다."

153. 바이슈나바 박타는 그녀를 천국으로 부르고 있었지만, 아발리는 가지 않겠다고 말했다. 그렇지만 이것은 그녀의 잘못이 아니다. 투카에게 어떤 습관이 있었는지를 들어 보라.

154. 바이슈나바 박타는 평소 어느 마을이건 가고 싶은 마음이 들면 그곳으로 갔다. 그리고 만약 어떤 사람이 갑자기 어디를 가느냐고 물으면, 그는 대답하곤 했다. "나는 천국에 갑니다."

155. 그러므로 그것은 아발리의 잘못이 아니다. 왜냐하면 그녀는 이

렇게 생각했기 때문이다. "정신 나간 이 양반이 어떤 마을로 가려 하는구나." 그래서 그녀는 함께 갈 여유가 없다고 대답한 것이다.

156. 그러자 투카는 크리슈나 키르탄에서 한 마지막 말들을 운 좋은 청중들에게 반복했다. "이제 나는 천국에 있는 집으로 갑니다. 다시는 돌아오지 않을 것입니다."

157. 그렇게 말하면서 그는 신 앞에 나마스카르를 하고 신의 이름들을 외치며 밖으로 나가기 시작했다.

158. 그 순간 모든 청중들은 가슴에 사랑이 넘쳐흘렀고, 세속적인 것들에 대한 무관심을 얘기하는 그의 말을 들을 때 그들의 눈에서는 눈물이 흘렀다.

159. 하지만 그가 육체를 입은 상태로 천국에 갈 것이라는 점은 아무도 알지 못했다. 모두들 그가 어떤 성스러운 장소로 가는가 보다고 생각했다.

160. 사람들은 서로 얘기했다. "그는 우리로 인해 지친 것 같다. 그는 분명히 히말라야 산으로 갈 것이다. 우리가 어떻게 해야 할까?"

161. 다른 이들은 말했다. "투카람은 바다리크아쉬람으로 가는 것이 분명하다. 우리의 그릇된 행동들 때문이다. 우리는 박티의 진정한 의미를 이해하지 못한다."

162. 또 다른 사람이 말했다. "투카는 세속적인 것들에 무관심해진 이래 어디를 가든지 '나의 천국의 집'으로 간다고 말한다."

163. 그런데 어떤 사람들은 그가 바라나시로 가는 것이 분명하다고 생각했으며, 그의 발밑에 공손히 엎드려서 제발 남아 달라고 간절히 요청했다.

164. 어떤 사람이 말했다. "판디트들 가운데 언변이 뛰어난 브라만 라메쉬바르가 투카에게 탄원할 것이오. 투카는 다른 사람의 말은 듣지 않을 것이오."

165. 키르탄에 앉아 있던 남자와 여자들은 이런 말들을 서로 주고받았다. 갑자기 투카는 신의 이름을 큰 소리로 외치며 사원 밖으로 나갔다.

166. 그는 인드라야니 강가로 가서 그의 사랑으로 아방가를 하나 지었다.

투카가 몸을 입은 채 하늘로 승천하다

167. 그의 아방가를 반복하자 놀라운 기적이 일어났다. 각자 빛의 마차를 타고 있던 신들이 "승리! 승리!" 하고 외치기 시작했다.

168. 더없는 기쁨으로 나라다와 툼바르는 노래하기 시작했다. 그리고 카일라사의 신 쉬바도 파르바티를 데리고 왔다.

169. 브라마데바, 비슈누, 쉬바, 이 세 신들이 모두 각자 빛의 마차에 앉아서 그 광경을 바라보았다. 압사라(apsara)들과 간다르바(Gandharva)들이 노래를 불렀다. 하늘마저도 그 소리를 다 담을 수가 없었다.

170. 위대한 요기들인 사나크와 다른 존재들, 다타트레야, 카필라와 그 밖의 다른 사람들, 그리고 리쉬들의 우두머리인 야크샤, 구야크(Guhyak), 그리고 천상의 존재들인 킨나르(Kinnar)들이 모두 그 광경을 보기 위해 왔다.

171. 옛 시대의 출중한 박타들과 칼리 유가 시대에 속하는 모든 성인들

이 천상의 몸을 입고서 빛의 마차를 타고 투카에게 시선을 고정하였다.

172. 그리고 그들이 판다르푸르의 신을 명상하고 있을 때, 투카의 몸은 그들에게 영적인 몸으로 보였다. 그는 마야의 모든 환영이 사라진 지성의 상처럼 보였다.

173. 그들은 외쳤다. "그는 고귀한 바이슈나바라는 이름을 지니고 있으며, 이 인간 세상에 화신으로 내려왔다. 그의 키르탄을 통해서 그는 세상을 구원했다."

174. 갑자기 신들이 인드라와 함께 신의 이름들을 큰 소리로 외쳤고, 빛의 마차 푸슈파크에서 뿜어져 나오는 빛이 하늘을 가득 채웠다. 태양의 밝음도 그 빛에 미치지 못하였다.

175. 투카와 함께 사람들이 왔다. 그 빛이 너무나 눈부셔서 그들은 눈을 감아야 했다. 마치 하늘에 강렬한 섬광이 비치는 것과 같아서 모든 사람이 눈을 뜰 수가 없었다.

176. 그리고 투카는 빛의 마차에 앉아서 하늘로 승천했다.

투카와의 이별로 인한 사람들의 슬픔

177. 경건하며 신을 사랑하는 바이슈나바 성인들은 하늘로 통하는 길을 볼 수 있었다. 하늘은 종들의 소리로 가득 찼으며, 그 동안 간다르바들은 신의 이름들을 큰 소리로 되풀이하며 노래를 불렀다.

178. 빛의 마차 푸슈파크가 멀리 떠나간 뒤에야 사람들은 눈을 뜨고 바라볼 수 있었다. 투카는 이 땅 어디에서도 보이지 않았다. 그들은 극

심한 슬픔을 느꼈다.

179. 그들은 말했다. "우리가 손안에 아름다운 보석을 올려놓고 바라보는 사이에 그것이 어느새 없어져 버렸다." 아이들이 아발리에게 가서 이 소식을 전하자, 그녀는 가슴이 뛰기 시작했다.

180. 이제 먼 곳에서까지 수많은 군중이 모여들었고, 마을의 주민들도 찾아왔다. 그것은 거대한 파도가 너울거리는 슬픔의 바다였다. 이것을 어떻게 한 권의 책으로 묘사할 수 있겠는가?

181. 마치 크리슈나가 고쿨을 떠났을 때 브라자의 주민들이 슬퍼했던 것처럼, 이제 투카가 더 이상 보이지 않자 그런 일이 일어났다.

182. 모든 눈들이 사구나 투카의 훌륭한 모습을 보기를 갈망하며 사방을 둘러보았지만, 투카는 보이지 않았다.

183. 그때는 샤카 1571년(서기 1649년), 비로디(Virodhi)라고 불린 60년 주기 산바차르(sanvatsar), 3월의 어두운 후반의 둘째 날, 보름달이 뜬 날이었고, 오전 4가티카였다.

184. 세상의 구루인 바이슈나바 박타 투카가 사라진 것은 그때였다. 그리고 신을 사랑하는 경건한 박타들은 깊은 슬픔에 잠겼다.

185. 강가지 마발은 공책을 보며, 투카가 떠나기 직전에 지은 아방가들을 읽었다. 그의 눈에서 떨어지는 눈물들이 땅을 적셨다. 그가 느낀 사랑은 세 가지 세상에도 다 담길 수 없었다.

186. 아발리는 흐느껴 울면서 소리쳤다. "그는 사람을 보내 나를 불렀다. 하지만 나는 그가 정말로 떠난다고는 생각하지 않았다. 그래서 나는 그냥 집에 있었다.

187. 세속적인 것들에 무관심한 그의 삶의 불길이 나에게 닿았을 때,

그것은 내 몸을 태워 버렸다. 그런데 이제 우리가 그를 보고 있는 사이에 그는 우리를 떠나가 버렸다.

188. 만약 그가 진정으로 갈 줄 알았더라면, 나는 그의 옷을 붙잡고 함께 갔을 것이다. 하지만 나는 이제 어린애와 함께 있고 아무것도 모르는 아이를 돌보아야 한다. 그리고 집안일도 해야 한다. 내가 어떻게 갈 수 있겠는가?"

189. 그렇게 말하면서 그녀는 혼절해서 땅에 쓰러졌다. 그녀의 어린 두 아들인 마하데바와 비토바도 함께 울었다.

190. 바이슈나바 박타가 다시 돌아올지도 모른다고 생각하여, 그들은 슬피 울며 기다렸다. 그들은 해가 질 때까지 남아 있다가 집으로 돌아갔다.

191. 투카를 보기 위해 멀리서 온 군중들도 서서히 돌아갔다. 그러나 이 사건의 명성은 세 가지 세상에 두루 퍼졌다.

192. 판다르푸르의 신이 투카를 데리러 와서 그를 몸을 입은 채 하늘로 데려갔다는 이 소문은 지방에서 지방으로 퍼져 나갔다. 이것은 아주 특별한 일이라고 여겨졌다.

193. 그 사건을 목격한 사람들은 그것이 진실이라고 주장하였다. 의심하는 사람들은 지어낸 말이라고 여겼다. 비슈누의 통제할 수 없는 마야의 환영은 누구에 의해서도 통제될 수 없었다.

투카가 떠난 후 데후에서의 삶

194. 투카는 데후 마을을 떠나 천상에 있는 집으로 갔다. 그리고 그의 14명의 바이슈나바 제자들은 이곳에 남기로 결정했다.

195. 그들 가운데 철학의 6가지 체계에 박식한 브라만 라메쉬바르가 있었고, 투카의 동생 칸하야, 강가지 마발 카두스카르, 그리고 로하가브 출신의 브라만 콘도바가 있었다.

196. 또한 투카의 아방가를 기록했던 기름 장수 산타지 자가나데가 있었다. 그 밖에 아홉 명의 다른 바이슈나바들이 있었는데, 그들은 내면에서 좋은 생각들을 일깨운 사람들이었다.

197. 이들 14명의 제자들은 집으로 돌아가지 않았다. 그들은 말했다. "만약 삿구루께서 우리에게 그의 발을 다시 보여 주시기만 한다면, 우리는 우리의 생명을 보존할 것이다."

198. 투카의 동생 칸하도 깊은 슬픔에 잠겼다. 그는 자비를 호소하며 아방가를 지었다. 경건한 그대들이여, 존경심을 가지고 그것을 들어라.

199. 투카의 동생 칸하야가 이렇게 탄원하는 동안, 다른 13명의 바이슈나바들은 앉아서 듣고 있었다.

200. 3일 밤낮을 그들은 인드라야니 강변에 앉아 있었다. 그들은 투카를 생각하며 지냈고, 세속적인 삶에 염증을 느꼈다.

201. 어떤 이들은 계속 사방을 둘러보았다. 어떤 이들은 하늘로 통하는 길을 올려다보았다. 그러다가 5일째 되는 날 이른 새벽에 한 사건이 일어났다. 무슨 일인지 들어 보라.

투카의 심벌즈와 담요가 하늘에서 떨어지다

202. 투카는 항상 심벌즈를 손에 들고 다녔고, 언제나 담요를 걸치고 있었다. 그런데 이것들이 하늘에서 떨어졌다.

203. 그들은 이것을 보고 삿구루가 천상의 거주자가 되었다는 것을 이제 확신하게 되었다. 그래서 그들은 인드라야니 강에서 목욕을 하고 사원으로 갔다.

204. 경건한 사람들이 담요와 심벌즈를 보려고 멀리 떨어진 마을들에서까지 오기 시작했다. 그들은 "이것은 투카를 보는 것이다."라고 말했고, 그들의 눈에는 눈물이 가득 고였다.

205. 칸하야는 그 후 브라만인 라메쉬바르에게 말했다. "그날을 거룩한 날로 정해야 할 것입니다. 만약 이 문제에 어떤 경전적 전거가 있다면 우리에게 말해 주십시오."

206. 라메쉬바르가 대답했다. "들어 보십시오. 투카는 종교적 선행에 의존하지 않고 또한 육체의 죽음을 경험하지 않고서 슈리 비슈누의 거처로 갔습니다.

207. 삿구루가 천상의 거주자가 된 날은 3월의 어두운 절반의 둘째 날이었으나, 우리에게 인사하는 의미로 그의 심벌즈와 담요가 떨어진 날은 다섯째 날이었습니다.

208. 그리고 다섯째 날인 이날은 브라만들을 대접하고 바이슈나바들이 모여 키르탄을 시작하는 상서로운 날입니다.

209. 비록 그가 육체적 죽음을 겪었더라도 여전히 그는 종교적 선행에 대한 권위를 가졌을 것입니다. 나는 세상의 구루의 선행에 관해서는

아무것도 할 말이 없습니다.

210. 통제 불능의 바이슈나바 마야는 그를 해칠 수 없습니다. 육체를 입고 있으면서 그는 영적인 몸이 되었습니다.

211. 이 인간 세상에서 나마의 화신이 되었던 투카는 사람들에게 훌륭한 행적들을 보여 주었고, 쇠약해진 박티의 길을 회복하였습니다."

212. 라메쉬바르의 이 대답에 성인들은 "승리! 승리!" 하고 외쳤으며, 그들은 3월의 어두운 후반의 다섯째 날에 큰 축제를 시작하였다.

213. 그들은 맛좋은 음식들을 준비했고, 사원으로 브라만들을 초대하였다. 그들은 브라만들을 공손히 모셨고 그들에게 성찬을 대접하였다.

214. 바이슈나바 박타들은 다섯째 날과 여섯째 날에 키르탄을 행하였다. 일곱째 날에는 기쁨으로 가득한 축제가 있었다.

투카의 세 아들

215. 투카에게는 두 아들이 있었는데, 그들의 이름은 마하데바와 비토바였다. 투카의 아내는 아기를 임신하고 있었으며, 이제 아홉 달을 다 채운 만삭이었다.

216. 그 뒤 아발리는 아들을 낳았는데, 그는 박티와 지식, 세속적인 것들에 대한 무관심의 표상이었다. 그들은 그에게 나라야나라는 이름을 붙여 주었고, 모든 성인들이 기뻐했다.

217. 나날이 그는 성장해 갔으며, 고귀한 쉬바지 왕이 그를 보려고 찾아왔다. 왕은 그에게 네 마을의 수입을 주었고, 비토바의 사원을 세웠다.

218. 비록 돈과 재산이 그에게 많이 들어왔지만, 그의 마음은 여전히 세속적인 것들에 무관심했다. 그는 브라만들에게 재산을 다 내주고 드와르카로 떠났다.

219. 그는 아내와 자식을 남겨 두고 바라나시로 위대한 순례를 갔다. 그는 11카바드(kavad) 분량의 강가의 물을 싣고 돌아왔으며 슈리 라메쉬바르를 경배했다.

220. 그는 투카의 많은 아방가들을 암기하는 데 전념했으며, 그 뒤에 고귀한 바이슈나바 나라야나 바바는 열정적인 키르탄을 행하였다.

221. 비록 마하데바와 비토바는 그보다 나이가 많은 형들이었지만 그의 권위를 존중했다. 투카의 위대함이 그에게 나타났다.

222. 그러므로 투카는 몸을 입고 천국으로 올라가서 그곳에 거주하게 되었지만, 그의 은총으로 오늘날까지도 여전히 경건한 사람들에게 자신의 모습을 보여 주고 있다.

투카가 자신의 모습을 보여 주다

223. 먼저 칸하야가 자비를 간청했을 때, 투카는 자비롭게 꿈속에서 그에게 자신의 모습을 보여 주었다.

224. 그리고 수둠바라에 살고 있던 린가야트 식료품 상인 카나다가 있었다. 그는 세속적인 것들에 무관심했으며 온 마음을 다해 투카를 섬겼다.

225. 그의 이름은 가바 쉐트였으며 성품이 비할 수 없이 훌륭한 사람이

었다. 그는 모든 세속적인 일과 장사를 포기하고 선한 투카와 교제했다.

226. 그리고 어느 날 그는 찾아와서 합장을 하고 이렇게 요청했다. "제가 죽을 때가 되면 스와미께서 제게 모습을 보여 주시기를 원합니다."

227. 그의 사랑 깊은 진심을 깨닫고서 바이슈나바 박타는 그러마고 동의했다. 그 뒤 투카가 육체를 입고 천국으로 간 뒤, 식료품 상인에게 한 생각이 떠올랐다.

228. 그는 그가 죽을 때 투카람이 그를 찾아오겠다고 약속했다는 비밀을 성자들에게만 털어놓았다. 그리고 그 시기가 가까워졌다.

229. 얼마 후 그의 마지막 날이 왔다. 즉시 그는 데후로 사람들을 보냈다.

230. 그리고 학식 높은 브라만 라메쉬바르와 투카의 동생인 칸햐, 그리고 그의 막내 아들인 나라야나를 데려오라고 전했다.

231. 고귀한 바이슈나바는 그들을 앉게 하고, 관습적인 방식으로 그들에게 경배를 드렸다. 갑자기 투카람이 그들 가운데 나타났다. 식료품 상인이 그의 앞에 엎드려 절했다.

232. 그는 자신의 손으로 향기로운 반죽을 발랐고, 투카의 목에 화환을 걸어 주며 외쳤다. "당신은 불쌍한 죄인에게 자비를 베푸셔서 그에게 자신의 모습을 보여 주셨습니다."

233. 그가 이렇게 말하는 동안 그의 말을 들은 사람들은 깜짝 놀랐다. 식료품 상인이 투카의 목에 건 화환을 모두가 보았다.

234. 벽에는 걸이 못이 없었기에 화환은 마치 공중에 달려있는 것 같았다. 바이슈나바들은 "승리! 승리!" 하고 소리쳤고 신의 이름들을 큰 소리로 반복하여 외쳤다.

235. 비탈의 이름들을 반복하여 외치는 동안 가바 쉐트는 그의 몸을 떠났다. 모두들 외쳤다. "승리! 승리! 그는 투카의 모습을 보았다."

236. 그것은 람과 크리슈나와 같은 화신들의 경우와 똑같다. 그들은 푸라나들의 가르침에 따라 화신의 상태는 끝났지만 그들의 박타들에게는 사구나 형상들을 취하여 직접 자신의 모습을 보여 준다.

237. 이와 마찬가지로 투카는 천상에 거주하기 위하여 그곳으로 갔지만, 크리슈나가 보여 준 것과 같은 행적들을 사람들에게 보여 주었다. 그러나 그의 모습은 경건한 사람들만 볼 수 있었다. 많은 사람들이 이것을 증언할 수 있다.

238. 핌팔네르의 닐로바 고사비 그리고 강가다르의 아내 바히나바이도 꿈속에서 고귀한 바이슈나바의 방문을 받았고 그로부터 만트라를 받아서 그의 제자가 되었다.

239. 행적들로 가득한 그 화신, 우주의 친구이자 삿구루인 투카는 나와 교제한다. 그는 언제나 나의 가슴속에 거주하며 이 책의 토대를 세웠다.

박타릴람리타의 찬미

240. 이 아름다운 책 박타릴람리타는 보름날의 달이다. 경건한 사람들은 그 달을 응시하며 감로 같은 그 달빛을 마시는 차코르 새들이다.

241. 악한 마음을 가진 사람들, 그릇되게 생각하는 사람들은 도둑과 같아서 그 밝은 빛을 좋아하지 않으며, 이 책을 미워하고 비난한다. 그들의 가슴속에는 믿음이 없다.

242. 잘못된 생각이 죄의 근원이다. 그것은 많은 어려움을 야기시킨다. 어떤 사람이 선한 행위들을 쌓고 있으면, 그에게 믿음을 주어야 한다.

243. 박타릴람리타를 이용하는 사람들은 성자들이며, 선한 사람들이며, 신을 사랑하는 박타들이다. 그리고 무력한 자의 형제이자 룩미니의 남편은 항상 그들 옆에 서 있다.

244. 하리는 그들의 가슴속에 거주하고, 그들의 마음에 기쁨의 물결을 주며, 마히파티를 도구로 사용하여 이 책을 완성하였다.

245. 스바스티! 투카람의 생애를 담고 신에 대한 그의 사랑으로 가득 찬 이 책 슈리 박타릴람리타는 신을 사랑하는 경건한 박타들이 귀를 기울일 책이다. 이것은 흥미로운 제16장이다.

후 기

　이 책의 번역에서 마라티 단어들을 더 적게 사용할 수도 있었겠지만, 내가 보기에 마라티 단어를 정확히 표현하는 영어 단어가 없거나, 단순한 마라티 단어의 뜻을 표현하는 데 긴 영어 어절이 필요한 경우에는 인도에 매우 익숙한 마라티 단어를 그대로 사용하고 영어 독자로 하여금 문맥이나 다음의 용어 해설에 의하여 그 의미를 배우게 하는 편이 더 나을 것 같았다. 영문학은 이미 수많은 마라티 용어들로 인해 풍부해졌다. 나는 그것이 더 풍부해지면 안 될 이유는 없다고 생각한다.
　어떤 마라티 단어들은 길게 설명하지 않고는 번역할 수 없으며, 다른 단어들은 영어 단어로는 마라티어 의미의 일부밖에 전달할 수 없다. 나는 이런 단어들과 표현들을 최선을 다해 번역했다. 하지만 양쪽의 언어에 익숙한 독자들로 하여금 왜 내가 특정한 영어 단어나 단어들을, 때로는 사전적인 정의와 심지어 몰스워스(Molesworth)의 정의와도 반대되는 의미로 사용했는지를 이해할 수 있도록 하기 위해 이런 단어들 가운데 일부를 용어 해설에 포함하는 편이 좋을 것으로 보인다. 어원적인 의미와 함께 용법이 고려되어야 한다. 용어 해설은 위에서 언급한 사례들을 제공할 것이다. 나는 권위를 지닌 몰스워스의 정의들을 참조하였다.

옮긴이 후기

이 책의 우리말 번역에 있어서 다음 몇 가지 점을 고려하였다. 원저에서는 크리슈나를 지칭하는 여러 말들이 있었다. 그러나 독자들에게 혼란을 덜어 주기 위하여 그러한 말들 대신에 크리슈나라고 바로 지칭하여 번역한 부분들이 다수 있었다. 지명이나 다른 인명에서도 그렇게 한 경우들이 있었다.

영문 판에서는 제25장부터 시작되어 있다. 마히파티의 전체 저작의 일부분이 투카람에 할애되어서 그렇게 한 것 같다. 그렇지만 본 번역본에서는 제1장 등으로 표기하였으며, 원본에서는 매 장의 제목이 없었지만 장 제목을 임의로 달았다.

이 책은 2005년도 창원대학교 교내 연구비의 지원을 받았으며, 또한 이 책이 나오기까지 창원대학교 대학원 교육학과에 다니는 여러 후학들의 도움도 받았음을 밝힌다. 이 자료를 함께 하는 동안 투카의 순박한 삶과 신을 향한 애틋한 사랑을 접하고 우리는 웃고 울곤 하였다. 그 달콤했던 저녁을 우리는 아마 잊을 수 없을 것이다.

끝으로, 크리슈나와 로맨스가 있도록 하신 나의 스승 슈리 푼자님, 영원한 구루이신 바가반 슈리 라마나 마하리쉬님, 그리고 이 책의 진정한 주인공인 달콤하고 매혹적인 신 크리슈나의 발 아래 이 책을 바친다.

2006년 8월 창원 북면,
슈리 크리슈나다스 아쉬람에서

용어 해설

가야트리 Gayatri 베다들로부터의 성스러운 운문. 브라만들은 아침과 저녁의 헌신 예배 때 이것을 암송한다.

가트 Ghat 1. 지방들을 나누고 있는 산맥. 2. 산을 넘는 고갯길 혹은 험난한 산길. 3. (강이나 저수지의) 부두, 선창, 계단, 층계참. 세탁부, 무두장이, 염색공, 브라만 등이 이용하는 가트가 각자 따로 있다.

가티카 Ghatika 24분간의 시간.

갸나 Dnyana 1. 일반적으로 지식. 2. 특수한 종교적 지식으로서 철학 공부와 명상을 통해 얻는다. 사람에게 그의 비물질적인 부분의 성질과 신성한 기원, 육체적인 즐거움들의 비실재성, 고통과 경험들, 외부적이고 대상적인 우주의 환영성을 가르친다. 그리고 그로 하여금 살아 있는 동안에 세속적인 집착들과 육체적인 애착들에서 벗어나게 하는 그 지식은 죽음 뒤에 개인적인 존재로부터의 해방과 우주적인 영과의 합일을 이루어 준다. 인도의 일부 지방에서는 이 단어를 갸나(gyana)라고 발음한다.

갸나마르가 Dnyanamarga. 지식의 길. (갸나를 보라.)

구나 Guna 1. 물질이나 정신의 성질, 속성, 성정 혹은 특질. 힘, 기능, 장점, 미덕. 가장 이해하기 쉬운 의미로는 타고난 특성 혹은 그에 따라 일어나는 성정. 2. 창조물을 이루는 것으로서 다음의 세 가지 구나가 있다. 즉, 사트바(satva; 존재, 진실, 선, 밝음 등), 라자(raja; 에너지, 정열, 활동 등), 타마(tama; 악, 어둠, 무지 등). 모든 창조물은 사트바구나(satvaguna), 라조구나(rajoguna) 그리고 타모구나(tamoguna)의 혼합이며, 그러므로 이 구나들을 지니고 있는 사구나(saguna)라고 일컬어진다. (브라마 혹은 파라마트마는 이런 성질들을 지니고 있지 않으므로 니르구나(nirguna)라고 한다.) 신, 선한 사람, 선한 물건 안에는 사트바가 우세하다. 악한 인간, 악한 영, 마귀 안에는 타마가 우세하다. 라조구나(rajoguna)는 선이나 악, 또는 둘 다의 활동으로서 모든 것 안에 존재한다. 신 안에 있는 모든 것은 사트바이다. 왜냐하면 활동(rajoguna)하고 있는 것이 사트바이기 때문이다. 인간 안에는 사트바와 타마가 혼재되어 있으며, 활동(rajoguna)은 인간을 때로는 선이 우세하고 때로는 악이 우세한 선과 악의 혼합으로 만든다.

구루 Guru 종교적인 스승. 샤스트라들에서 가르치는 사람.

기 Ghi 버터를 맑게 정제한 것. 텁(tup)이라고도 함. 버터를 녹여서, 그 안에 들어 있을 수 있는 물기를 제거한 다음 항아리에 담아 보관한다.

나마스카르 Namaskar 숭배, 복종, 공경이나 존경을 표시하는 말이나 인사. 두 손을 합장하고 머리를 앞으로 숙이며 '나마스카르'라고 말하면서 인사를 한다. 사슈탕가 나마스카르(sashtanga namaskar)는 신체의 여덟 부분(ashta)이 바닥에 닿도록 바닥에 엎드려 절하는 것이며, 신이나 인간에 대한 공경을 보여 주는 가장 심오한 방법이다.

니르구나 Nirguna, Nir-guna 원래의 뜻은 특질 없음. 우리에게 우주로서 나타나는 브라마 혹은 아트마, 파라마트마, 즉 유일한 실체는 사람의 말로 묘사될 수 없다. 그것은 묘사될 수 없는 것(avachya)이다. 유일한 실체는 묘사될 수 없는 반면, 그 안에서 나타나는 형상들은 묘사될 수 있으며, 그것들의 성질들은 결정된다. 그러므로 각자 이름을 가진 형상들은 성질을 지닌 사구나(saguna 혹은 Sa-guna)이다. 인격적인 존재로서, 특정한 형상의 창조자로서의 신, 그 안에 우주가 나타나는 신은 그 안에 하나의 영원한 실체가 나타나는 형상들 가운데 하나로 인식된다. 그러므로 신은 사구나이다. 즉, 신은 인간이 이해할 수 있는 말로 묘사될 수 있는 특질들을 가지고 있다. 브라마는 니르구나이고, 신(Ishvara)은 사구나이다. 신들, 모든 화신들, 우상신들, 그리고 신의 비전들은 니르군 브라마 혹은 니르구나 아트마(nirguna atma)의 사구나 현시들이다. 사구나 이슈바라는 니르구나 이슈바라가 나타나는 많은 형상들 중 한 존재일 뿐이지만, 황금 팔찌가 그것을 이루는 황금과 동일시되는 것과 같이 니르구나 이슈바라와 동일시된다. 그러므로 시인 성자들은 그들의 찬미가에서, 그들의 간구에서, 그들의 경배에서, 그리고 그들의 기도에서 구별을 두지 않는다. 그것들의 대상은 니르구니 신뿐 아니라 사구나 신이기도 하다. 사구나와 니르구나의 동일성은 자주 매우 확실하게 주장된다.

니브리띠 Nivritti 세속적인 관여와 종사를 그침. 또한 브라마 속으로 흡수됨.

다르샤나 Darshana 원래의 뜻은 봄, 보는 것, 바라보는 것. 그러나 이 단어의 종교적인 용법은 육체적인 봄, 보는 것 혹은 바라보는 것의 훨씬 이상이다. 거기에는 존경과 경배, 숭배의 뜻이 함축되어 있다. 다르샤나의 이 용법에 대응하는 영어 단어는 없다.

다사라 Dasara 마라타 왕들이 출정하던 때를 기념하여 해마다 열리는 축제.

닥쉬나 Dakshina 특별한 행사 때 브라만들과 다른 사람들에게 주는 돈이나 선물.

도타르 Dhotar 유럽식 바지를 대신하여 인도의 남자들이 입는 의상. 긴 천을 몸에 두르며 허리 앞과 뒤에 걷어 올려 입는다.

디왈리 Divali 해마다 열리는 빛의 축제.

라마야나 Ramayana 람의 행적을 이야기하는 대서사시. 발미키를 저자로 본다.

마나 Mana 마음. 서양 철학에 따르면 마음은 생각하거나 상상하는 것으로 보이는 영혼 자체이다. 그러나 마나는 순수한 아트마(영혼)의 일부가 아니라 생각하고 상상하는 하나의 기관(indriya)으로 간주된다.

마야 Maya 이 단어는 대개 '환영'으로 번역되나 이것은 만족스러운 번역이 아니다. 베단타 철학에서는 브라마, 혹은 파라마트마, 혹은 아트마라 불리는 단 하나의 실체가 있다고 말한다. 이 실체는 우주의 형상 안에 나타나며, 다양한 형상들에는 이름들이 있다. 이러한 형상들은 일시적이고, 가변적이며, 형상이 변함에 따라 그 이름이 사라지게 된다. 이러한 형상들이 하나의 실체와 다르다고 생각하는 것은 무지로 인한 것이다. 이러한 형상들의 실재는 부인되지 않으며, 그것들이 하나의 실체와 별개라는 것이 부인된다. 그것들이 별개라는 것, 즉 이원성이 존재한다는 것은 마야라는 단어가 가리키는 특정한 형태의 환영이다. 관용적으로 마야는 단일성이 있는 곳에서 이원성을 보는 무지의 원인으로 상징된다. 흔한 예 가운데 한 가지는 다양한 형태와 각각의 이름을 가지고 있는 황금 장식품들의 사례이다. 황금이 다양한 장식품들의 형태로 나타난다는 것은 부인되지 않으나, 그 장식품의 형태들이 영구하며 황금과 별개라는 것은 부인된다. 장식품들은 녹여질 수 있다. 그러면 그것들은 장식품으로서는 사라지나, 황금은 변하지 않은 채 남아 있다. 장식품들이 황금과 다르다고 생각하는 것은 무지 때문일 것이고, 무지의 원인은 일종의 체현에 의한 마야이다.

마하라슈트라 Maharashtra 큰 나라. 마라타 사람들이 거주하고 있는 지방의 옛 이름. 현재는 봄베이 관구에 속해 있다.

마하바라타 Mahabharata 판다바(Pandavas)와 카우라바(Kauravas)의 전쟁에 관련된 대서사시. 비야스(Vyas)를 저자로 본다.

마한트 Mahant 1. 고사비(Gosavis), 바이라기(Bairagis) 등의 종단의 우두머리, 종교 지도자. 2. 판디트나 헌신자들 가운데 우두머리나 지도적인 인물을 가리키기도 한다.

만답 Mandap 축제나 결혼, 키르탄 등을 위하여 대나무나 다른 장대를 세우고 지붕과 옆에 천을 두른, 개방적인 일시적 건물.

만트라 Mantra 신비적인 혹은 초자연적인 힘을 가진 구절, 기도, 찬미가 혹은 시문.

모디 Modi 마라티어의 흘림체 글씨. 기원전 250년, 비명에 새겨진 옛 아쇼카(Ashoka) 알파벳으로, 점차 데바나가리(Devanagari)로 발달되었으며, 마라티 문학과 산스크리트 문학을 필사하는 데에 사용되었다. 그러나 상업적인 용도로 쓸 때는 재빨리 필기하는 것이 중요하고 최대한 펜을 종이에서 떼지 않아야 하므로 데바나기리 문자들의 형태에 변화가 생기게 되었으며, 얼핏 보면 다른 문자처럼 보인다. 그러나 그것은 데바나기리 기원으로 쉽게 유추할 수 있다. 모디가 남인도에서 출현한 전통 혹은 그것이 13세기에 헤마찬드라(Hemachandra)의 발명이었던 것은 아마도 남인도의 흘림체 필기법의 특성 때문일 것이다. 또한 헤마찬드라가 그것을 공식 문서의 형태로 채택하였기 때문일 수 있다. 그렇지만 모디가 종이로부터 펜을 최대한 적게 뗀 채 재빨리 필기하는 방법에 의해 데바나기리에서 발전되었다는 것은 의문의 여지가 없다.

목샤 Moksha 육체로부터 영혼의 해방. 모든 기쁨과 슬픔, 죄와 선행을 지니고 윤회하는 것으로부터 영혼이 벗어나 신성한 본질로 흡수되는 것.

묵티 Mukti 영이 윤회에서 벗어나 신성한 단일체, 브라마, 우주적인 존재의 바탕이자 실체로 재흡수되는 것. 탄생과 죽음으로부터의 이 해방은 죄와 고통, 심지어 선행과 삶의 기쁨들로부터의 해방이라는 개념 안에 포함되는 것으로 이해되어야 한다. 왜냐하면 각각의 생은 이런 것들로 이루어져 있기 때문이다. 묵티의 네 가지 형태는 사유지야타(sayujyata), 살로카타(salokata), 사미파타(samipata) 그리고 사루파타(sarupata)이다. (사유지야타를 보라.)

바스투 Vastu 실재하지 않는 것에 반대되는 것으로서의 실재, 브라마. 우주 아트마. 실체. 우주를 구성하는 실체 즉 브라마.

바이라기 Vairagi 고행자 혹은 헌신자. 세속적인 정열의 욕망들을 정복한 사람. 이 단어는 또한 종교적인 탁발승 부류에게도 적용된다. 시인 성자들은 진실한 바이라기와 위선적인 바이라기를 구별한다.

바이라기야 Vairagya 1. 세속적 욕망이나 정열이 없음. 2. 일반적으로는 모든 감각적인 즐거움이나 만족을 포기한 것.

바이쿤타 Vaikuntha 비슈누의 거주처. 천국.

바잔 Bhajan 1. 예배 혹은 숭배. 2. 숭배의 행위로서 신의 이름들을 되풀이하는 것. 3. 신을 숭배하며 노래하는 찬미가 혹은 시.

바츠나그 Bachnag 글로리오사 수페르바(Gloriosa Superba)의 유독한 뿌리.

박타 Bhakta 1. 숭배자, 신자, 추종자. 헌신하는 혹은 흠모하는 사람. 어원적으로는 이 정의들이 정확하지만, 시인 성자들이 사용하는 용법은 도덕적인 개념과 연관된다. 박타는 진정으로 신을 숭모하는 사람을 암시한다. 위선자는 기술적으로나 외적으로는 박타처럼 보일 수 있으나 박타가 아니다. 2. 종교적인 삶에 헌신한 특정한 종교적 부류. 신의 다양한 현신들과 다양한 아바타르들이 다양한 마음에 다양하게 끌리듯이, 신의 특정한 현신에 대한 전통적인 혹은 가문의 선택, 그리고 개인적인 선택이 있다. 그러므로 비슈누박타, 쉬바박타, 하리박타, 라마박타, 비탈박타 등등이 있다.

박티 Bhakti 원래의 뜻은 숭배 혹은 예배. 그것은 신에 대한 박타의 태도이다. 그것은 언제나 사랑을 동반한 숭배의 충심과 순수성을 암시한다. 시인 성자들은 충심과 순수성이 없는 박티는 있을 수 없다고 반복하여 확언한다. 그러므로 박티는 단지 외적인 형식에 불과하기 쉬운 숭배 이상이다. 박티는 숭배의 외적인 형식들로 표현되건 정신적인 숭배(Manaspuja)로 표현되건 가슴의, 숭배의 진실한 감정이어야 하며 신에 대한 사랑이어야 한다.

박티마르가 Bhaktimarga 박타마르가(Bhakti-marga), 박티의 길. 죄와 고통뿐 아니라 선행과 기쁨을 동반하며 끝없이 이어지는 탄생과 죽음에서 사람이 해방되는 데는 세 가지 길이 있다고 인식된다. 갸나마르가(Dnyanamarga; 지식의 길)는 철학자의 마음속에서 가장 높은 위치를 차지한다. 왜냐하면 진실한 지식에 의해 무지가 사라질 때 죄와 고통의 모든 원인이 사라지기 때문이다. 카르마마르가(Karmamarga) 혹은 행위의 길은 시인 성자들에 의해 하나의 길로 인식된다. 그러나 매우 힘든 길이며 매우 위험한 길로 여겨진다. 위의 두 길의 경우, 위험은 자만이며, 자만과 더불어 타락이 온다. 수준이 높거나 낮거나 모든 사람들에게 안전하고 확실하며 쉬운 길은 박티마르가인데, 이 길에서 사람은 신의 은총에 자신을 내던지며, 사람 쪽에서는 박티를 하고, 신 쪽에서는 자비, 용서, 구원을 준다. 신실한 박티로 인해 신에게서 목샤(moksha; 구원, 해방)라는 선물을 받으면, 이 땅에 다시 돌아오지 않게 되며 신의 현존에서의 영원한 삶이 있다. 그것은 모든 사람에게 확실하고 쉬운 길이므로 시인 성자들은 박티마르가를 가장 선호하였다. 비록 박티에 어원적으로는 그런 암시가 없지만, 시인 성자들의 용법에서 가장 강한 용어로 쓰일 때는 박티의 도덕적인 측면이 강조된다. 박티의 신실함뿐 아니라 순수한 윤리적 삶이 박티라는 개념에 본질적이다. 엑나트의 작품들은 내적인 도덕적 순수성과 외적인 그것의 이런 중요성을 특별히 강조한다.

베다 Vedas 가장 오래된 인도 경전들. 리그베다, 야주르베다, 사마베다 그리고 아타르바베다 등 네 개의 베다가 있다.

브라마 Brahma 모든 존재하는 것들을 이루고 있는 유일한 실체. 브라마는 존재하는 모든 것의 실체이다. 존재하는 것들은 형상(rupa)과 이름(nama)을 가지고 있다. 그것들이 존재하며 형상과 이름을 가지고 있다는 것은 브라마의 진정한 실체만큼이나 실제이다. 그렇지만 이런 형상들을 브라마와 다른 것으로 간주하며 이원성을 만드는 것은 무지 때문이며, 개인화된 이 무지는 마야(maya; 보는 것)라고 불린다.

브라마차리 Brahmachari 종교적인 동기로 인해 평생 혹은 한동안 엄격하게 순결을 지키는 브라만.

비다 Vida 빈랑 열매, 정향, 라임 등을 피페르 베텔 잎에 싸서 만 것. 보통 식사 후에 그것을 씹는다. 키르탄이나 공적인 모임 후에 청중들에게 나누어 주며, 그것이 모임의 마지막 행위이다. 그것은 소화제로 여겨지며, 입을 깨끗하게 하는 것으로 간주된다. 일반적으로 판 수파리로 불린다. 많은 사람들은 그것을 지속적으로 씹는 습관이 있다.

비데히 Videhi 원래의 뜻은 육체가 없는 사람. 그러나 관용적으로는, 마음이 일시적으로 혹은 영구히 몰입되어 몸을 가지고 있다는 것을 의식하지 못하는 상태를 암시한다. 예를 들어, 키르탄을 들으며 완전히 몰입될 때 한동안 그는 비데히이다. 또는 아트마, 신에 대해 끊임없이 묵상하는 삶을 통해서 고행자나 헌신자가 추위나 더위, 배고픔과 갈증, 욕망과 열망 등 자신의 몸에 대한 모든 생각을 잃을 때, 그는 비데히이다. 영적인 것이 육체적인 것을 완전히 지배할 때, 그 사람은 비데히이다.

비베카 Viveka 바른 사고. 베단티스트(Vedantist)에게 올바른 사고란 실재와 비실재의 구별이다.

사구나 Saguna 니르구나를 보라.

사다나 Sadhana 탄생과 죽음, 삶이 내포하는 죄와 고통, 심지어 즐거움들까지 모든 것으로부터 해방을 얻기 위해 채택하는 방법들.

사두 Sadhu 성스러운 사람. 성자 혹은 현자. 정열을 억제하고 묵상에 잠겨 있는 습관을 가지고 있는 사람. 시인 성자들은 이 단어를 쓸 때 도덕적인 면을 강조한다. 따라서 사두는 순수한 성품을 지니고, 신에게 진정으로 헌신하며, 영적인 마음을 가진 사람이다. 어떤 사람이 위선적으로 사두로 보일 수는 있으나 사두인 것은 아니다. 왜냐하면 사두는 가슴과 생활에 있어 순수해야 하기 때문이다. 출가하여 떠돌며 사두라고 불리는 사람은 신실할 수도 있고 그렇지 않을 수도 있지만 가슴과 생활이 순수하지 않으면 진정한 사두로 여겨지지 않는다.

사바다나 Savadhana 원래의 뜻은 주의, 조심. 결혼식에서 사제는 엄숙한 어조로 "사바다남, 사바다남."이라는 말을 되풀이하며, 그때 신부와 신랑 사이의 장막이 치워지면 결혼이 이루어진다.

사슈탕가 나마스카르 Sashtanga-namaskar 나마스카르를 보라.

사유지야타 Sayujyata 궁극의 해방인 묵티가 구별되는 네 가지 상태 가운데 넷째 상태. 즉 브라마의 본질 속으로의 흡수. 이 네 가지는 사유지야타(브라마의 본질 속으로 흡수), 살로카타(Salokata; 특정한 신의 천국에 거주함), 사미파타(Samipata; 신과 가까움) 그리고 사루파타(Sarupata; 신과 닮음) 등이다.

산야시 Sannyasi 세속적인 소유물, 육체적이거나 타고난 애착들을 던져 버린 사람. 고행자. 시인 성자들은 단지 외적으로만 모든 것을 포기한 것처럼 보이는 위선적이고 형식적인 산야시와 진정으로 세상을 포기한 진실한 산야시를 구분한다.

산타 Santa 성자. 실제로는 사두(sadhu)와 동의어로 쓰인다. 세속적인 욕망을 버리고 신을 숭배하는 데에 헌신하는 사람. 그러나 겉으로는 아무리 그렇게 보여도 가슴과 생활이 순수하지 않으면 산타가 아니다. 카바산타(Kavi-santa) 즉 시인 성자라는 명칭은 시인이면서 성자인 사람들을 가리킨다. 마라타 시인 성자들은 그들의 작품이 알려진 서기 1290년경 갸네쉬바라로부터 시작한다.

삼사라 Samsara 1. 세상, 세속적인 존재, 인간 생활, 죽을 수밖에 없는 인간 상태. 2. 삶의 일들, 세속적인 직무들, 직업과 일들, 세속적인 관심사와 역경들.

삿구루 Sadguru 원래의 뜻은 진정한 혹은 선한 구루. (구루를 보라.) 이 단어는 주로 인간 스승들 즉 구루들에게 적용되지만, 시인 성자들은 심지어 신에게까지 적용한다. 왜냐하면 삿구루는 신의 현시로 간주되기 때문이다. 마라타 시인 성자들은 삿구루를 가짜 구루와 구별하는 표시로서 높은 도덕적 자질, 순수함, 이타적임, 비위선적인 영혼을 흔히 언급한다.

삿칫아난다 Satchidananda 존재-지성-희열. 비록 브라마 혹은 파라마트마는 인간의 언어로 묘사될 수 없지만(avachya), 그것은 존재하며, 지성적인 존재의 형태를 취하며, 희열을 느끼는 존재들 안에서 자신을 표현한다고 믿어지고, 브라마가 이것들의 바탕이라고 여겨지므로 브라마에 대해서는 이러한 정의가 가장 빈번히 채택된다. 존재, 지성, 희열이라는 이 세 단어는 형용사가 아니라 명사라는 점에 주목해야 한다. 이 단어들은 브라마가 존재하고, 지성적이며, 행복하다는 것을 의미하는 것이 아니라, 형상을 취하는 유일한 실체인 브라마는 존재하는 사물들의 형태 안에서, 지성적인 존재들의 형태 안에서, 그리고 기쁨과 선함을 지닌 존재들의 형태 안에서 나타난다는 것을 의미한다.

샤루티 Sharuti 개별적인 혹은 집합적인 베다들. 이 단어는 산스크리트에서 왔으며 '듣기'를 의미한다.

샨티 Shanti 평화. 평온한 마음.

수드라 Shudra 힌두 조직체의 넷째 주요 계급, 또는 그 계급의 구성원들. 네 가지 주요 계급으로는 브라만(사제 계급), 크샤트리아(무사, 군대, 지배 계급), 바이샤(농업과 상업 계급) 그리고 수드라(하인 계급으로서 그들의 의무는 상위 세 계급에게 봉사하는 것이다)가 있다. 아나믹(anamik) 혹은 안티야자(antyaja)라 불리는 아티수드라(atishudra)는 수드라보다 더 낮은 계급이며, 네 가지 주요 계급의 바깥에 있다. 그들은 아스프리슈야(asprishya; 불가촉천민) 혹은 아나미카(anamika; 입에 담을 수 없는)이다.

슈라다 Shraddha 사망한 친족들의 영혼들을 기리기 위한 제사 의식의 일종으로서 여러 가지 정해진 기간들에 맞추어 대단히 엄격하게 치러진다. 부계나 모계 조상들에게 특별한 경의를 표한다.

스와미 Svami 주인이나 영주, 또한 소유주나 소유자. 신, 왕이나 왕자, 영적인 스승, 남편, 거룩한 인물, 박식한 브라만, 고사비 산야시 등에게 적용됨. 케샤바스와미처럼 호칭으로도 쓰인다.

스칸다 Skandha 책의 한 단락, 하나의 책, 하나의 장.

스토트라 Stotra 1. 찬양, 찬미, 칭송. 2. 찬미 의식에 사용되는 책이나 글. 찬미가.

슬로카 Shloka 4행으로 이루어지는 시구, 스탄자. 특정한 운율, 찬미. 마라티 주석서들에서 산스크리트 원문에 슬로카로 주석을 붙인다.

시디 Siddhi 특정한 마술적, 신비적, 연금술적 의식이나 절차의 수행을 통하여 얻어질 수 있다고 생각되는 초자연적인 힘이나 능력. 여덟 가지로 열거된다. 즉, 아니마(anima), 마히마(mahima), 가리마(garima), 라기마(laghima), 프라프티(prapti), 프라카미야(prakamya), 이쉬트바(ishitva) 그리고 바쉬트바(vashitva)이다. 그런 힘들 즉 시디들은 고행을 하거나 그런 힘을 얻는 사람에게 와서 봉사하는 여성적인 존재들로 의인화된다.

아그니호트리 Agnihotri 희생의 불을 유지하는 성직자.

아누그라하 Anugraha 호의, 은총, 친절, 신비한 주문의 시들로 가르치는 것.

아누슈타나 Anushthana 신에게 속죄하기 위한 특정한 의식들과 일들의 수행.

아델라 Adhela 1/2파이스의 가치를 지닌 구리 동전.

아라티 Arati
1. 신상이나 구루 등의 주위를 돌며 등불이 담긴 큰 접시를 흔드는 의식.
2. 흔드는 큰 접시와 등불.
3. 찬미나 숭배를 표현하며 불을 흔드는 의식을 행하며 찬송하는 시.

아바타라 Avatara 어원적으로 그것은 '내려온 존재'를 뜻한다. 신의 아바타라(화신)는 예를 들어, 크리슈나나 라마의 형상으로 내려온 비슈누처럼 신성한 존재가 지상에 내려온 것이다. 인도 신화에서는 다른 모든 대중적인 개념들과 마찬가지로 이런 아바타르들은 어떤 악한 조건이나 이 세상의 조건들과 싸우기 위해서, 혹은 세상을 그 죄와 비참함으로부터 구하기 위해서 존재한다.

인간 아바타르들은 또한 마나바·아바타라(manava avatara), 즉 과거에 죽은 선한 사람으로서 그 사람의 일을 수행하거나 끝마치기 위해 나중에 다른 어떤 선한 사람으로 다시 태어나는 것으로 인식된다. 엑나트는 갸나데바의 화신이며, 투카람은 나마데바의 화신이라고 전해진다. 또는 예를 들어, 엑나트를 신의 화신이라고 하기도 하는데, 이런 이야기는 그를 사람이며 동시에 신으로 간주하는 것이다.

아방가 Abhang 특정한 운율을 갖추어 신을 찬양하는 시 형식. 그것은 시인 성자들이 지은 찬미가의 대중적인 운율이다. 엑나트의 아방가들, 투카람의 아방가들이 그 사례들이다.

아베다 박타 Abheda-bhakta 파라마트마(paramatma)와 개별 아트마(atma) 사이에 아무런 차이가 없다는 인식을 지닌 박타. 아베다 박티(abheda-bhakti)는 파라마트마와 숭배자의 영혼이 같다는 인식으로 신을 숭배하는 것.

아쉬라마 Ashrama 1. 성인들과 현자들의 거주지. 2. 이 단어는 또한 삶의 네 가지 상태에도 적용된다. 즉, 순결을 지키며 배우는 청년의 시기인 브라마차리야(Brahmacharya), 결혼하여 세속적인 삶을 사는 가장의 시기인 그리하스타(Grihastha), 나이 들어 다른 사람들에 대한 세속적인 보살핌을 그만두고 명상을 위해 숲 속으로 들어가는 자의 시기인 바나프라스타(Vanaprastha), 모든 세속적인 의무와 즐거움, 열정을 포기하고 묵상이나 신에 대한 숭배에 전적으로 몰입되는 자의 시기인 산야시(Sannyasi)의 시기를 가리키기도 한다. 이 네 아쉬라마들은 브라만에게 이상적인 삶으로 간주된다.

아차리야 Acharya 승단이나 종파의 우두머리.

아트마 Atma 영혼, 우주의 영혼, 인간의 영혼, 생명을 주는 원리, 자아, 에고. 우주의 영혼을 개별적인 아트마와 구별하여 명확히 할 때는 파라마(지고의) 아트마라고 한다. 그렇지만 베단타 철학에서 그 둘은 동일하다. 부분적으로 삿칫아난다(satchidananda; 존재, 의식, 희열)라고 규정되는 브라마 혹은 파라마 아트마는 유일하게 존재하는 실체이다. 생물계와 무생물계에 특정한 이름들을 가지고 나타나는 우주는 아트마, 파라마트마 혹은 브라마가 자신을 드러내는 형상에 불과하다. 그러므로 인간의 영혼 즉 아트마는 파라마트마가 그 안에서 나타나는 하나의 형상일 뿐이다. 아함 브라마스미(aham bramhasmi) 즉 "나는 브라마이다."라고 하는 위대한 문장은 우주의 영혼과 개별적인 영혼이 하나임을 나타내는 철학적 원리의 의식적인 받아들임이다.

암리타 Amrita 감로. 죽음을 막는 음료.

야가 Yaga 영적인 혹은 추상적인 헌신. 추상적인 명상이나 묵상을 통하여 브라마와 합일하는 것. 또한 이러한 종류의 숭배를 실천하거나 실행하는 것.

야마 Yama 죽은 영혼들을 지배하는 신.

오비 Ovi 마라티어 시문에서 특정한 운율의 지닌 스탄자.

와다 Wada 1. 장중한 또는 커다란 건축물, 대저택 또는 궁전. 2. 브라만와다, 마하르와다처럼 마을의 구역이나 구획. 3. 울타리가 있는 목초지 또는 정원 마당. 울로 둘러싼 땅. 4. 농민들의 오두막들이 모인 마을, 촌락.

요가브라슈타 Yogabhrashta 전생에 요가(브라마에 대한 추상적 명상)를 수행하다가 중단된 사람. 한 예로, 엑나트에게 헌신했던 한 경건한 불가촉천민은 요가브라슈타라 불린다. 바히나바이(Bahinabai)의 자서전에서, 한 송아지는 그것의 특이한 경건한 행동들 때문에 요가브라슈타라 불린다. 실제로 어떤 경건한 사람이라도 요가브라슈타로 불릴 수 있다, 왜냐하면 전생에서의 그의 경건한 삶이 뜻하지 않게 중단되었고 이제 그 이상의 기회를 가지고 있기 때문이다.

요기 Yogi 1. 요가라 불리는 추상적인 명상을 수행하는 사람. 2. 일반적으로는 고행자나 헌신자. 통상적으로 요기는 요가를 수행하여 시디라고 하는 비범한 능력을 얻을 수 있는 사람으로 여겨지며, 재를 뒤집어쓴 요기는 잘 모르는 사람들의 마음에 많은 두려움을 심어 줄 수 있다. 물론 시인 성자들은 마음과 생활이 순수해야만 하는 진정한 요기와 위선적인 요기를 구별한다.

요자노 Yojano 네 코스(kos)에 해당하는 거리의 치수로 대략 8마일에 해당한다.

우파니샤드 Upanishad 가장 오래된 철학적 문학.

우파사나 Upasana 숭배 혹은 종교 예식.

자파 Japa 만트라나 신의 이름을 반복하는 것. 만트라나 이름들을 반복한 횟수를 알기 위하여 염주를 사용할 수도 있다. 이 외적인 형식은 내적인 실제를 필요로 하므로 자파는 또한 명상, 숭배, 기도, 그리고 한 사람의 진실한 영적 삶을 나타낸다. 자파는 타파(tapa)와 상관이 있다. 타파의 원래 뜻은 종교적인 고행이지만, 넓게는 한 사람의 외적인 종교적 삶까지 포함하는 의미로 사용된다. 자파는 그의 내적인 종교적 삶이고, 타파는 그의 외적인 종교적 삶이다.

존달라 Jondhala 곡물류 식물 또는 그것의 알곡. 헐커스 사탕수수(Hulcus sorghum).

지바, 쉬바 Jiva, Shiva 지바와 쉬바가 이렇게 함께 사용될 때, 지바는 개별적인 아트마를 나타내고 쉬바는 우주적인 아트마를 나타낸다.

차리트라 Charitra 행위들, 행적들, 절차들, 위업들, 역사.

차코르 Chakor 달빛으로 살아간다고 말해지는 새. 이 개념은 시적인 비유나 예화에 자주 사용된다.

차타카 Chataka 오로지 구름에서 떨어지는 빗물만 마신다고 하는 새. 그러므로 항상 비가 내리기를 갈망한다. 그 개념은 시적 비유나 예화 등에 자주 사용된다.

출 Chul 화덕. 단순한 형태로 되어 있으며, 3개의 돌을 둥글게 배치하여 가운데 불을 피우고 그 위에 주전자나 냄비를 올려놓을 수 있게 만들었다. 또는 땅 위에 반원 형태로 세우고 그 안에 불을 피우게 되어 있으며 위에 요리 용기를 받칠 수 있다.

치플라 Chipla 두 개의 막대로 이루어져 있으며 맞부딪쳐 소리가 나는 악기.

카다바 Kadaba 헐커스 사탕수수인 존달라 또는 지바리의 잎이 딸린 줄기. 사료로 사용된다.

카르마 Karma 1. 하나의 행위 또는 행동. 2. 종교적인 행위. 희생적 행위, 목욕재계 등. 3. 운명. 전생의 선하거나 악한 행위들의 결과로 현생에서 즐기거나 고통 받도록 할당된 운명. 4. 행위 또는 행동. 모든 행위들은 인과의 법칙을 통하여 다음 생의 행위를 결정한다. 카르마는 운명과 같은 뜻으로 쓰이기도 한다.

카르마마르가 Karmamarga 행위의 법칙. 의례와 의식의 준수 그리고 선한 행위들을 행하여 천국으로 가는 길. (갸나마르가 즉 지식의 길, 박티마르가 즉 헌신의 길을 보라.) 행위의 길. 갸나마르가, 카르마마르가, 박티마르가 등 해방의 세 가지 길 가운데 하나.

카바드 Kavad 대나무 가지 양쪽에 바구니, 항아리 등을 매달고서 어깨 위에 수평으로 올려놓고 운반하는 도구. 물이나 야채 등을 운반하기 위하여 사용된다.

카바디 Kavadi 조개껍데기. 잔돈을 만드는 데에 사용되는 조개껍데기.

카일라스 Kailas 쉬바의 천국.

카키니 Kakini 20카우리에 해당하는 조개껍질 무게.

카타 Katha 음악과 노래 부르기와 관련된 신들이나 영웅들에 관한 이야기, 우화, 위업들.

칼리유가 Kaliyuga 세계의 네 번째 시대이며 악의 시대로서 현재의 시대는 이 시기에 속한다. 그 기간은 432,000년으로 여겨지며, 그 후 세계는 파괴된다고 한다. 현재 서기 1926년은 칼리유가 5027년에 해당한다. 그 시작은 기원전 3101년이다. 네 가지 유가는 크리타유가(Krityuga), 트레타유가(Tretayuga), 드바파라유가(Dvaparayuga) 그리고 칼리유가이다. 이 네 가지 유가들은 함께 마하유가(Mahayuga; 대유가) 4,320,000년을 이룬다. 악을 저지하고 그 위해로부터 인류를 구하기 위하여 빈번한 아바타르(화신)들을 필요로 하는 시대는 바로 이 악한 칼리유가이다.

칼파 Kalpa 브라마에게는 하루, 인간들에게는 4억 3200만 년의 기간.

쿨카르니 Kulkarni 정부와 관련된 경작자들의 장부와 공적인 기록을 작성하고 보존하는 마을 관리.

크쉐트라 Kshetra 성스러운 장소, 성스러운 도시, 순례지. 인간의 형상을 가리키기도 한다.

키르탄 Kirtan 음악과 노래로 신을 찬양하는 의식. 신의 이름들을 낭송하는 것. 그러나 실제로는 노래로 하는 종교적인 의식이다. 인도자는 노래로 전할 주제를 가지고 있다. 합창을 인도하는 사람이 따로 있고 악기들이 연주된다. 인도자를 따르면서 청중은 신의 이름들이나 합창의 소절들을 열정적으로 소리치며 반복할 수 있다.

타파 Tapa 종교적인 고행, 경건한 육체적인 금욕. 그것은 특히 요가 체계와 연관되어 있으며, 요기들은 극단적인 한계까지 그것을 행한다. 그러나 그것은 또한 생활의 의무, 그리고 브라만, 크샤트리아, 바이샤, 수드라 등 각 계급들의 특별한 의무들을 의미하는 덜 엄격한 용법으로도 쓰인다. 그러므로 그것은 자파와 상관어인데, 자파는 내적인 영적 생활을 의미하고, 타파는 외적인 종교적인 생활을 의미한다. (자파를 보라.)

툴시 Tulsi 힌두교도들이 숭배하는 식물, 홀리 바실(Holy Basil; 나륵풀), 오시뭄 생크툼(Ocymum sanctum). 그것은 보통 현관 앞의 흙 제단이나 집의 뒤뜰에서 재배된다. 그 잎은 봉헌과 화환에 쓰이고, 그 줄기도 성스러운 용도로 이용된다. 그 식물을 숭배하는 사람들은 두 손을 합장하고 만트라를 외우거나 기도를 하면서 그 주위를 오른쪽 방향으로 돈다.

티르타 Tirtha 1. 거룩하거나 성스러운 장소, 순례지. 그러나 특히 성스러운 강변의 특정한 지점이나 성스러운 샘 부근에 있는 특별한 지점을 가리킨다. 2. 성스러운 강이나 그 물. 브라만이나 산야시 등이 발을 담근 물, 신상 위에 부었던 물. 성스러운 물.

틸락 Tilak 이마 위에 색깔이 있는 흙이나 연고로 칠한 점이나 선. 그것은 장식으로 혹은 종파의 구별로 간주된다.

파다 Pada 찬미가나 찬송가에 사용되는 다양한 운율의 작품들. 매우 많은 시인 성자들이 이 운율로 시를 썼다.(예를 들어, 카브야상그라하(Kavyasangraha) 시리즈에 있는 파다상그라하(the Padasangraha)를 보라.)

파두카 Paduka 돌 위에 새겨진 발자국으로서 어떤 신이나 구루의 흔적으로 숭배된다.

파프 Pap 추상적인 죄, 혹은 악한 행실. 그것은 추상적인 선이나 거룩함, 혹은 선하거나 거룩한 행위인 푸니야(punya)라는 단어의 정확한 반대말이다. 파프와 푸니야, 악한 행위와 선한 행위는 고통이나 행복이라는 미래의 보상을 반드시 받게 되어 있다는 것은 힌두 철학의 일부이다. 그러나 이 사상은 이 말에는 속하지 않는다. 1829년에 출간된 마라티어 사전에 바탕을 두고 편찬된 1831년판 몰스워스(Molesworth) 마라티 영어 사전은 이런 단어들을 올바르게 정의한다. 나는 몰스워스의 1857년 제2판에 실린 이 단어들에 대한 설명에는, 그리고 푸니야를 '공덕'으로 본 정의에는 전적으로 견해를 달리한다. 이런 뜻은 몰스워스의 제2판에 영향 받기 전까지는 산스크리트나 마라티 문학 전 과정에 결코 존재한 적이 없다. 푸니야에 나와 있는 논의를 참고하라.

판 수파리 Pansupari 피페르 베텔 잎에 빈랑 열매, 정향, 라임 등을 싸서 만 것. (비다를 보라.)

페트 Peth 도시의 지역이나 큰 구역. 제조업을 하거나 상업을 하는 마을. 시장이 있는 마을. 도시의 구.

푸니야 Punya 추상적인 선이나 거룩함, 혹은 선한 행위나 거룩한 행위. 그것의 반대말은 파프, 추상적인 죄 또는 악한 행위이다. 파프의 정의에서처럼 이 단어의 정의에 대해서도 나는 몰스워스 마라티 영어사전 1857년 제2판과 전적으로 견해를 달리한다. 이 사전에서는 "이 단어는 거룩함, 신성함 혹은 영의 순수성이라는 의미를 조금도 내포하지 않는다."라고 설명하고 있다. 그와는 반대로 이 단어는 그 세 가지 의미를 모두 내포한다. 그리고 이 사전에서는 (1831년판에서는 발견되지 않는) '공덕'이라는 정의를 사용함으로써 이 단어와 상관이 없는 개념이 그 후로 이 고귀한 단어에 첨가되어 왔다. 선한 행위에 대한 미래의 보상을 의미하는 '공덕'이라는 의미는 푸니야 단어의 뜻의 일부가 아니다. 그것은 그저 추상적인 선함, 거룩함, 또는 거룩하거나 선한 행위를 의미할 뿐이다. 공덕이라는 개념은 인도 철학에 속하지만 푸니야라는 단어에는 속하지 않는다. 모든 파프가 그렇듯이 모든 푸니야는 미래에 그것의 과보를 받을 것이다. 그러나 이 개념은 그 단어 자체 안에는 없다.

 1829년 판디트의 마라티어 판에 바탕을 둔 몰스워스의 1831년 초판은 올바른 정의를 싣고 있다. 모니어 윌리엄스의 산스크리트 사전에서 푸니야와 파프를 찾아보라. 푸니야는 리그베다에서는 두 번 사용되었고, 우파니샤드와 바가바드기타 그리고 옛 마라티 문학들에서는 많이 사용되었는데, 이 단어는 파프와 정확히 반대말이다. 어떤 경우에도 이 단어는 미래의 과보를 암시하는 뜻으로서 '공덕'이라는 뜻을 갖지 않는다.

푸라나 Puran 힌두 성스러운 문학의 특정한 종류로서 일반적으로 열여덟 개로 간주된다. 그것들은 세계의 창조, 세계의 파괴, 세계의 갱신, 신들과 여신들, 영웅들의 이야기를 다룬다. 열여덟 가지로는 브라마(Brahma), 파드마(Padma), 비슈누(Vishnu), 쉬바(Shiva), 링가(Linga), 가루다(Garuda), 나라다(Narada), 바가바탐(Bhagvata), 아그니(Agni), 스칸다(Skandha), 바비슈야(Bhavishya), 브라마바이바르타(Brahmavaivarta), 마르칸데야(Markandeya), 바마나(Vamana), 바라하(Varaha), 마츠야(Matsya), 쿠르마(Kurma) 그리고 바유(Vayu)이다. 그러나 이것과 약간 다르게 18가지를 열거하는 목록도 있다. 푸라나들 가운데서 크리슈나의 생애와 가르침을 담은 바가바탐이 마라타 시인 성자들의 사상과 생애에 가장 큰 영향을 끼쳤다.

푸라니크 Puranik 푸라나를 잘 읽는 브라만. 그들 가운데 공적인 해설자. 산스크리트 문학의 방대한 범위 때문에 성스러운 책들을 해설하는 사람들은 전문화되어야 한다. 일부 푸라나를 해설하는 것을 전문으로 하는 사람들을 푸라니크라고 한다.

푸란폴리 Puranpoli 거친 설탕, 콩가루 등을 채워 넣고 밀가루로 만든 케이크.

푸루샤 Purusha 프라크리티를 보라.

프라닥쉬나 Pradakshina 한 대상 주위를 오른쪽으로 도는 것. 이 대상들은 신상이나 성스러운 나무, 툴시 나무, 사원, 심지어 성스러운 도시가 될 수도 있다. 그런 대상을 왼쪽에 두는 것은 불경하게 여겨진다.

프라랍다 Prarabdha 전생들에서의 행위들은 직전의 탄생에서 삶의 경로를 결정하였다. 직전 생의 행위들은 현생의 경로를 결정한다. 현생의 행위들은 다음 생의 삶을 결정할 것이다. 이것이 프라랍다의 법칙이다.

프라사드 Prasad 1. 호의, 자애, 자비로움. 2. 숭배 대상이나 구루, 성자로부터 축복이나 은총의 표시로 받는 물건(과일, 꽃, 쌀 등). 3. 숭배 대상이나 거룩한 사람에게 바친 뒤 숭배자들에게 다시 분배되는 음식. 4. 카타, 키르탄, 혹은 푸라나 낭독을 끝내면서 청중들에게 분배되는 단과자나 과일.

프라크리트 Prakrit 마라타 시인 성자들의 어법에서 프라크리트 언어는 마라티 언어를 의미한다. 산스크리트(세련된 언어)와 구별되는 언어로서 그것은 사람들이 흔히 사용하는 지방어로 보인다. 시인 성자들의 삶과 작품에서 볼 수 있듯이, 그들은 그들의 마라티어, 혹은 성스러운 산스크리트 원전의 프라크리트 번역에 대한 상당한 반대에 직면해야 했다. (엑나트의 삶, 박타릴람리타 제21장을 보라.)

프라크리티 Prakriti 철학에서 프라크리티와 푸루샤는 유형의 세계와 무형의 세계를 나타내는 단어들이다. 프라크리티(자연, 물질, 현상)는 여성으로 여겨지고, 푸루샤(남성, 영혼, 생명, 활동)는 그것들의 합일로 온 우주를 만드는데, 영어에서 이 개념의 의인화된 표현은 '물질과 정신'으로 표현된다.

프라하르 Prahar 하루 24시간을 여덟 부분으로 나눈 것. 그러므로 프라하르의 기간은 세 시간이다. 프라하르는 해돋이인 6시에 시작하며, 따라서 돈프라하르(2프라하르)는 정오이다.

하르바라 Harbara 살갈퀴(콩과 식물), 이집트콩. 시세르 아리앤티눔(Cicer arientinum).

하리다스 Haridas 하리(비슈누)의 하인들. 하리의 숭배자들. 하리의 행적을 찬양하는 방랑 가수들.

옮긴이 김 병 채 Sri Krishnadass(1948 -)

국립 창원대학교와 대안대학원 샨티구루쿨에서 상담, 요가 및 베단타를 강의하고 있음. Bhagavan Sri Ramana Maharshi Center in Korea인 슈리 크리슈나다스 아쉬람 대표.

성자 투카람

초판 1쇄 발행 2006년 9월 4일

지은이 저스틴 애버트
옮긴이 김병채
펴낸이 황정선
펴낸곳 슈리 크리슈나다스 아쉬람
출판등록 2003년 7월 7일 제62호
주소 경상남도 창원시 북면 신촌리 771번지
대표전화 (055) 299-1399
팩시밀리 (055) 299-1373
전자우편 krishnadass@hanmail.net
홈페이지 www.krishnadass.com

값 13,000원
ISBN 89-91596-10-X 03270

Printed in Korea

* 잘못 만들어진 책은 바꾸어 드립니다.